Radical Uncertainty

極端不確定性

Decision-Making for an Unknowable Future

為不可知的未來做決策

約翰·凱 John Kay
莫文·金恩 Mervyn King ——著

洪慧芳 ——翻譯

「即使真實知識有許多不確定性與不可預測性，然而，比起假裝精確但可能是虛假的知識，我還是喜歡真實但不完美的知識。」

　　　　　　　　　　　　——海耶克，一九七四年諾貝爾獎的得獎感言

CONTENTS

PART V　接納不確定性

謹獻給米卡與芭芭拉

前言
追求效益最大化的神話

　　四十年前，我們寫了一本廣受好評的書，名為《英國稅制》（*The British Tax System*），書中描述英國稅制在知識與實務上的失敗。我們既不是從零開始發明稅制的學術文人，也不是沉浸雞毛蒜皮細節的稅務會計師。當時我們只是年輕的學者，試圖探究英國稅制在實務上是如何運作的，然後再根據少數幾個深思熟慮的原則來設計改進方案。四十年後我們各自發現，經濟學本身也面臨類似的挑戰，需要重新檢視。因此我們決定再度攜手合作，而這本《極端不確定性》就是我們合作的成果。

　　《英國稅制》的銷量很好，改版好幾次，在那次合作之後，我們的職涯朝向不同的方向發展。約翰・凱（John Kay）成為英國財政研究機構（Institute for Fiscal Studies）的所長，創立了一家著重商業經濟的顧問公司，出任牛津大學賽德商學院的首任院

長，並為《金融時報》撰寫專欄長達二十年。莫文‧金恩（Mervyn King）先在英美多所大學擔任教授，後來加入英國央行擔任首席經濟學家，並於二〇〇三年到二〇一三年間成為英國央行總裁。

在這四十年間，我們看到經濟學變成一種解決實務問題的方法，也目睹其局限性。身為研究者，我們採用了傳統的方法，透過傳統假設（家庭、企業，乃至於政府採取行動時，是為了追求最佳結果）去了解經濟行為。我們學到，想要解決經濟問題，應該要先問理性的個人正在追求什麼的最大化。企業在追求股東價值的最大化，政策制定者在追求社會福利的最大化，家庭則在追求幸福或「效用」的最大化。如果企業沒在追求股東價值的最大化，我們便可推斷，它們肯定是在追求其他東西的最大化，例如企業成長或高階管理者的薪酬。

他們最佳化的能力畢竟有限，從一些限制可以看得出來，例如：企業的限制是投入與產出之間的關係，政府的限制是不同政策的可行性，家庭的限制則是預算多寡。由於社會學運用的數學技巧愈來愈多，這種行為的「最佳化」很適合套用在社會學上。如果企業、政府、家庭面臨的問題可以用定義明確的模型來表示，那麼只要評估問題的「最佳」解方，就能預測他們的行為。

儘管以這種方式來思考可以學到很多東西，但實務經驗顯示，這些經濟行為者根本沒有在追求任何東西的最大化。這不是

因為他們笨（雖然有時他們確實很蠢），也不是因為他們不理性（雖然有時他們確實不理性），而是因為下令追求股東價值、社會福利或家庭效用的最大化，並不是合理的行動指示。商務人士、政策制定者、家庭甚至無法想像應該具備哪些必要資訊，才能決定該採用哪些行動來追求股東價值、社會福利或家庭效用的最大化。他們也不會知道，採取那些行動後，是否真的能達到最大化。所以有相當多誠實又能幹的高管與政治人物，是在做他們認為能改善事業或世界的漸進決策。所謂幸福的家庭，是指家庭成員共同努力確保明天至少跟今天一樣美好。

大多數經濟學家會欣然承認，沒有人真的在做經濟模型那種運算。然而，自美國經濟學泰斗保羅・薩繆森（Paul Samuelson）發表研究成果以來，經濟學家就堅稱，只要世人遵守「理性」的公理，他們就會在不知不覺中追求最佳化，就好像法國作家莫里哀（Molière）筆下的儒爾丹先生（M. Jourdain）不知不覺談論散文長達四十年一樣。而且，像薩繆森那樣把這種不證自明的公理套用在消費者行為時，成效比懷疑者預期的還要好。

但我們會在這本書中證明，把這種「理性」套用在企業、政府或家庭對不確定的未來所做的決策上，完全行不通。行不通的原因，並不在於這些經濟行為者不理性，而是因為他們的確算理性，而且他們大多不會假裝知道他們不知道、也不可能知道的東西。他們常常不知道將會發生什麼事，也說不準可能發生的事情

範圍，更不可能知道各種可能事件的相對機率。

二〇〇七－二〇〇八年的金融危機讓大家明白，最適化模型無法掌握因面對不可知未來而導致的破壞性行為。但本書並不是要談論那場金融危機，也不是另一本經濟學著作，雖然這本書的確深受經濟學研究的影響。本書要談的是，一般人在極端不確定的世界中該如何做決策。畢竟，在極端不確定的情況下，考慮其他可能未來的發生機率毫無意義。

在撰寫此書並與朋友、同仁討論想法時，我們發現，普通讀者與專家的反應截然不同。很明顯，多數人覺得極端不確定性的概念很自然。對他們而言，挑戰並不在於接受極端不確定性的存在，而是找到因應它的方法。我們希望他們能在後面的章節中找到答案。相較之下，許多受過經濟學、統計學或決策理論訓練的人，反而很難接受極端不確定性的重要，就連那些從事電腦業以及研究人工智慧的人也是如此（有些人可能只是因為讀了許多這方面資訊，而對電腦擅長的推理方式感興趣）。

當我們試圖在說服這兩種不同的受眾相信極端不確定性的重要性時，一派可能會認為我們是在白費力氣，另一派可能會覺得我倆批評那些轉變我們經濟學、統計學、決策、人工智慧等思維的技巧，是在指桑罵槐。我們希望一般讀者依然喜歡看我們鞭辟入裡的見解，也希望專家至少能夠感受到，我們有些批評實則正中要害。

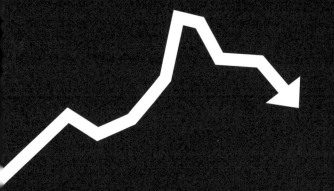

PART I

找出不確定性

第1章
不可知的未來

> 「我們只知道我們一無所知，這就是人類智慧的總和。」
>
> ——托爾斯泰，《戰爭與和平》[1]

決策者也不確定

一八一二年九月，拿破崙的軍隊在博羅金諾（Borodino）打敗俄軍，準備攻占莫斯科。法軍進入了杳無人煙、盡為焦土的俄國首都，並把市內的木造結構夷為平地。但毫無斬獲的占領，也象徵著法蘭西皇帝拿破崙征戰的結束。飢寒交迫、病痛纏身的法國大軍開始踏上漫長的返鄉之路。然而，多數士兵未能如願歸返故里，[2]拿破崙也於一八一四年四月退位。

拿破崙是那個時代最卓越的政治與軍事領袖，他的權力與成

就於當時達到顛峰，領導歐洲有史以來最龐大的軍隊。[3] 然而，他對博羅金諾發生的事情卻知之甚少。即便是現在，我們也無法真正理解他為什麼會在那裡。兩個世紀後的今天，俄國與西歐之間錯綜複雜的多面向關係依然令人霧裡看花。

一四九二年八月三日，哥倫布從西班牙出發，希望能找到一條通往印度群島的新航線。當時多數經驗老到的水手認為，由於路程遙遠，要攜帶足夠的糧食與飲水更是困難重重，往西航向亞洲是行不通的。他們的考量沒有錯，但西班牙王室不顧一切合理的建議，答應贊助哥倫布遠征。哥倫布既不知道那次的遠行會發生什麼事，也不知道要花多久時間。在加那利群島（Canary Islands）回補物資後，他在巴哈馬登陸。他不知道這世上有後來所謂的「新世界」存在，即使他發現了，他也不知道自己發現了什麼。他堅稱自己是在亞洲登陸，這也是為什麼美洲是以同年代的航海家亞美利哥‧維斯普奇（Amerigo Vespucci）的名字命名，他比哥倫布更了解自己的探險。西班牙朝廷所做的任何成本效益分析都沒有考慮到新世界存在的可能，他們也無法做出那樣子的考量。

一九七二年二月，尼克森在北京會見中國領導人毛澤東。那次的會晤是由美國總統及其國安顧問亨利‧季辛吉（Henry Kissinger）長期祕密策劃的。儘管尼克森正努力讓美國脫離越戰，且美中領導人都希望拉開全球共產主義兩大領導陣營（中國

和蘇聯）之間的距離，但那次會晤的目的並不明確。一如全球高峰會的共同特色，那場盛大的會議最後以一份乏味的公報劃下句點。同年稍後，五名男子闖入華府水門綜合大廈被捕，後續的調查導致尼克森於一九七四年黯然下台。兩年後，毛澤東因病重辭世。

沒有人知道尼克森與毛澤東的會晤會帶來什麼結果——尼克森的專機飛抵中國時，毛澤東到底會不會親自會見尼克森，他們自己甚至也拿不準。近半個世紀以後的今天，沒有人真正知道那場見面的結果是什麼。這場會面只有象徵性的意義嗎（兩位政治生涯或健康狀況搖搖欲墜的領導人相見的媒體活動）？抑或是中國融入全球經濟的重要里程碑呢（或許是二十世紀後半葉最重要的經濟發展）？

在無法完全了解所面臨的情況、也不明白自己的行動會帶來怎樣的影響下，皇帝、探險家、總統做出了決定。普羅大眾多半也是如此。

誰來承擔風險？

二〇〇七年八月九日，法國巴黎銀行（BNP Paribas）宣布暫停旗下三檔基金的交易，投資者的資金（投入與美國房市相連的證券）等於遭到凍結。一小群對沖基金的運作失靈本身只是一件

小事；但短短幾天內，二〇〇七－二〇〇八年的全球金融危機就開始了。那場危機在二〇〇八年九月雷曼兄弟（Lehman Brothers）宣布破產時達到顛峰。一切只能靠世界各國央行採取非比尋常的措施，才能避免西方金融體系崩解。然而，隨之而來的金融市場失靈，導致工業化國家陷入一九三〇年代經濟大蕭條以來最嚴重的衰退。

隨著日子一天天過去，銀行的狀況日益惡化，好幾個世代不曾發生的事件一一浮現。我們以為這種信任危機早已走入歷史，為什麼銀行體系還會出現這種危機呢？後來，隨著危機逐漸解除，大家開始有時間反省檢討，筆者也試圖解釋這場震撼教育的來龍去脈：莫文・金恩寫了《金融煉金術的終結》（*The End of Alchemy*），約翰・凱寫了《玩別人的錢》（*Other People's Money*）。我們從不同的角度得出一個共同的觀點：在金融危機發生以前，市場的論述主張，複雜的新金融工具市場理當確保，風險是由最能承受風險的人來承擔——理論上是這麼說的。然而，金融危機爆發以後，那套論述開始崩解。隨著危機發展，市場需要一套新的論述承認人類不見得了解他們創新的後果；風險不是由最有能力處理風險的人肩負，而是由不了解風險的人來承擔。出售那些金融工具的機構其實對那些工具領略得不多，在市場流動性迅速枯竭時，他們也缺乏持有那些工具的金融能力。

二十五標準差事件

二〇〇七年八月十三日，亦即法國巴黎銀行暫停旗下三檔基金的贖回四天後，高盛（Goldman Sachs）的財務長大衛・維尼爾（David Viniar）告訴《金融時報》：「我們連續幾天看到二十五標準差的事件發生。」[4] 從字面上來看，維尼爾的說法並不可信。二十五標準差的事件，是指發生機率低於 0.00000000000000 000000000000000000000000000000000000000000000000000000000000 0000000000000000000000000000003.。[5] 宇宙存在的時間還沒長到足以讓二十五標準差的事件連續出現好幾天。維尼爾擁有紐約聯合學院（Union College）的經濟學學位及哈佛商學院的 MBA 學位，除非他已經忘了初級統計學的內容，否則他應該很清楚這點。但他真正想表達的意思是：金融資產價格的波動，遠比風險管理者之前遇過、或認為可能出現的情況還大，只不過他以統計術語來表達罷了。

高盛與其他金融公司所使用的風險模型無法因應二〇〇七年與二〇〇八年的市場壓力（尤其在二〇〇八年更是明顯）。各國央行與其他地方的經濟學家用來預測經濟的模型，也無法預測或解釋這些事件。專家無法預測這場危機，不單只是無能或故意視而不見的結果，而是反映出他們在理解風險與不確定性方面有更深層的問題。今日，我們已經可以發射火箭把人類送上月球，也

能夠探測水星；而為什麼地球上一些更切身相關、表面上看來更簡單的問題——例如下個禮拜紐約會不會下雨、今天的選舉結果怎麼樣、明年的石油需求如何等等——反而更難管理呢？為什麼為未來的突發事件做規劃，會給那些負責決策的人（無論是受雇於銀行等私人機構，還是主導政府與軍方等公家機關的人）帶來那麼大的麻煩呢？

美國總統的決定

賓拉登策劃了二〇〇一年的九一一恐怖攻擊事件。九一一恐攻後，美國軍方幾乎馬上著手準備進軍伊拉克。次年二月，美國國防部長唐納德‧倫斯斐（Donald Rumsfeld）舉行了記者會。當時有些報導指出，沒有證據顯示伊拉克與恐怖活動有關，記者請倫斯斐針對這些報導表示意見。他的意見後來廣受各界嘲諷：「這世上有所謂的『已知的已知』，也就是說，有些事情我們知道自己知道。這世上也有『已知的未知』，也就是說，有些事情我們知道自己不知道。但是，這個世上也有『未知的未知』，也就是說，有些事情我們不知道自己不知道。」[6]

其實倫斯斐說出了很重要的概念。[7]與那番說法所引發的後續問題相比，大家對那些話所引發的熱議比較感興趣。有人問國防部長：恐怖攻擊與大規模毀滅性武器的相關情報是屬於哪一類

呢？究竟是「已知的已知」、「已知的未知」、還是「未知的未知」？倫斯斐回答：「我不會說是哪一類。」[8] 沒有證據顯示伊拉克與九一一恐攻之間有關連，軍方也沒有發現大規模毀滅性武器。但是，進軍伊拉克是美軍的一大勝利：美軍迅速進駐巴格達，推翻了海珊政權。然而，事後看來，那次行動是情報、判斷、應變規劃的澈底失敗；在政治上造成的傷害，就像類似的失敗在金融界造成的經濟傷害一樣。有鑑於此，美國政府要求各部會對總統提出建言時，應該要有更結構化的程序。[9] 分析者必須量化他們的信心水準，並以機率表達。

因此，過了將近十年，二〇一一年春季歐巴馬在白宮的戰情室與資深安全顧問開會商討大事時，他知道那個決策將是他總統任內的關鍵決定之一。情報指出，賓拉登藏匿在巴基斯坦的阿伯塔巴德。他應該批准海豹部隊（Navy SEAL）去那裡突襲賓拉登嗎？歐巴馬很清楚，一九七九年有一次類似的大膽計劃（去德黑蘭大使館營救人質），最後以慘敗告終——卡特總統連任失利可能就是那次失敗造成的。中情局（CIA）的分隊長「約翰」對於賓拉登藏匿在那裡，有九五％的把握，但其他人不是那麼肯定。多數人估計，賓拉登躲在那裡的機率是八〇％左右。有些人覺得機率僅四〇％，甚至三〇％。

後來，總統總結了那次的討論：「機率是一半一半，跟拋硬幣差不多，我不能光看把握度做決定。」[10] 歐巴馬的意思並不是說

賓拉登藏在那裡的機率是○·五，也不是說他打算以拋硬幣的方式來做決定。[11] 他的結論是說，他必須在不知道賓拉登是否藏在那裡的情況下做決定。歐巴馬之後接受訪問時反思了當時的討論：「在這種情況下，你會開始得到一些掩蓋不確定性的機率，而不是比較實用的資訊。」[12]

賓拉登要麼在那裡，要麼不在那裡——雖然這個計劃確實涉及許多其他的風險與不確定性，有軍事的、技術的、政治的等等。歐巴馬大可對同仁說：「如果你們能告訴我，躲在那裡的人有超過六○％的可能性是賓拉登，我就會下令行動。」但他沒有那樣做。他要是那樣做，等於是把決策的責任從總統的手中轉給情報單位。但那種責任轉移確實在金融界發生了，維尼爾等資深的銀行高管等於是把不確定性的管理委託給風險管理者及他們的模型。歐巴馬知道這個問題，維尼爾和同仁並不知道。

全球金融危機爆發以前，就像準備突襲阿伯塔巴德一樣，政策顧問不僅選擇以機率來表達不確定性，而且那還是主管機關要求的。主管機關規定金融機構使用風險模型，國會也堅持要根據情報來量化評斷。在金融界與政治界，這種不確定性的表達方式不僅毫無助益，甚至可能造成誤導。提交給維尼爾及歐巴馬的數字精確度是虛假的。歐巴馬知道，他必須憑著有限的資訊做決定；事後看來，他做了正確的判斷。他不是靠機率推理（probabilistic reasoning）辦到的，而是問：「究竟發生了什麼事？」

撰寫本書的過程中，我們從加州大學洛杉磯分校（UCLA）教授理查．魯梅特（Richard Rumelt）的《好策略‧壞策略》（*Good Strategy/Bad Strategy*）中的一個小故事獲得了啟發。那本書可說是過去十年來最好的商業策略書，遙遙領先其他同類書籍。魯梅特提到他和學校的一位同事聊天，那位同事旁聽了幾堂他以個案為基礎的 MBA 課程：

> 我們聊到教學方法……馬默教授露出耐人尋味的神情對我說：「我覺得，你講每個案例時，其實只問了一個問題，就是『究竟發生了什麼事？』」馬默教授的那句話直白又坦率，前所未聞，卻一針見血。制訂策略主要就是在搞清楚「究竟發生了什麼事」，而不光只是決定要做什麼而已，去了解當下的狀況更為重要。[13]

「究竟發生了什麼事？」這個問題聽起來很老套，其實不然。在我們的職涯中，我們一再看到，很多人沉浸在技術細節中，埋首於日常事務，卻沒有退一步問道：「究竟發生了什麼事？」我們自己也常犯這種錯誤。

你的退休計劃

多數讀者永遠不需要像歐巴馬或維尼爾做那麼重大的決定，

但有人可能會要評斷做那些重大決定的人表現如何。不過，每個人都需要做一些攸關未來的決定。對多數的家庭來說，買房以及為退休生活做準備是最重要的財務決定，但很少人有條有理地規劃。很多人往往是根據自己的當下反應來確定買哪間房，而不是依照某份合理的檢查表。給他們選項時（例如要不要加入退休金計劃、挑選投資基金），他們往往會迴避，不做任何動作。不需要主動採取任何行動的預設選項通常是最熱門的選擇。[14]

有一些家庭是以系統化的方式來處理退休問題。市面上有一些軟體可以幫忙，某些資產管理公司[15]也有提供免費協助。有一些經濟學家設計出的商用程式會算出個人或家庭應該要存多少錢，並告知用戶能否如願安心退休。[16]開始使用這些程式之前，你必須先準備許多資訊，包括當前的事實（例如年齡與婚姻狀況）、有關你未來的資訊（例如你打算退休的年齡、退休後每年要花多少錢）。你不僅要輸入目前的薪水，也要輸入多年後你期望的薪資水準。那個程式可能還會要求你預測你的壽命。歐巴馬所面臨的主要不確定因素是二元的：賓拉登要麼躲在阿伯塔巴德，要麼人不在那裡。相較之下，要你預測自己的壽命就很難了，你知道自己不太可能活到一百二十五歲，你可以查閱保險公司精算師所使用的生命表。但那些程式可能也會要求你針對未來的經濟與金融市場表達看法。回顧通膨與投資報酬率的歷史資料可以讓你概略知道答案。即使你無法給出單一答案，或許也可以

勾勒出一系列可能的情況。

　　而這些問題通常不接受一種答案：「我不知道。」但是，我們當專業的經濟學家當了大半輩子，面對這類問題時，就是給出這個回答。坦白講，我們認為這也是你該給出的答案。就很多問題來說（例如「躲在阿伯塔巴德的那個人是誰？」），唯一明智的回答是「我不知道」。如果現在是如此，將來更是如此。儘管我們不知道二十年後的收入或通膨率是多少，我們還是需要為退休計劃做決定。如果我們知道這些程式的所有問題該怎麼回答，就能準確地判斷我們需要為退休存多少錢了。但是，承認我們不懂或不可能知道什麼，並無法幫我們做出好決策。在使用那些程式後，我們至少知道自己不知道什麼，我們也許可以做點事情來減少自己的無知。

智識失靈

　　二〇〇七－二〇〇八年的金融危機，顯然代表經濟分析與經濟政策的失靈。然而，經濟學家雖然承認金融危機的嚴重性與代價，卻普遍不願承認他們自己的智識框架需要修正。從前，經濟學家會區分風險與不確定性：風險是指可以用機率描述的未知，不確定性是指無法用機率描述的未知。他們後來採用了數學方法，那些方法為「風險」賦予的意思，跟日常用法並不一樣。在

本書中，我們將會說明「風險」、「不確定性」、「理性」等用語的錯誤認知所造成的重大混淆和經濟破壞，畢竟這些術語在經濟學裡的用法與我們的日常用法大不相同。過去一百年間，經濟學家試圖忽略風險與不確定性之間的傳統區別，並針對每一項我們不完全了解的未來事物強行冠上機率。

在兩次世界大戰之間，風險與不確定性的區別是大家熱切辯論的主題。兩大經濟學家——芝加哥的弗蘭克・奈特（Frank Knight）與英國劍橋的凱因斯（John Maynard Keynes）大力主張，兩者的區別至關重要。奈特指出，「『可測量的不確定性』（或者我們應該稱之為狹義的『風險』）與不可測量的不確定性截然不同。不可測量的不確定性，根本不算是不確定性。」[17]

凱因斯也做了類似的區別。他在代表作《就業、利息和貨幣通論》（*The General Theory of Employment, Interest and Money*）中寫道：

> 且聽我解釋，就「不確定的知識」一詞而言，我的意思不單只是區分確定的知識與可能的知識。就這個意義來說，輪盤賭不受不確定性的支配，公債的贖回可能性也不是不確定的。或者，預期壽命只是稍微不確定，就連天氣也只是有點不確定。我所謂的不確定性，是指歐戰爆發、二十年後的銅價與利率，新發明變得過時、或一九七〇年私人財富擁有者

的社會地位那種不確定。這些事情沒有科學基礎作為計算機率的依據，也就是說，我們根本無從知曉。[18]

本書的標題及其核心概念是極端不確定性（radical uncertainty）。不確定性的出現是因為我們不完全了解世界，或不完全了解我們當下的行為與其未來的結果之間有何關連。那種不完全了解可能令人苦惱，也可能挺愉快的，端看不確定性的本質而定。我對法官即將發表的判決憂心忡忡，但我滿心期待即將到來的假期。有時我們可能會希望自己有完美的先見之明，以免未來出現出乎意料的事情。但是稍微想一下就會明白，那樣的世界應該挺無趣的。

奈特與凱因斯區別了「風險」與「不確定性」，我們決定以「可解決」（resolvable）vs.「極端」（radical）不確定性來取代那種區別。「可解決」的不確定性指可以藉由查閱來消除的不確定性（例如我不確定賓州的首府是哪裡），或是可用已知結果的機率分配來表示的不確定性（例如輪盤賭的旋轉）。「極端」不確定性是指，沒有類似的方法可解決的不確定性。也就是說，我們根本不知道。極端不確定性有許多面向：模糊、無知、含糊不清、模稜兩可、定義不清的問題、缺乏資訊等等，在某些情況下（但不是全部），我們可能會希望未來能修正這些狀況。這些不確定性的面向都是日常經驗，家常便飯。

極端不確定性無法以機率來描述，不只是因為我們根本不知道會發生什麼事，我們往往連可能發生的會是什麼都不知道。我們談極端不確定性時，不是在談統計學中的「長尾」。長尾是可以想像且定義明確的事件，機率雖低，但至少估算得出來，例如輪盤賭連輸好幾次。我們談的極端不確定性並不限於思想家納西姆・尼可拉斯・塔雷伯（Nassim Nicholas Taleb）所指的「黑天鵝」（發生之前沒人料到的意外事件），雖然黑天鵝是極端不確定的例子。[19] 我們強調的是範圍很大的可能性，介於兩種世界之間：一種世界充滿不太可能發生的事件，但那些事件可以借助機率分配來描述；另一種世界充滿意想不到的事件。

現在的世界充滿了不確定的未來及不可預測的後果，所以會有一些必要的臆測及無可避免的分歧，而且分歧往往永遠無法化解。這就是我們經常遇到的世界。所以，極端不確定性的可能結果遠遠超出了金融市場，涵蓋了個人與集體的決定，以及經濟與政治的決定。從政治人物影響全球的決定，到本書讀者做的日常決定，無所不包。

對奈特與凱因斯來說，承認極端不確定性隨處可見是了解資本主義經濟如何運作的關鍵。奈特認為，極端不確定性為企業家創造了獲利機會；他們因應極端不確定性的技巧與運氣，推動了技術與經濟的進步。在出版《就業、利息和貨幣通論》的十五年前，凱因斯就發表了《機率論》（*A Treatise on Probability*）。若

要詮釋他後來的著作，必須先了解他對風險與不確定性的觀點演進。不過，在《就業、利息和貨幣通論》中，他以獨特的文學造詣重新表達了奈特的思維：「如果動物的本能減弱，自發性的樂觀衰頹，導致我們只依賴數學期望值，冒險進取的精神將會消亡。」[20] 凱因斯比較擔心的是經濟大蕭條背後的總體經濟因素，而不是推動創新的個體經濟因素。在他看來，是（非數學的）預期——亦即「信心的狀態」——導致經濟難以達到或恢復古典經濟學家所謂的平衡。

然而，凱因斯與奈特還是無法讓極端不確定性變成經濟分析的核心（我們將在第 5 章說明原因）。如今，對於風險與不確定性之間的區別，多數經濟學家頂多就只是嘴巴說說、敷衍一下而已。他們認為機率推理已經解決了極端不確定性的問題。而這個信念也影響了社會科學的其他領域，包括統計學、社會學、心理學，甚至法律。

因此，銀行與企業並未承認極端不確定性，也沒有採取比較適合其他可能未來的政策與策略，而是依賴那些號稱可以洞悉未來的模型；但實際上我們既不了解未來，也不可能知道未來。那些模型試圖管理不確定性，方法是假設商業與金融風險的分析就像分析輪盤賭一樣。我們不知道每次輪盤轉動的結果，但只要反覆一直玩，就會知道有哪些可能的結果，以及每種結果的出現頻率。然而，不確定性卻有多種形式，很少不確定性可以用這種方

式表示。

本書三大命題

　　我們以三大命題貫穿這本書。第一，經濟圈、商業圈、金融圈是「不平穩的」，不是由不變的科學定律支配的。這些圈子的最重要挑戰是獨特事件，所以明智的因應之道必然反映出對特定情況的解讀。不同的個人與群體會做出不同的評估、得出不同的決定，在事件發生之前或之後，往往不會有客觀正確的答案。再者，由於我們所看到的並不是一個平穩流程的結果，傳統的統計推論幾乎都不適用，預測往往是以瞬息萬變的資訊為基礎。

　　第二，個人無法追求最適化，也不會追求最適化。個人不是非理性的，他們不是「偏誤」（意指偏離「理性」行為的方式）的受害者。理性行為的定義主要是取決於所處的情境，而理性通常有許多不同的表達方式。我們認為經濟學家所謂「公理型理性」（axiomatic rationality）和一般人實際所展現的「演化型理性」（evolutionary rationality）是不同的。許多所謂的「偏誤」，其實是為了因應極端不確定的複雜世界而生。在這個不確定的世界裡，演化導致人類的推理出現一些應變特質。人類擅長適應所處的環境，但無法像電腦那樣迅速計算定義明確的問題。那是因為人類面臨的問題（無論是晚宴閒聊出現的問題還是國際貿易談

判時出現的問題），並不是定義明確的問題，無法快速計算。

　　第三，人類是群居動物，溝通是決策的要素；我們以敘事的形式來建構思維。無論是在商業、政治、還是日常生活中，能幹的領導者在做個人與集體決策時往往會與旁人交流，也樂於接受他人的質問。人類有一點很特別，我們會創造出極其複雜的藝品器物，而那只能靠培養信任、合作、協調的網絡才辦得到。市場經濟之所以能夠運作，是因為它嵌在社交情境中。

　　明智、應變的公共政策與商業策略不能以量化評估政策與專案的方式來決定。也就是說，不能由一群專業的模型建構者使用機率推理來決定。在本書中，我們會解釋，為什麼那麼多聰明人的想法與此背道而馳，為什麼他們是錯的。我們要重申，風險與不確定性是不同的。但我們也認為，只要控制風險，我們不僅可以管理不確定性，還可以樂在其中。如果你覺得這說法很矛盾，那麼請繼續讀下去。

第 2 章
謎題與疑團

「最糟糕的歷史學家對自己研究的那個時代的了解，都比當今最優秀的人對我們這個時代的了解都還要來得透澈。最不明朗的時期就是今日。」

——史蒂文森[1]

二○○四年八月，美國太空總署（NASA）從卡納維爾角（Cape Canaveral）發射了信使號探測器（MESSENGER）。雖然水星離地球的距離平均「僅僅」六千萬英里，[2]但火箭以時速八萬四千五百英里飛了四十九億英里後，才終於按照計劃在二○一一年三月進入了水星的探測軌道。[3]

之所以能辦到如此驚人的計算，是因為十七世紀以來，人類已全面了解行星運行的公式，這一切要歸功於克卜勒（Johannes

Kepler）及其後繼者。

行星運行的公式是平穩的（stationary）。在克卜勒發現那些公式之前，它們早就已經主導行星運行了數百萬年，並持續至今。（「平穩的」是數學與統計學的術語，與行星本身的運行無關，而是和行星運行的根本決定因素有關，不會隨著時間改變——我們接下來會經常使用這個字義。）[4]

行星的運行幾乎不受人類行為影響，[5]也完全不受人類對行星運行的想法所影響。

當我們已經大致上完全了解其中的根本流程，且那個流程既不會隨著時間變動、也不受我們的行為與想法影響時，我們就可以像 NASA 科學家那樣做出精確的計算、甚至做出極其詳細的未來規劃——本例中便是指算出未來幾年探測器以火箭速度移動的軌跡。信使號進入水星軌道的位置，正是 NASA 六年半前所預期的位置。

謎題 vs. 疑團

NASA 是時代的產物。我們活在一個啟蒙的時代，科學推理已經取代了權威論述，無論是宗教還是世俗的權威。科學證據就是新的權威。但是，我們有沒有可能把這種為自然科學帶來那麼多進步的分析方法擴展到其他學科呢？人類行為有沒有類似物理

定律的法則呢？

在現實世界或政治世界中，難道任何事物真的都是隨機的嗎？愛因斯坦曾道：「上帝不擲骰子。」他相信這世界基本上已經注定了。[6] 而且，在某個難以想像的深度理解層面上，這可能是真的。但是，無論宇宙編劇的意圖是什麼，我們這些行動者（演員）都面臨著不確定性，那可能是因為我們的無知，不然便是因為根本的流程不斷地在改變。

第 1 章提過，高盛的風險管理者及白宮的情報與政策顧問以機率的術語來表達評估的結果。在那兩種情況下，他們的評估都毫無助益，儘管原因不同（高盛是因為大家認真看待了機率估計值；白宮則是因為他們不看機率估計值）。在那兩種情況下，機率都沒有提供決策者所需的資訊。要是沒有估算機率的充分基礎，就會面臨極端不確定性（看來韋斯特街 200 號〔高盛總部〕[7] 或賓夕法尼亞大道 1600 號〔白宮〕都沒有這種充分基礎）。

金融機構與情報機構的機率學家認為，那種極端不確定的情況非常罕見，他們自認多數重要偶發事件的機率都可以估計。十七世紀以來，以機率術語表達不確定性的情形日益普遍。二十世紀「機率派」加速崛起。在過去的二十年間，機率推理幾乎完全主導了不確定性下的決策描述與分析。

其他作家也做過像倫斯斐那樣的區分，把未知分成「已知的」未知與「未知的」未知。歐巴馬總統任內的國家情報會議主

席、美國情報界長年來的資深人物葛列格‧屈佛頓（Greg Treverton）曾強調「謎題與疑團」（puzzles and mysteries）之間的區別。[8]

「謎題」有明確定義的規則以及唯一的答案，我們會知道自己何時找到了解答。謎題可以給人明確任務與正確答案的滿足感。就算你找不到正確的答案，你也知道答案一定存在。謎題是可以破解的、是有答案的，只是答案可能很難找到。經濟學家擅長解開複雜經濟模型的難題，正是因為他們所受的訓練就是為了解開定義明確又有答案的問題。諾貝爾獎就會頒給那些解開最難謎題的人。

「疑團」則沒有如此清晰的定義，也沒有客觀正確的答案：[9]它們充滿模稜兩可與不確定性。當我們想破解疑團時，問的是「究竟發生了什麼事？」而且我們知道，即便是事後，我們對疑團的了解可能也相當片面。疑團不會給人「答對」的放心感與愉悅感。哥倫布以為他登陸了亞洲。即便是今天，大家仍在激辯全球金融危機期間或賓拉登躲在巴基斯坦的期間「究竟發生了什麼事？」。中東的未來會怎麼樣？或者，行動運算或汽車業的未來發展會如何？我們熟知的銀行能生存下來嗎？資本主義或民主的未來會是什麼樣子？疑團無法像填字遊戲那樣解開；我們只能找出關鍵的因素，並應用這些因素、以過去互動的方式來估算現在或將來的互動。

謎題可能比較有趣，但是現實世界給我們的是愈來愈多的疑團——那可能是因為結果不可知，也有可能是因為議題本身定義不清。

政治學家菲利普・泰特洛克（Philip Tetlock）研究「專業」預測者的績效長達三十年——這些專家的績效大多令人失望。[10] 為了找到衡量判斷品質的客觀標準，以及找出那些決定判斷好壞的因素，泰特洛克需要以可驗證的結果來具體說明問題。二〇一〇年與二〇一一年，他採用了類似下列的問題：「塞爾維亞會在二〇一一年十二月三十一日之前正式獲得加入歐盟的候選資格嗎？」、「義大利會在二〇一一年十二月三十一日之前進行債務重組或違約嗎？」[11]

但這些定義明確的短期問題，並不是政策制定者真正在尋求答案的問題。更重要的問題在於，知道美國與中國能不能為美中日益緊張的貿易與軍事關係找到和平的解決方案；或者歐盟會不會持續擴張，以及五年後歐元這個貨幣聯盟會是什麼模樣。以有明確答案的謎題來取代複雜的疑團，會限制問題與答案的影響與相關性。雖然量化機率是解決某些問題不可或缺的指南，但商業、金融、政治、個人發展中的決策，以及決策所帶來的結果大多過於複雜且定義不精確，不能用量化機率的方式來處理。它們受極端不確定性所限制。

解決「未知的未知」問題

在需要實際決策的地方，就得像屈佛頓那樣清清楚楚區別「謎題」與「疑團」。一九七三年，城市規劃者霍斯特・瑞特爾（Horst Rittel）與梅爾文・韋伯（Melvin Webber）指出，雖然他們客戶的社區在道路、衛生等方面的明確需求獲得了滿足，但客戶依然不滿意。客戶需要更多的東西，但規劃者並不知道客戶需要什麼，居民也無法清楚表達自己的需求。因此，瑞特爾與韋伯把問題區分成「順手」（tamed）與「棘手」（wicked）兩類：順手的問題是已經解決的問題，棘手的問題是可能永遠無法解決的問題。如今這些術語常常用於社會政策與醫療上。[12] 摔斷腿屬於順手的問題；但許多患者的症狀難以診斷出病因、需要接受治療，但治療結果又不確定，他們的醫生就必須解決棘手的問題。工程師也會區分謎題與疑團，並為二者各自取了專業術語：「隨機不確定性」（aleatory uncertainty）與「認知不確定性」（epistemic uncertainty）。氣象記錄會描述橋梁可能會接觸的一般潮汐與風（隨機不確定性），但由於每座橋梁不同、橋梁的位置也迥異，潮汐與風對這些結構的影響是永遠無法完全知道的（認知不確定性）。潮汐與風是已知頻率分配的主題（有圖表顯示特定的潮汐大小與風速的發生頻率），但不確定性依然存在，因為每個複雜的結構必然是獨特的。區分「可用機率描述的不確定性」與「圍

繞著每個獨特專案或事件的不確定性」對於各種實務知識的運用至關重要，也是本書論述的核心。

倫斯斐並不是第一個描述「未知的未知」的人。第二次世界大戰前，英國科學家發明了噴射引擎；到了一九四四年，英國與德國都能生產噴射戰機；第一批商用噴射客機則是由英國的德哈維蘭公司（de Havilland）出品、在倫敦郊外製造的彗星飛機（Comet）。噴射推進的速度增加與新型飛機的及時交付，可望轉變國際旅客的旅行。《美國航空雜誌》（*American Aviation*）評論道：「不論我們喜不喜歡，英國人在飛機運輸上給了美國一記重擊。」[13] 然而，一九五四年，一架 BOAC 航空（現在的英航）的彗星飛機從羅馬機場起飛，沒多久便在空中解體。事發後，彗星飛機遭禁飛近三個月。那段期間，德哈維蘭公司針對彗星飛機進行大幅改裝，「將所有想得到的、可能導致災難的各種問題一網打盡」。[14] 彗星飛機復飛兩週後，南非航空公司的彗星飛機又在起飛不久後解體，巧的是，那架飛機也是從羅馬起飛。失事飛機的殘骸在地中海被尋獲，並送到英國法恩伯勒（Farnborough）的皇家航空研究院（Royal Aircraft Establishment）接受詳盡的測試。那兩起事故都是因為方形窗角的金屬疲勞所致。在事發之前，沒有人料到這種事情竟然會發生。漫長的調查確定了問題源自於微不足道的尷尬細節，於是這次飛安的教訓使德哈維蘭的美國競爭對手波音（Boeing）設計出現在所有飛機都使用的橢圓機窗。波音

707 成了噴射飛機的主力，波音製造了將近一千架。製造 707 的波音工程師把導致彗星飛機停飛的問題稱為「未知的未知」，比倫斯斐早用那個詞近五十年。[15]

波音公司稱「未知的未知」為「unk–unk」。從那時起，關切 unk–unk 一直是該公司思維的一部分。諷刺的是，六十多年後的二〇一九年，換成波音公司在類似彗星飛機的空難中損失兩架最新的飛機。工程師可以解決高空的氣動流及高速飛行壓力等謎題，但是要解開在三萬五千英尺高空上以時速五百英里飛行的飛機究竟出了什麼問題，這種疑團只能靠實際嘗試來解決。

邱吉爾知道答案嗎？

發動戰爭就任何意義上來說都是個棘手的問題。一九三九年九月，二戰爆發後的那幾個月被後來的人稱為「假戰」（phoney war），因為陸上毫無重大行動。一九四〇年四月，英國首相內維爾‧張伯倫（Neville Chamberlain）在一次保守黨會議上表示：「希特勒錯失了良機。」[16] 張伯倫發表那段誤判言論四天之後，德軍便入境丹麥並轉運挪威。挪威北部那維克（Narvik）的一支英國遠征軍以難堪的撤退告終。那次的慘敗導致張伯倫下台，由邱吉爾接任首相。正當英王召見邱吉爾、請他組閣時，納粹的閃電戰開始了。德軍快速穿過荷蘭和比利時，與英軍及法軍交戰。不

到一週，法國失守。

一九四一年六月，納粹德國攻擊蘇聯。德軍逼近莫斯科，但未能抵達，可能是因為他們誤把重點放在取得南方的油田，而不是北方的政府所在地。一九四一年十二月七日，日本空軍在珍珠港擊沉了一支美國艦隊。翌日，美國國會對日本宣戰。三天後，希特勒對美國宣戰。

史學家仍在爭論一九四〇年的重大不確定性。如果英國按照哈利法克斯子爵（Viscount Halifax，與邱吉爾競爭首相大位的主要對手）的提議去和平談判，那會發生什麼狀況？有些人認為，在英國解除武裝的情況下，德國可能會在歐洲取得全面性的勝利。另一些人認為，希特勒入侵俄國、日本偷襲珍珠港等關鍵事件無論如何都會發生，所以最終結果都是一樣的。我們無法確定為什麼希特勒放棄入侵英國、轉而把注意力集中在俄國，畢竟開闢第二條戰線大大降低了他在任一條戰線上的成功機率。

德國與日本的突襲讓史達林與羅斯福大為震驚，儘管二人事前都收到了充分的警訊，他們卻沒有準備，以致於措手不及。他們不相信這種突襲會發生，畢竟那樣的行動貌似莽撞且愚蠢。那確實很莽撞愚蠢——與蘇聯及美國交戰可能會有的結果，就是侵略者慘敗收場。

邱吉爾的個性急躁固執，經常誤判局勢。他早期的政治生涯因一九一五年達達尼爾戰役（Dardanelles Campaign）的失敗而翻

黑。一九二四年到一九二九年擔任英國財政大臣期間，他決定回歸戰前平價的金本位制，這是英國經濟史上最糟的決定之一。但是在政治家之中，邱吉爾算是當之無愧的傑出人物，因為從希特勒掌權開始，他就很清楚「究竟發生了什麼事」，而且由於他認為開戰無可避免，他不僅發揮了鼓舞人心的領導力，也展現出對核心戰略議題的十足把握。

邱吉爾知道，英國的存續與否，取決於美國會不會與英國並肩參戰、共同對抗希特勒；但他也知道要讓美國參戰有多麼困難。他跟羅斯福一樣，萬萬沒有想到日本會偷襲美國，也沒料到希特勒對此的反應。雖然他很沒耐心，但他懂得靜待局勢的發展──後來歷史證明他是對的。邱吉爾就跟歐巴馬一樣（雖然邱吉爾所面臨的情況更為複雜），覺得重大決策的不確定性不能用機率表示；但與歐巴馬不同的是，當時沒有人建議他看機率做決策。那時的環境是極端不確定的，他面臨的問題很「棘手」，而不是「順手」。

軍事行動很複雜，且往往以不可預測的方式發展。二戰歷經五年半無數次的意外轉折。信使號則用了六年半的時間，沿著複雜但完全預料中的軌道運行到水星。兩者的過程形成鮮明對比。儘管如此，戰爭行動是對既定目標的回應，大致上來說也是朝著某個決議前進──即便過程可能相當血腥。二戰是由納粹侵略引發的，問題在於如何遏制那場侵略；而在一九四五年，明確的結

果出現了。商業、金融、政治領域的許多問題則定義不清，從未得出結論，它們甚至比軍事策略的議題來得更加「棘手」。

等待下一個大爆點

小湯瑪斯・沃森（Thomas Watson Jr）追隨父親老湯姆・沃森（Tom Sr）的腳步，擔任 IBM 的執行長。他們父子倆打造的公司從一九五〇年代開始，主宰著全球的電腦市場。直到一九八〇年代個人電腦革命時期為止。小沃森所說的「全球市場只需要五部電腦」的這個觀點成為無稽之談。這些 IBM 機器很龐大，在一九七〇年代，一所大學或一家大企業只有一台電腦。筆者還記得，從前的日子還得自己帶著一箱打孔卡，去使用牛津大學或劍橋大學的電腦。牛津大學的電腦裝在班伯里路（Banbury Road）上一個有空調的龐大地下室裡，劍橋大學的電腦則是放在命名相當貼切的「新博物館站」。

肯・奧爾森（Ken Olsen）是當時美國第二大電腦公司迪吉多（DEC）的執行長。一九七七年，奧爾森宣稱：「沒有人會想在家裡安裝電腦。」[17] 奧爾森預期電腦將會有廣泛的應用，但他跟許多人一樣，認為數百萬人只要使用少數幾台龐大的中央設備就能獲得電算力，不必像家電那樣從家裡連上電網以取得電算力。

另一種數位未來的遠景則是想像一系列尺寸較小的專用機

器。一九八〇年代初期，多數的專業辦公室使用的是文字處理器。那種機器可以輕易訂正文檔及剪貼內容，還可以接上高品質的印表機。它們改變了打字員的工作，幾乎淘汰了電動打字機。王安電腦（Wang Laboratories）是文字處理器的市場領導者。可自訂功能的小型計算機取代了工程師的計算尺。惠普（HP）和卡西歐（Casio）生產的專業機器可以計算到期收益率或選擇權價值，讓市場交易員不必再憑直覺抓數字。

然而，當工業以不同的方式發展時，這些功能特定的機器也遭到了取代。一九七一年，英特爾（Intel）開發出一種通用晶片，亦即微處理器，於是只要一個小裝置就可以提供多種功能。英特爾的創新為微電腦的製造奠定了基礎。一九七二年，巴特勒・蘭普森（Butler Lampson）在全錄帕羅奧多研究中心（Xerox Parc）製造了 Alto，這台機器的外觀與現代的桌上型電腦幾乎無異。蘭普森的團隊為那台電腦增添了許多如今我們認為理所當然的功能。但多年之後，全錄才試圖推出商用版的機器上市，而該公司從未在電腦業中站穩腳跟。

在全錄持續精進 Alto 時，一些業餘愛好者開發出個人電腦。Altair 桌上型電腦是個售價四百美元的自組裝置，一九七四年十二月首次在《大眾電子》（Popular Electronics）雜誌上打廣告。在西雅圖，兩個年輕的高中好友保羅・艾倫（Paul Allen）與比爾・蓋茲為 Altair 設計了一種簡單的程式語言 BASIC。一些傳統

電腦業以外的大公司發現了小型電腦的潛力。家用電腦是使用卡帶儲存資料，以電視機作為螢幕。AT&T 和 Sony 開始銷售桌上型電腦，但這些計劃都失敗了。

一九八一年，IBM 推出「個人電腦」（PC）。由於 IBM 享有卓越的聲譽與市場地位，它支持的任何東西市場接受度都很高。即使許多使用者認為 PC 的性能不如市面上的一些機器，但也無損 IBM 的地位。軟體開發人員決定使用哪種格式時，IBM 的系統是顯而易見的選擇。因此，不到幾個月，PC 就成了小型電腦的通稱。

IBM 為了迴避自身緩慢的決策流程，刻意繞過那些擔心這項創新會威脅自身地位的管理者，便把個人電腦大部分的開發工作外包出去。為了開發作業系統，IBM 找上蓋茲與艾倫經營的小公司微軟。IBM 以五萬美元買下他們兩人開發的套裝軟體，而當時 IBM 完全沒意識到自己正掀起一場革命，所以 MS–DOS 的使用權仍屬於微軟。當 IBM 試圖掌控另一款更複雜的新作業系統 OS/2 時，為時已晚。MS–DOS（支援 Windows 3.1）已經無處不在了。

與此同時，賈伯斯與史蒂夫・沃茲尼克（Steve Wozniak）於一九七六年開始在車庫裡組裝蘋果電腦，如今那裡已變成一處史蹟。[18] 蓋茲與微軟知道，商業若要成功，就必須同時兼顧易用性與技術先進性；但賈伯斯又進一步拓展那個理念，構想出一款不

必懂電腦就能使用的電腦。為了實現這個目標，賈伯斯借用了全錄帕羅奧多研究中心的另一項發明：圖形使用介面。蘋果電腦的螢幕上有圖示，那些圖示構成了電腦桌面的外觀，並搭配方便好用的輔助工具，例如滑鼠與垃圾桶——對於當時在電腦用戶中占主導地位的技客而言，這些創新看似噱頭，但這卻讓更多人接觸了電腦，畢竟大家覺得蘋果電腦比較有趣。

然而，你必須購買蘋果整合的軟硬體，才能使用那些功能。當大家普遍採用 IBM PC 更開放的標準時，蘋果一心想要維持專利系統的做法就失敗了。Windows 系統結合蘋果的圖形使用介面與微軟已經普及的 MS-DOS 席捲了全世界，幾乎讓蘋果從這個世界上消失。一九九〇年代中期，蘋果接近破產邊緣，市占率下降，創新衰退。

一九九七年，賈伯斯回歸蘋果（十年前他被董事會趕出公司）。賈伯斯重返他二十年前所創立的公司，使得日漸萎縮的蘋果迷振奮不已，但商界沒什麼人對此抱持太大的期望。一九九八年，加州大學洛杉磯分校的策略教授魯梅特（第 1 章出現過）訪問了賈伯斯，問他有什麼計劃。賈伯斯回答：「我在等待下一個大爆點。」[19] 事實證明，「下一個大爆點」是音樂。音樂發行商抵制數位下載，宣稱那是盜版。他們試圖保護透過唱片行銷售 CD 的既有業務。線上音樂服務軟體 Napster 與其他非法的檔案共享服務蓬勃發展。蘋果取得了透過 iTunes 商店銷售數百萬支可下載

曲目的權利，每首歌的售價是九十九美分，並於二○○二年推出iPod。賈伯斯宣稱：「一千首歌就在你的口袋裡。」

iPod 為更大的爆點奠定了基礎：掌上型電腦。二十世紀末與二十一世紀初，商務人士已經可以買到高階的攜帶型裝置。先是有掌上型電腦 Palm Pilot 的出現，後來又有黑莓機（BlackBerry）興起。不過，蘋果的產品鎖定的是一般消費者，接著又開放系統讓開發者為它提供 APP。把音樂播放器與日益普及的手機結合起來，再加上螢幕，你就可以為一個可放進口袋的小玩意兒設計出幾乎無限多的應用程式。iPhone 剛問世時曾被微軟執行長史蒂夫・鮑默（Steve Ballmer）的嘲諷，他反問：誰會沒事花五百美元買一支手機？[20]

結果是，很多人都買了。十年後，智慧型手機的總銷量已突破十五億支。智慧型手機不僅改變了娛樂的本質，也改變了商務溝通的本質。二○一一年賈伯斯過世時，蘋果已經超越微軟，成為全球最有價值的公司。蘋果行動裝置的流行使蓋茲與其繼任者鮑默措手不及。Nokia 也是如此，這家芬蘭公司原本是全球最大的手機供應商。二○一四年，微軟收購了 Nokia 的手機部門，兩家公司合力抵禦風暴。Palm 變成惠普的一部分，而如今黑莓機已成明日黃花。

不過，當初奧爾森質疑家用電腦的必要性可能終究是對的。現在家裡不再需要電腦了，因為我們隨身攜帶著一台迷你電腦，

並從雲端取用無限的記憶體及強大伺服器的處理力。但奧爾森的公司無法從這種遲來的平反中獲益。營運困難的迪吉多先是併入康柏（Compaq），康柏後來又併入惠普。二○一五年，惠普一分為二，現在主要是以生產印表機聞名。而當初讓文書處理器普及的王安電腦，早在一九九二年就破產了。

個人電腦的發展史充滿了各種成敗，它在滿足消費者不斷改變的需求方面非常成功，但在企業預測市場如何發展這方面卻徹底失敗。迪吉多雖在即將大幅成長的小型電腦領域中享有領先地位，卻未能從中獲益。王安電腦、卡西歐、Palm、黑莓機、Nokia 一度在市場上登峰造極，卻又迅速殞落。IBM 開創了一項新事業，但也破壞了既有的事業。一九八○年代，蘋果對專利系統的堅持一敗塗地，但二十年後，他們證明自己是成功的。微軟未能預見行動運算的重要；在促成行動運算的創新方面，全錄的貢獻比任何公司還多，卻未曾從旗下科學家的發明中獲得商業利益。電算業的先驅打造了功能非凡的機器以破解「謎題」，卻未能了解產業策略的「疑團」。

從「未知的未知」到「已知的未知」

有時知識的進步可以破解疑團。恐龍主宰了地球一億三千萬年（人類只主宰地球約十萬年），但是約六千五百萬年前，地球

上發生了一起非比尋常的事件，導致多數物種消失，包括恐龍——亦即白堊紀－古近紀滅絕事件（Cretaceous–Paleogene extinction）。學校老師教我們，恐龍之所以滅絕是因為恐龍的大腦太小了（相對於身軀）。這是一派胡言，但這種說法也許能鼓勵我們好好寫功課。恐龍的滅絕長期以來一直是個未解之謎。但科學知識的累積已經把這個疑團變成了謎題，解答也正逐漸拼湊出來。過去三十年間，科學家為那次物種滅絕事件提出了一套合理的解釋：一顆直徑至少六英里的小行星在墨西哥猶加敦半島（Yucatán Peninsula）附近撞擊地球，使得大氣層充滿碎片。那些碎片覆蓋了天空多年，徹底改變氣候。[21] 隨之而來的物種滅絕改變了演化進程，這也是我們與其他的哺乳動物如今存在地球上，但恐龍已經消失殆盡的原因。

一九〇八年撞上地球、成為當代記錄主題的最大物體（注：通稱「通古斯大爆炸」〔Tunguska event〕，為西伯利亞上空發生的爆炸事件，成因至今眾說紛紜），幸好是落在西伯利亞通古斯河（Tunguska）附近無人居住的地區。該次撞擊所釋放的能量是廣島原子彈爆炸的一千倍。如果那個物體擊中的是曼哈頓，紐約市將會全毀。不過，那顆撞上猶加敦半島的小行星，可能是這個物體的一萬多倍。

許多歷史性的大災難（例如黑死病或舊金山大地震）若放到現代，是可以避免或可大事化小的。隨著醫學知識的進步，當初

導致近半數歐洲人喪命的疑團變成了謎題，現在已經可以解決了。如今我們對地震有更深入的了解，亦可以打造更堅固的建築來抵禦地震與火災，但下次地震何時會發生仍是個疑團。

一八七九年，蘇格蘭剛建成的泰鐵路橋（Tay Bridge）承載著北不列顛鐵路公司（North British Railway）從法夫（Fife）到丹地（Dundee）的鐵路，不幸在狂風中坍塌。詩人威廉‧麥戈納格爾（William McGonagall）寫道：「一八七九年最後一個安息日，將會讓我們永銘於心。」[22] 當時正好有一列火車行經橋上，導致九十人在那場災難中喪生。[23] 十九世紀時，隨著鐵路的擴張，許多橋梁陸續建成。當時由於大家對相關的物理學所知有限，許多橋梁不幸崩垮。泰鐵路橋事故發生的三年前，美國俄亥俄州的阿什塔比拉河鐵路橋（Ashtabula rail bridge）才剛坍毀沒多久，那座橋還是湖濱與密西根南方鐵路公司（Lake Shore and Michigan Southern Railroad）的總裁親自設計的。

後來，比較謹慎的鐵路管理者開始尋求工程師協助。得到教訓的北不列顛鐵路公司重新審查了另一個抱負更遠大的專案，橫跨愛丁堡與法夫之間的福斯河。在那座福斯橋（Forth Bridge）竣工（一八九〇年）之前，他們做了許多實驗來確定風對金屬的影響。即便如此，一九〇七年，類似的魁北克橋（Quebec Bridge）依然在興建期間崩塌了。那個年代還有一部戲劇性的電影記錄了所有崩塌的橋梁，其中最令人驚心動魄的記錄，就是西雅圖附近

橫跨普吉特海灣的塔科馬海峽吊橋（注：Tacoma Narrows Bridge，一九四〇年首度通車，不到五個月便崩塌）。儘管一九四〇年大家對風暴壓力已有不錯的了解，但對空氣動力效應的掌握依然有限。如今，類似的橋梁在設計階段會在風洞中進行測試。在過去一百年間，疑團的範圍逐漸縮小。天氣對橋梁與其他結構的影響，如今大致上已經可以視為一種可解之謎。

有些疑團之所以一直存在，是因為永遠找不到答案。一八七二年十二月五日，有人發現瑪麗賽勒斯特號（Mary Celeste）被遺棄在亞速爾群島（Azores）附近的大西洋上。那艘船沒壞，糧食儲量也很充足，航海日誌也留在船上。但救生艇與船舶證書（注：法律要求船舶攜帶的船舶註冊證書與其他相關文件，作為船舶國籍與所有權的證據）都不見了。船長、他的妻女，以及七名船員都不見蹤影。他們從此人間蒸發，再也沒有人看過或聽過他們的消息。

這樁海上的神祕事件引發了前所未有的關注。一些假設看似合理（例如遇上海盜或叛變）卻與證據相互矛盾，因此引發了古怪的揣測（比方說遇到海怪）。這起事件之所以出名，部分原因在於福爾摩斯的作者柯南・道爾針對當時發生的事情寫了一篇虛構（而且完全不合情理的）故事。[24] 但他的理論只是眾多理論的第一個。[25] 幾乎可以肯定的是，即便歷代的犯罪小說家費盡心思把這起事件寫成一個謎題，瑪麗賽勒斯特號上究竟發生了什麼

事，永遠會是一個疑團。即使有答案，我們也永遠不會知道真正的答案是哪個。決策理論的現代科學主張運用機率推理，多數的疑團都可以簡化為謎題。那種推理可以解開謎題，但無法破解疑團。現實世界中的生活管理基本上就是在思考與因應疑團，而這也正是本書探討的主旨。

第 3 章
極端不確定性隨處可見

> 「所臨到眾人的是在乎當時的機會。」
>
> ——《聖經》〈傳道書〉九章十一節

　　預測很難。但誠如前述，NASA 的物理學家與工程師能夠以不可思議的準確度預測信使號的位置。NASA 處理的問題不但已全面被理解、而且完全明確又平穩。此外，那個系統不會因為與人互動而改變，系統的運作也不受人類對它的理解或人類的行為所影響。倘若經濟問題就像 NASA 面臨的那樣，那麼，經濟學家也可以擁有等同 NASA 的預測能力。

　　但經濟關係會隨著時間轉變，也就是說，它的本質是不平穩的。經濟波動反映了我們的預期。社會學家羅伯·莫頓（Robert K. Merton）把反身性（reflexivity）視為社會系統的一種獨特屬

性。[1] 也就是說，系統本身受到我們對它的信念所影響。奧地利流亡哲學家卡爾・波普爾（Karl Popper）開發了反身性的概念，那個概念後來變成他的學生喬治・索羅斯（George Soros）的思維核心，[2] 也成為芝加哥經濟學家羅伯・盧卡斯（Robert Lucas）及其追隨者探究總體經濟學的方法，這個部分我們將在第 19 章詳細說明（不過，他們對問題及其解決方案的觀點截然不同）。

反身性削弱了平穩性，這正是所謂「古德哈特定律」（Goodhart's Law）的精髓所在——任何商業或政府政策若要擔負起穩定社會與經濟關係的責任，都有可能失敗，因為他們實施的政策會改變被影響者的行為，從而破壞穩定。[3] 在反身性的早期例子中，《聖經》中的先知約拿（Jonah）曾預言亞述帝國大城尼尼微（Nineveh）的毀滅，因為他收到上帝打算懲罰那座城市的內幕消息（然而他前往尼尼微的旅程因離奇遇到鯨魚而中斷）。但是在他抵達尼尼微後，當地居民聽到他的預警而悔改，尼尼微也因此倖免於難。「這事約拿大大不悅，且甚發怒。」大眾駁斥他的預測不準，令他非常沮喪（與現代的許多預測者不同）。但上帝說服約拿相信，圓滿的結果比他的預言失準更為重要。

尼尼微王披上麻布、坐在灰中（注：尼尼微悔改的方式）。但華爾街的巨頭沒有類似的機會或意願。二〇〇八年九月十五日雷曼兄弟的崩解，在當時是不可能被普遍預測到的，畢竟要是大家有事先料到，那天就不會發生那種事了。雷曼可能會更早倒

閉，或者監管機構或雷曼本身會採取行動以避免倒閉，或至少會儘量把大事化小。由於信念會影響行為，經濟體系瞬息萬變。

機率推理的範圍

《牛津詞典》把不確定性定義為「不確定的狀態」。所謂的「不確定」，指的是「不可靠，不知道或不一定」。[4] 這種不確定性是因為我們對世界的狀態——過去、現在、未來——不完全了解所造成的。也可以說是因為我們對行為與結果之間的關連了解得不全面。當不完全了解導致懷疑時，我們才會談論不確定性——我們都知道有些人只是無知，但還不至於令人起疑（例如一些政客），所以不會產生不確定性。

某某人可能不確定賓州的首府是哪個城市，或誤以為賓州的首府是費城；但除非他打算會見賓州州長，否則就算他不確定首府在哪裡，可能也無關緊要。面對不確定性，有時候我們可以透過查閱參考書、上網搜尋，或是詢問知情的人來解決。這種可解決的不確定性，是不確定性的其中一端，可以透過進一步的調查來消除疑慮。其他可解決的不確定性，則有平穩的機率分配，例如拋硬幣或布朗運動（液體或氣體中，小粒子的隨機運動）。這些不確定性的相關資訊都是已知且量化的。機率推理是為隨機性的機會賽局（game of chance）設計的，例如打牌、輪盤賭、彩

券。但這些問題都是人為的。遊戲的規則、一副牌的組成，都是完全明確的。而剩下未知的東西（例如轉動輪盤後球會走到哪裡，下一張牌是不是王牌）是無法知道的。

　　或者，是刻意那樣設計的。在隨機的世界裡，一般會認為那些試圖透過內線或內幕消息享有優勢的策略算是「詐欺」。一旦被揭發，便會引起眾人不滿，並遭到驅逐。二〇〇四年，有一群人在倫敦的麗茲賭場（Ritz casino）用雷射衡量器來計算輪盤上那顆球的軌跡，藉此贏了一百多萬英鎊（在球繞完三圈之前，都可以下注）。後來他們遭到逮捕，經過九個月的調查後，警方判定他們並沒有違反一八四五年《賭博法》中的第十七條禁止「非法裝置」，因為那些嫌疑人並未干擾賭局的結果。[5] 然而，他們阻礙了「公平賭場」的實現。在公平的賭場上，客觀頻率分配是已知的，且對所有的參與者來說是一樣的。

　　許多賭徒相信自己有一套系統。麗茲賭場的那群賭徒之所以與眾不同，在於他們確實有一套系統。麻省理工學院（MIT）的數學教授愛德華・索普（Edward Thorp）也是如此。一九六〇年代，他用統計分析設計了二十一點算牌法，橫掃賭場。他被賭場列入黑名單後，為了能順利進出拉斯維加斯的賭場，他開始戴假鬍子、做其他的偽裝。後來，他在華爾街找到更輕鬆應用自身技能牟利的方式。[6] 基於表面上不同、但實質上相似的原因，證券市場的主管機關也在限制有內線或內幕消息的交易員活動。

發現黑天鵝

與真正隨機相反的不確定性，則是真正的「未知的未知」。塔雷伯以「黑天鵝」來比喻商業與金融領域中的「未知的未知」，那些領域的重要性並不亞於航空業。黑天鵝這個比喻源自歐洲，歐洲人一直以為所有的天鵝都是白的（因為歐洲的天鵝都是白的），直到澳洲殖民者發現了黑天鵝，才因此改觀。一個世紀以前，一台能放進口袋、拍照、開根號、導航、用來讀上百萬本小說的電話並非不可能出現，只是那不在想像的範圍內或可能的範圍內。在西元前三千五百年左右，古伊拉克人「蘇美人」發明了輪子，在輪子發明之前，沒有人談論發明輪子的可能性。輪子發明以後，不確定性就消失了。未知的未知變成了已知的已知。找出發明輪子的可能性，就等於發明輪子。無論是在事發前還是事發後，你若問說「這種事件發生的機率是多少？」都不是一個容易理解的問題。[7]

真正的「黑天鵝」是無法算出發生機率的世界狀態，因為那些狀態我們根本意想不到。恐龍是「未知的未知」的犧牲品──牠們死的時候，連發生了什麼事都不知道。人類的滅絕可能會以另一種方式發生。為了找出這類潛在威脅，劍橋大學的科學家兼皇家天文學家馬丁‧里斯（Martin Rees）創立了生存風險研究中心（Centre for the Study of Existential Risk），並提出一些減輕威

脅的措施。他針對氣候變遷失控、流行病肆虐、人工智慧與機器人失控等威脅發生的可能性提出警告。但就歐洲人對天鵝的了解，歐洲人知道看到黑天鵝不是機率很低的事件，而是難以想像的事件。那些被流放到澳洲的殖民者登上第一艦隊（First Fleet）時，沒有人會提出或接受「我跟你賭一千元，澳洲所有的天鵝都是白的」之類的賭注。自然現象比社會現象更有可能是平穩流程的結果——畢竟實體世界的結構變化比全球商業、金融、政治的變化來得小。不過，流行病的影響不只取決於疾病的病原體，也取決於醫學知識的多寡。醫學知識的影響甚至比病原體的影響更大。黑死病不會再發生，因為抗生素可以輕易治癒鼠疫（雖然抗生素的療效受到威脅），而且已開發國家出現霍亂大爆發的可能性很小。但是，一種由尚未存在的病毒所引發的傳染病可能會流行起來，我們應該要有心理準備。以機率來描述嚴重的流行病、環境災難、核毀滅，或機器人制伏人類不僅是在誤導自己，也是在誤導他人。我們只能以敘事的方式談論。人類毀滅時，很可能不是某種「長尾」事件的結果（長尾是指已知頻率分配的事件中，發生機率很低的結果），甚至也不是里斯與同仁設想的那些意外事件的結果，而是我們完全無法想像的意外所造成的。

　　一八九六年，卓越的物理學家克耳文勛爵（Lord Kelvin）寫道：「我對熱氣球以外的任何飛行毫無信心，也對我們聽說的任何試驗不抱持任何期望。這樣你就明白了：我並不想成為航空學

會的會員。」[8] 他發表那番言論後不久，第一次管制飛航就完成了，飛行距離達三百碼，持續時間近一分鐘。英國第一艘運送犯人至澳大利亞的第一艦隊抵達植物學灣（Botany Bay）時，沒有人預期會看到黑天鵝。兩百年後的今天，重達三百六十噸的空中巴士 A380 客機可以搭載五百五十名乘客從英格蘭飛到澳洲，總航程逾九千英里。這對一百年前的人而言，可是完全無法理解的。同樣地，未來的一百年也充滿了極端不確定性。

對著鏡子觀看，模糊不清

半個多世紀以來，一種在不確定性下做理性選擇的方法主導了經濟學，並為大學與商學院所傳授的「決策科學」提供了基礎。該理論主張，行為者會在界定好的限制下追求最適化。他們先列出可能的行動路線，定義各種選擇的結果，並加以評估。接著，他們挑選出最好的選項，必要時，他們會也預測其他人對自己的選擇所做出的反應。每個人一輩子都在規劃要怎麼消費，從教育、養兒育女到退休，無一不包。公司挑選策略以追求股東價值的最大化。政府挑選政策以追求社會福利的最大化。

然而，稍微反思一下就知道，他們並沒有這樣做，他們不可能掌握這樣做所需的資料。他們既不知道所有可用的選項，也不確定那些選項會帶來什麼後果。他們甚至不知道，今天渴望的東

西，明天到手時是否還想要。年輕人不知道自己的職涯發展會怎麼樣，不知道未來四十年能賺多少錢，不知道自己會不會結婚或離婚，或是何時結婚或離婚，不知道退休後需要什麼，也不知道自己能不能活那麼久。沒有執行長知道做什麼可以使股東價值最大化，甚至做了某件事以後，也無法確定股東價值是否真的最大化了。要是你以為政府能算出做什麼可使社會福利最大化，那更是荒謬——政策與行動的結果太不確定了。

真實的家庭、真實的企業、真實的政府並不會追求最適化，他們只會因應。他們循序漸進地一步步做決定，而不是爬上地形的最高點以看清全貌；他們只會爬到比現在較高的位置。他們試圖找到更好的結果並避免更壞的結果。本書的主要部分將描述世人如何管理及因應極端不確定的世界。

為什麼這種論點看似顯而易見，卻普遍被忽略呢？「以最適化作為決策目標」之所以能夠稱霸決策領域，是因為它忽略了極端不確定性。由於機率推理可以有效說明機會賽局，這種決策理論的方法是以機器推理為基礎，把不確定性分成「未知且不可知」，以及「未知但能夠以已知的機率分配來描述」。使用這種方法的人會刻意忽視前者，把「未知且不可知」描述為「轉變」與「衝擊」，像撞上猶加敦半島的小行星那樣不可預測且令人費解。其他的不確定性則被視為可解決的。他們完全不留餘地給極端不確定性。

但是人通常必須在資訊不完全的情況下做出決定。現實生活大多是落在隨機性與黑天鵝這兩種對立的極端之間。我們知道一些事情，但知道的還不夠，大家集體擁有的知識分布廣泛且不平均。監管機構與交易對手可能知道雷曼兄弟管理不善、資本不足（雖然資本是否真的不足仍然眾說紛紜）。他們或許知道雷曼可能會倒閉，但並不知道倒閉的方式或時間。我們對著鏡子觀看，模糊不清。（注：語出《聖經》〈哥林多前書〉十三章十二節。）

　　我們可以輕易理解，為什麼經濟學家與統計學家會為了尋求明確與全面的解決方案，而廣泛拓展機率推理的應用範圍。機率推理的根本數學帶有某種簡潔的美感，而且實務上只要具備一些必要的技術技能就能應用。保羅・薩繆森與勞勃・梭羅（Robert Solow）可說是戰後最傑出的經濟學家，他們在麻省理工學院待了半個多世紀，辦公室就在彼此的隔壁。薩繆森表示：「年輕時，梭羅曾說：『如果你不覺得機率論是世界上最有趣的主題，我為你感到遺憾。』我一直很認同那番說法。」9

　　機率論引人入勝，那是可以理解的。但我們懷疑，這種數學之所以直到十七世紀才發展出來，是因為現實世界的問題大多無法用這種方式適切地表達。機率推理最引人注目的延伸，是套用在可能的結果有很明確界定的情況下，促成結果的根本流程幾乎不會隨著時間改變，而且又有豐富的過往資訊。你每天上下班的通勤時間就是一例；交通事故與死亡率之類的風險也是一例（可

由保險市場處理）。幾千年來，農民預測天氣，他們知道天氣有一整年的循環週期，只是不明白個中的道理。不過，透過仔細的記錄與電腦建模，預測變得更加準確，天氣預報已成了一門成功的生意。

然而，氣象學家與他們的氣象預報，對明天是否會下雨並沒有影響。當人類的行為與結果相關時，機率就變得不太有用了。我們可以查詢行人穿越馬路發生意外的統計數字，或六十五歲男性的預期壽命，但是那對我們決定是否要過馬路，或該為退休存多少錢，幫助不大。某種事件的機率或成為百歲人瑞的機率，不僅取決於綜合統計資料，也與個人的因素相關，而且我們不見得知道那些因素。那些統計資料本身也受到我們的信念所影響：儘管交通流量增加了，但如今被撞死的行人數比一九二〇年代還少得多，因為我們知道馬路如虎口。[10]

綜合資料有助於降低這些個別因素的重要性，但是過馬路是否為明智之舉，則取決於道路的性質以及我們的靈敏度、視力與聽力。我們可以合理相信，我們不會明天就掛了，也不會活到一百二十歲；但這些資訊無法告訴我們，在有生之年耗盡儲蓄的可能性有多大。所以，這些「棘手」的問題屬於極端不確定性的範圍。了解根本流程是不夠的，過程本身持續在變，它們運行的方式不僅取決於當事人做什麼，還取決於當事人的想法。機率推理看似美好、引人入勝，但遺憾的是，套在現實問題上大多不太適

用。

世界的相關狀況明明是一個現有的事實，但有時候即使決策者盡了最大的努力，也不知道世界的相關狀況（例如，躲在那個基地裡的人是賓拉登嗎？）。有時候，世界的真實狀態是一個現在或過去的事實，但不是每個人都知道（例如，瑪麗賽勒斯特號究竟發生了什麼事？）。或者，以一個對現代世界相當重要的問題為例，在二〇〇〇年的美國總統大選中，小布希與高爾究竟在佛羅里達州各拿到多少選票？（注：雙方在這個州的得票數異常接近，當時由於雙方仍未取得過半的選舉人票，因此佛羅里達州的二十五張選舉人票最終可以決定選舉的勝負，而爭議在經過多次的反覆點算普選票以及司法判決後才結束）

當問題是已知、但答案的範圍為無限時，套用機率的數學是可疑的，結果是模糊的。當問題已知、但問題的性質顯示答案含糊不明時（例如「未來五年中東會發生什麼事？」或「二十年後私有財產的地位將如何？」），我們無法合理地為狀態估算機率。

解釋不確定性

多數醫療的結果是不確定的。醫生往往從自身及整體醫療業的經驗中了解頻率分配，但即使有廣博的資料，每個病人的情況都獨一無二。由於現代醫療要求知情同意（informed consent），

醫生必須向病患傳達這種不確定性，但病患通常渴求確定性。他們非常信任醫生的判斷，並且願意相信醫生比他們了解得更多。有一名倫敦醫生為可能想要參與不同抗生素療法試驗的加護病房患者設計了一份說明書，他請一群患者針對那份說明書的措辭提供意見反饋。結果顯示，這群沒有醫療專業的病人不喜歡下列的措辭：「醫生希望進行這項試驗，因為他們不知道哪種抗生素療法最好」，比較喜歡「醫生希望進行這項試驗，以協助他們判斷哪種抗生素最好」。一位病人指出：「加護病房的一切都很不確定，我最不想知道的是，就是連醫生也不知道該怎麼做。」醫生的反應是「表達不確定性有時無濟於事，但脈絡很重要」。[11]

　　找不到證據顯示杜魯門曾說過「給我一個單手（one-handed）的經濟學家」（注：據傳，杜魯門曾經抱怨：「所有經濟顧問都愛說『一方面（on the one hand），另一方面（on the other hand）』，他們就不能明確地給我一個答案嗎？」），所以我們認為這位精明的前總統不太可能說過類似的話，他非常清楚極端不確定性的重要。然而，即使政治上沒有確定性，政客還是想要找確定性。筆者之一擔任英國央行的副總裁時，曾被要求到英國下議院的教育與就業特別委員會，針對英國是否應該加入歐洲貨幣聯盟（European Monetary Union）的議題作證。議員問道，我們如何知道英國的景氣循環與歐陸的景氣循環趨同？答案是，由於景氣循環的持續時間是十年，我們至少需要觀察二三十次，才能評估這

個議題。所以，我們要等兩百年後、甚至更長的時間以後，才會知道答案。那個根本問題是假設驅動景氣循環的流程是平穩的，而且隨著時間推移，我們會對那個流程有足夠的了解、可以進而提出答案。然而，宣稱景氣循環自工業革命以來一直不變實在是太荒謬了。我們沒有理由假裝我們只要靜靜等待，就會更深入了解一個固定的流程。「你永遠無法確定景氣循環已經趨同了，那永遠是一個判斷問題。」[12] 這種極端不確定性是無法解決的。

創造成長或波動的經濟流程，不會長期穩定到讓你有效地估計經濟變數的機率。多數有趣的總體經濟問題（例如英國脫歐的經濟影響，或下次金融危機的性質與時間），我們都無法輕易估算各種可能結果的機率，甚至連可能的結果都只能模糊地定義。「未來十年有可能出現另一場全球金融危機嗎？」這種問題的明智回答是「我不知道」。專業的經濟學家及經濟行為者（無論是企業或家庭）都在努力解決「究竟發生了什麼事？」這個問題。有些專家明明沒有、也不可能擁有某些知識，卻聲稱他們知道，所以才會有人反嗆說「受夠了專家」。（注：英國公投之前，留歐派大打經濟牌，不斷拆穿脫歐派的謊言，結果脫歐派的大將麥可・戈夫〔Michael Gove〕說：「我們已經受夠了專家。」）

實際的決策

　　不確定性有諸多不同的面向，這表示我們用來因應風險與不確定性的對策，取決於我們面臨的特定問題。世上多數人對假設性的問題（例如賓州的首府是哪個城市？）大多不怎麼關心，以此衍生的無知也多半無傷大雅。就像筆者對「哪匹馬贏了二〇二〇年的肯塔基賽馬？」這個問題毫無興趣。我們根本不知道有哪些馬與騎士參賽、不知道他們的長相，也不知道比賽何時舉行。我們沒打算下注，也沒打算在完賽名單公布後找出誰是贏家。

　　當決策確實很重要時，理性的人會把決策委託給那些擁有相關資訊、也有能力去詮釋那些資訊的人，或是願意花時間去取得相關資訊的人。儘管近來有關「群體智慧」的說法很流行，但筆者挑選航空公司時，還是比較喜歡看飛行員的經驗是否老到，而不是看一般乘客對航空公司的評價。[13]

　　如何把決策做到最好，並沒有放諸四海皆準的理論。學術文獻探索「不確定下的決策」時，大多都會把議題當成一個謎題來看待。他們認為，所有的決策都可以用數學問題來表達，因此也有可能用電腦解決。智慧型手機可以告訴你附近有什麼餐廳、怎麼去，或許它也會告訴你昨晚吃了什麼，但它無法告訴你，你現在想去哪裡吃什麼。舉個憑空杜撰但發人深省的故事來說明：一位決策理論家正考慮要不要接受敵對大學的聘書，他的同事勸他

應該要在不確定下運用理性決策原則，就像他的學術論文主張的那樣，追求預期效用的最大化。他一聽，便惱怒地回應：「拜託，這是正經事，不是鬧著玩的。」[14]

人類已經演化出因應棘手問題的能力，也能夠應付那些不適合套用機率推理的問題（我們將在第9章回過頭來探索這個議題）。我們的大腦不像電腦，大腦會採用應變機制來建立連結及辨識型態。好的決定往往是盡情想像的結果。創意是那個發明輪子的蘇美人、愛因斯坦、賈伯斯所展現的特質。而且，誠如奈特與凱因斯所強調的，創意與不確定性密不可分。創意本質上是無法形式化的，不管有沒有公式作為輔助，都只能事後描述。

加州的建立

約罕·薩特（Johann Suter）一心想要經商。一八三四年，他拋下巴登（Baden，現為德國的一部分）的債權人與家人，浪跡天涯。一八三九年，他以約翰·薩特（John Sutter）之名出現在美國西岸。他雄心勃勃，想要打造一個農業帝國，並在如今稱為灣區的地方定居了下來。當時，舊金山只是一個不起眼的貿易站，有一個港口，人口約一千人。

一八四八年，《瓜達盧佩－伊達爾戈條約》（*Treaty of Guadalupe Hidalgo*）結束了美墨戰爭，美國因此取得加利福尼

亞。同年，薩特旗下的一名員工在加利福尼亞發現了黃金。薩特試圖隱瞞這件事，其中部分原因是想獨占所有利益，另一部分的原因是他認為萬一被外界知道了，將會對他的農業事業不利。但事實證明，這種事情根本瞞不住。《舊金山考察報》（The San Francisco Examiner）報導了黃金傳聞。一八四九年，多達十萬人聞風來到加利福尼亞。有些人發財了，但多數人的黃金夢碎。還有一些人則是想到一種比較不冒險的致富方式：為那些前來淘金的人潮提供服務。利蘭・史丹佛（Leland Stanford）就是如此，他創立了成功的事業，並在這個成立不久的州當了為期兩年的州長。而他最著名的事蹟，是在一八六一年創立了中央太平洋鐵路公司（Central Pacific Railroad），這家公司興建了由加州的沙加緬度（Sacramento）延伸到猶他州海角點（Promontory Point）的鐵路。一八六九年，這條鐵路與聯合太平洋鐵路（Union Pacific）連接，形成了第一條橫貫美國東西岸的鐵路。為了慶祝這一大成就，史丹佛在鐵軌越過洛磯山脈的地方打下了一根金釘。

至於薩特呢？他擔心自己的土地被淘金者胡亂破壞。他如此掛懷確實有理，當時他的農業生意陷入困境，他被迫賣地償債。雪上加霜的是，法院撤銷了從前西班牙殖民政府撥贈給他的土地權。他退休後到美國東岸療傷止痛，並向國會申請賠償，直到過世時仍在為那個案子申訴。

不過，如今大家比較不會把「史丹佛」這個名字和鍍金時代

那個因剝削致富的美國資本家聯想在一起，通常是聯想到以此命名的大學。史丹佛當初的願景是成立一所農業大學，他的捐款相當於現在的十億美元。一個世紀後的今天，史丹佛大學的教學與研究領域偏離農業甚遠，卻是「矽谷」發展的核心。

薩特與史丹佛都無法想像他們的決定會有什麼結果，而這正是極端不確定性的本質。他們追隨許多探險者與創業者的腳步，跟那些人一樣必須在不確定的迷霧中做決定。一八五三年，《經濟學人》寫道，在美國的淘金潮與鐵路投資熱潮之後，「現在社會進步的速度快得驚人……但是，進步會走向何方，會變成怎樣（除非是回歸主懷，回到起點），則是人類無法想像的。」[15] 機率推理有可能取代這種想像嗎？

接下來，我們將描述人類思維中的「機率轉折」（probabilistic turn），以及這種想法的應用範圍是如何日益擴展。在二十一世紀初，不是只有銀行的高階主管發現，他們模型中的機率估計值與現實結果沒有關係。他們及監管機構認為解決得了、且真的動手去解決的謎題，最終變成了疑團。無論是對一般百姓、政治人物、消費者還是高階主管而言，日常的經驗就是生活中充滿了疑團，而不是謎題。

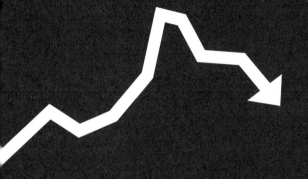

PART II

機率的誘惑

第 4 章
用機率思考

> 蘇格拉底：「你應該很熟悉提西亞斯吧，他不是把機率定義成多數人所想的那樣嗎？」
>
> 斐德羅：「沒錯，他確實是如此。」
>
> ——柏拉圖，《斐德羅篇》[1]

人類推理的「機率轉折」，據傳是從嗜賭如命的法國貴族德米爾（Chevalier de Méré）向數學家兼哲學家布萊茲・帕斯卡（Blaise Pascal）徵詢意見開始的。帕斯卡又去請教一位更傑出的法國博學大師皮埃爾・德・費馬（Pierre de Fermat）。帕斯卡與費馬在一六五三年到一六五四年的冬天書信往來多次，他們的交流結果可說是第一次正式的機率分析。[2]

數學史家曾推測，為什麼就人類思想史看來，帕斯卡與費馬

發現機率這件事出現得那麼晚。一些最優秀、最有獨創性的數學家都住在古雅典，雅典人又好賭，那為什麼他們沒把過人的數學技能和他們共同的消遣聯想在一起呢？畢竟從數學的角度來看，機率理論並不難。

柏拉圖在邏輯中尋求及發現事實，他認為事實與機率之間有明顯的區別，前者不證自明，後者不過是人的意見而已。在前現代的思想中沒有所謂的「隨機性」，因為事件的進程反映了天意。我們即使無法完全了解天意，也知道天意是注定的。想要解決不確定性，無法訴諸數學，而是得了解天意。因此，在我們看來荒謬的行為（例如觀察祭祀動物的內臟或解讀神諭等等）盛行了上千年。如今我們依然可以看到這種方法的遺跡，例如占星術、茶葉占卜、聽信那些號稱可以洞悉未來的大師所做的預言等等。

因此，最近才出現的不僅是以數學表達機率，連機率這個概念（量化多種可能結果之一的可能性）也是最近才出現的。十八世紀的史學家愛德華・吉朋（Edward Gibbon）在描寫漢尼拔率領大軍跨越阿爾卑斯山時，也寫道「雖然李維（注：Livy，古羅馬著名史學家）的描述可能性更高，但波利比烏斯（注：Polybius，希臘化時代的政治家兼史學家）的描述更真實」。此外，說到戰勝的波斯人提供糧食給戰敗的羅馬皇帝尤利安（Emperor Jovian）所領導的軍隊時，吉朋也說「那種情況是有可

能，但無疑是錯的」。[3]

吉朋是什麼意思？ prove（證實）、probable（很可能發生的）、approve（同意）這三個字有共同的字根，但以這三個字的現今用法來看，之間的關聯性並不明顯。不過，對中世紀的作家與吉朋來說，那個關連性顯而易見。對他們而言，probable 意指「獲得多數思維正常者的認可」。在那個時代，事實是由宗教或世俗的權威決定的。當時，思維正常的人可能會基於教會頒布的教令，而合理拒用伽利略的望遠鏡（伽利略宣稱他看到的東西被教會判定並不存在）。[4]

英國於一六六○年成立的皇家學會（Royal Society）是國內首屈一指的科學機構，其格言是「不隨他人之言」（nullius in verba），這句話強而有力地主張實驗與發現重於權威論述。現代的機率概念主要是十七世紀科學推理發展的一部分，也是工業革命及其帶來的空前經濟成長的先決條件。風險市場的建立促進了經濟的發展，從而帶動了機率理論的進展。

管理風險的第一個場所是倫敦的咖啡館。咖啡是近代從阿拉伯進口到歐洲的，上流社會的人聚在咖啡館中享用這種新流行的飲料，也趁機交談、做做生意。在古倫敦城中，保險市場於湯姆咖啡館（Tom's coffee house）發跡，證券交易則是始於喬納森咖啡館（Jonathan's）——如今公認的倫敦證交所起源。在飽受清教徒沉悶的道德觀之後，君主制的恢復促成了賭博熱潮的興起。

懷特女士的巧克力屋（Mrs White's Chocolate House）位於皇家宮殿附近的聖詹姆斯區（St James's），後來發展成倫敦第一家紳士俱樂部，主要作為賭博場所（如今時尚的聖詹姆斯區是倫敦對沖基金的中心，更商業導向的金融活動則是集中在倫敦金融城，這或許不是巧合）。其中最有名的咖啡館是愛德華·勞埃德（Edward Lloyd）所開的，客人到那裡賭天氣、潮汐、海上船隻的命運等等，此外商人可藉此規避一些外貿風險。倫敦勞合社（Lloyd's）於一六八八年成立，如今仍是全球海上保險業的佼佼者。歷史影響深遠。

生命表與壽險

正當帕斯卡與費馬在通信討論學術時，英國布商約翰·葛蘭特（John Graunt）在蒐集倫敦墓地的記錄。葛蘭特指出，喪者的死因與資料即使無法預防鼠疫傳染，也可以用來觀察鼠疫的擴散。他彙編了不同年齡層的死亡記錄，如今精算師用來計算年金與壽險訂價的表格，就是從他的分析衍生出來的。協助葛蘭特做分析的還有威廉·配第爵士（Sir William Petty），他是葛蘭特的客戶，也是他的朋友。配第撰寫的《英國統計資料》（*Statistical Account of England*）可說是如今統計學家彙編國民經濟會計（national accounts）的始祖。[5]

皇家學會亟欲發展葛蘭特的研究成果，他們發現，波蘭城市弗次瓦夫（Wroclaw，當時的名稱是 Breslau）的出生與死亡記錄是個既獨特又有研究前景的資料來源。於是他們把這項分析工作委託給愛德蒙・哈雷（Edmond Halley）。哈雷更為人所知的成就是那顆以他的名字命名的哈雷彗星，每隔七十五到七十六年會出現一次。[6] 哈雷製作了第一份可用來估計預期壽命的生命表。

　　一七六一年，公平人壽保險協會（Equitable Life Assurance Society）成立，之所以取名為「公平」，是因為它是第一個運用科學原則來計算保費的壽險公司，使用的生命表以英國北安普敦（Northampton）的死亡記錄編制而成，目的是在不同的投保人之間追求公平。[7] 這種表格率先把機率應用在賭桌之外，套用在非偶發事件的隨機結果上。

　　能否以這種方式使用資料，取決於一個假設：死亡率的根本決定因素是平穩的。也就是說，每年的死因幾乎沒什麼變化。偶爾會有一些事情推翻這種假設，例如十七世紀的瘟疫與二十世紀的西班牙流感與愛滋病。衛生與大眾健康的改善與醫學的進步大幅降低了二十世紀的死亡率；近年來，人口的預期壽命每年約增加三個月。[8] 然而，在我們撰寫本書之際，這種改善趨勢似乎停止了，甚至出現了逆轉，而且歐美皆然，只是美國這方面的報導比較多。[9] 這究竟是持續趨勢中的一個小插曲呢，還是根本的變化？是隨機偏差呢，還是變動或震盪？目前——也許永遠——我們說

不上來。有些事情是我們不知道的，有些事情是我們不知道自己不知道的。有時我們確實知道的事情，也不見得是真相。[10]

機率作為頻率

另一位法國數學家亞伯拉罕‧棣美弗（Abraham de Moivre）更進一步發展了帕斯卡與費馬率先提出的機會賽局（game of chance）數學。棣美弗跟許多同道中人一樣，在一六八〇年代路易十四迫害胡格諾派教徒（Huguenots）期間逃到了英國。他在那裡認識了哈雷，開始熟悉哈雷對頻率分配的研究。棣美弗把帕斯卡與費馬的機率數學和哈雷的實驗性調查連結起來，提出一個問題：「機會賽局進行許多次時，其結果的頻率分配會是什麼樣子？」例如，假設你拋一枚均勻的硬幣一千次，平均預期會有五百次正面朝上，但你很少剛剛好看到五百次正面。看到四百九十九次或五百零一次正面的機率是多少？

棣美弗證明，那個數字答案可用鐘形曲線表示，也就是現今所謂的「常態分配」。恰好出現五百次正面的機率是 2.523％（約四十分之一）。如果你擲一千次硬幣、並計數正面的次數，然後重複這個實驗很多次，出現正面的次數將由常態分配的理論機率決定。當然，理智的人不會想要實際那樣做，但現在你可以叫電腦或機器人幫你做。做四十遍「拋硬幣一千次」的實驗，約有一

遍剛好出現五百次正面向上。出現四百九十九次正面朝上的機率稍低一些，是 2.517%。所以，在那四十遍的實驗中，也可以預期四百九十九次正面出現一遍，五百零一次正面也是如此。那四十遍中，約有三分之二遍的正面次數是介於四百八十五次與五百一十五次之間。如果你只看到一百次正面，那個機率比高盛財務長維尼爾所遇到的事件更不可能發生。或者，你可能會得出以下結論：事情並不像模型設計者所想的那樣——這也是維尼爾理當得出的結論。

當流程平穩時，我們通常就可以套用某種統計分配，例如一年中溫度或降雨量的變化。[11] 看到抽象理論可以提供如此精準的預測力著實引人注目，所以後代容易誇大這些強大概念的應用範圍，也就不足為奇了。到了二十世紀初，大家已經普遍採用機率理論來了解機會賽局，以及分析平穩流程所產生的資料。在那個年代，古典統計學家的成就在於為社會學與自然科學的許多領域提供有用的工具。統計學家在科學界奠定了穩固的地位，「機率轉折」使現代經濟學家與其他的社會學家堅定地踏上機率之路。

點數問題

德米爾向帕斯卡請教的問題是「點數問題」（problem of points），後來促成了現代的機率理論。假設德米爾在賭博時，一

場賭局被迫中斷了。以這場中斷賭局的結果來看，賭客之間該怎麼分配賭金才公平呢？例如，兩名玩家共押注一百法國金幣，並同意在七局遊戲中，贏最多局的一方可獲得全部的賭金。A 公爵贏了三局，B 侯爵贏了一局。A 公爵突然被國王召見，所以這場夜間娛樂活動就此中斷。

在帕斯卡之前，大家普遍接受的解決方案是：把四分之三的賭金分給 A 公爵，承認他在四局已完成的賭局中贏了三局。十五世紀末，義大利的數學家盧卡・帕西奧利（Luca Pacioli，一般普遍認為他是會計的發明者之一）便闡述了這個解決方案。乍看之下，這種方案似乎合理又公平。[12] 但德米爾不相信帕西奧利的答案是正確的，帕斯卡與費馬證實了他的懷疑。如果比賽繼續下去，侯爵需要贏得剩下的三局才能贏得整場賭博。如果任一方贏得每一局的機率是二分之一，那麼侯爵三局全贏的機率只有八分之一。由此可知，公爵贏得全部賭金的機率是八分之七。所以，根據機率理論，賭金應該按七比一的比例分配。

費馬與帕斯卡的解決方案提出三個概念，成了後續研究的基礎。第一個是機率本身的數學概念——贏得任一局賭博的機會。第二個概念是複合機率（compound probability）的計算方法——連贏三局的機率是單局獲勝機率（二分之一）的三次方。這個解決方法導出了「期望值」（expected value）的概念——亦即當晚的事件重複多次時，每個玩家可期望贏得的金額。今日，我們可

以透過程式設計用電腦模擬重複多次的情境，並驗證期望值確實符合當晚事件一再發生時的情況（而且，在德米爾的賭場中，他們很可能就這樣持續不斷地通宵賭博。）

點數問題的解方，在早期顯現出機率推理的效用。一旦你了解帕斯卡的想法，他那個乍看之下有悖常理的解答就有說服力了。重要的是預測未來，而不是分析過去。如果公爵與侯爵打算賭一百局，那麼公爵那天晚上一開始率先贏了三把的優勢就沒有多大的意義了。但如果他們一開始就決定只賭五局，侯爵肯定會輸，因為第五局的結果已經無關緊要，甚至沒有必要進行。

貝氏定理值得一試

新機率理論的最後一哩貢獻，出自於一個出乎意料的人物：十八世紀英國一位默默無聞的鄉下長老會牧師。托馬斯‧貝葉斯牧師（Thomas Bayes）入土為安之地，碰巧是如今倫敦金融區的中心。[13] 他在論文中留下了一個定理，是當今統計學最廣泛傳授的概念之一：貝氏定理。貝葉斯在世時可能沒沒無聞，但現在這個名字舉世皆知，統計學與經濟學中都有以他之名命名的分支。貝氏（Bayesian）這個術語不僅是一種統計技巧，也是一種思想流派，那是一個在肯特郡（Kent）鄉間研究的人所留下的知識遺澤。

如今我們能用貝氏定理計算條件機率（conditional probability）：在 B 已經發生的情況下，A 發生的機率是多少？雖然帕斯卡與費馬的研究並未達到貝葉斯分析的一般性，但德米爾的點數問題是條件機率的問題。[14] 我們很難想像還有哪個環境比德米爾的賭場更不適合貝葉斯牧師，但我們姑且發揮一下想像力，把貝葉斯牧師放在那個賭場裡，並在德米爾會客室（賭場）那個優雅的壁爐上方，放一個「貝葉斯錶盤」來計分。錶面上有一個指標，顯示玩家贏得賭金的機率，機率是介於〇到一〇〇％之間。由於賭局是公平的，最初的機率是設在中間的五〇％。公爵贏得第一局時，那個錶盤的指針會偏向公爵，指向六七％左右（牧師匆匆地根據其定理來計算機率）。當侯爵贏第二局時，錶盤的指標又回到原來的五〇％。但後來公爵贏了第三局與第四局，錶盤的指標又動了。所以，當國王召見公爵，導致賭局中斷時，指標是指在八七‧五％，公爵占了優勢。

　　貝葉斯錶盤就是貝葉斯推理的視覺表達方式。我們在處理不確定的事件時，會先賦予它一個「先驗機率」（prior probability）。由於德米爾賭桌上的賠率是公平的，每個玩家贏得賭金的先驗機率是五〇％。但是，每個玩家會根據新的資訊不斷更新其先驗機率。錶盤的第一次移動，是記錄 A 贏得第一局的情況下，他贏得賭金的機率。接著，是根據「A 贏得第一局，B 贏得第二局」的條件調整後續的機率。後面以此類推，隨著當晚的

賭局發展而變。

蒙提霍爾問題（Monty Hall problem）[15] 是貝氏定理的出名例證。這個問題大致上以一九六〇年代美國益智節目《來做個交易》（*Let's Make a Deal*）的內容為基礎，並以該節目主持人的名字命名。在那個節目中，參賽者需要為藏在簾幕後方的獎品出價。這個謎題最初是由美國統計學家史蒂文・塞爾文（Steven Selvin）提出的，後來成為大量報導與文獻的主題。參賽者會看到三個盒子，其中一個盒子裡放著一輛車的鑰匙，參賽者選中那個盒子就贏了。另外兩個盒子是空的。參賽者做出選擇後，霍爾會打開另兩個盒子中的一個，裡面是空的。這時，他會讓參賽者再選一次。參賽者可以堅持原來的選擇，也可以選另一個盒子。

直覺的答案是，鑰匙在三個盒子裡的機率是相等的。現在，只剩兩個盒子可選時，鑰匙出現在兩個盒子中的機率也是相同的，所以沒有理由改變選擇。但這種天真的判斷是錯的，因為霍爾知道鑰匙在哪個盒子裡。如果鑰匙在你最初選擇的那個盒子裡（機率是三分之一），他打開另兩個盒子中的任一個都沒有關係。但如果你第一次選擇錯誤（機率是三分之二），霍爾必須小心地挑選剩下的那個空盒，鑰匙是放在他選擇不打開的盒子裡。因此，鑰匙更有可能（機率是三分之二）是在那個未打開的盒子裡，而不是在你選擇的盒子裡（機率是三分之一）。霍爾在不知情的狀況下給了你重要的資訊，告訴你鑰匙在另一個盒子裡的機

率是三分之二，所以你應該更換選擇。

如果你覺得這種說法難以置信——幾乎每個人都這麼想——那麼想像一下，盒子不是三個，而是一百個。一旦你做出選擇，霍爾就會打開另九十八個盒子，所有的盒子都是空的。汽車鑰匙仍然可能在你選的盒子裡。但更有可能的是，鑰匙是在霍爾沒打開的那個盒子裡。如果你還是不相信，有幾個網站可以讓你跟電腦玩蒙提霍爾問題，[16] 你很快就會明白，當霍爾問你要不要換時，最好更換選擇。點數問題與霍爾的分析顯示機率數學的價值，它們都為意料之外的結果提供了令人完全信服的論據。

無差異原則

點數問題與蒙提霍爾問題的解決方法，都依賴著所謂的「無差異原則」（Indifference Principle）：如果我們沒有理由認為一件事比另一件事更有可能發生，就要賦予每件事一樣的機率。我們假設公爵與侯爵在剩下的賭局中獲勝的機率是一樣的，或許類似賭局過往結果的頻率分配可以指引我們的臆測。在蒙提霍爾問題中，我們認為如果有三個相同的盒子，鑰匙在任一盒子裡的機率是三分之一。[17]

凱因斯因二次大戰前與二戰期間對英國與國際公共政策的諸多貢獻而聞名。不過，在一次大戰以前，凱因斯曾在劍橋大學國

王學院完成了一篇研究論文（其實是他的博士論文），那項研究變成一九二一年出版的《機率論》之基礎。該書有一章談到無差異原則。凱因斯最後否定了這個原則的廣泛套用，下面的例子可以概略說明他的結論：

> 舉例來說，如果我們對世界各國的地理或人口一無所知，某某人可能是大不列顛（注：Great Britain，包括英格蘭、蘇格蘭、威爾斯）的居民，也可能是法國居民，沒有理由偏好其中一國。他是愛爾蘭居民的可能性，跟法國居民的可能性一樣。基於同樣的原則，他可能是不列顛群島（注：British Isles，主要包括大不列顛島、愛爾蘭島、曼島、設德蘭群島、奧克尼群島、赫布里底群島等等島嶼。不列顛群島現有兩個國家，分別是聯合王國和愛爾蘭共和國）的居民，也可能是法國的居民。然而，這些結論顯然是不一致的。因為前兩個命題合起來可得出以下的結論：他是不列顛群島居民的可能性，是法國居民的兩倍。除非我們主張，我們知道不列顛群島是由大不列顛與愛爾蘭組成的，才能假定某某人住在不列顛群島的可能性比住在法國高，否則我們無法迴避那種矛盾。我個人認為我們無法那樣主張。[18]

要是我們對世界地理一無所知，對於「一個人是法國居民的機率有多大」這個問題，唯一合理的答案就是：「我不知道。」

凱因斯如此描寫無差異原則：「在邏輯這門學問中，再也找不到其他公式比這個公式的效力更驚人了，因為它在完全無知的前提下，確立了上帝的存在。」[19]凱因斯之所以這麼說，肯定是想到機率論創始者帕斯卡的知名「賭注」：「上帝或許存在，或許不存在，這無法以理性分辨⋯⋯你必須下賭注，不能不下⋯⋯我們來衡量一下賭上帝存在的利弊得失吧，我們來估算這兩種可能。如果你賭對了，你將贏得一切。萬一你賭錯了，你沒什麼損失。那就毫不猶豫地賭上帝存在吧。」[20]帕斯卡是第一個在面對最極端的不確定性時，把機率與可能結果的主觀評估結合在一起計算的人。

　　點數問題和蒙提霍爾問題都是謎題──有完全講明的問題，也有已知的規則與明確的答案。例如，我們知道公爵與侯爵打算賭幾局，我們知道或推斷霍爾知道哪個盒子裡有汽車鑰匙。在這種情況下，謎題的答案通常與問題的定義息息相關。蒙提霍爾問題的結果取決於一個（有時大家不承認的）前提：霍爾知道哪個盒子裡有鑰匙。如果他不知道，那個問題就大不相同了。因為，霍爾可能會打開裡面有鑰匙的盒子，這樣一來，參賽者就提早出局了。如果霍爾不知道每個盒子裡裝的是什麼，那麼判斷「每個封閉盒子裡有鑰匙的機率是相等的」就是正確的。但是觀看那個節目的樂趣，在於看參賽者面臨選擇的痛苦：究竟要不要更換選擇，而且現場觀眾還會在一旁叫囂建議。（在那個節目中，觀眾

的熱烈參與是節目的一大要件，這對現在的我們而言是難以理解的。）

然而，一旦所有的人都明白這個問題，這個節目如何維持吸引力呢？觀眾能夠確定原始規則依然適用嗎？現實世界總是很複雜。許多評論者與老師以蒙提霍爾問題來強調：一個謎題或模型，只有在假設完全講明時，才有可能「解開」。這種說法是正確的。但是在一個極端不確定的世界裡，問題很少是完全講明的。機率的數學規定，所有可能事件的機率加總起來是一。如果我們知道鑰匙在兩個盒子裡的機率是一樣的，它們在任一盒子裡的機率是〇‧五。如果鑰匙在三個盒子裡的機率是一樣的，機率就變成三分之一。如果鑰匙在一個盒子裡的機率是另一個盒子裡的兩倍，而且鑰匙一定會在這兩個盒子中的一個裡，兩個盒子裡有鑰匙的機率分別是三分之二和三分之一。但是，在一個極端不確定的世界裡，如果我們無法描述所有可能會發生的事件，就更不可能判斷它們的相對機率了，那該怎麼辦呢？在後續的章節中，我們將說明當我們廣泛應用機率思維時，這個問題有多大。

診療室裡的貝氏定理

蒙提霍爾問題是個輕鬆的娛樂，但癌症的診斷則攸關生死。一些活動組織鼓勵大家做乳癌與前列腺癌的檢查。這些檢查免不

了會有缺陷，有時會給出不當的保證（假陰性），有時又引發不必要的擔憂（假陽性）。假設乳房X光檢查可以從有乳癌的女性中，檢查出九〇％的女性罹患乳癌（這個數字稱為檢測的敏感性）；也可以從無乳癌的女性中，檢查出九〇％的女性無乳癌（這個數字稱為檢測的特異性）。對乳房X光檢查的有效性估算來說，這些數字都很高。[21]

當然，多數女性沒有乳癌。如果女性罹患乳癌的機率是一％，那麼一個乳房X光檢查呈陽性的女性，確實罹患乳癌的機率是多少？答案令多數人吃驚，連大部分的醫生也大感意外。在一千名女性中，有十人可能罹癌，其中有九人將透過X光檢測確定。然而，在剩下的九百九十位女性中，有九十九人（十分之一）將得到陽性的檢測結果。因此，總共有一百零八個陽性結果，其中有九人是檢查正確，另九十九人是檢查誤判。檢測呈陽性的女性確實罹癌的條件機率是十二分之一；所以陽性檢測正確診斷出癌症的機率僅十二分之一。[22]

這個計算以德國心理學家格爾德‧吉仁澤（Gerd Gigerenzer）使用的一個例子為基礎。十多年來，吉仁澤一直大力反對那些鼓勵大家定期檢查的活動。他認為，乳癌與前列腺癌的隨機篩檢可能弊多於利，因為這些疾病的過度診斷會導致不必要的擔憂及不必要的侵入性手術。為了使篩檢有效，篩檢應僅限於那些比一般人更容易罹癌的族群。不然的話，我們需要特異性與敏感性更好

的測試。吉仁澤已經累積了一些證據，證明那些無視貝氏定理的醫療從業者過於誇大病人面對的風險及那些檢測的有效性。[23] 他們認為，透過早期診斷挽救一條生命，比更多患者接受沒必要的醫療更為重要。

在乳癌篩檢有效性的分析中，吉仁澤展現了他的判斷與經驗。他的例子使用了一個模型，在那個模型中，癌症發病率的計算可視為一個謎題並加以解決。當然，吉仁澤並沒有表示他已經測量出乳癌的真實發病率，或測試結果的統計有效性。但他的分析有力地顯示，那些只懂醫學而不懂機率的專家可能會造成嚴重誤導。

我們很少有機會自信滿滿地把我們的模型廣泛套用在各個方面——我們可以輕易想到容易罹患乳癌的女性更有可能去做乳房X光檢查的原因。在機會賽局中（例如促使德米爾思考點數問題的賭博或蒙提霍爾問題），一切都是已知或未知的，是確定或隨機的。但是，這種二分法在多數的現實世界中並不存在。我們知道一些事情，但我們知道的永遠不夠，這就是極端不確定性的本質。

吉仁澤在分析癌症隨機篩檢時，並沒有犯以下的錯誤：認為出自思想實驗的機率可以當成現實世界的機率。他也沒有宣稱他計算了任何真人罹患乳癌的機率。但是，誠如第 1 章所示，維尼爾宣稱他看到二十五標準差事件時，他確實犯了把模型計算出來

的機率與現實世界的機率混為一談的錯誤，而且還聲稱模型可以作為現實世界的代表。

若要針對現實世界的機率提出主張，就必須把「模型得出的機率」與「模型本身正確無誤的機率」結合起來。我們根本無從知道模型是否正確。事實上，我們甚至很難為「模型確實代表真實世界的機率」這個概念賦予意義。這種無法區分「運氣不好」（模型範圍內不太可能發生的事件）與「模型本身失靈」的情況非常普遍，在後面的章節中會有更多例子。我們稱這種模型失靈問題為「維尼爾問題」（Viniar problem），以向這位高盛的前高層致意。[24]

第 5 章
一個遭到遺忘的爭論

> 「這就是我舉目所見的，也令我費解。環顧四週，只見四下漆黑一片。大自然所展現的，無一不是令人疑惑與擔憂的東西⋯⋯完全不打賭才是正道。」
>
> ——帕斯卡，《思想錄》[1]

　　到了二十世紀初，以機率來理解撲克牌、輪盤賭、《來做個交易》等機會賽局，已是行之有年的慣例。用該理論來分析大致上平穩的流程所產生的資料時（例如死亡率），也證明很實用。這類數據都有廣泛的頻率資料。隨著國家與私人機構（如保險公司）開始以系統化的形式來記錄資訊，大家不用再像葛蘭特那樣去查看墓碑尋找資料。當這個衍生結果的流程既平穩、又像拋擲公平的硬幣那樣簡單易懂時，就可以從機率推理推導出頻率分

配。

　　從機率思維一出現開始，就有人試圖把這種推理套用在機會賽局與人類死亡等可觀察的頻率之外，以機率語言和數學來描述撞上猶加敦半島那顆小行星、突襲賓拉登之類的特殊事件。然而，打從機率思維一出現開始，這種延伸套用就遭到抵制；且長期以來，一直都是反對延伸套用的人占了上風。英國哲學家約翰‧史都華‧彌爾（John Stuart Mill）在一八四三年出版的《邏輯體系》（*System of Logic*）一書中，批評法國數學家拉普拉斯把機率論套用在「我們一無所知的事物上」。[2] 另一位法國數學家約瑟夫‧伯特蘭（Joseph Bertrand）則是更進一步，[3] 他痛批法國同胞把機率應用在機會賽局以外的問題時所做的荒謬假設。他說，我們之所以相信太陽明天會升起，是因為「我們發現天文定律，而不是因為在同一場機會賽局中再次獲勝。」[4] 況且，我們之所以相信天文定律，也是因為天文定律維持平穩。如果我們無法相信那個定律是平穩的，就不能用過去的頻率來推斷未來事件的可能性。伯特蘭還記得蘇格蘭哲學家大衛‧休謨（David Hume）在一個多世紀以前寫過：「『明天太陽不會升起』並不會比『明天太陽會升起』更難理解，也不會比較矛盾。因此，證明它的謬誤只是徒勞。」[5] 貝葉斯牧師可能是為了回應反宗教的休謨而提出了那個有名的歸納問題，所以提筆描述條件機率，並指出就算不完全理解根本流程，也可以從資料做推論。[6]

主觀機率的勝利

十九世紀末、二十世紀初，費雪（R. W. Fisher）、耶日・尼曼（Jerzy Neyman）、戈塞特（W. J. Gossett）等卓越的統計學家進一步發展機率的數學，創造出強大的理解與知識庫，使機率思維的延伸套用變得難以抵擋。因此，有些人試圖把機率推理套用到獨特事件上（例如肯塔基賽馬的結果），但那些事件並非平穩流程的結果。也有些人把機率套用在多元的不確定性上，例如高盛的投資曝險。若要把貝氏推理廣泛地套用在賭場外，那麼該流程就必須是平穩的。

如果我認為某隻叫多賓的賽馬很有可能在肯塔基賽馬中勝出，我可能會說，我認為多賓率先經過決勝終點的機率是○・九。這話是什麼意思？一種詮釋是，如果比賽在相同天氣與賽道狀況下進行一百次，而且馬與騎師都一樣，那麼多賓將獲勝九十次。然而，任何一年，肯塔基賽馬只會舉行一次，而且每次參賽的馬與騎師都不一樣，賽道狀況不一樣，場邊加油的群眾也不一樣。所以，「多賓獲勝的機率是○・九」不是在講獲勝的頻率（多賓在參與的九○％肯塔基賽馬中獲勝），而是代表說話者相信，多賓是一個實力堅強的競爭者。

當參加白宮會議的 CIA 代表「約翰」說「躲在那裡的人有九五％的可能性是賓拉登」時，他並不是說在類似的一百次情況

下，有九十五次會發現賓拉登在那裡。當我們談及一個不完全理解的歷史事件、且說「我九〇％確定，撞擊猶加敦半島的那顆小行星導致恐龍滅絕」時，那並不是在宣稱九〇％導致恐龍滅絕的情況是小行星落在墨西哥灣所造成的，那樣講只是在表達自己對個人意見的信心。這些表達信心或信念的主張──「多賓獲勝的機率是〇·九」、「躲在那裡的人有九五％的可能是賓拉登」、「我九〇％確定，撞擊猶加敦半島的那顆小行星導致恐龍滅絕」──如今稱為主觀機率（subjective probability）或個人機率（personal probability）的敘述。本書中，我們從頭到尾都會使用「主觀機率」這個術語。「主觀」或「個人」這個形容詞，就是承認那句話並不客觀，而是個人判斷；無論是事發前還是事發後，不同的人針對同一件過去、現在或未來的事件，可能會賦予不同的機率。

第 1 章提過，凱因斯與奈特強調極端不確定性的重要，他們也認為機率不能套用在已知或可知頻率分配的領域（例如輪盤賭、死亡率觀察、天氣）之外。他們兩個人的性格截然不同，但都非常重視極端不確定性，也反對使用主觀機率。[7]凱因斯是英國中上階級的自由派後裔，在劍橋的知識分子與不可知論者的世界，以及布魯姆斯伯里區（注：Bloomsbury，倫敦的一區，有大量花園廣場與學府，大英博物館亦在此區）放蕩不羈的文學環境之間遊移自如。奈特則是從田納西州的一所小型基督教學院畢

業，接著上州立大學，進康乃爾大學取得博士學位，之後在愛荷華州任教。他的政治立場保守，一九二七年轉往芝加哥大學任教。大家常把他視為芝加哥經濟學派的創始人，該學派明確把焦點放在個人的理性選擇與自由市場上。

不過，同年代有一個人與他們二人的聲譽相當，卻與他們抱持著不同的看法。哲學家兼數學家法蘭克・拉姆齊（Frank Ramsey）對經濟理論也有貢獻，他是凱因斯在劍橋大學國王學院的朋友兼同事，[8]二十六歲時因術後併發症而英年早逝，提早結束了亮眼的職涯。雖然個人機率的概念已暗暗存在了許多年頭，拉姆齊卻是第一個以比較正式的方式來描述「主觀機率」的人。[9]他還進一步提議，用來分析頻率機率的數學可以套用在這些主觀機率上。義大利統計學家布魯諾・德・菲內蒂（Bruno de Finetti）也獨自開發出類似的分析，他把自己在機率方面的學術研究，與他對法西斯主義的支持詭異地連在一起。[10]

在這場有關「不確定性的本質」的歷史爭論中，拉姆齊與德・菲內蒂贏了，凱因斯與奈特輸了。結果導致極端不確定性幾乎從經濟學的主流中消失了半個多世紀。[11]主觀機率的使用以及相關的數學，似乎把極端不確定性的疑團變成了可計算答案的謎題。而且，最熱烈慶祝主觀機率戰勝極端不確定性的地方，就是芝加哥大學。

許多偉大的經濟學家促成了芝加哥學派的創立，但最廣為人

知的人物莫過於米爾頓・傅利曼（Milton Friedman），他從一九四六年到一九七七年擔任該校的經濟學教授，是二十世紀最具影響力的經濟學家之一。傅利曼的《價格理論》（*Price Theory – a Provisional Text*）可視為芝加哥學派的基本教義。他在裡面寫道：

> 奈特在其開創性的研究中對風險與不確定性做了明確的區別：前者是指機率分配已知或可知的事件，後者是指不可能指出數字機率的事件。我沒有提過這種區別，因為我覺得那樣做並不合理……我們可能會因此以為，人彷彿能對可想到的每件事賦予數字機率似的。[12]

傅利曼的信徒因此與奈特留下的研究成果劃清了界限——至少在這方面是如此。他們甚至說，這位備受敬重的學派創始人所說的話不可能是真心的。史蒂芬・勒羅伊（Stephen LeRoy）與賴瑞・辛格爾（Larry Singell）在一九八七年芝加哥學院的院刊《政治經濟學期刊》（*Journal of Political Economy*）上發表了一篇文章，他們在文中解釋：「奈特對風險與不確定做了區分，那種經典區分所獲得的詮釋（關於行為者是否有主觀機率），事實上是對奈特的誤解。相反的，奈特其實贊同現代的觀點，也就是說，我們可以假設行為者彷彿總是按主觀機率行事。」[13] 有鑑於奈特對不確定性與冒險進取精神的描述，我們不可能接受這種說法。勒羅伊與辛格爾主張：「否定主觀機率的存在，就是否定行

為者能在彩券中進行一致的選擇。」[14] 但這正是凱因斯與奈特都否定的事，而且理由都很充分，稍後我們就會看到。

世貿雙塔遭到攻擊的可能性

「我們可能會因此以為，人彷彿能對可想到的每件事賦予數字機率似的。」那麼二〇〇一年九月十一日恐怖分子駕駛客機撞向世貿中心的可能性有多大？美國知名的政治專家奈特‧席佛（Nate Silver）是主觀機率與貝氏推理的愛好者，他嘗試回答了這個問題：「那天早上多數人醒來時會認為，恐怖分子駕駛飛機撞擊曼哈頓大樓的可能性幾乎是零……例如，在第一架飛機撞上大樓之前，我們估計，曼哈頓高樓遭到恐怖攻擊的可能性只有兩萬分之一。」[15] 但這個數字是在回答什麼問題呢？究竟是那天早上遭到恐怖攻擊的機率？還是那天？那年？還是任何時候？這幾個問題的答案應該有很大的差異。九月十一日上午遭到攻擊的可能性，必然遠遠小於某個時候遭到攻擊的可能性。而且，我們究竟是在估計「恐怖分子開飛機去撞曼哈頓建築物」的機率，還是「高樓遭到恐怖攻擊」的機率？高樓遭到恐攻有多種形式，不見得與飛機有關，例如一九九三年世貿北塔（North Tower）的地下室就發生過炸彈爆炸案。在沒有清楚界定問題之下，就沒有理由預期機率問題能得到有意義、一致或實用的答案。

席佛接著詳細說明一架飛機意外撞上世貿的機率：「這個數字其實可以根據經驗估計。」他說這個機率是 1/12500。他提到，在二〇〇一年以前，共有兩次飛機撞上曼哈頓高樓的事件，分別發生在一九四五年與一九四六年。因此，從一九四六年到二〇〇一年約有兩萬五千天之久，沒有飛機撞上紐約的高樓。這段期間，飛機在曼哈頓高空上穿梭的次數多了好幾倍，但空中的交通管制突飛猛進。我們不知道要如何從引用的資料中推論，任一天發生飛機撞曼哈頓高樓的機率是 1/12500，但我們知道席佛是怎麼計算的：他直接把兩萬五千除以二。一九四六年至二〇〇一年九月十日之間共有兩萬五千天，那段期間飛機撞上曼哈頓高樓的次數是二。[16]

第二個孩子的性別

在沒有其他資訊的情況下，一個孩子是男是女的機率差不多是相同的。所以，在沒有其他資訊的情況下，史密斯家第一胎是男孩的機率是二分之一，第一胎是女孩的機率也是二分之一。在沒有其他資訊的情況下，生兩胎的家庭中，第二胎是男孩或女孩的機率也是相同的，都是二分之一。這些說法不是基於「無差異原則」，而是基於生物學研究的發現。此外，觀察到的頻率也證實了這個說法。一個家庭生兩胎在現代已開發國家中非常普遍，

而且兩胎皆男、兩胎皆女、先男後女、先女後男的出現頻率，大致上是一樣的。這是生物學的問題，所以家中第二胎的性別或多或少是獨立的——觀察的結果也佐證了這個說法。

男孩與女孩的出生數量差不多。英國和法國的出生人數差不多，每年都是約七十萬人；但是在生兩胎的家庭中，第一胎是英國人、第二胎是法國人的機率非常低，遠比兩胎都是英國人或兩胎都是法國人的機率還低。兩胎都是英國人或兩胎都是法國人的情況很常見，但一胎是英國人、另一胎是法國人的情況很罕見。這個顯而易見的例子說明了，為什麼在不理解觀察資料產生過程的情況下，就談論機率很危險，許多人遇到全球金融危機才驚覺到這點。

現在假設有人告訴你，史密斯夫婦有兩個孩子，你知道其中一個是女孩。那麼，另一個孩子也是女孩的機率是多少？這個問題似乎是美國數學記者兼字謎遊戲編寫者馬丁·加德納（Martin Gardner）在一九五九年率先提出的，而且此後這個問題一直有爭議，從未解決（筆者之一認為這個問題「爛得出名」）。[17] 在維基百科上，這個問題的相關條目寫道，寫過這個問題的人幾乎都堅信自己的答案是對的，儘管他們的答案各不相同。

兩胎有四種可能的出生順序，每一種發生的機率差不多：男男、女女、男女、女男。由於已知其中一個是女孩，所以「男男」這個可能性排除了。其他三種的可能性差不多。而在剩下的

三種可能中，那個女孩有姊妹的情況只有一個（女女），所以相關的機率是三分之一。這說法似乎令人信服。

但從另一個角度來看，假設沒有人告訴你其中一個孩子的性別。我們會輕易認同另一個孩子是女孩的機率是二分之一。但由於孩子是男是女的機率是相同的，第二個孩子的性別與第一個孩子的性別獨立無關，所以知道兩個孩子之中有一個是女孩，並沒有告訴你另一個孩子也是女孩的機率，所以相關的機率是二分之一。這說法似乎也令人信服。

但是，那三個可能的命題中，頂多只有一個是正確的。那麼，這個女孩有姊妹的機率是二分之一、還是三分之一呢？答案可能取決於「其中一個孩子是女孩」這個資訊是如何取得的。若是不知道那個資訊，問題就沒有充分的定義。你邀請新鄰居史密斯一家人來家裡喝茶，他們說會帶兩個孩子來。第一個走向你家的孩子是女孩。在缺乏其他資訊之下，我們有理由假設這個觀察結果並未告訴我們第二個孩子的性別，就像第一個孩子的性別和第二個孩子的性別是互相獨立、互不相關一樣。所以，這個問題的答案是二分之一，亦即女孩出生的已知頻率。

不過，假設你正在為童子軍或女童軍招募新員，你去參加一場女童軍的集會。你到現場後，去找那些只有一個手足的女童軍，跟她談加入女童軍的事。那個女孩有姊妹可以招募來當女童軍的機率是多少？現在你看到的是只生兩胎、其中至少一胎是女

孩的家庭,所以排除了兩胎都是男孩的家庭。在缺乏其他資訊的情況下,機率是三分之一。但這個問題並沒有講明一切。兩胎皆女孩的家庭比例可能特別高。女孩加入女童軍是為了逃離兄弟姐妹,還是因為她們從兄弟姐妹那裡聽到加入童子軍的好評?這兩個效應會互相抵銷嗎?也許會,也許不會,我們根本不知道。如果你是在一些意想不到的場合遇到這個孩子呢?這可能和你看到史密斯家的第一個孩子走向你家的情況類似,也可能不像。或許,父親更有可能帶兒子去看足球比賽,母親更有可能帶女兒去購物,或者不然。在極端不確定下,主觀機率必然會對瑣碎資訊及問題詳述的細節很敏感,因此針對那些資訊與細節,進行構想或採取行動沒有意義。

你從來不需要被迫揮棒

勒羅伊與辛格爾寫道:「否定主觀機率的存在,就是否定行為者能在彩券中進行一致的選擇。」這句話的意思是:觀察者提供大家對各種結果下注的機會,就能推斷出主觀機率。這種觀念從有人開始採用主觀機率以來就一直存在,通常是暗地存在,但有時也很明顯。「打賭機率」(pignistic probability)一詞是菲利普·史梅茲(Philippe Smets)自創的,用來形容他聲稱從觀察到的賭博行為中推導出主觀機率的流程。[18] 這個詞彙源自拉丁語的

pignus，意思是打賭。「我認為多賓獲勝的機率是〇·九」的意思是，如果勝算比這高，我就賭多賓贏；如果勝算比這低，我就賭多賓輸。有些讀者看到那些認為多賓贏面大的人竟然會押注多賓輸掉比賽，可能會覺得很訝異；更令他們驚訝的是，有些人還說，不那樣做的話，可能是不理性。這是許多人不會自然而然以主觀機率思考的第一個跡象。也就是說，「理性」的意義是有爭議的。[19]

　　肯塔基賽馬會是美國最著名的賽馬比賽，每年夏天在路易維爾（Louisville）附近的邱吉爾崗（Churchill Downs）舉行，共有二十個參賽者。二〇一九年二月，一位傅利曼的信徒來找筆者，希望我們能為每個可想到的事件建立主觀機率。他問道：「多賓贏得今年肯塔基賽馬的機率是多少？」當我們婉拒回答時，他更執意要我們估算機率。你會以一賠五的賠率賭多賓獲勝嗎？我們回答，不會。接著，他把賠率提升為一賠五十。當我們接受後，他又降低賠率，於是對話持續進行，最後他把賠率訂為一賠二十——在這個賠率下，其實我們對於要不要賭已經完全無所謂了。他以這個數字為起點，用「打賭法」（pignistic method）推算出我們認為多賓獲勝的主觀機率是〇·〇四七。[20]

　　我們和他都不知道所有參賽者的名單，但他將一些可能的參賽者列入考量。他問道：「赫克利斯的賠率是一賠一百嗎？」於是，我們就這樣繼續討論，直到他確定我們對每個可能參賽者的

主觀機率。這時,他拿出一張試算表,把他算出來的所有主觀機率加起來。誠如我們的預期,他能夠證實那些主觀機率加總起來正好等於一。

拉姆齊與德·菲內蒂應該會為我們感到驕傲,或至少鬆了一口氣。拉姆齊用來反駁凱因斯的論述是:要是有人有有把一套一致的主觀機率套用在所有不確定事件上,還按照那些機率打賭,肯定會賠錢。[21] 如果我們對多賓、赫克利斯以及其他所有參賽者獲勝的主觀機率加總起來小於一或大於一,那麼傅利曼的信徒就能從我們的身上賺到錢。如果主觀機率的總和小於一,他可以向我們下注賭每匹馬,最後贏的錢肯定比下注的錢還多。如果總和大於一,他可以做莊,接受我們對每匹馬下注,最後也一定可以獲利。但由於主觀機率的總和正好是一,他只能恭喜我們理性地堅守一套一致的個人機率。

當然,以上例子實際上並沒有發生。就像我們認識的多數人一樣,我們會在那個人還沒拿出試算表之前就把他攆走。上述的思想實驗根本沒有證明拉姆齊的理性行為概念在面對不確定性時的威力,反而顯示「人的行為似乎會給每個可想像的事件賦予機率」這個說法有多麼荒謬。理性的人覺得自己掌握的資訊不完全、或可能與他人的資訊不同時,就會拒絕參與提議的賭注。帕斯卡說,如果是賭「上帝是否存在」,那個賭博「非賭不可」,他那樣說可能是正確的。但是,肯塔基賽馬並不是非賭不可,我

們既不知道即將到來的肯塔基賽馬上有哪些參賽者，又不知道他們的狀態，也沒興趣進一步探索。我們的主觀機率加起來極不可能等於一，因為我們沒有合理的基礎去計算那種機率，也沒有意願去獲得那種資訊。

「史密斯家有兩個女兒，我跟你賭，賠率一賠二。」「不要，但如果你出賠率一賠五，我們就這麼設定了。」「你真是賭徒，邱吉爾先生，」（但他其實是一般那種不太成功的機會賽局玩家）「所以我跟你賭一個主權，德國會贏得這場戰爭。」邱吉爾對此提議的反應不太可能客客氣氣、謙遜有禮。如果這本書是以史密斯家庭的組成作為開場，應該很少人會願意讀這本書。很少人會打這種賭，除非是開開玩笑，鬧著玩的。

這種賭博之所以不常見、也不是大家所接受的社會行為，有許多原因。其中一個原因與金融市場使用這種分析有關。願意接受這種打賭的對手，可能擁有不同、更好的資訊。在日常生活中，我們會認為他們利用這種優勢來獲取財務利益是可恥的。不過也有可能對方只是以為自己知道的比實際還多，或是對自己的判斷有著過度自信的傻瓜。就連音樂劇《紅男綠女》（*Guys and Dolls*）中嗜賭成性的史凱・麥斯特森（Sky Masterson）和奈森・底特律（Nathan Detroit）也不願針對明迪起司蛋糕的銷量及奈森的領帶顏色下注。因為史凱的父親曾警告他：「在資訊不對等的情況下賭博，你會輸到脫褲。」[22]

當我們超車、搭飛機或吞下藥丸以影響身體的新陳代謝時，就是拿自己的生命做賭注。但我們在做這些選擇時，並沒有借助主觀機率的某種一致結構（可以透過提供多種賭注來表示那種結構）。家庭與企業是在我們觀察或決策的情境中構思情境的，藉此因應極端不確定性。例如，家庭拼湊出他們對史密斯一家的了解、政治家和史學家拼湊出他們對二戰演變的了解。他們對自己所建構的敘事有了充分的信心之後，才會採取行動。他們沒有貝葉斯錶盤。

如果許多經驗豐富、見多識廣的觀察者針對同一問題（藏在基地裡的人是賓拉登嗎？）給出了截然不同的答案，在這個情況下，任何一位沒有其他具體資訊的老實人都會回答「我不知道」。我們從來沒聽過有人說類似「史密斯家有兩個男孩的機率是〇·六」的話，也從來沒預期聽到有人這麼說。但我們常聽到「我覺得他們的孩子是女孩」，或「我不知道他們的孩子是男孩還是女孩」。如果那個問題很重要，通常會有一個簡單的解決方法，那就是進一步詢問。萬一基於某種原因無法進一步詢問，且答案依然很重要，那麼合適的做法就是執行對兩種可能性都好的做法。如果我們明天得招待那個孩子，我們就會找出適合任何性別的玩具或影片。

宣稱「藉由觀察一個人如何賭博，就能洞悉他在不確定下的理性行為」，這種說法挺奇怪的。畢竟，博彩公司與賭場總是靠

著犧牲賭客來獲利。多數人只是偶爾小賭助興，他們喜歡在賽馬場度過一個下午，喜歡在鄉村慶典上參與抽獎活動，喜歡夢想自己中了樂透頭彩。謹慎的投資者只會買賣一小部分在股市中交易的證券，因為他們覺得自己對多數證券的特徵不夠了解，無法產生投資觀點。聰明的投資者在買賣股票時，一定是因為股價與他們評估的價值之間有班傑明・葛拉罕（Benjamin Graham）所謂的「安全邊際」（margin of safety）。[23] 葛拉罕是英國出生的美國投資者，他靠寫作讓他的長期基本價值投資策略聞名於世。他的追隨者巴菲特是史上最成功的投資者，他以更生動的方式來表達這種投資策略：「我覺得股票投資是世上最棒的事業……因為你從來不需要被迫揮棒。你站在本壘板上，投手對你扔出四十七美元一股的通用汽車！三十九美元一股的美國鋼鐵公司！沒有人會說你這明明是好球怎麼沒揮棒。你不投資只是失去機會而已，不會受到懲罰。你一整天只要等待你喜歡的球出現，然後趁著守備員打盹時，揮棒把球打擊出去。」[24]

這也是為什麼有人問巴菲特，他如何回應投資銀行的事業拍賣時，他以歌手喬治・瓊斯（George Jones）的一句歌詞回應：「你的電話不響的時候，那就是我。」[25] 如果「我們把人當成他們彷彿能對可想到的每件事賦予數字機率似的」，如果那些機率構成他們經濟決策的基礎，那你確實「必須揮棒」，世人確實會願意為每一種可能的賭注下注。但是預期世人經常做這種交易顯然

是錯的，謹慎的人從來不會想要那樣做。

少數專業的賭徒之所以非常成功，是因為他們看出異常現象，或特別仔細地研究了明顯的機會賽局的流程，例如索普、麗茲賭場那群賭徒。賭場老闆亟欲辨識這些人，並把他們排除在賭場之外。但多數經常賭博的人其實很悲慘，有些人嗜賭成癮，有些人對自己的賭技一直抱著幻想。有時候，要求參試者用打賭法算出主觀機率時，他們確實會被說服，但那通常是在指導教授的施壓、或受到一些合作獎金的誘惑下而去做的。然而，他們只是在面對愚蠢的要求下禮貌地配合罷了，並不表示那種實驗得出的數字與一套一致的主觀機率有任何關係。此外，我們將在第 7 章看到，實證顯示它們根本無關。

一旦我們承認多數人不會對多數事件押注，也承認「每個人都願意賭彩券的某一方」這種說法不成立以後，拉姆齊用來駁斥凱因斯的論述就失敗了。在充滿不確定的世界裡，多數人不會在彩券中做出選擇，會去賭彩券的人更是少之又少，而且多數人不賭都有充分的理由。他們不會把自己的財富押在撲克牌、骰子、輪盤賭上。他們會避開隨機性。他們不願在自己不理解的情況下做出承諾，尤其是在別人可能更了解情況的時候。精明的生意人知道極端不確定性的重要。當然，也有些人什麼都敢賭，但那只顯現出那種人的特異獨行，而非理性。物理學家恩里科・費米（注：Enrico Fermi，原子彈的設計師和締造者之一，被譽為「原

子能之父」，一九三八年獲得了諾貝爾物理學獎）的研究是曼哈頓計劃（注：Manhattan Project，二次戰期間研發與製造原子彈的大型軍事工程）的核心。據說，他曾經提議開賭盤，讓同事賭一九四五年七月在沙漠進行的原子彈試爆會不會點燃大氣層？如果會的話，那只會摧毀新墨西哥州、還是會摧毀全世界？那可不是這位諾貝爾獎得主最明智的時刻。[26]

第6章
模稜兩可與含糊不清

> 「我使用一個字時,」蛋人語帶輕蔑,說道:「它的意思正是我想要表達的意思——不多也不少。」
>
> ——路易斯・卡洛爾,《鏡中奇緣》[1]

　　高爾夫球是個風靡全球的運動。二〇一九年有套新的比賽規則推出了,目的是為了簡化規定、加速比賽進行。[2] 幾項新規定要求活動必須「近乎確定」。例如,「只有在你知道或近乎確定的情況下(也就是說,至少有九五%的可能性是你造成的),才算是你造成了球的移動。」這個數字是什麼意思?比賽規則指出:「近乎肯定是指……所有可得到的合理資訊顯示,那個活動至少有九五%的可能性已經發生了。」這種闡述幾乎沒有進一步說明什麼。誠如 BBC 的高爾夫球記者所言:「這是一〇〇%主觀的。」[3]

要麼你移動了球，要麼你沒有。

皇家古老高爾夫俱樂部（Royal and Ancient Golf Club）落入了現代常見的虛假量化陷阱。規則的制訂者認為，為他們的判斷加上一個數字，便可增添客觀性與科學精確性——而質性評估正是缺乏這點。芝加哥學派的奈特非常了解極端不確定性，他抱持著不同的看法：

> 這句話常引自克耳文勳爵[4]……在你無法測量的地方，你的知識不僅貧乏，也無法令人滿意。但這句話套用在心理與社會科學上會誤導別人且是有害的。那等於是說，這些科學不是「自然科學」那種科學；若要成為自然科學，就必須放棄其固有的性質與功能。堅持具體的量化經濟學，就是使用實際大小的統計資料，但其經濟意義是不確定且可疑的……在這個領域，克耳文勳爵那句格言大致上其實是在說，就算你無法測量，無論如何也要測量！[5]

儘管奈特沒提起，但他幾乎不可能沒注意到，克耳文那句格言就刻在芝加哥大學社會科學的教職員大樓上。

高爾夫球的新規則把兩個概念混為一談——「裁判對其判斷的信心」與「那個判斷正確的可能性」——並把結果描述為機率。不確定性的討論涉及幾種不同的概念：頻率（我相信拋擲一枚均勻的硬幣，正面朝上的機率是五○％，因為理論與反覆觀察

都支持這個說法）、信心（我非常肯定小行星撞上猶加敦半島的事件導致恐龍滅絕，因為我查閱過證據與權威人士的觀點）、可能性（詹姆斯・喬伊斯〔James Joyce〕與列寧不太可能見過面，因為一個是愛爾蘭的小說家，另一個是俄羅斯的革命家。根據我對世界的了解，尤其是在全球精英齊聚達沃斯開會之前〔注：Davos 為瑞士滑雪勝地，每年會舉辦論壇，聚集全球工商、政治、學術、媒體等領域的領袖人物，討論世界所面臨最緊迫問題。〕，這兩個國籍、背景、抱負如此迥異的人，沒有機會碰面）。

在從平穩分配所衍生的頻率中，機率有一個明確且客觀的意義。我們在表達對自己的評斷有多少信心時，常會談到機率，但我們提出的數字究竟跟費馬與帕斯卡所提出的頻率學派機率（frequentist probabilities）有什麼關係，就不得而知了。問起喬伊斯是否見過列寧時，使用數字機率是很荒謬的。

哈里斯堡、還是費城？

費城是賓州的首府嗎？聖安東尼奧和聖地牙哥，哪個城市的人口比較多？在最近一次調查中，約三分之二的受訪者認為費城是賓州的首府。[6] 約三分之二的受訪者對自己的答案有一〇〇％的信心。那些認為費城不是賓州首府的少數派對自己的答案也同樣

有信心——其中有三分之二的人確信自己是正確的。

然而，回答「是」的那組和回答「不是」的那組之間有兩個顯著的差異：那些認為費城是首府的人相信，其他人大多會同意他們的觀點，然而那些覺得費城不是首府的人並未預期其他人也有同樣的觀點；第二個差異是，那些回答「不是」的人才是對的，費城雖是賓州最大的城市以及經濟中心，但該州的首府是哈里斯堡。許多回答「不是」的人想必都知道這一點，或至少有一些理由相信那個「顯而易見」的答案是錯的。這一批人被問到哥倫比亞是不是南卡羅來納州的首府時（答案是「是」），同樣有三分之二的受訪者回答「是」。然而，這次回答「是」與「不是」的人就比較沒那麼有信心了，回答「是」的人比較可能認為其他人會同意他們的觀點。

比較嚴肅的議題是，該研究也請皮膚科醫生評斷病變是良性還是惡性的。約三分之二的回答是正確的。但是，以皮膚科醫生表達的信心程度來衡量觀點，並不會增加判斷的準確性。認為其他醫生可能會給出不同意見的皮膚科醫生，他自己的診斷更有可能是正確的。一個人之所以不認同看似顯而易見的答案，是因為他更有見識或比較深思熟慮，但也有可能他就只是犯了錯。

聖安東尼奧的人口比聖地牙哥多嗎？（沒錯！聖安東尼奧的人口約一百五十萬，聖地牙哥的人口約一百四十萬。）研究人員要求參試者判斷一組美國城市中哪個城市的人口較多時，美國學

生與德國學生的表現幾乎沒有差別（一般會認為德國學生對美國地理的了解較少）。判斷一組德國城市的人口時，結果也一樣。[7]可見，少量資訊對答案的品質影響很小，有時甚至有相反的影響。

在這些實驗中，對於「南卡羅來納州的首府是哪個城市？」或「聖地牙哥的人口比聖安東尼奧多嗎？」之類的問題，研究人員不允許受訪者回應一個對多數人來說比較適合的答案：「我不知道。如果答案很重要的話，我會去查。」當然，這類問題並不重要。但是對皮膚科醫生的患者來說，病變是惡性還是良性則至關重要，而且無論醫生的初步判斷是什麼，稱職的醫生都會要求對可疑的病變進行切片檢查，以便做進一步、更確實的判斷。能取得更多的資料時，聰明的人不會對他們不知道的事情做出重要的決定。任何酒吧間的談話或總統的推特發文都會提醒你，陳述一個觀點所展現的信心程度，與那個觀點真實無誤的機率，是兩碼子的事。

因此，機率與信心度是不同的。我認為巴黎是法國的首都，我也認為多賓會贏得肯塔基賽馬，我對前者的信心比後者的信心高；但要是我說我對前者的信心比後者高五〇％，這意味著什麼？此外，在日常用語中，可能性的意思也和機率與信心不一樣。喬伊斯與列寧不太可能見過面，但一九一七年他們兩人都曾出現在蘇黎世，這是湯姆・史塔佩（Tom Stoppard）創作的悲劇

《牽強附會》（Travesties）的核心（劇中描述喬伊斯在中立國瑞士的避難所撰寫《尤利西斯》〔Ulysses〕時，列寧正在等前往芬蘭車站的火車），或許這個資訊使貝葉斯錶盤的指標從百萬分之一指向千分之一。或許喬伊斯和列寧光顧了同一家報攤——有了這些額外的資料後，貝葉斯錶盤的指標可能又移到百分之一。但喬伊斯的菸癮很大，列寧厭惡抽菸——錶盤的指針又變了。

但這種分析很荒謬。數字是任意決定的，為什麼機率不是 1 / 123456 或 1 / 1387 ？所以這種數字毫無意義。「費城是賓州首府的機率是〇・七」這種說法也很荒謬。費城要麼是賓州首府，要麼不是，正確的答案是一個可確定的事實。但某個對美國政治與地理一無所知的人，可能會合理地思考一下並說：「費城可能是賓州首府。」他是應用「一國的首都或一區首府往往是主要城市」這個通則，例如巴黎是法國的首都、慕尼黑是巴伐利亞自由邦的首府、波士頓是麻州首府；但紐約不是紐約州的首府、更不是美國的首都。我們對世界的了解使我們認為，列寧遇到羅莎・盧森堡（Rosa Luxemburg，一九一八年德國共產革命的領袖）的可能性比遇到喬伊斯的可能性還高（如果你對這個話題有興趣，列寧與盧森堡確實見過面，一九〇八年列寧與妻子在柏林換火車時見過盧森堡。）[8] 費城不是賓州首府，為這個問題開賭盤讓人下注的人都是騙子（任何接受這種賭注的人都是傻瓜），你最後會慘輸。

「琳達問題」（Linda problem）是行為經濟學中最常提到的實驗之一。丹尼爾‧康納曼（Daniel Kahneman）在其暢銷書《快思慢想》（*Thinking Fast and Slow*）中如此描述這個問題：「琳達三十一歲，單身，敢言，慧黠。大學讀哲學系，學生時期非常關注歧視問題與社會正義，也參加過反核示威。你覺得以下兩種情況，哪個可能性比較高：『琳達是銀行出納員』或『琳達是銀行出納員，且積極參與女權運動』？」[9]

　　最常見的答案是（主要大學八五％到九〇％的大學生給出這個答案）[10]，琳達比較可能是支持女權的銀行出納員。但是從機率角度來看，那個答案是錯的，因為 A 與 B 同時發生的機率不會超過 A 單獨發生的機率。由於有些銀行出納員不是女權主義者，支持女權的銀行出納員肯定比銀行出納員來得少。但是，令康納曼與同事驚訝的是，許多人仍堅持認為第二種描述的可能性更高，甚至有人指出他們的「錯誤」後，他們仍如此堅信。根據我們的經驗，即使參試者是精算師（他們的專業背景就是在應用機率）也是如此。他們不承認他們的「不理性」。

　　這究竟是怎麼回事？研究人員不是在問參試者「機率」，而是在問「可能性」，他們回答的是康納曼出的考題，而不是康納曼自以為他在問的問題。當我們問「喬伊斯可能見過列寧嗎？」或「費城是賓州的首府嗎？」，參試者不是用機率來推理，而是以他們廣泛的背景知識來詮釋問題。這就是史凱的父親告誡兒子

的事，也是康納曼的參試者所理解的事。一般人不會從頻率的角度去思考琳達問題，或把這個問題作為機率推理的練習。他們把對琳達的描述想成一個真人的故事，所以有關琳達的生平描述如果只提到她是銀行出納員、沒有更多的資訊，那就不是個令人滿意的描述。在現實生活中面對這種故事時，世人會尋求進一步的解釋以解決明顯的矛盾，而且不願相信已呈現的資訊，更遑論近一步採取行動了。在後面的章節中，我們會說明故事與脈絡推理在管理不確定性中所扮演的核心要角。

無意詩

卡洛爾《鏡中奇緣》中的〈無意詩〉（注：Jabberwocky，這首詩是倒著印的，要從鏡子中看才會變正。詩裡很多怪字是作者自創的），第一句就提到機率的難題：

烤餐時間，黏軟的透佛
在日暑周圍的小草上儀轉錐鑽：
最是悲脆波若葛佛鳥，
以及迷途瑞斯的吼哨。[11]

透佛是夜行性動物的機率是多少？牠們是哺乳動物的機率是多少？關於透佛的天性與習性問題，只有一個合理的答案，那就

是「我不知道」。Jabberwocky 這個詞常用來描述無意義的詩歌，雖然富有想像力的讀者仍可以從中悟出一些意義，但這種撲朔迷離也正是為什麼這首詩在一百多年後依然流行的原因。即使那些單字令人費解，它們不單只是字母的隨機排列而已。事實上，有人說，那是擷取自卡洛爾童年時期所使用的私人語言。[12]

我們預期，那些認真的同業可能會痛批我們，因為我們竟然從《愛麗絲夢遊仙境》這種帶給孩子持久快樂的泉源中獲得啟發，並把這些啟發套用在社會科學的方法論上。[13] 但我們並不認同那些同業的觀點。卡洛爾創造了一個自給自足的簡單世界，與現實生活相仿，但他做了誇張的演繹——這其實與經濟模型最近的發展很類似。芝加哥學派的現代總體經濟學之父勞勃·盧卡斯（Robert Lucas）對他與同業從事的工作所做的描述如下：

> 我們是講故事的人，大部分的時間都在虛構的世界裡運作。我們並不覺得想像與創意領域是與現實世界相異的另一個境界、或是逃避現實的地方。正好相反，我們覺得這是認真思考現實的唯一方法。某種程度上來說，這種方法就是堅信想像與創意很重要……沒有其他務實的替代方案。[14]

創造這種明確的模擬世界，就像卡洛爾的創作，或托爾金（Tolkien）對中土世界的描述，或《權力遊戲》（*Game of Thrones*）的現代製作人，或《要塞英雄》（*Fortnite*）等電腦遊戲

的創作者那樣。藉由自己創造語言與人物，卡洛爾和托爾金讓讀者相信，他們的模型與現實世界之間的任何關係都只是一種類比。事實上，孩子不需要在虛實之間做任何聯想，就可以讀得興致盎然。但是，使用「產出」、「通膨」、「貨幣」等等在現實世界中就有真實對應的詞彙（而不是「透佛」〔tove〕和「波若葛佛鳥」〔borogove〕等虛構詞彙），盧卡斯和他的追隨者忽略了他們的人造世界與複雜的現實世界之間有所區別，許多採用其分析的人也因此被誤導。

數學的濫用

有些人覺得數學推理比語言推理更加嚴謹及精確，這種想法在經濟學界相當普遍。一般認為語言推理比較容易受到模糊與歧義的影響。芝加哥大學的經濟學家約翰・科克倫（John Cochrane）曾寫過一篇出名的文章攻擊諾貝爾獎得主兼《紐約時報》的專欄作家保羅・克魯曼（Paul Krugman），他寫道：「經濟學中的數學是為了維持邏輯，確保『if』（若）之後確實跟著『then』（則），但寫散文時，if之後通常不會出現then。」[15] 然而，這裡有一個難題，而且這個難題在經濟學中似乎比自然科學中還要更難：把數學模型中操弄的變數，和現實世界中可辨識及衡量的東西連結在一起。這正是二〇一八年諾貝爾獎得主保羅・羅莫

（Paul Romer）所謂「數學濫用」（mathiness）問題的一個面向
——也有可能是主要面向。[16] 羅莫指出，與「透佛」和「波若葛
佛鳥」相比，「投資型技術衝擊」、「工資成本加成」等概念並沒
有更明顯或更明確的定義。它們只存在模型裡，而模型的嚴格性
與〈無意詩〉的嚴謹程度差不多。每個詞彙的意義都是作者自己
定義的，論述的邏輯也是遵循這些定義反覆贅述出來的。

在《鏡中奇緣》裡，愛麗絲明智地認為，若要了解自己的處
境，就需要知道得更多。她非常幸運，找到了一位先知：

> 「先生，您看來很精於解釋字詞。」愛麗絲說：「您可以好
> 心告訴我〈無意詩〉這首詩的意思嗎？」
>
> 「我們來聽聽看，」蛋人說：「我可以解釋所有已經創作出
> 來的詩，以及相當多還未創作出來的詩。」
>
> 於是，愛麗絲開始唸出前面幾句。
>
> 「開頭這樣就夠了，」蛋人打岔說：「這當中已經有不少難
> 字。『烤餐時間』是指下午四點，就是開始烤東西當晚餐的
> 時間。」
>
> 「有理，」愛麗絲若有所思地說：「那『透佛』呢？」
>
> 「嗯，『透佛』是類似獾的東西，有點像蜥蜴，也有點螺旋
> 開瓶器。」
>
> 「它們一定是長得很奇特的生物。」

「沒錯，」蛋人說：「它們還會在日暮下築巢，靠乳酪維生。」[17]

　如果愛麗絲陷入個人機率的世界，她會先評估透佛習性的先驗機率，她的貝葉斯錶盤會根據蛋人的建議來回擺動。如果「烤餐時間」指的是下午四點，那個據說在那個時候仍「黏軟」的透佛似乎就不太可能真的是夜行動物。至於蛋人的解釋要如何幫她判斷透佛是不是哺乳動物，這點就比較看不出來了。事實上，蛋人先生那些令人費解的描述讓人懷疑他提供的所有資訊是不是真的。我們知道，如今許多經濟學的學生聽教授說明某個與現實世界微妙相關的模型及其內部邏輯時，也有類似的困惑。

　然而，不是所有的「數學濫用」都像羅莫的例子那麼極端。例如，在許多總體經濟模型中，產出是一個變數，而且通常是主要的變數。一般認為，與「總產出」對應的實證資料是「國內生產毛額」（GDP）。[18]GDP 是一種很不一樣的衡量指標，比方說，它跟溫度或速度之類的衡量指標迥異；溫度或速度是可以靠適切的工具來輔助觀察的，而且有能力的觀察者都會得出同樣的答案。[19]

　所謂的「總產出」是根本不存在的東西。統計學家所記錄的總產出，是個別商品與服務的產出總和，而且是以這些商品與服務的市場價格加權計算出來的。計算這個數字時有個明顯的難

處：許多商品與服務根本沒有市場價格。警察與消防服務、國防設施、地方道路都是免費提供給多數受益者的，Facebook、Google、Spotify 等現代服務也是如此。在許多國家，醫療保健與教育是在市場之外提供的。自國民所得會計（national income accounting）開始出現以來，大家就發現金融服務構成一種特別嚴重的問題。

記錄上金融部門對英國 GDP 貢獻最大（這裡沒有印錯字）的季度成長之一，發生在二〇〇八年的第四季，當時金融部門剛從崩潰中被搶救回來。[20] 此外，產出的組成每年都在改變，有時變化很大；而這意味著一國備受關注的 GDP 成長率是先以基本數量與價格算出一個指數，再對指數做進一步計算的結果。[21]

世界各國的央行鎖定「通貨膨脹」這個衡量指標，但什麼是通膨呢？就是統計機構每月衡量購買一籃子指定商品與服務的成本。那一籃子以家庭開支的調查為基礎，代表每個人的平均消費。但每個人實際購買的商品並不一樣。富人與窮人的消費模式都和一般人迥異。[22] 每年（有時更頻繁）那一籃子的內容都必須加以修改，以反映當前的消費形態。以前那一籃子不包括智慧型手機，但現在有。無可避免的是，那個籃子的內容總是落後不斷改變的消費模式。

貨幣是一種根本的經濟概念，但各國央行公布多種不同的「貨幣供應量」量化指標。數學模型中的貨幣代碼 M，就像通俗

文章中令人困惑的說法「貨幣供應量」一樣不精確。而且，所謂的「貨幣」在時間與地理上都有特定的意義。貨幣在美國是指美元，在歐洲指的是歐元。以前的貨幣則是指黃金與白銀。對加羅林群島（Caroline Islands）雅浦島（Yap）的居民來說，貨幣是Rai，那是一種沉重的石灰石圈，中間有一個洞。有些人認為比特幣、以太幣之類的加密貨幣是「錢」。數字對經濟分析很重要，但經濟資料與經濟模型從來都無法描述「世界的真實樣貌」。經濟詮釋一向都是社會脈絡或理論的產物。

表達不確定性

當我們不確定藏匿在基地的那個人是不是賓拉登，或瑪麗賽勒斯特號究竟發生什麼事，或史密斯家的第二個孩子是不是女孩，或喬伊斯是否見過列寧時，機率都沒什麼用處。提出任何機率都只是在聲稱自己知道那個根本議題罷了；然而，那些問題充滿了不確定性，提出機率的人不可能知道那些事件。在這種情況下，以非機率的方式來描述不確定的程度，通常會比較有意義。說「費城可能是賓州的首府」是可以理解的，儘管事實並非如此。說「這個證據顯示，那個藏匿在基地裡的人更有可能是賓拉登」也是可以理解的，雖然高層做了相關決定後，我們知道賓拉登確實藏在裡面。以下幾句話也是可以理解的：「得知費城、匹

茲堡、哈里斯堡或其他城市是賓州首府，我不覺得意外，但要是有人跟我說舊金山是賓州的首府，我會很驚訝」，或「我不確定藏匿在基地的那個人是不是賓拉登，但我確定那個人不是貓王」，或「我幾乎可以確定，瑪麗賽勒斯特號的船員沒有被海怪吃掉」。

日常生活中，我們常這樣表達可能性、信心、驚訝與確定性，而且這些說法常和機率替換著使用，但它們並不是機率。它們只提供排名，代表一種排序，而不是一種數字尺度。在電影《十全十美》（10）中，當波‧德麗克（Bo Derek）把達德利‧摩爾（Dudley Moore）迷得神魂顛倒時，她證明了摩爾那套評斷女性美的模式武斷得荒謬（在一到十的美麗評級中，他把她評為十一級）。摩爾能夠判斷一個女人比另一個女人美，但頂多就只能做到這樣而已。

許多實際的問題定義不清，資訊需要按著脈絡來解讀。不同人對同一個問題可能會有不同的解讀（即使是像兩個孩子那樣極其簡單的問題也是如此）。而這給經濟學家帶來的最大難題，或許是「預期」的意義。在不確定的世界裡，家庭與企業的預期（更遑論金融市場參與者的預期），在決定經濟結果方面扮演著關鍵要角。所以，「預期」是許多經濟模型的核心。但「預期」究竟是什麼呢？要如何衡量？如何判斷？在第 19 與 20 章，我們會討論經濟學對這些問題提出的答案，雖然那些答案令人不太滿

意。

當溝通的詞彙對說話者與接收者有相同意義時，語言才是有用的溝通方法。一句話是否可以理解，本身就是不確定的。比如說，有人問道：「bidh e sileadh seo feasgar 的機率是多少？」唯一明智的回答是「我不知道」——除非你是全球人口中極小比例會說蘇格蘭蓋爾語的人，你才有可能回答今天下午下雨的機率很高。一個問題只有在你已經知道或相信的情況下，才可能理解。

如果我們可以繼續爭論一種情境的描述（像兩個孩子的問題那樣）——無論那個描述是言語的、還是數字的——那種形式化的描述也不會增加我們的知識，即使我們都認同那個情境的已知事實。在蒙提霍爾問題中，你可以藉由多次遊戲來驗證「正確」的答案，並得到一個客觀、頻率式的機率。反之，在兩個孩子的問題中，你無法化解主角之間的爭論。任何看似精確的數字估計都是虛幻的。在缺乏進一步的資訊下，對於「史密斯家的另一個孩子是女孩嗎？」這樣的問題，唯一令人滿意的答案是「我不知道」。當然，你可以直接問史密斯先生或史密斯太太，或是針對琳達那個問題，進一步詢問她在銀行中的角色以及她對女權的興趣。

含糊不清與模稜兩可

對世界未來狀態的描述，常常會有含糊不清或模稜兩可之處。不符合所謂「排中律」（law of excluded middle，只有「是」或「否」兩種選項，沒有中間選項）的概念，就是模糊的。今天要麼是星期六，要麼不是星期六。但是說到今天暖不暖和，我們就不太確定了。那種含糊不清不見得是一種籠統或推理草率的問題。許多描述是有用的，但就這個意義上來說，必然是模糊的。「戰爭」或「衰退」是有用的概念，但它們的定義本質上是不明確的，因為「戰爭」與「無戰爭」的狀態，或「衰退」和「無衰退」的狀態都是無法精確定義的。越戰不是照美國憲法規定的那樣是由美國國會宣布的（北部灣事件〔Gulf of Tonkin Resolution〕是在美國驅逐艦馬多克斯號〔Maddox〕遭到攻擊後獲得美國國會批准的，總統因此有權動用武力來抵抗侵略，然而馬多克斯號實際上可能沒遭到攻擊），但很少人會質疑越戰不算戰爭。[23] 不過，烏克蘭或敘利亞的衝突算是「戰爭」嗎？

精確定義可以減少或消除模糊性，但這種定義本身就是任意的。世界銀行把「高所得」國家與中低所得國家區分開來，[24] 但它偶爾會改變定義（撰寫本文時，每年人均所得超過一萬兩千零五十六美元就是高所得國家）；許多人會驚訝地發現，巴貝多（Barbados）、波蘭、塞席爾（Seychelles）竟然跟挪威、瑞士、

美國一樣同屬於高所得國家。雖然「模稜兩可」這個詞常用來形容多種不確定性，我們只用它來形容語言上的歧義。「bank」這個字放在漁業或金融監管中，會因上下文不同而有不同的意思。季辛吉說「世界上只有一個中國，臺灣是那個中國的一部分」，那句話是外交手腕的巧妙實例，讓聽者自己去解讀想聽的含意。聖亞他那修（St. Athanasius）在被追捕他的人問道：「叛徒亞他那修在哪裡？」時，他給了一個真實、但誤導對方的答案，他說：「離這裡不遠。」

要不是因為經濟學中使用的詞語模稜兩可，語言的模稜兩可在目前的脈絡中就不重要了。「ambiguity」（模稜兩可）這個字本身就很模稜兩可，「random」（隨機）這個字也是如此——它的意義取決於你做隨機挑選的那個母體，那個母體需要精確的定義。所以，所謂「隨機挑選」的孩子，其意義並不清楚。但是，無論問題是含糊不清還是模稜兩可，如果當事者在討論世界狀態時，對討論的世界狀態及描述的用語沒有共同的理解，他們就不可能明智地談論主觀機率。

含糊不清與模稜兩可不僅有可能出現在描述問題所用的詞彙上，也可以在行動與結果之間的關連中看到。蒙提霍爾問題一旦闡明了隱性與顯性的遊戲規則（因此可由電腦重複執行達成），就可以清楚解出確切的答案。電腦（或人）只要知道的棋局夠多，就能推導出西洋棋的規則。之所以能夠這樣做，是因為西洋

棋的規則是精確定義且客觀認同的，電腦或人也可以選擇閱讀說明書。但歐巴馬所面對的問題沒有類似的規則，那個問題本質上是不明確的。在第 2 章，奧爾森或賈伯斯面對的策略選擇也是如此，沒有規則指南可供參考。

有些人竭盡心思想要逃避極端不確定性，他們之所以這麼做是因為他們相信隨著新知識的出現，將有一個科學的真理（描述「世界的真實樣貌」）等著被發現。資料可以幫我們把初始或先驗機率分配升級成新的「後驗」機率（posterior probability）分配。但那個先驗分配本質上是主觀的，所以後驗分配必然也是主觀的。誠如美國著名的計量經濟學家愛德華・利默（Edward Leamer）所強調的：「統計推斷是一種個人觀點（opinion），而且永遠都是一種個人觀點。」[25] 判斷哪些資訊與決定有關也是一種個人觀點。或者，我們更喜歡稱之為個人判斷（judgement）。

降雨機率 vs. 經濟預測

人人都想知道明天的天氣怎麼樣，但天氣是不確定的。現代的天氣預報員會說「明天的降雨機率為四〇％」這樣的預測，這有時是有用的資訊，但民眾真正想知道的是該不該帶傘或規劃野餐。筆者一再遇到的情況是，很多人不願接受以下的真相：我們對未來根本沒有精確的認知。他們不喜歡聽到有人說「一方

面……，另一方面……」，他們比較喜歡詢問那些宣稱自己「知道」未來的江湖騙子，而且那些騙子看到事件出現不同的結果時，絕對有自圓其說的說詞。

氣候系統相當複雜也非線性。時速八十英里的風力所造成的破壞，是時速四十英里的兩倍多。而且，結果很容易受到初始條件的影響，沒有人確切知道初始條件的狀況。這些特質創造出所謂的混沌系統，而我們永遠不可能精確地預測這種混沌系統。四〇％基本上是一種頻率的表述，最好的詮釋方式是「可靠的氣象學家這樣說時，十次有四次會下雨」。[26] 天氣預報是經驗、信心、判斷的產物。

然而，還有一個更深層的問題。「將會下雨」這種說法是「模糊的」。對氣象學家來說，這意味著在氣象預報的那個區域，在相關期間的某個時間點會有降雨。英國的氣象局解釋：「我們所謂『任何降雨』，是指至少〇‧一毫米的降雨，那是我們能衡量的最小量。」[27] 但是，當我們被告知明天英國某地會下雨時，即使很確定（降雨可能小到你沒注意到），你也不會把它拿來作為要不要帶傘或取消女兒婚禮的依據。

如果降雨與否很重要（在本書中，我們常用「如果它很重要」這句話），你可以召集一群人——婚禮規劃師、天氣預報員、你未來的親家母——他們會針對你女兒的婚禮出謀獻策。歐巴馬在策劃阿伯塔巴德突襲時，便召集了相關及互補的專家。為

了嫁女兒而緊張兮兮的父親甚至可以為導致婚禮泡湯的傾盆大雨投保，但他無法消除不確定性。用機率來描述降雨也無法解決他的問題。他可以防範不確定性所帶來的不利後果，也期待自己能盡情享受不確定性所帶來的意外樂趣。他希望活動能按計劃進行；事實上，他希望事情比計劃發展得更好。但深思熟慮的婚禮規劃師依賴的是一種穩健又有彈性的應變策略，而不是預測。

經濟與社會系統就像天氣系統一樣，是非線性的。所以，經濟的演變就像天氣一樣難以預測。經濟預測勢必比天氣預測更難，因為天氣系統的根本物理特質有平穩性，而經濟系統的基本結構欠缺平穩性。經濟的發展不受固定的運動規律所支配。

天氣預報之所以重要，是因為農民與新娘父親的決定取決於他們對天氣的預期。如果天氣預報像現在這樣完備，農民和其他人的預期基本上會等同於氣象學家的預測。經濟預期會影響企業、家戶、政府的行為，但經濟行為者卻對經濟預測不太重視（這很合理），因此我們不能以「預期反映『預測共識』」為基礎（假如真的有「預測共識」這種東西的話），我們需要直接衡量預期，或為預期形成的流程建立模型。

雖然經濟預測的品質依然很差，但是為未來的經濟進行規劃還是有其必要性。企業必須做投資決策，各國央行今天就得針對利率做決定，只是決策的影響會延後顯現。今天的決定必須基於一種對未來的判斷（判斷未來不同結果發生的可能性）。以前，

央行盡可能不透露其決定的理由——事實上，在一九九四年前，美國聯準會（Fed）甚至不會宣布決定。但今日，大家不僅十分關注決定的宣布，連決定背後的理由也備受重視。金融市場的行為取決於大家對央行如何因應未來事件的預期。央行的溝通方式有很多種，例如決策機構的會議記錄及其成員的發言形成一種論述，讓外部人士自行解讀央行的利率決策。

央行就像氣象局一樣，必須對渴望確定性的人傳達無可避免的不確定性，因為確定性根本不存在。英國央行是第一個使用視覺方法來顯示其決策對目標（年度消費者物價通膨率）的影響有多大不確定性的央行。英國央行貨幣政策委員會（MPC）的目標是，盡量把通膨率維持在每年二％的目標水準，所以他們是根據這個目標來決定利率的。針對任一利率水準，通膨結果的不確定性是以「扇形圖」顯示——下頁圖取自英國央行二〇一三年五月的《通膨報告》（*Inflation Report*）。

央行對這種扇形圖的描述，與氣象局對氣象機率的描述類似，是一種頻率的表述：

如果與今天相同的經濟環境出現一百次，貨幣政策委員會的最佳集體判斷是，任一季通膨只有三十次會出現在最暗的中央區間內。扇形圖的構造也讓任一季通膨有三十次出現在每一對較淺色的區域內。因此，在預測期內的任一季，通膨預期在一百次中有九十次是落在扇形區間。[28]

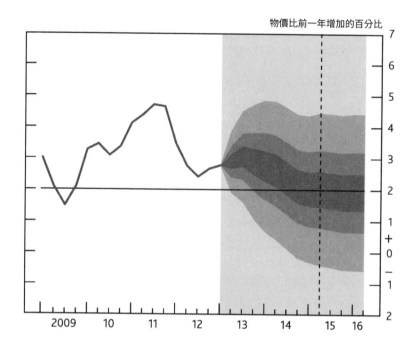

物價比前一年增加的百分比

2009 10 11 12 13 14 15 16

　　扇形圖的目的，是為了把大家的注意力從總體經濟預測領域中盛行的點預測（point forecast，例如「明年通膨將是二·三％」）移開，並導入一種不確定性的論述。在金融危機期間扇形往外擴展，以傳達更大的不確定性，雖然沒有精確的量化依據。扇形圖刻意不用一條線顯示中心預測值，目的就是讓讀者對不確定性有一個視覺印象。至少一開始，金融媒體、甚至電視都會使用扇形圖來強調未來經濟事件的不確定性。只要把扇形圖解讀成一種圖片說故事的方式，而不是一種數字機率的陳述，它就是一種向廣泛受眾傳達不確定性的有效方法（如央行所想的那

樣）。

如今，經濟、科學、一般對話中都會用到機率，但機率推理並未充分掌握極端不確定性。誠如凱因斯所言：「我們很難找到一種可理解的方式來解釋『機率』的意義，或解釋我們如何判斷任何命題的機率。然而，機率的論文卻聲稱它們得出的複雜結果是最精確、最務實重要的。」[29] 一百年後，這種論文的數量之多，肯定會令凱因斯瞠目結舌。

第 7 章

機率與最適化

> 「在面對機率的結果時，許多坦率的人反而對機率所依賴的
> 邏輯基礎感到強烈的不確定性。」
>
> ——凱因斯 [1]

　　自機率論誕生之初，數學家就意識到，一定要有一套進一步
的邏輯，把理論轉化為務實的建議，告訴大家何時該下注賭一
把、何時不該下注。「期望值」的概念是帕斯卡與費馬破解點數
問題的一部分。兩名玩家共押注一百法國金幣，公爵在賭博突然
中止時的獲勝機率是八分之七，他贏錢的期望值就是八十七・五
金幣。當所有可能結果的價值（這裡指金幣的價值）與機率都是
已知時，就能算出下注的「期望值」。這是判斷賭注是否有吸引
力的起點。如果一場賭博贏兩百美元或輸一百美元的機率相等，

這場賭博的期望值是〇‧五乘以兩百美元與〇‧五乘以負一百美元的總和，也就是五十美元。

期望值的問題

假設有人要你從兩個信封中挑選一個，並告訴你其中一個信封裡的錢是另一個信封的兩倍。你選了其中一個信封，打開發現裡面有一百美元。裁判問你想不想換成另一個信封。由於一個信封裡的錢是另一個信封的兩倍，但你不知道你剛剛挑的是比較多錢的那個、還是比較少錢的那個。你只知道另一個信封裡可能有兩百元或五十元，所以換另一個信封可能讓你賺一百元或賠五十元。如果你採用無差異原則，判斷兩個結果出現的機率一樣，你會覺得換信封是個不錯的主意，因為期望值是二十五元，於是你換了。

但假設你一開始挑選了第二個信封，裡面可能是五十元或兩百元。如果裡面是五十元，你換信封可能賺五十元或損失二十五元。如果裡面是兩百美元，你換信封可能賺兩百元或賠一百元。在這兩種情況下，可能收益是可能損失的兩倍。所以如果你一開始選第二個信封，你會想要換成第一個信封。然而，這個結論並不正確。你的初始選擇是隨機的，所以底下情況是不可能發生的：你先選第一個信封，你會想換成第二個信封；你先選擇第二

個信封，你會想換成第一個信封。但從來沒有人能夠清楚又簡單地解釋：為什麼建議更換信封是錯的。這裡隱藏的假設是，不管信封裡有多少錢，更換信封的賺賠機率各是一半。但這種假設正確嗎？是誰把錢放在信封裡？他的錢又是從哪裡來的？似乎沒有一致的方法可找出代表這種問題的世界狀態，因此也沒有指定機率的合理基礎。即使謎題的規則似乎已經完全講明白了，依然是如此。

這個問題可以靠做一些假設來解決，你的假設必須充分定義那個問題。例如，有人可能假設較大的數額是介於一元到一百萬元之間，介於兩者之間所有的數額出現機率相等。然而，除了數學上計算比較方便以外，找不到其他理由做這種假設。可能結果的範圍並沒有限制，也沒有理由認為所有可能的結果出現的機率都一樣。究竟要維持原來的選擇，還是要換另一個選擇？我們根本不知道。當我們不完全知道可能結果的範圍時（也就是說有極端不確定時），兩個信封的問題就清楚地顯示出運用機率推理的困難。

為什麼決策者不在意期望值，還有幾個很好的原因。曾在本書前言出現的經濟學泰斗保羅·薩繆森曾找一位同事打賭，說那個人賺兩百元的機率是五〇％，輸一百元的機率是五〇％。那位同事回答，他不會接受這種賭注；但如果薩繆森願意讓人重複投入那個賭博一百次，他就有興趣下注。從期望值的角度來看，這

種回答是錯的——因為這位同事正在拒絕一個期望值為五十元的賭注。

但我們可以輕易理解，為什麼那個人會這樣回答薩繆森。[2] 單次賭注有五○％的機率可能輸掉一百元。我們不知道一百美元對那個人而言是不是一筆大數字，但我們推測，即使輸了賭注，也不太可能導致那個人的家人沒晚餐吃。然而，如果他接受了一百次賭注，他可能會損失一萬元（一百元乘以一百次），多數人肯定會後悔。不過，那樣的結果極不可能發生，那是近乎二十五個標準差的事件。賭一百次的期望值是贏五千美元，輸任何金額的機率小於一％。賭一次和賭多次是完全不同的情況。賭一次是「發生立即但可控制的損失」的機率很大。賭多次是獲利機率大，損失機率小，未來某時點發生巨大損失的機率極小。接受一種賭注，拒絕另一種賭注是不理性的嗎？某人對風險的態度，不是取決於他的決策是否符合某套原則。損失機率極低，不等於沒有風險或損失；贏錢機率很高，也不等於確定會贏錢。他也有可能對那些賭注抱持不同的態度。

在我們判斷薩繆森的同事是否不理性之前，我們需要更了解背景脈絡以及所談論的那個人。英國經濟學家喬治・沙克爾在關於「不確定性」的著作中，反駁了美國戰後期間的共識。他談到宮殿的守衛思考著要不要加入革命：守衛知道，他若是堅守職責，結果革命成功了，他可能會面臨死刑。但他若是加入叛亂分

子，而革命失敗了，他也會死。不過，捍衛王室並目睹政變失敗可能獲得巨大的回報。知道革命成功的頻率幾乎沒什麼幫助，[3]只有這場革命的成功與否才是重點。

我們在不確定事件之間所做的選擇，通常比在基本機會賽局中看到的來得複雜許多。維尼爾問題的影響深遠（指誤以為應用了人工模型的結論，自己就會對真實世界的了解就比實際還多）。

美國學派的勝利

十九世紀的經濟學是在英國哲學家傑瑞米・邊沁（Jeremy Bentham）與彌爾所主張的效益主義背景下發展起來的。個人的目標是追求自己的效益最大化，道德行為就是為了把那些效益的總和加以最大化——亦即「最多數人之最大幸福」。牛津大學的經濟學家埃奇沃斯（F. Y. Edgeworth）是十九世紀晚期把數學推理應用到經濟學的先驅，他提出「快樂測量儀」（hedonimeter）的構想，該儀器就像溫度計量溫度一樣，客觀地衡量快樂與痛苦。這些學者都太離譜了，如今沒有人相信快樂測量儀的可能性，也不相信購物者會用智慧型手機在超市的購物走道上計算哪種商品可以帶來最大效益。

不過，效益主義的分析之所以會融入現代經濟學，是來自另一個源頭。有人證明（薩繆森的證明最有效），如果家庭是根據

一套可信的公理（自稱絕對理性）來挑選商品，他們的行為就好像在追求某個客觀數學式的最大化（那個算式大可稱為「效益」）。選擇的一致性在這些公理中非常重要。後來證實，這種方法很適合用來理解現實世界的許多問題。它讓經濟學家得以分析價格變化（反映供給條件或經濟政策的改變）如何影響市場經濟中資源配置的問題。這類技巧成功應用的例子在經濟學的教科書裡比比皆是。把這種思維從「消費者對商品的選擇」延伸套用到「不確定下的決策」，需要幾次思想的跳躍。起初，薩繆森反對這種延伸套用的方式，但後來又大聲叫好。那種心意的改變，使他能夠批評那位不願下注的同事前後不一。一致的行為是指，如果你接受（或拒絕）一次賭博，就應該每次都接受（或拒絕）相同的賭博；一致的行為是指，如果你今天選擇開車上班，而不是搭火車上班，你今天、明天、後天都會選擇開車上班。

通勤模式與賭博之間的類比不是很有說服力。然而，這種根據公理做「理性」選擇的方法獲得了廣泛的接納，最終近乎獲得普遍採用，幾乎沒有人承認其基本假設不可靠及實證不相關。超市裡的購物者把購物車塞得滿滿的，彷彿他們在追求效用的最大化。決策者面對極端不確定性時，也彷彿他們在追求主觀期望效用的最大化。

把這種根據公理的做法，從消費者選擇分析延伸套用到不確定下的決策，是一些美國學者的研究成果。約翰・馮・紐曼

（John von Neumann）是一位博學的天才，他曾參與曼哈頓計劃（Manhattan Project），隨後協助開發了氫彈。他與普林斯頓大學的同事奧斯卡‧摩根斯坦（Oskar Morgenstern）在經典著作《賽局論與經濟行為》（*Theory of Games and Economic Behavior*）中試圖確立，機率推理可以在不確定的世界裡，為理性決策提供一個連貫且嚴謹的架構。一九四六年，曾任馮‧紐曼助理的吉米‧薩維奇（Jimmie Savage）去了芝加哥大學，並於一九五四年到一九六〇年間擔任該校統計系的講座教授。[4] 他為公理推理（axiomatic reasoning）可以等同於期望效用的最大化，開發出最完整的根本條件。那些條件非常需要把不確定的世界類比成確定的世界。[5] 身為芝加哥大學的年輕學者，他遇見了同樣年輕的傅利曼，他們一起寫了一篇文章（由傅利曼以薩維奇提出的觀點為基礎撰寫的），那篇文章對於經濟學如何處理不確定性有著開創性的意義。[6]

在薩維奇的世界裡，他請大家把未來視為許多賭博或彩券的集合。但彩券並非只是私人賭注或機會賽局。無論決策者是在預測下週的天氣、職涯的進展、中國的經濟崛起，還是科技的進步，他都會把所有可能的結果想像出來，並為每個結果附上機率。薩維奇知道，這樣描述現實世界的行為很荒謬。他在一九五四年出版的經典著作《統計基礎》（*The Foundations of Statistics*）中，把這種對未來的分析描述成「三思而後行」（think before you leap）原則，並寫道：

> 要把「三思而後行」原則的邏輯發揮到極致，就需要根據大
> 量未知的世界狀態，為個人生活的治理想像出各種可能的原
> 則（至少從現在起必須如此），而且要盡可能想到最微小的
> 細節，然後當下就決定採用一個原則。這實在太荒謬了……
> 因為做這種決定所隱含的任務，甚至跟人類的可能性一點也
> 不相似。就算我們把想像的各種狀態與組合縮減到最少的合
> 理限度，我們連根據原則去規劃一場野餐或下一盤西洋棋都
> 做不到。[7]

薩維奇的意圖，是為個人主觀機率的存在尋找一個基礎，但
不表示那種方法對決策有普遍、甚至全面的相關性。事實上，他
強調，這只適用於「小世界」。[8]大小世界的區別很重要，在小世
界裡，人可以藉由追求期望效用的最大化來解決問題；在大世界
裡，人則是實際生活在其中。我們將在後面的章節中經常提到兩
者的區別。薩維奇繼續解釋，他覺得他的方法可以用來「解決比
較簡單的決策問題，只要刻意把注意力放在『三思而後行』原則
可套用的小世界就好了。」

薩維奇小心翼翼地避免聲稱他的分析可以套用到他所謂的
「小世界」的狹窄範圍之外。點數問題和蒙提霍爾問題都和小世
界有關——都是可重複的機會賽局。然而，經濟學家並未認同薩

維奇針對其分析的應用範圍所提出的警告。經濟學家不僅樂於採用他的假設（在不確定性的世界裡，個人會追求期望效用的最大化），也宣稱這樣衍生的模型可以直接應用在適合大世界的政策上。

傅利曼與薩維奇的合作，確立了傅利曼對於分析風險與不確定性的合適工具所抱持的觀點，也對他的同事與學生影響深遠。薩維奇最初對自己研究方法的應用範圍抱著很節制的態度，但傅利曼對於這個方法的廣泛運用幾乎沒什麼懷疑。我們曾提過傅利曼的《價格理論》是芝加哥學派的理論入門，傅利曼在該書中解釋：「就像我們可以假設一個人的行為彷彿對每個可能發生的事件都附加一個確定的效用一樣，我們也可以假設，他的行為彷彿對每個可能事件都附加了一個確定的機率。我們假設這些『個人機率』符合機率的一般數學定律。」[9]

但是，傅利曼既沒有照字面遵循薩維奇的分析，也沒有遵循那分析的精神（薩維奇的分析有一個限制性的假設：只適用於小世界）。不過，薩維奇本人也應該承擔一點責任。他在著作中清楚提到機率推理的限制，但是他與同事互動時，卻主張主觀機率與貝氏分析，甚至說「如果有人明顯不認同他，那就是懷有敵意，不然就是個笨蛋，或至少忽略了一個重要的科學發展」。[10]日後由於薩維奇與同事之間的關係惡化，一九六〇年他離開了芝加哥大學，轉到密西根大學。傅利曼的追隨者刻意與薩維奇提出的

限制保持距離——至少在這方面是如此。

　　一九七六年，傅利曼從芝加哥大學退休時，蓋瑞・貝克（Gary Becker）成了芝加哥學派的學術領袖。貝克渴望應用自己的想法，與傅利曼一樣野心勃勃。他寫道：「所有的人類行為，都可以視為參與者在多種市場中的活動。他們從許多穩定的偏好中追求效用的最大化，並累積最適的資訊量與其他投入資源。如果這個論點是正確的，經濟學的方法便為理解邊沁、孔德（Comte）、馬克思等人長期以來所尋求及困惑的行為，提供了一個統一的架構。」[11] 這番論述看起來確實雄心勃勃。

從「期望值」到「期望效用」

　　十八世紀，丹尼爾・白努利（Daniel Bernoulli）[12] 試圖解決堂兄尼古拉（Nicolaus）[13] 所提出的「聖彼得堡悖論」（St Petersburg paradox）。這個悖論之所以這樣命名，是因為尼古拉把解答首次發表在聖彼得堡帝國科學院的論文集上。試想，在一場賭博中，重複地拋一枚硬幣，直到出現正面朝上為止。如果拋一次就出現正面朝上，你贏一元。如果拋兩次才出現正面朝上，你贏兩元。如果拋三次才出現正面朝上，你贏四美元——依此類推。你願意花多少錢參加這種賭博。

　　簡單的算術顯示，這個賽局的期望值是以下總和：拋一次就

正面朝上的獎金乘以機率（$1 \times 1/2 = 0.5$）；拋兩次才出現正面朝上的獎金乘以機率（$2 \times 1/4 = 0.5$）；依此類推。得獎機率的降低與獎金增加的速度一樣，所以每一種結果的獎金乘以機率都是○·五，總合是無限大，因此你贏錢的期望值也是無限大。期望值的計算中，包含了贏得巨額獎金的極小機率：如果你拋了三十一次才出現正面朝上，你就成了億萬富豪；拋了四十次才出現正面朝上，你就成了世界首富；潛在獎金可無限攀升。但你只賺一元的機率是五○％，賺兩元或更少的機率是七五％。不過，如果你唯一關心的是追求期望獎金的最大化，那麼你「應該」會願意為了參加這種賭博而付出任何金額。但在現實世界中，沒有人會花大錢去玩這種遊戲。因為花大錢參與這種賭博時，賠錢幾乎是肯定的，獲得天大財富的機率微乎其微。我們認為，理性的人不可能拿全部的資源或散盡家財去參與這種賭博。

　　一般來說，你擁有的東西愈多（無論是金錢、食物，還是你喜歡的電影），你從額外的東西（更多錢、更多食物、更多電影）中獲得的快樂愈少。很少人會覺得亞馬遜創辦人傑夫·貝佐斯（Jeff Bezos）[14]比普通的億萬富翁幸福一百倍，或比一般的百萬富翁快樂十萬倍。如果效用的成長速度比財富的成長速度慢（兩者之間的關係是非線性的），財富增加所帶來的快樂比不上「同額」財富損失所帶來的痛苦。對於聖彼得堡悖論，白努利的解法是：只有當那個賭博是追求期望效用的最大化、而不是期望財富

（期望值）的最大化時，參與那個賭博才划算。於是，使用機率推理的決策，變成跟追求期望效用的最大化一樣。帕斯卡那個「賭上帝存在」的賭注可以說是這種決策概念的前身：把得失的多寡（以幸福衡量，而不是以金錢衡量）乘以得或失發生的機率，藉此判斷要不要賭一把。

在世俗選擇中，期望值和期望效用之間的差異可能取決於你有多富有。如果你輸不起一百美元，你可能不會接受一個贏兩百美元或輸一百美元的機率相同的賭局。富人可能會開開心心參與這種賭局，窮人可能不會參與，因為萬一輸了，家人可能會挨餓。富裕的公爵認為賭博贏錢只是零頭，對他來說，期望值與期望效用之間沒有多大的差別。但已經押了五十金幣的窮侯爵也許就輸不起那些錢了。

有些人貪婪，有些人則否。知名的苦行僧聖方濟各（St. Francis）只要衣可蔽體，有點麵包皮果腹，就心滿意足了。他從物質財富的增加中所獲得的額外快樂迅速減少。但是對於一個貪婪的銀行家來說，他的成就只體現在銀行帳戶的餘額上，所以期望財富與期望效用是一樣的。我們把期望效用與賭博的期望收益之間的差異，稱為「風險規避」的衡量──風險規避的程度愈大，愈不願下注。

然而，即使在小世界裡，「追求主觀期望效用的最大化」這個模型似乎不適合用來指引我們的行為。在行為經濟學的實驗

中，參試者（大多是美國學生）為了賺錢或討好教授而參與實驗，研究人員誘導他們進入人造的小世界。參試者在實驗中一再打破了主觀期望效用的規則。

教室裡的貝葉斯錶盤

　　二〇一六年，邁克·伍德福特（Michael Woodford）與哥倫比亞大學的同事公布了一項實驗的結果。那個實驗的目的是想了解學生對新資訊的反應。[15] 學生要從一個裝有綠環與紅環的盒子中隨機抽取環，而盒內的綠環與紅環比例會隨著時間改變。研究人員告訴參試者，抽中綠環的機率偶爾會變。他們請參試者估計下次抽中綠環的機率，並請參試者使用滑鼠調整電腦螢幕上的滑尺，以逐次顯示他們估計的機率。這個實驗的最重要發現或許是這些學生有過人的耐心，竟然願意為了微薄的報酬而長時間投入一項毫無意義的任務。[16] 但學生並未達到伍德福特的預期。伍德福特原本以為，滑尺刻度應該會隨著每次抽取而前後移動，就像貝葉斯錶盤會隨著資訊變動那樣──但實驗結果並未出現這種情況。「幾乎每一個參試者都偏離了最適貝葉斯標準……儘管他們在那段期間內收到許多新的資訊，但在一段時間內他們通常維持決策變數不變。我們推斷，他們的決策失靈反映了注意力不集中、記憶有限或相關的認知限制。」[17] 伍德福特直接假設理想的標

準就是貝葉斯解法；為了讓實驗結果符合模型，他又針對人類的決策失靈做了一個輔助假設：伍德福特稱之為「合理的疏忽」，亦即我們可以輕易認同的失靈。

哲學家安東尼・阿皮亞（Anthony Appiah）創造了「認知天使」（cognitive angels）一詞，用來描述能夠正確地把期望效用最大化的理想化個體，並比較認知天使與實際的真人（在過程中會計算並犯錯）。二〇一七年諾貝爾經濟學獎得主理查・塞勒（Richard Thaler）也同樣把「理性經濟人」（econs）和「凡人」（human）區分開來。[18]在充滿極端不確定的世界裡，我們不會把追求期望效用的最大化視為天使的特徵。哥倫比亞大學的那些學生不太可能是天使，他們只是凡人。他們在課堂上學了貝氏推理，但不會把它應用在生活中，因為那套推理很少會派上用場。他們在規劃生活與職涯時，根本沒有計算期望效用所需要的資訊。[19]伍德福特無法指出那些「合理疏忽」的學生做了錯誤的決定，他只能批評他們的推理方法。他認為，學生們應該受到貝葉斯錶盤的指引。

白宮的貝葉斯錶盤

因此，我們可能想像歐巴馬坐在總統辦公室的桌前，牆上掛著一個貝葉斯錶盤。會議開始時，錶盤指針基於一個遭到誤導的

理由（因為毫無資訊，賓拉登在那個基地的機率是○‧五），隨意地指向五○％。[20]

情報陸陸續續送了過來，錶盤上的指針開始左右擺動。有些提供情報的人充滿信心，有些人不然，有些人比其他人更有說服力。最後，時間到了，會議必須結束。現場所有人（包括總統）都抬頭看那個錶盤。一個新的後驗機率已經取代了先驗機率（五○％），或許後驗機率是三一％，或許是七二％。

現在，總統請顧問判斷，巴基斯坦軍方將會如何應對美軍的直升機飛抵他們的行動中心。在這個新的謎題中，貝葉斯錶盤的指針又重新設為五○％。隨著大家對這種新的不確定性表達不同的看法，指針又開始左右擺動。對於巴基斯坦軍方的每一種反應，美國人都有許多可能的因應方式。

總統問道，萬一有設備故障了，那怎麼辦？這個問題曾導致卡特政府解救德黑蘭人質的行動失敗。「機率樹」又展開更多的分枝，助手搬來一塊巨大的白板，以便記錄不斷增加的可能結果。把所有的可能組合都列出來以後，總統必須針對每個可能的結果賦予一個主觀的期望效用，或他對美國人民社會福利的估計。這一步完成後，就可以迅速計算這次任務結果的期望值。

當然，實際的運作根本不是那樣。沒有人喜歡像美國總統那樣獲得如此大量的資訊，或有那麼多專家告訴他需要知道什麼。即使擁有那麼多資源，這樣行動也是不可能的。歐巴馬不是在追

求最適化，他不是在追求主觀期望效用或國家期望效用的最大化。他不可能掌握使他能夠那樣做的情報。面對那麼多定義含糊的不確定因素，他怎麼可能做到？

賈伯斯也沒有看貝葉斯錶盤，他是在等待「下一個大爆點」。邱吉爾看到美國逐漸被捲入二戰時，也是採取等待策略，並盡最大的努力加速美國參戰。我們不知道歐巴馬走進那場決定性的會議時，腦中是否有先驗機率，我們希望他沒有。他坐在那裡，聆聽相互矛盾的論述與證據，直到他覺得自己掌握了足夠的資訊——他知道他只能獲得有限且不完全的資訊——可以做決定了。在充滿極端不確定的世界裡，這就是做良好決策的方式，決策者努力思考的是「究竟發生了什麼事？」

相反的，銀行高階主管依賴風險專業人士的判斷，風險專業人士又依賴貝氏技巧，結果令人失望。伍德福特的學生雖然熟悉貝葉斯推理的原理，但他們並沒有以那種方法來完成實驗（儘管那個實驗的設計是為了刺激他們那樣做）。伍德福特的學生並沒有做錯決定，他們只是沒用貝葉斯推理來處理新資訊罷了。對那個實驗結果的另一種詮釋是，學生自己發展出一套敘述，並在過程中每隔一段時間就質疑及修改那套敘述。學生並沒有集體偏誤，他們只是很難像深思熟慮的人那樣接納極端不確定罷了（也有可能他們在等待實驗結束，領十美元的報酬）。

我們對貝葉斯錶盤的實用性提出質疑，不是在建議大家不要

根據新資訊來修改自己的觀點。我們覺得大家應該像歐巴馬那樣處理極端不確定性——聽取證據、聽取正反方意見、請大家針對主流論述提出質疑，最後做出深思熟慮的決定。歐巴馬得知既定的計劃在執行過程中出現意想不到的問題時，可能會像卡特一樣被迫改變決定。幸好，事實證明沒有那個必要。

風險與參考敘事

《牛津詞典》把風險一詞定義為「不愉快或不好的事情發生的可能性」，這也是摩根大通（J.P. Morgan）的董事會、典型的家庭、賽車手或登山者所理解的風險。[21] 風險的一般意義指的是不利事件，而不是有利事件。

風險是不對稱的。我們不會聽到有人說「我有中頭彩的風險」，因為他們並不會把中頭彩視為風險。他們甚至不可能說「我有槓龜的風險」，因為他們其實沒有預期自己中彩券。風險的日常意義是指危及個別家庭或機構的現實期望的不利事件。所以，風險的意義是家庭或機構計劃與期望的產物。風險必然會因人而異。風險對摩根大通的意義，異於對滑翔傘運動員或登山者的意義，也異於想為退休或孩子教育而儲蓄的家庭所想的意義。

康納曼與阿莫斯‧特沃斯基（Amos Tversky）是在美國做研究的以色列心理學家，他們近年來因麥可‧路易士（Michael

Lewis）的暢銷書《橡皮擦計劃》（*The Undoing Project*）而成了熱門人物。一九七九年，他們提出了「展望理論」（prospect theory），以描述不確定情況下的人類行為。這套理論與以傅利曼－薩維奇的公理為基礎的傳統「理性」觀點不同，他們把不確定性相對於某個參考點加以「編碼」。在那個參考點上，收穫帶來的效益低於等額損失所帶來的痛苦。不過，康納曼與特沃斯基導入了「決策權重」的概念。低機率事件的重要性，大於其機率所示的重要性。這可以解釋為什麼民眾會去買中獎機率微乎其微的彩券。然而，也有類似的低機率事件對我們的任何決策毫無影響，比方說，筆者對於小行星的墜落並未採取任何防禦措施。

很多時候，我們擔心的風險不是對現狀有風險，而是對我們改變現狀的計劃有風險。我們制定商業策略及退休計劃。我們把積蓄拿去投資或從事新規劃，例如度假或建築工程。我們做那些事情時，都對結果有所期望——那些期望是一種敘事形式，而不是機率形式。我們從來沒聽說過「今年度假的價值有七〇％的可能性比實際付出的金額多一百英鎊」這種話，我們常聽到的說法是，他們預期今年的假期是有史以來最棒的，或是在假期結束後才說他們大失所望。

我們認為透過「表達實際期望的故事」，即「參考敘事」（reference narrative）的概念來了解對風險的態度才是最好的方法。對摩根大通而言，最重要的參考敘事是銀行持續獲利成長。

一家大企業有很多策略可以在其營業領域中實現那個最重要的目標，旗下每個事業單位也有一個相關的參考敘事。有些事業單位的參考敘事可能風險很大，但只要那個事業單位的參考敘事不危及整個組織的參考敘事，公司就有可能會包容那種風險。

家庭同樣也有最高層級的幸福與安全目標，以及許多附屬的敘事——例如買房、支付孩子的教育費用、享受舒適的退休生活。對一級方程式賽車的世界冠軍來說，風險可能是阻止他贏得比賽的因素；但是對比較沒那麼優秀的賽車手來說，風險是沒達到一個好看的名次；對觀眾來說，風險可能是賽車在第一個拐彎處偏離車道。登山者面臨的風險是那些阻止他到達頂峰的事件。風險的意義因個人、家庭或機構而異。

在歐巴馬下令海豹突擊隊突襲阿伯塔巴德的那場會議上，有一段參考敘事支配了那場會議。直升機會降落在那個基地，突襲隊衝進大樓。我們假設（但不知道）這裡有個不言而喻的前提：賓拉登將在這場突襲中遭到擊斃。無論他是死是活，他都會在美國的羈押下，由飛機運離巴基斯坦。那段參考敘事或多或少描述了實際發生的事情。

但許多事情可能會打亂那種敘事。那次行動可能遇到設備或後勤問題（一九七九年營救德黑蘭人質的行動，就是因為遇到突發問題而失敗）。賓拉登可能不在那個基地裡，因為美國的情報有誤，或突襲時他剛好不在。總統與顧問針對這些風險進行辯

論，並討論適當的因應措施。最棘手的問題是，萬一巴基斯坦軍方迅速察覺這次美軍行動並動武回應，美方該如何處理。首要目標是確保參考敘事是穩健且有韌性的。風險管理的關鍵，就是辨識參考敘事是否有穩健又有韌性等特質。

由於不同的人有不同的參考敘事，不同的人可能以不同的方式評估同樣的風險。在一家公司工作的員工所面臨的風險，可能與該公司股東所面臨的風險不同。對一九七〇年代抗拒開發小電腦的 IBM 高管來說，他們的風險在於：個人參考敘事是以公司既有的商業模式為基礎，開發小電腦可能導致他們的個人參考敘事貶值，連帶他們的公司地位與專業也會跟著貶值。

風險是指預測敘事（projected narrative）的發展不如預期，而預測敘事是從現實的預期推估出來的。快樂的父親滿心期待著女兒的婚禮，他心裡想的參考敘事是一切按照計劃順利進行。他知道有很多種風險存在，例如新郎臨陣退縮、傾盆大雨淋濕客人等等。那種評估中隱含著一種風險的衡量——結果可能與預期相差不大，也可能相差很大。該風險的規模也許可以量化，也許無法量化；可能發生在事件之前或之後。但這種詮釋方式跟後來主導計量金融及許多經濟學與決策理論的觀點（亦即風險可以視同結果的波動性）截然不同。

保險的動機

「把風險視為波動性」這種觀點之所以在經濟學家之中很常見，是因為它呼應了另一個概念：期望效用與期望財富之間的差異，是風險規避的量化衡量。把風險視為波動性，再加上風險規避的概念，就可以得出風險成本的貨幣價值。這種計算使得風險可以當成一種商品來定價，並在風險偏好不同的人之間買賣，就像對蘋果、梨子等水果也有不同偏好的人相互買賣那樣。

期望效用與期望財富之間的差異，確實可以解釋面對不確定性時的某些行為面向。它闡明了為什麼富人可能會投資某家投機企業，沒那麼富有的人則不會投資。或者，為什麼你應該為自己的房子投保火險：因為預期的負效用（火災帶來的經濟與情感損失，乘以它公認的低機率）比保費高。所以，即使交易的期望值是負的，但交易的期望效用是正的。相反的，對保險公司來說，期望值是正的，但藉由分擔風險（相當於重複一百次薩繆森的遊戲），公司整體獲利的機率很高。

然而，這種解釋似乎只針對「人對風險的行為」做了部分的描述。傅利曼與薩維奇難以解釋為什麼投保的人也會去賭博。[22] 另一個問題是，保險這種解釋只適用於與損失相比，保戶的現有財富比較大的情況，否則期望效用與期望的損益之間幾乎沒什麼差別。也因此，如果你能夠承受損失，投保就毫無意義。然而，

許多人明明能承擔度假行李或手機遺失的風險，卻依然為行李或手機買遺失險。以前英國的電器零售商靠著販售產品維修保險賺了巨額利潤，後來遭到禁止才停手。[23] 而且，富裕家庭購買這類保險的可能性與負擔不起洗衣機維修費的貧窮家庭一樣大。自負額（免賠額）高的廉價保單應該會受到追求最適化的家庭所青睞，但保險公司會發現那種保單很難賣。根據我們的經驗，就算我們從經濟觀點去解釋這樣做不理性，但沒有一個朋友因此改變了這種不理性的行為。筆者之一花了四十年勸他任教的學校不要為銀器投保，但始終無法說服校方。學校明明可以承受失去銀器的損失，而且就算真的搞丟了，學校不會、也很有可能沒辦法換新的。

我們之所以投保，並不是取決於期望值的計算，而是看我們有多想要保護那個被保險物的參考敘事。這裡的參考敘事是指度假時行李沒搞丟、手機沒遺失、洗衣機正常運作、大學的銀器可在宴會上使用。那些參與賭博的人想著的也是參考敘事，而不是機率與期望效用。他們可能滿懷中彩券的美夢，他們可能是那些離不開吃角子老虎機、或在賽馬場滿懷希望抓著簽賭單的人。完全理性的人喜歡想像自己可能贏得數百萬美元，即使他們並不是真的期望那樣，他們也知道不買彩券就不可能實現夢想。買彩券可能是社會儀式的一部分，參與抽獎也是（無論是在鄉村的慶典中，還是對沖基金經理人喜歡的正式晚宴上）。在這些交易中可

能有一些混淆存在——我們懷疑，有些人並沒有發現，當他們的行李在運輸過程中遺失時，保險公司並不會把遺失的那些行李送還給他們，只會支付一筆錢讓他們去買一套新衣服。然而，保險背後的動機很容易理解。購買這種昂貴保單的人並不是在買額外的期望效用，而是在買一些保護措施，以防他們的參考敘事遭到破壞。

保險通常是在保護員工的參考敘事，而不是他們效勞的組織。學校的財務委員知道，萬一沒保險的銀器遭竊，他們會遭到指責，但沒有人會因為他們沒為銀器投保、幫學校省下一筆保費而感謝他們。筆者之一記得曾和一家大型英國公司的高階主管討論過為何要購買企業保單，畢竟那家公司的資產負債表規模比多數的保險公司還大，投保似乎無法提供必要的保障。那些高管的回應是，萬一公司遇到災難，保險可以避免董事與股東的下意識反應。但事實證明：即使保了，還是不夠——那家公司就是在墨西哥灣發生漏油事故的石油公司。風險管理的主要目的，通常是為了保護組織內部個人的參考敘事，而不是組織本身。

風險規避

期望效用理論（expected utility theory）並未充分解釋人類面對風險時的行為。奧斯卡‧王爾德（Oscar Wilde）不僅召男妓，

也因昆斯伯里侯爵（Marquess of Queensberry）譴責他的不道德行為而控告侯爵；他這樣做是拿自己的社會地位與文學事業做賭注，也是一種自我犧牲。王爾德的愚行只是成功人士自甘墮落追求危險的眾多例子之一。有些人從登山與滑翔傘運動中獲得樂趣，而這不可能是在貝葉斯錶盤下思考的產物。這種冒險行為似乎是某些領域特有的。有些人到山頂冒險，有些人開跑車冒險，有些人在交易廳冒險；然而就算我們知道某人有在開賽車，這對我們的投資目標來說，可能也不是什麼有用的資訊。

期望效用理論告訴我們，需求很容易滿足的聖方濟各非常厭惡風險，嗜財如命的銀行家則不太討厭風險。然而，多數人會認為，放棄世俗財富、轉而依賴陌生人的善心非常危險，他們這樣想沒有錯。本名是艾瑞克‧布雷爾（Eric Blair）的喬治‧歐威爾（George Orwell）曾就讀英國一流的公立學校，後來他選擇當流浪漢，去巴黎的餐廳當洗碗工。他曾兩度在那些不衛生的環境中感染疾病而險些喪命，接著在戰場上死裡逃生，後來參加西班牙內戰也差點遭到處決，最終死於肺結核，享年四十六歲。歐威爾尋求冒險，並以此豐富了自己與他人的理解。而聖方濟各相信自己的行為符合天意，他可能在其信仰所建構的參考敘事中感到安心。

相較之下，那些貪婪的銀行家可能對個人的財富貪得無厭，但在承擔個人風險時卻很謹慎。那些在二〇〇八年導致金融機構

走向崩解的高層主管，大都多拿了龐大的獎金，拍拍屁股離開他們造成的殘局。但是與特斯拉與 SpaceX 的共同創辦人伊隆・馬斯克（Elon Musk）所領的獎金相比，他們的獎金又顯得微不足道。馬斯克從這家汽車公司要求及獲得的獎金計劃，可以為他帶進五百五十億美元——目前他的財富據估計是兩百億美元（注：在二〇二〇年的富比士美國四百富豪榜上，他以七百億美元的資產排名第七），對多數人來說那筆錢已經十分足夠了。但馬斯克是我們這個時代最卓越的商業冒險家，而且他是拿自己的本錢及別人的錢押注。

預期風險

在充滿極端不確定的世界裡，我們腦中能想像的可能結果是有限的。因為很難預測到各種不太可能發生的結果，所以我們精挑細選一些不太可能發生的事件加以追蹤。我們不是在做某種後設理性計算（亦即考慮所有機率很小的可能性，並計算它們的相對重要性），而是運用判斷力與經驗。有時候，這種精挑細選反映了事件的突出性：每週我們都會聽到新頭彩贏家出現的新聞，但不常在新聞上看到小行星墜落所造成的受害者；況且就算知道了，我們可能也對他們無能為力。那種行為可以描述成，彷彿相關機率比它們可能客觀存在的機率更高或更低（假設真的有人計

算那些客觀機率的基礎）。但這種解釋並未承認一種理性解釋：理性的人從實際上沒有發生的事件中獲益（彩券中獎的夢想），或是得到負效用（對小行星的恐懼）。這正是恐怖分子有辦法讓他們造成的成本遠大於實際破壞的原因——他們也很清楚這點。

我們對風險的態度不是光用期望效用就能解釋清楚的。喬治・魯文斯坦（George Loewenstein）是少數對風險進行實證研究的美國經濟學家，他可說是神經經濟學的創始者（研究大腦對經濟選擇的反應）。他提出了「風險即感覺」（risk as feelings）觀點，強調個體在預期與決策時刻所感受到的希望與恐懼：中頭彩的夢想；登山者克服出名的「希拉瑞台階」（注：攀登珠穆朗瑪峰的最後一大障礙，以一九五三年首次登上珠穆朗瑪峰的紐西蘭登山家希拉瑞〔Sir Edmund Hillary〕命名）時，那種興奮與恐懼交織在一起的感覺；費米和洛斯阿拉莫斯（Los Alamos）的同事等待新墨西哥州沙漠中的第一次核爆炸時，所經歷的複雜情緒。我們踏上希拉瑞台階時（筆者沒有這個經驗，也沒打算這麼做），可以感受到我們對失敗或更糟後果的恐懼，以及對登頂的預期興奮。費米和同事啟動一連串震撼世界的事件，以及當他們知道結果後又預期再做一次，所體會到的百感交集。風險是所有人都能以情緒感受的東西，我們在第 9 章會看到，這背後有很合理的演化原因。

一旦我們離開那些由重複發生的事件、已知的頻率分配、小

報酬（相對於現有財富來說）所構成的小世界，我們根本找不到主張「理性決策者應該追求主觀期望效用最大化」的立論基礎。極端不確定的存在，使我們無法等同看待消費者選擇與不確定下的決策。我們無法定義未來所有可能的結果。我們對世界當前與未來狀態的了解並不完全，就算我們為那些狀態加上機率，根據那些機率採取行動也相當愚蠢，因為別人可能擁有更好的資訊及更了解狀況。不確定下的行為最適化模型確實可以描述人類行為的一些常見面向。在「小世界」中（比如簡單的機會賽局），追求期望效用的最大化可以作為「該有什麼行為」的實用指南。但即便在那種小世界裡，個人也可能有其他的目標，而不是從獲勝中追求期望效用的最大化。A 公爵覺得賭博是消磨空閒時間的愜意之舉，B 侯爵常常從可能贏錢的希望中獲得樂趣。買彩券的人喜歡沉浸在中頭彩從此改變一生的幻想中，雖然他們不是真的預期自己中頭彩。薩繆森和同事之間的爭論，也不是光證明一個答案比另一個答案「更好」或更理性就能解決的。

如果各位覺得我們引用的一些例子似乎很極端（確實也是如此），它們其實強化了奈特的核心洞見：極端不確定性與創意之間的連結。如果聖方濟各、歐威爾、馬斯克推翻了期望效用理論所描述的理性定律，我們可能會理直氣壯地希望這世上有更多這種「不理性」。在比較平凡的層面上，我們喜歡並欣賞那些人會買彩券、開快車、爬高山的人。他們為行李投保遺失險，為大學

的銀器投保盜竊險，為企業的油井投保爆炸險。我們不願說他們「不理性」。於是，這帶出了一個更普遍的問題：在一個極端不確定的世界裡，理性的意義究竟是什麼？

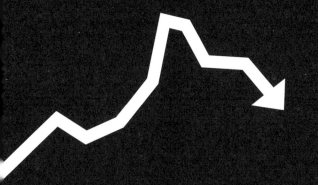

PART III

理解不確定性

第 8 章
大世界的理性

> 「很少人了解自己。一大原因在於，多數作家總是教人該變
> 成怎樣，但幾乎從不費心告訴大家真實的自己是什麼樣子。」
>
> ——伯納德‧曼德維爾，《蜜蜂寓言》[1]

　　馮‧紐曼與摩根斯坦在《賽局論與經濟行為》提出的於不確
定情況下做決策的方法，在一九四〇年代被傅利曼與薩維奇做了
進一步闡述。這種方法定義了「理性」，但那個定義不是根據觀
察或反思確立，而是根據一套先驗公理定的。我們把這種思維方
法稱為「公理型理性」。它有著邏輯上的推論：有一種東西叫
「主觀期望效用」，而一個「理性」的個體會追求主觀期望效用
的最大化。那個理論聲稱，符合這些公理就算是「理性」的行
為。這種定義「理性」的方法不是特別好理解，當然也不是唯一

可能的方法。然而，這個定義後來主宰了經濟學。

　　然而，有一些獨行俠打從一開始就對這個觀點提出質疑。一九五〇年代初期，法國經濟學家莫里斯・阿萊（Maurice Allais）持續發起攻擊。他對美國學者日益主導經濟學領域感到懷疑，因此發表研究結果，作為「對美國學派的假設與公理的批判」。[2] 一九五三年，他在《計量經濟學》（*Econometrica*）上發表了評論，那份期刊在當時與現在都是主要的經濟學期刊，但他那篇評論是以法語書寫的。他在文章之前（極不尋常地）放了一段挪威編輯朗納・弗里施（Ragnar Frisch）的英文注解。一般常稱弗里施與荷蘭的揚・廷貝亨（Jan Tinbergen）是計量經濟學的創始人，一九六九年，他們兩人成為諾貝爾經濟學獎首屆的得獎者。[3] 弗里施評論道：

> 某晚（一九五二年五月在巴黎的學術討論會上），這個研究領域少數的傑出貢獻者，在外在環境最愜意的情況下，圍坐在桌邊。沒想到，在這種情況下，要以令人滿意的方式來澄清交談過程中的誤解，竟是如此困難。阿萊教授的那篇論文（如今發表在《計量經濟學》上）是經過多次非正式的觀點交流而產生的，包括編輯評審的工作。現在繼續那種程序幾乎不會再有任何增修。因此，那篇論文現在發表了，由作者自負全責。編輯深信，那篇論文是防止這個重要領域中思想

近親繁殖的最好方法。[4]

在那場學術討論會上，阿萊向其他人展示了幾種不同的彩券，並證明其中的選擇推翻了他那些傑出同業所提出的「追求期望效用最大化」的假設。義大利統計學家德‧菲內蒂（當時他可能已經後悔崇拜墨索里尼），以及傅利曼、薩繆森、薩維奇等美國學者也參加了巴黎那場學術討論會。那想必是個非比尋常的場合（附錄中有更詳細的敘述）。而且，阿萊的論點還一度讓「美國學派」的支持者至少停下來思考了一下。

美國學派連在美國本土也遭受批評。一九六〇年代初期，哈佛大學的丹尼爾‧艾爾斯伯格（Daniel Ellsberg）提出了所謂的「模糊厭惡」（ambiguity aversion）：與追求主觀期望效用的最大化相比，大家更喜歡確定性。（艾爾斯伯格後來擔任國防部官員，因提供媒體「五角大樓機密文件」而聲名大噪，那些機密文件向《紐約時報》和《華盛頓郵報》透露了許多隱藏的越戰真相。）[5] 一九七八年，卡內基梅隆大學的美國認知科學家兼人工智慧的先驅司馬賀（Herbert Simon）因「對經濟組織內部的決策過程進行開創性的研究」而榮獲諾貝爾經濟學獎。司馬賀確實是在一個極端不確定的世界裡開創了決策方法，但誠如我們接下來要談的，一個嚴重誤解其研究成果的版本被納入了主流經濟學中（雖然上一章介紹的神經經濟學創始者魯文斯坦在卡內基梅隆大

學的講座名稱就是以司馬賀命名的）。

艾爾斯伯格把竊取的機密文件交給《華盛頓郵報》時，康納曼與特沃斯基開始了合作研究。在過了近五十年後，路易士在《橡皮擦計畫》中聲稱他們兩人的合作「改變了世界」。這個說法雖然誇張，但這個合作確實改變了學術經濟學。不過，直至二〇〇二年康納曼榮獲諾貝爾經濟學獎後（特沃斯基於一九九六年過世，享年五十九歲），他們兩人的研究才獲得更廣泛的關注。更多的經濟學家著手研究了後來所謂的「行為經濟學」，這個領域提出了一系列人類行為中普遍可見的「偏誤」。這些研究聲稱，我們容易感到樂觀及過度自信、高估有利結果的可能性、對錨定效應（anchoring，指我們開始分析一個問題時，會過於重視我們掌握的有限資訊）感到內疚，是「損失規避」（loss aversion，指對損失在乎的程度更勝對收益在乎的程度）的受害者等等。

阿萊、艾爾斯伯格與司馬賀認為，他們的觀察結果足以反駁傅利曼與薩維奇提出的「不確定下的決策觀」。康納曼與特沃斯基開創的方法則是採取截然不同的立場，他們批評的目標是決策者，而不是決策模型。如果世界不符合模型，那不是因為模型失靈，而是世界失靈；或者更精確地說，是模型想描述的人失靈了。

理性行為

　　「偏誤」只有在與不偏不倚或「理性的」行為相比時，才能看出來。由於「理性」這個詞很強烈，使用上應該要格外小心。但理性行動究竟是什麼意思？一般的用法顯示，理性判斷或行動有兩個特徵。首先，判斷或行動是以你對合理世界的信念為基礎。那些信念不見得是正確的——誠如前述，在充滿極端不確定的世界裡，即使在事件發生後，我們可能依然不知道世界的真實狀態是怎麼樣。但相信公車會在十分鐘內到站是一種合理的信念，即使事後證明是錯的亦然。

　　理性的第二個條件是要有內在邏輯或一致性。由於我們相信促成這種判斷或行動的世界，因此這種判斷或行動是適當的。這個主張需要小心詮釋。區分推理錯誤與信念錯誤可能難度很高。荷蘭裔美國籍的決策理論家保羅・史梅克（Paul Schoemaker）曾講過一個可能是虛構的故事。[6] 他說，有一個人中了舉世聞名的西班牙彩券 El Gordo 的頭彩，他夢見數字「7」七次，因此推論七七四十八的「48」是他的幸運數字（他覺得是七乘以七是四十八，而不是四十九）。但是，就算他的乘法沒錯，他的行動也是不理性的。

　　你可能不認同我們對「理性」的詮釋，但這個詮釋其實呼應了一種回溯到兩千年前的思路：亞里斯多德把「實踐理性」

（practical rationality）描述成審慎的卓越（deliberative excellence）。[7]你不認同我們的定義，本身就是一個重要的例證。「不確定下的選擇」公理對「理性」所下的定義，並不是放諸四海皆準的唯一定義。弗里施說，在巴黎那場學術討論會上，阿萊的那些學術同伴提出了與那些公理不相容的偏好。我們憑什麼推論，參加那場巴黎學術討論會的人（他們可說是世上最聰明的一些人）沒有「按理性或邏輯」行事呢？理性行為不是由一套公理定義的，就算是馮·紐曼與傅利曼那種傑出思想家所提出的公理也一樣。

推理風格

十九世紀末，實用主義哲學的美國學派創始人查爾斯·桑德斯·皮爾斯（Charles Sanders Pierce）將推理風格區分成三大類：

- **演繹推理（deductive reasoning）**是從陳述的前提得出合乎邏輯的結論。舉例來說，「福音派基督徒是共和黨人，共和黨人投票支持川普，所以福音派基督徒投票支持川普。」這種三段論描述的是小世界。只要在福音派基督徒或共和黨人的前面加上「大多數」這個詞，就會導入大世界無可避免的模糊性，從而修改結論。

- **歸納推理**（inductive reasoning）的形式如下：「選舉結果的分析顯示，在經濟條件有利的情況下，執政黨通常會贏；在經濟條件不利的情況下，在野黨通常會勝出。」由於二〇一六年美國的經濟狀況不是特別有利、也不是特別不利，所以我們合理預期兩黨的得票數非常接近。歸納推理是從觀察中歸納結論，隨後的經驗可能佐證或推翻那個結論。

- **溯因推理**（abductive reasoning，又譯「反繹推理」）的目的，是為一個獨特事件提供最好的解釋。例如，溯因法可能主張，川普贏得二〇一六總統大選是因為一些搖擺州對經濟與身分認同的擔憂，以及選民普遍不喜歡他的競爭對手所致。

演繹推理、歸納推理、溯因推理在了解世界的過程中各自扮演不同的角色。我們進入較大的世界時，歸納推理與溯因推理的角色會變得比演繹推理的角色吃重。在事件本質上是獨一無二（極端不確定的世界常出現這種事件）的情況下，溯因推理便不可或缺。儘管「溯因推理」這個詞聽起來很陌生，但我們其實常常在用這種方式來推理，以便為看到的現象尋找最好的解釋：「公車誤點欸，大概是牛津街塞車吧。」但前幾章描述的決策分析方法，幾乎完全出自只適用於小世界的演繹推理。

理性的人有時候也會犯錯。但我們預期，當有人指出理性者的信念或邏輯上有誤時，理性者通常會認同自己的判斷錯了。我們非常認同以色列經濟學家伊扎克‧吉爾伯阿（Itzhak Gilboa）提出的「不理性」概念：「當決策者明明看到了與自身選擇相關的分析，想要改變決策卻沒改、或在未來類似的情況下還是做了不尋常的選擇──這樣的行為模式就是不理性的。」[8] 某人因為相信公車會按正常時刻表運作而在等公車，當有人告訴他今天是假日，所以公車停駛時，他可能會覺得自己很倒楣，甚至很蠢。但是，如果他在得知公車停駛後，還繼續停在原地不動，那就是不理性了。

然而，即使是在小世界裡，主角往往很難重新思考自己的立場。蒙提霍爾問題仍然令人困惑，兩個孩子問題的「正確」答案依然爭論未解。字謎遊戲編寫者加德納和其他人就是靠設計這種謎題為業。有些謎題很有趣，也很有挑戰性，因為我們知道那些謎題有一個每個人都認同的明確答案，只是我們不見得解得出來。其他的問題（例如兩個孩子問題）很難解決，因為它們沒有充分明確的定義，無法得出一個大家都認同的解答。我們在生活中遇到的多數問題都沒有明確的定義，也沒有單一的分析解答。

但從合理主張前提中所衍生的邏輯能給我們的資訊還是有限。在極端不確定下，我們推理時所依據的前提永遠不是對世界的完整描述。由於每個人對世界抱有不同的信念，所謂的「理

性」行為也因人而異。一旦對機率或結果的評價加上了任何主觀的因素，問題就不再有客觀正確的解決方案。

看不見的大猩猩

美國心理學家丹尼爾‧西蒙斯（Daniel Simons）與克里斯多夫‧查布利（Christopher Chabris）曾做了一項著名的實驗。實驗中，他們請參試者看一段影片，影片中有兩組人在傳籃球，一組穿白衣，另一組穿黑衣。[9] 他們要求參試者數穿白衣那組人傳球的次數。我們建議你也看看那段影片並計算傳球次數，別管黑衣那組的活動。[10]

你有注意到一個假扮成大猩猩的人進入畫面，慢慢地走過螢幕，拍著胸脯，大約九秒鐘後才離開螢幕嗎？如果你沒注意到，你不是特例。約七○％的參試者沒有注意到大猩猩的出現。研究人員讓他們重看一次影片時，他們大多都很驚訝自己竟然沒有看到大猩猩。康納曼認為，那個實驗顯示人類「對顯而易見的事情視而不見，也無視於自己的盲目」。[11] 但我們該如何解釋這個結果呢？是人類失靈的結果嗎？還是一種人類力量？當有人要求你執行一項任務時，排除與該任務無關的外務確實是明智之舉，而且那個實驗也證明了人類有集中注意力的能力。

當我們面對複雜世界的生活挑戰時，我們知道，忽略許多刺

激以便專注於眼前的事物對我們比較有利。事實上,「盲目」現象非但不是一種缺點,反而可以視為一種正面的美德。匈牙利裔的美國心理學家米哈里・契克森米哈伊(Mihaly Csikszentmihalyi)發現,人處於「心流」(flow)的狀態下最快樂,亦即完全沉浸在困難但很有成就感的活動中。[12] 高強度運動員使用「化境」(in the zone)這個詞來描述心流狀態。知名的精神分析學家邁克・布瑞利(Michael Brearley)曾是英國的板球國手,他曾談及化境的經驗:「沉浸在當下,不受任何微不足道的小事干擾,擺脫自身個性與忙亂生活的羈絆與麻煩,拋開無關緊要的思考。」[13] 布瑞利之所以是英國隊出色的隊長,部分原因在於他完全不管觀眾,不考慮晚餐要吃什麼,不去想他即將去探望岳母,不在乎柴契爾的激進經濟政策,只專注地完成眼前的任務。他把注意力集中在他出色的天賦能夠解決的眼前問題上。

脈絡中的偏誤

想要辨識人類行為偏誤,就必須先知道沒有偏誤的行為是什麼樣子。行為經濟學家聲稱他們知道愚笨的參試者無法辨識的正確答案。然而,只有在小世界裡,才有可能清楚地分辨正確與錯誤的答案。行為經濟學觀察到的多數「偏誤」,並不是信念或邏輯錯誤的結果(雖然有些是)。多數的偏誤是現實的產物,因為

在現實中，我們生活的世界缺乏精確與完整的描述，但我們必須在這種情況下做決策。反之，實驗經濟學所研究的學生是在小世界中做選擇。

在小世界的實驗中，總是有實驗者認為「正確」的答案。康納曼以一幅類似下方的圖片作為偏誤的例子。[14] 他要求參試者判斷三個圖形中哪個最大。多數人選擇了最後面那個圖形。當然，那幾個圖形刻意畫得一樣大，但幾乎每個人都能了解，為什麼幾乎每個人都會誤判。儘管我們明知不可如此，我們還是把一個2D 的畫面詮釋成 3D 的現實，因為我們在現實生活中就是這樣做的。在一種情況下看似認知錯覺的東西，在另一種情況下可能是合理的反應。許多類似的視覺幻象幾乎都是情境脈絡的結果。只要改變情境脈絡，那些幻覺大多可以消除。經濟學家把某些行為貼上「認知錯覺」的標籤，他們可能忘了他們觀察的對象並不是活在自己居住的小世界裡（或他們模擬的小世界裡）。

我們如何在 2D 平面的小世界與真實的 3D 世界之間移動，這個問題由來已久。希臘人與羅馬人懂幾何學，知道透視的概念。埃及人與文藝復興時代以前的中世紀歐洲畫家則沒有透視的概念，他們根據物體的實體性質來畫圖，而不是根據他們的眼睛從某個視角的觀感來畫圖。十五世紀初期，布魯內萊斯基（Filippo Brunelleschi）與其他文藝復興時期的藝術家和建築師重新發現了透視法，他為佛羅倫斯的聖靈教堂所畫的草圖就是早期的範例，這座教堂就是按照他的設計圖建造的。過了五個世紀，在攝影技術發明之後，我們可以看出，他的圖多麼忠實地預測了我們走進教堂時所看到的情境。我們了解這個效果是如何達成的，因此懂得欣賞布魯內萊斯基那富洞察力的尺寸規格：愈後面的柱子似乎愈小，柱子愈往上延伸似乎愈細，而且柱子看似稍微向外傾斜。但這需要天才藝術家之間的溝通，才能充分欣賞視覺觀感的複雜現實。

A
BIRD
IN THE
THE HAND

　　研究人員要求參試者大聲朗讀上方三角形中的文字（一鳥在手），很多人沒注意到 the 這個單字重複了。但到底是誰犯了錯呢——是研究人員犯錯，還是參試者？我們在日常生活中經常需要了解一些有點錯誤的文字，看到這類文字的理性反應，完全取決於當下的情境脈絡。如果你是去試鏡一齣戲，看到劇本中出現了重複的定冠詞 the，你可能只是發現了一個印刷錯誤。你應該忽略那個重複的字，維持你對劇本的了解，以確保你能試鏡過關。然而，如果是驗光師要求你閱讀掛在牆上的文字以檢查你的視力，那你就應該把重複的字也說出來。驗光師之所以呈現毫無意義的文字，就是要確認你是否看得出錯誤所在。在行為實驗中，由於當下的情境脈絡不明，研究人員和參試者都一樣無法判斷對錯。犯錯與否，每個人眼裡看到的都不一樣。情境脈絡決定什麼回應才是適切的。

　　康納曼和特沃斯基曾提出以下這個有關英文單字的問題：「以字母 K 來說，K 比較可能出現在一個單字中的第一個字母，還是第三個字母？」[15] 康納曼說，多數人錯誤地認為 K 比較常出現在單字的第一個字母，因為要我們想某個字母開頭的單字比較容易。

康納曼和特沃斯基把這種現象命名為「可得性捷思法」（availability heuristic）——亦即使用最簡單的記憶搜尋來找答案。

但這個實驗並沒有為回答這個問題提供任何動機，甚至也沒有適切地定義這個問題。多數人可能會合理地回答：「我不知道，但如果這個問題很重要，我會想辦法去找出答案。」接著，他們可能會問：「在我那麼做之前，你可以再更精確定義一下問題嗎？」

所謂的「英語單字」究竟是什麼意思，根本就不明顯。kaama（有時寫成 caama），是南非班圖語「多種野豬」的英語寫法，但在多數英語系國家中，這個單字很少出現。所以，提問者問的是字典裡收錄的單字數量，還是文章中單字出現的頻率（看使用程度加權計算）？根據一篇一九六五年發表的文章，研究人員宣稱他們知道字母 K 出現在單字中的相對頻率（那篇文章列出了字母在兩萬個英語單字中出現在不同放置的頻率）。[16] 在現代搜尋技術的協助下，根據拼字詞典彙編而成的 BestWordList 網站發現，以字母 K 開頭的單字數量，是字母 K 排第三位的單字數量的兩倍——這與康納曼宣稱的答案正好相反。[17] 由於康納曼的問題定義不清，我們的答案依然是「不知道」。誠如受到理性與邏輯支配的理性者拒絕參與多數賭博一樣，他們在不知道答案時，就會避免回答現實生活中出現的那種問題。

但是康納曼與特沃斯基實驗的參試者不能回應：他們對謎語

的內容或背景脈絡知道得太少，所以無法解決問題。他們必須在一份問卷上打勾。實驗中出現的問題沒有任何背景脈絡，或者就算有背景脈絡，那個脈絡也沒有任何意義。多數行為經濟學的實驗並沒有解釋，為什麼他們要求參試者回答那些問題。研究人員並不是真的想知道有多少英語單字的第三個字母是 K。我們很難想像有人會想要知道這個問題的答案，說不定連拼字遊戲的玩家也不想知道。在缺乏有意義的背景脈絡下，這些實驗幾乎沒告訴我們大世界是什麼樣子。

在大世界中，行為由活動的目的所驅動。我是在數籃球的傳球次數，還是在找一隻大猩猩？這個測試的目的是想衡量我的英語知識，還是測試我的視力？為什麼我想知道有多少單字的第三個字母是 K？參試者無法按照「三圖錯覺」或「一鳥在手」這兩個實驗的荒謬指示行事時，康納曼把這種現象歸因於人類失靈。他這麼歸因的時候，並未透露相關的背景──亦即「我要提出一些愚蠢的問題，目的是顯示人常常運用他們的複雜能力來推斷情境脈絡（對 2D 圖做 3D 的詮釋，或從拼寫錯誤的文字中理解作者的意圖），而不是完全照著指示去做」。參試者──合理地──假設，有人要求他們去詮釋一幅圖畫或理解一段文字，而不是嚴格依循奇怪的指示行動。

如果「理性」是由合理的信念與內在的一致性來定義，這種行為就不算不理性。康納曼與特沃斯基將他們的發現描述成「記

錄多數人思維中的系統性錯誤。」他們認為,他們的發現與一九七〇年代社會學的假設(人通常是「理性」的)互相矛盾,但他們並沒有提出與大世界相關的「理性」定義;在大世界中,問題並沒有明確的解決方案。儘管康納曼和特沃斯基承認正常的人類行為通常是由直覺、印象、情感所引導的,但他們常常回頭主張一個論點:「人犯的錯誤有獨特的型態。系統性錯誤就是所謂的偏誤。在特定的情況下,那些偏誤一再出現是可預見的。」[18] 他們說偏誤很普遍也可以預見,令我們對於「偏誤即是錯誤」這個主張抱持著懷疑的態度。

我們經常做溯因推理,運用我們的知識與經驗來了解複雜的情況。福爾摩斯自稱演繹推理大師——BBC 影集《新世紀福爾摩斯》(*Sherlock*)的官網名稱曾叫「演繹推理的科學」。但是,寫書談「演繹推理」(從陳述的前提進行邏輯推理)的人是亞里斯多德,而不是福爾摩斯的作者柯南‧道爾。福爾摩斯擅長的其實是溯因,從不同的證據抽絲剝繭尋找最佳解釋。當我們判斷觀點、理解看似無意義的文字時,是在進行溯因推理。這種技巧使人類能夠在處理定義不明確的問題時發揮想像力。那些定義不明確的問題正是科學發現或藝術創新的根源。布魯內萊斯基和他那個時代的人就是這種典型的範例。

行為經濟學教我們觀察人類的實際行為,讓我們藉此了解商業、金融、政府的決策。但是就像那些把機率推理普遍應用到各

個領域的宣傳者一樣，行為經濟學的實踐者與崇拜者所提出的主張，遠遠超出了他們的研究成果所能證明的範圍。

以前那些不完整的選擇理論為什麼能存在那麼久，康納曼對此提出了一個解釋：「理論導致的盲目在於，一旦你接受一種理論並把它當成思考工具，就很難注意到它的缺陷。」[19] 其實同樣的說法也可以套用在行為經濟學上。我們認為，現在不該再拘泥「偏誤」的判斷分類了（因為那種分類是以一套人類行為的規範性模型為基準，而那個模型是由不可信的先驗原則推導而來的），而是應該改問：人類在只能擁有不完整知識的大世界中是如何行事的。

助推

世人難以理解，在一個充滿極端不確定的世界裡，什麼才是理性；不了解這個事實就很容易得出「人的錯誤應該透過政策干預加以糾正」這種結論，諾貝爾經濟學獎得主塞勒就曾提出這類的建議。他在使用「理性」這個詞時特別斟酌小心，在諾貝爾得獎感言中，他只提到幾次「理性的」或「理性」，反倒是頒諾貝爾獎給他的委員會在得獎頌詞中提到了多達四十七次的「理性」。[20] 不過，塞勒很清楚他所說的理性行為是什麼意思——他鼓勵他的 MBA 學生「追求期望效用的最大化」，避免犯下那些需

要助推才會做出更恰當選擇的人所犯的偏誤。

他建議採用干預措施「推動」人去採取更恰當的行為，其中有一些干預措施看起來合情合理。例如，自動把全民納入退休金計劃，允許民眾日後選擇退出，而不是反過來讓民眾選擇加入。這或許可以幫助大家簡化看似過於複雜的決定，也可幫大家避免重大的錯誤。[21] 某種程度上，我們也認同這類政策。多數人被問及是否應該多存點錢、多運動、減少飲食時，通常會給出大家期待的答案，雖然我們並不清楚問那些問題可以了解什麼。

我們比較想採用吉爾博測試（Gilboa test）：一旦向民眾解釋「正確」的決定後，民眾是否會同意他們被「推動」去做的事情確實符合他們的最佳利益，而他們未被推動的行為是不理性的？很多人可能會承認他們應該要多吃青菜，或騎自行車時應該要戴安全帽，儘管他們在沒有助推下很難為這些觀念採取行動。但是「助推」思維帶有一種風險：「助推者」宣稱自己對一個不確定世界的了解，比他們自己實際的了解及「被推者」可能知道的還多。我們在第 1 章中提過，要評估一個人應該在退休金計劃中投入多少資金極其困難。行為經濟學中許多內容所採用的規定語調，讓人清楚看到立意良善的非自由主義的危險現實。特沃斯基對他所謂的「天性愚蠢」很感興趣，而且他很容易在那些與他意見相左的人身上發現這種特質。

有限理性

　　由於複雜性使人無法評估所有可能結果的後果並選擇最有利的結果，經濟學家司馬賀根據這個論點，提出了「有限理性」（bounded rationality）這個概念。[22] 我們不可能評估所有可想到的選擇的後果。把歐巴馬放在貝葉斯錶盤下，讓他站在白板前描繪無限分支的可能陣列——這種假想的做法只能當成幻想。想要在大世界中做出好決策，問題通常不在於計算前提一致的邏輯結果和一組定義明確的替代行動（現在電腦比人類更擅長做這種任務），而在於情境脈絡——畢竟我們不可能知道所有可行的選擇，也不可能知道這些選擇發生的環境的全部細節。人腦不是執行公理決策流程的電腦，所以在許多複雜的情況下，人類是比較好的決策者。司馬賀知道，極端不確定性使人無法按照先驗公理定義的最佳方式行事。因此，他主張「對現有的最適化理論進行更大的改動是有必要的」。他會這樣說是因為他預見（而不是阻止）後續會有大量以那種小改動為基礎的文獻出現。[23]

　　司馬賀除了對跨學科的領域有興趣，也在做跨學科的研究，此外，他還是人工智慧的先驅。他建議一種方式讓大家在極端不確定的世界中做決策：運用經驗法則去尋找一種「夠好」的結果。他把那種行為稱作「夠滿意策略」（注：satisficing，Satisfy〔滿意〕與 suffice〔足夠〕的合體字），且在實務上可為最適化行

為所挑選的行動帶來更好的結果。原因在於，在極端不確定的世界裡假裝最適化，就需要對現實世界進行簡化假設。如果這些假設是錯的（在極端不確定的世界裡，幾乎可以肯定那些假設是錯的），最適化會產生錯誤的結果——這就好像有人在路燈下尋找鑰匙，因為路燈下的光線最好所犯的錯誤；也就是用一個定義明確但不相干的問題，來取代他實際面臨但定義不太明確的問題。這就像維尼爾做的那樣，金融業的多數業者及監管者也是如此。

經濟學家改編了「有限理性」一詞，使其意思與司馬賀所指的原意（極端不確定的結果）截然不同。他們用那個詞來描述處理資訊的成本，後來以它作為最適化問題中的額外限制。從這個意義上來看，有限理性為最適化的計算增添了取得資訊的成本與效益，那些資訊是我們選擇不擁有的資訊。當然，這不是司馬賀所指的意思。實際上，以那種意思來描述任何有實際應用的流程也沒有多大的意義。有限理性的含義並不是藉由在最適化問題中增加計算成本來表示的。司馬賀所主張的有限理性，反映了在極端不確定下按理性與邏輯做決策的挑戰。在那種情況下，根本沒有可計算的解方。據傳，司馬賀還曾開玩笑說，他應該控告那些濫用他的術語、忽視他的洞見的後繼者。[24]

美國心理學家蓋瑞・克萊恩（Gary Klein）曾在職涯之初加入美國空軍，後來他針對經驗老道決策者的行為進行研究。他的研究對象包括軍人、消防隊員與醫護人員；這些人得做決策，而

且通常是在壓力下做決策，沒有多少時間可以慢慢琢磨。在各項活動中，有些人在眾人的眼中能力超群、表現出眾，就像你希望能帶領你戰鬥的指揮官、判斷力深受全體隊員敬重的消防隊長、你希望事故發生時能來照顧你的醫護人員等等。克萊恩主要的研究結果，以他自己的話來說明便是最好的總結：

> 對有經驗的決策者而言，重點往往在於評估情況及判斷那個情況是否熟悉，而不是比較選項。只要提到行動計劃該如何執行（而不是做正式的分析與比較），就能迅速評估行動方針。決策者通常會尋找他們能找到的第一個可行選項，而不是最佳選項。由於他們考慮的第一個選項通常是可行的，他們就不需要先找出一大堆選項來確保他們得到了一個好選項。他們每次只會找一個選項並加以評估，不會費心思去比較其他選項的優缺點。[25]

克萊恩描述了複雜情況下的決策現實：需要尋找一個可行的解方，而不是經歷最適化的流程。兩位筆者都參與過無法做出決策的學術委員會，因為比當前的決定還要更好的選項總是有可能出現。正所謂「至善者，善之敵也。」真實世界的人不會去追求最適化、不會去計算主觀機率、也不會去追求期望效用的最大化，這不是因為他們懶惰或沒時間，而是因為他們知道自己無法獲得做那種計算所需的資訊。然而，優秀的決策者因其出色的判

斷力理當獲得敬重,例如克萊恩研究的消防員與醫護人員,巴菲特或賈伯斯。德國心理學家吉仁澤帶領一群柏林馬克思・普朗克學會(Max Planck Institute)的研究人員做研究,時間上約莫與康納曼和特沃斯基的研究同時,但獲得的關注或讚譽較少。[26] 吉仁澤和同事把焦點放在真人在資訊勢必有限下實際做決策的方式,而不是把焦點放在「偏誤」上。他們強調,面對極端不確定的狀況時,運用簡單捷思法(或經驗法則)解題的重要性。他們宣傳的一套解題錦囊包含了「快速又簡約」的捷思法。

　　演化幫助人類發展及應用不同的技能,以因應極端不確定的世界。我們很幸運演化出這種技能,因為在當今的世界裡,極端不確定比以前更廣泛存在。捷思法的挑選,取決於問題的情境脈絡以及演化結果(亦即選擇有效的捷思法)。按照這種思維方式,有限理性可以視為生態或演化型理性——一種因應極端不確定的方法,以提高我們的生存機會。最適化的能力沒有提到自然智慧。自然智慧是解決複雜模糊問題所需特質的演化結果。使用複雜模型進行最適化的專家在面對新挑戰時往往失敗,普通人反而做得更好。長期資本管理公司(Long Term Capital Management,LTCM)倒閉了,波克夏海瑟威公司(Berkshire Hathaway)卻成了全球最大的投資公司。看來,生態理性比最適化理性表現得更好,為什麼會這樣呢?

第 9 章
演化與決策

　　行為經濟學已經發現了人類偏離公理型理性的許多方式，並
把那些行為稱為「偏誤」，亦即一種人類失靈的跡象。那種觀點
主張，人類先進的認知能力有普遍常見的缺陷，就好像上帝給了
我們兩條腿，讓我們得以跑步或行走，但兩條腿的長短不同，導
致我們無法好好跑步或走路。有智慧的創造者不會那樣做，演化
也不會。

　　還有另一種說法，與行為經濟學的主張相異。行為經濟學把
人類推理的許多特質說成「偏誤」，但那些特質其實是人類活在

現實大世界中的自我調整，有利於生存。在為了經濟學建模與實驗心理學而創造的小世界中，這些特質有時可能會造成誤導，但我們是活在大世界裡。這種論點以演化型理性取代公理型理性。

因應不確定的各種面向一直是人類演化的重要部分。在數千年的極端不確定中，人類學會了許多因應策略，並發展出一種能力，讓我們在不完全了解世界的情況下做決定。為了因應真實的世界，我們發展出一些思維流程，以因應定義不清、模稜兩可、極端不確定的問題。人類處理問題的方式明顯與電腦不同，特別是電腦在解決定義明確的謎題時很有效率，人類則是擅長想辦法因應開放式的疑團。而且，人類講故事的能力，以及從講故事中獲得的樂趣，是這種能力的核心要素。

我們根據「參考敘事」來規劃生活以因應未來。這些參考敘事不見得有具體的細節，但它們為規劃提供了基礎，也為日常選擇提供了架構。就像克萊恩研究的消防員或伍德福特的學生一樣，我們會改變參考敘事以因應證實不成立的事件，但我們沒有常常或持續這麼做。我們也不是孤立地建構這些敘事，而是與親友討論，接受專業人士的建議。我們從生活投入的諸多社群中累積集體智慧並隨時運用，因此獲得效益。我們不是瑕疵版的電腦，不像電腦那樣是專門訓練來追求小世界最佳化的東西，而是經過數千年的演化、擁有個人智慧與集體智慧的人類。

演化比經濟學家更聰明

　　演化論的發現是人類思想的開創性時刻。但是，在達爾文發表研究成果後的一百年間，演化論在生物學上的應用，甚至在生物學之外的應用，都缺乏嚴謹性。直到一九六〇年代，法蘭西斯・克里克（Francis Crick）和詹姆斯・沃森（James Watson）揭開了 DNA 的結構，以及威廉・唐納・漢彌爾頓（W. D. Hamilton）、約翰・梅納德・史密斯（John Maynard Smith）等科學家為演化流程開發出比較複雜的數學模型之後，生物演化的機制才有了比較充分的描述。演化是基因突變、選擇、複製的結果。增強基因自我複製能力的基因突變，會傳播到整個基因群中。英國生物學家理查・道金斯（Richard Dawkins）具啟發性的比喻「自私的基因」就把這種想法灌輸到大眾意識中。

　　在道金斯的比喻中，自私的是基因，而不是個人。兩者的區別很重要。顯然，基因並沒有意識或方向，但演化所促成的結果，就是假設基因能夠自私地推廣自己所產生的結果。「自私的基因」是一種「as if」假設的實例。[2] 由於我們與後代及親戚有著相同的基因，親緣選擇促使我們幫助他們，即使自己必須為此付出代價亦在所不惜。漢彌爾頓提出了自私基因的數學，並以詼諧的口吻闡述了其理論的含義：「我們覺得沒有人會願意犧牲自己的生命去解救任何人，但是當犧牲可以拯救兩個以上的兄弟、或

四個以上的同父異母或同母異父的兄弟、或九個以上的堂兄弟時，他就願意犧牲。」[3] 但隨著親屬關係變得更遙遠，血親之間的相互支持也會愈來愈少。

利他主義、親屬關係、相互關係

你發現自己來到了一個不熟悉的地方，不知道該怎麼找到目的地。你向一個陌生人求助，期望陌生人為你指路，這種期望通常會實現。[4] 如果無法實現，通常是因為對方也不知道那個地方在哪裡。為什麼陌生人會樂意為我們指路呢？畢竟，你不太可能再見到那個人，更何況他也不可能因為你答謝他的幫助而獲益。花時間為不相干或不認識的人指路對我們有什麼幫助？對非經濟學家而言，要解釋這種行為並不麻煩。一般的回應會說，大多數的人本性良善、樂於助人，生活在這種大家互助的社會裡比較愉悅。只要助人的成本不高，你通常都會很樂意提供幫助。

然而，要讓這種日常觀察現象符合潛在的演化理論，就有問題了。這種良善如何幫我們的基因自我繁殖呢？如果遺傳選擇的生物機制是演化的唯一機制，那麼演化理論似乎可以為理性個體獨立追求效用最大化的經濟模型提供一些基礎。從自私的基因延伸到自私的個體，似乎不是很牽強。打從演化思維一出現，顯然就可以看出這個觀念可以做廣泛的應用，而不只是局限於生物多

樣性（這是達爾文《物種起源》〔On the Origin of Species〕主題）的發展。現在幾乎已被世人遺忘的社會哲學家赫伯特・史賓賽（Herbert Spencer）是十九世紀末的知名知識分子，他創造了「適者生存」一詞，他的十卷大作《綜合哲學體系》（*System of Synthetic Philosophy*）試圖解釋演化論概念如何應用在幾乎每一門學科上。一九五〇年代初期，芝加哥學派的阿爾曼・阿爾欽（Armen Alchian）把演化論應用在經濟學上。他宣稱，即使企業無意追求利潤最大化，它們也會表現得好像在追求利潤最大化。[5]他認為，適者生存是競爭市場的本質。演化機制有很多種，不單只是生物有演化機制，競爭市場可能就是一種演化機制——這個主張不僅正確，也很重要。

優生學是納粹、白人至上主義者、其他種族主義者所採信的偽科學。由於優生學有那樣可恥的歷史，即使是今天，以演化論來解釋社會行為的人，依然遭到激烈的抵制。生物學家威爾森（E. O. Wilson）終其一生致力研究社會型昆蟲（例如螞蟻），他主張生物學與社會學應該要合一。[6]他的理論遭到極大的反對，他演講的時候甚至有示威抗議者對他揮舞著納粹黨的卐字黨徽，還把水倒在他的頭上。

「生物演化」與「人性良善」之間若要相互呼應的關鍵在於：基因可能在群體中自我繁殖，彷彿基因是自私的，但這不代表個人是自私的。一群善待彼此的人可能比一群互相討厭的人過得更

好，所以人性良善的基因會傳播開來。但英國的數學遺傳學家梅納德‧史密斯指出，有時在群體內，反而是卑劣的人性蓬勃發展，而不是良善的人性繁盛開來。[7] 二〇〇七－二〇〇八年的金融危機不但是個例子，也暗示了解決之道。投資銀行貝爾斯登（Bear Stearns）和雷曼兄弟犧牲了人性良善的人（顧客），好讓人性卑劣的人（自家員工）賺大錢，直到公司內部的卑劣行徑以及早些時候他們對其他組織的卑劣行徑導致公司崩解。結果當他們需要救援時，幾乎得不到任何同情或支援。[8] 要不是「適者生存」的原則只有稍稍套用在金融機構上，許多公司早就在二〇〇七－二〇〇八年的金融危機中崩垮了。卑劣的個人荷包滿滿地離開，他們的行為導致卑劣者與良善者都近乎崩潰。由於人類是群體運作的，一個群體的內部成功以及該群體相對於其他群體的成功，都會影響基因複製生物流程的結果。一旦我們承認個人在組織內運作（這裡的組織包括雷曼兄弟、致力崇拜上帝的封閉修道院），我們也必須承認，人類演化所偏愛的「適者」衡量標準是比較廣義的，不止是指生殖繁衍上的成功。

　　人類與其他物種的區別，在於我們有溝通及語言能力。那種社交互動改變了「自私的基因」那套簡單的說法所暗示的個人主義自私行為。父母說英語的孩子，通常會說英語；父母說法語的孩子，通常會說法語——原因與他們的 DNA 無關。在群體中合作的經濟優點很大，所以基因和文化都比較青睞對群體互動成功

有幫助的特質——例如「語言本能」或樂於助人的傾向。

　　古生物學家推測，社交親近的群體（彼此不見得關係密切、但相互支持的群體）是在舊石器時代晚期出現的，約三萬至五萬年前。[9]由於他們更有能力因應極端不確定性，因此這些社會出現了不求回報的利他行為，他們的文化演變成預期良好的行為並懲罰卑劣的行為。一個群體中可能提供幫助的人愈多、愈多樣化，當個人與家庭遇到意外時，就愈不容易受到傷害。

　　我們對舊石器時代群體行為的了解顯然很有限，我們的了解來自人類學家對那些遙遠部落的研究，他們的生活方式與我們的遠古祖先沒有多大的差異（至少最近之前是如此）。東非講馬賽語的游牧民族（Maa）便是以分擔風險的系統來管理不確定性，這種系統與現代的債務或保險概念有關、但並不相同。他們的osotua 架構建立在互惠承諾的基礎上，承諾在未來未指明的情況下互相幫忙，而且這些義務會傳承下去：

> osotua 有很多啟動方式，但通常從要求禮物或求助開始。那種要求來自真實的需要，並且僅限於實際需要的數量。一旦osotua 建立起來，它就無處不在，也就是說，你再也無法擺脫它。osotua 也是永恆的，這種關係一旦建立，就無法摧毀，即使建立關係的個體死亡，也會傳給孩子。[10]

osotua 關係的隱性契約由社群規範執行，社群規範的目的是

為了增加家庭參考敘事的安全可靠性。極端不確定性指的是人不完全知道世界的未來狀態與行動的後果。那表示，即便有制定及執行契約的機制，也不可能寫出以所有可能結果為前提的契約。把親近關係延伸到血緣關係之外，可帶來巨大的經濟利益。風險管理成本的降低不僅帶來直接的效益，也促進創新，因為每項創新都涉及風險。在更大的群體中進行生產活動的能力，可以透過專業化與交換帶來更多分工的機會。接著，就是眾所皆知的歷史了。現代世界已經把創新、風險分擔、專業分工發展到以前的世代難以想像的水準。一八〇〇年以來，美國的人均所得成長了二十五倍以上，英國的人均所得成長了近二十倍，預期壽命延長了一倍。[11] 經濟與社會生活都轉變了。如果沒有集體智慧來推動科技與商業流程的不斷進步並擴大勞力分工，這一切都不可能發生。如果沒有更好的公共與私人醫療保健，以及幫人撐過個人災難與天災的社會風險分擔，這一切也不可能發生。現代人依賴社會關係網絡，作為許多風險（重病、失業、關係破裂）的緩衝。自從俾斯麥在十九世紀末建立了社會保險以來，德國就一直協助管理這些風險，進一步擴大了提供互惠援助的團體規模。

因此，把演化論與極右理念（包括種族主義、極端的市場基本教義派，以及為了幫自己與後代開路而把他人踩在腳下的激進自私主義）聯想在一起，根本錯得離譜。人類的演化讓我們有能力相互溝通、相互學習、相互說服，那是異於其他物種的特殊能

力。人類通常是群居的，其他群居的靈長類動物也會展現一些利他、合作、同理心的特質——那些特質是公理型推理難以解釋的「理性」行為。靈長類動物學家理查‧藍翰（Richard Wrangham）曾描述，即使在黑猩猩之中，雄性黑猩猩也是自私自利、富攻擊性的，只有濫交的倭黑猩猩才會展現人類那種為陌生人指路的良善。[12] 但人類透過語言相互溝通的能力是讓我們有別於其他物種的一個因素，或許也是最重要的因素。這種對溝通的重視強化了一種概念：面對定義明確的謎題時，個體解題行為上的「偏誤」，其實有助於群體解決因不確定性而衍生的模糊問題。

蘇格拉底式對話（Socratic dialogue）存在已久，這種對話是藉由揭露幾個主角的對立論點來尋求真理。這些流程的目標是透過群體互動，找到一種所有人都認同的敘事，並根據那個敘事設定未來的行動路線。參與者的觀察促成了那個敘事，那些觀察的意義源自他們所處的情境脈絡。[13] 誠如法國認知科學研究人員雨果‧梅西耶（Hugo Mercier）和丹‧斯珀伯（Dan Sperber）在二〇一七年出版的著作中所解釋的，演化賦予我們推理的能力，這種能力「不適合單獨使用」。[14] 演化產生了集體智慧、社會規範與制度，那是「我們成功的祕密」。那些社交能力正是人類主宰地球之因。[15]

演化選擇的多層次

　　如果社會群體發展出勞力分工與風險分擔，並在隨後的幾千年間把這些社會經濟創新發展到超乎想像的境界，那麼結果就是創造出同樣難以想像的繁榮水準。這種廣義「親近群體」的出現還有其他的經濟與社會效益，如果沒有一定程度的信任，現代生活的許多面向都難以進行，經濟生活幾乎完全無法展開。世界價值觀調查（World Values Survey）顯示，一國的人均所得與「你認為大部分的人可信嗎？」的答案有明顯的正相關。[16]在達爾文提出演化論以前，大家早就知道社會與文化演化的重要性——這從蘇格蘭啟蒙運動思想家亞當·弗格森（Adam Ferguson）的作品中就可以看到，他曾在一七八二年寫道：「各國偶然間發現了制度，這確實是人類行為的結果，但不是人類設計出來並履行的成果。」[17]如今許多對經濟學一竅不通的人，廣泛引用了亞當·斯密（Adam Smith）同期的論點「人由一隻看不見的手所指導，去達成一個並非出自本意的目的。」[18]這些十八世紀蘇格蘭啟蒙運動的人物已經意識到，社會與文化實務本身就是演化流程的產物。

　　社會建立了道德規範或宗教習俗來阻止不合作的行為。他們建立了各種制度（從社會排擠到監獄等等），以加強對不合作者的制裁。企業以及許多其他的機構和組織，只有在其特徵有利於

生存時才能蓬勃發展。競爭市場——甚至宗教和道德規範也在競爭市場中運作——展現了修改、複製、選擇的流程，這些都是演化的特徵，雖然那種演化與我們的基因無關。

因此，演化有許多不同的種類，結果是許多層面上都出現了「天擇」的產物。我們看到共同演化，亦即不同的演化機制一起發生。例如，儘管多數成人覺得牛奶不好消化，但在酪農業普遍的地區，在地居民的乳糖耐受性普遍較高，這是因為遺傳與文化習慣一起演化。雖然說「我是紐西蘭人，紐西蘭的牛比人多，所以我對乳糖的耐受性較高」這句話的推理正確，但這番推理無法解釋為什麼多數紐西蘭人的乳糖耐受性高。多數紐西蘭人是歐洲移民的後裔，因此他們遺傳了促進乳糖耐受性的基因突變，並帶來了乳牛養殖事業。當他們發現紐西蘭這個區域非常適合發展酪農業時，他們帶來了紐西蘭那五百萬頭乳牛的祖先。在波利尼西亞裔或亞裔的紐西蘭人中，乳糖不耐症依然比較常見。[19] 但隨著時間推移，異族通婚及天擇將消除那些基因差異。

演化創造了我們的各種傾向（例如膳食中富含乳製品或信任他人），那些傾向會影響行為。刻意的努力或多或少可以克服那些傾向，就像蠍子與青蛙的寓言所述：

一隻蠍子請青蛙背牠過河。青蛙害怕被螫，猶豫不決；但蠍子辯說，如果牠真的螫了青蛙，牠們兩個都會淹死。青蛙聽

地這麼一說，便答應背牠過河。但是在河的中間，蠍子還是螫了青蛙，導致牠們雙雙受害。青蛙問蠍子為什麼要那樣做，蠍子回答：這是天性。[20]

歐洲血統的人喝牛奶，世界各地的人都樂於幫助陌生人，因為「這是他們的天性」，而不是他們事先算過這樣做對他們有利。他們基於類似的原因，建立起道德規範、加以傳授，並懲罰那些違反規範的人。多數的行為既是先天也是後天的產物。生物決定論（biological determinism）認為「一切都是基因所致」，行為主義者則主張大腦是一張「白紙」，可以在上面寫任何東西。這兩種論點都站不住腳[21]。

「出於自利而去做某件事」和「出於天性而去做同件事」兩者之間有明顯的差異。俗話說「只要裝得夠真誠，必定會成功」，但偽裝的真誠很難持久。[22] 大主教懷特利（Whately）的說法更有道理：「誠實可能是上策，但謹守那原則的人並不誠實。」[23] 夫妻檔心理學家與人類學家勒達‧科斯米德斯（Leda Cosmides）和約翰‧托比（John Tooby）主張，人類有偵察欺騙的機制，可以辨別虛假的真誠和假裝的誠實。他們的主張仍有爭議。[24] 但是，多數人已經學會躲避壽險推銷員，也不信任中古車的經銷商。我們不為推銷所動，或相信同事不會偷我們的錢包時，我們的行為通常（但不見得總是）符合我們的最佳利益。不確定性在任何地

方都是極端的。被行為經濟學家認定為「天性」的非理性「偏誤」，都不是非理性的（以那些詞彙的任何一般意義來說）。那些特質在賭場及心理實驗室的「小世界」之外，對我們皆有利，而且源於演化。

損失厭惡

演化使人類學會因應在大世界中遇到的多種極端不確定性。面對不確定性的不同態度，影響了個人與群體的生存機會。在一些環境中，例如商業和體育界，行事謹慎、瞻前顧後就等於放棄了成功的機會。高估自己成功的機會甚至有可能是一種優勢。在其他的環境中，避免風險可能很合理。人類之所以存活下來，一個原因是我們的祖先沒被掠食者吃掉。筆者之所以能寫下這本書，是因為我們過馬路時沒出車禍。在現代社會中，我們不需要經常躲避獅子與老虎，但促使我們避開黑暗街道、躲開迎面而來的車輛、逃離恐怖攻擊的反應，通常是明智且合理的。那些反應通常有化學與神經生理學的基礎，是父母從我們很小的時候就一再灌輸的觀念。避免重大損失的傾向是一種實用的屬性。

這些行為不是任何計算的結果。不僅是因為我們沒有時間或資訊去計算主觀期望效用（雖然我們確實也沒有時間或資訊），也因為誠如塔雷伯所言，演化偏愛那些存活下來的人，他們不見

得是那些追求期望值最大化的人。[25] 或許理性的經濟人之所以消亡，是因為沒有人願意與他們交配。

如果我們生活在簡單、靜止的小世界裡，最適化與解決小世界謎題的技巧就是演化成功的關鍵。但多數情況下，我們並不是生活在小世界裡。在現實世界中，極端事件（亦即位於機率分配尾端的事件）與生存息息相關。當作物歉收或瘟疫蔓延時，只有最適者能存活下來。但在平淡無奇的生活中，只有最倒楣或最漫不經心的人，才會成為飛機失事或被兇狠伴侶施暴的犧牲品。一般人可能會死於黑死病，[26] 但不會死於交通事故。

演化賦予我們生存下來及交配的特質與制度，也讓我們把同樣的特質與制度傳給下一代。有時這種生存需求指引我們去尋找最好的結果，有時是平均而言最好的結果，有時是避免最壞的結果，但通常只是幫我們矇混過關。克萊恩欣賞的那些消防隊員並不是去尋找最適解決方案，而是一次又一次地找到夠好的方案。羅斯福與邱吉爾也是以同樣的方式成功的。

對個人來說，選擇最有可能成功的策略可以盡量提高勝算。但是這種追求最適化的個體所組成的團體，最終會被罕見的災難所消滅。因此，最後勝出的團體採用的是「混合策略」，不斷改變棲息地。[27] 美國政治學家詹姆斯‧斯科特（James Scott）在「科學的」林業史中描述這個道理的現實狀況：種植「最好」的樹會導致單一栽植，遲早會被前所未知的寄生蟲所消滅。[28] 馬鈴薯晚

疫病摧毀了愛爾蘭的農業，導致至少一百萬人死於疾病與饑饉，以及長期大量的人口外移。整齣悲劇的發生，是因為愛爾蘭人認為馬鈴薯是最適合該國環境的作物，所以全國的糧食生產欠缺多樣化。[29] 人類之所以過得更好，是因為我們形形色色、各不相同，也因為理性沒有唯一的方式。我們要感謝聖方濟各、王爾德、賈伯斯，以及千千萬萬個擅長其特有的專業、但日復一日例常投入的人。

信心與樂觀

在公理型理性的擁護者及行為經濟學家的眼中，樂觀「偏誤」，在計算主觀期望效用時會導致錯誤；但我們對此不太認同。美國海軍上將詹姆斯·史托戴爾（James Stockdale）曾在越南遭到監禁與折磨，[30] 他充分證明了自信與樂觀的演化價值。對外界事情一無所知的戰俘，除了承受虐待造成的身體痛苦以外，也經歷了極端不確定性所帶來的精神痛苦。他表示：「你絕對不能把『你相信自己終究會熬出頭』的信念（那是絕對不能失去的）與『面對現實中最殘酷事實』的紀律（不管那是什麼）混淆。」[31] 史托戴爾比較了自己的存活與其他想獲釋者的命運，那些希望獲釋的人想像著某個結果可能會促成他們獲釋，但是當期望未能實現時，他們便大受打擊而崩潰。

一九四○年，英國面臨德國入侵的威脅時，邱吉爾在議院中發表了著名的演說：「我們要堅持到底，在法國作戰，在海上作戰，以日益強大的信心與實力在空中作戰，我們將不惜一切代價保衛我們的島嶼。不計任何代價。我們要在灘頭作戰，在登陸處作戰，在田野和街道上作戰，在山上作戰。我們絕不投降。」[32] 就像史托戴爾一樣，邱吉爾充滿了樂觀，但他無法也不願界定那種樂觀從何而來。邱吉爾面對逆境時，發出如此鏗鏘有力的反抗宣言，那是堅定信念與自信的產物，而不是審慎推理的結果。有時候這種自信是有道理的，但並非總是如此。這種自信也導致他在波耳戰爭（注：Boer War，英國與川斯瓦共和國和奧蘭治自由邦之間的戰爭，戰爭地點位於當今南非與史瓦帝尼一帶。）中展現出驚險的行動，對災難性的策略格外熱中（例如加里波利之戰〔注：Battle of Gallipoli，第一次世界大戰中土耳其加里波利半島的一場攻堅戰役。〕）；這種自信也讓他明明輸錢，卻死不肯離開賭桌。過度自信在政治領袖的身上可能是一種危險的特質。但是在恰當時機（例如一九四○年），邱吉爾的樂觀與信心至關重要。

同樣的，賈伯斯的行為也不符合傳統所謂不確定下的「理性」行為。就像邱吉爾剛接任首相時，對戰爭的發展沒有什麼具體計劃一樣，賈伯斯回歸蘋果後，也在等待下一個大爆點。賈伯斯的傳記作家華特・艾薩克森（Walter Issacson）寫到賈伯斯有「現實扭曲力場」。那個詞是蘋果第一代的軟體設計師從《星艦

迷航記》（*Star Trek*）借來的，他說賈伯斯的現實扭曲力場「融合了領袖魅力的修辭風格、不屈不撓的意志，他為了達成目的，急切地將現實扭曲成心中所想的樣子」──這些特徵與邱吉爾的傳記作家所提到的特質很類似。[33] 然而，令人驚訝的是，艾薩克森那本傳記的前半本是在談賈伯斯一九九七年回歸蘋果之前的日子，其中有十六處提到「現實扭曲力場」，而在後半本僅有三處。《紐約時報》在賈伯斯過世後做了以下的評論：「一九八五年被迫離開蘋果之前，賈伯斯以事必躬親著稱，經常干涉細節，斥責同事……回歸蘋果後，他比較依賴同仁，較常傾聽，也信任設計與管理團隊的成員。」[34]

顯然，樂觀對生產有利，但要是加以控制與引導，效果會更好。在賭桌上，過度自信往往是災難，但是對激勵隊友、事業夥伴或軍隊的領袖來說卻非常重要。一九四〇年邱吉爾卓越的演說展現了他的性格與觀點，那時他面對的是議院與更廣泛的觀眾。在那個關鍵時刻，邱吉爾的成就在於說服內閣同仁繼續戰爭是必要、也是可能的，激勵英國大眾，並向其他國家（無論是敵對的德國、還是同情的美國）證明英國的決心。

熱情洋溢的維珍集團（Virgin Group）創辦人理查‧布蘭森（Richard Branson）是比邱吉爾更成功的冒險家。他的非正式傳記作家湯姆‧鮑爾（Tom Bower）指出，他對現金流與預算的具體細節不感興趣。[35] 當第一個創立的事業陷入財務困境時，他和一

位同事從他們開的諾丁山唱片行裡的收銀機中取出五百英鎊，到派克巷的賭場「花花公子俱樂部」賭了一晚。布蘭森聲稱自己有一套看似毫無依據的成功系統。他們賭到清晨五點時，把身上僅剩的籌碼全押在最後一筆賭注上，結果贏到的錢遠遠超過之前的損失。於是，一個商業帝國就此應運而生。[36]

當然，布蘭森的行為很魯莽，邱吉爾的虛張聲勢往往顯得愚蠢，賈伯斯的職涯中也充滿了一次又一次的失敗；但是，如果他們學會掌控「偏誤」、壓抑自己的「不理性」，他們與世界都不會變得更好——由此可見「公理型理性」概念的局限。邱吉爾、賈伯斯與布蘭森是活在大世界裡，而不是小世界裡。在小世界裡，理性行為可以簡化成數學運算，且那些運算是在問題界定清楚及充分了解環境的情境脈絡中進行的。布蘭森、邱吉爾、賈伯斯等人的成就讓我們想起奈特在一個世紀前就提出、但已被遺忘了太久的洞見：極端不確定性與冒險進取精神的關係。誠如凱因斯所言，當我們只依賴數學期望值時，冒險進取的精神就會消亡。冒險行為看似與公理型理性相悖，卻是資本主義社會的核心動力，是「成功訣竅」的關鍵部分。

雙系統

行為經濟學的代表人物康納曼曾提過「系統一」與「系統

二」，他把直覺反應與慎思熟慮的理性流程區分開來。當系統一把我們導向深思熟慮的系統二會否定的結果時，就會出現行為經濟學所謂的「偏誤」。在民間心理學中，世人普遍認為左腦與右腦的影響不同。如今我們還不太確定系統一與系統二之間的區別只是一種比喻，還是描述實際的心理流程。現代的神經心理學大致上否定這種二元化的理論。[37]大腦的不同部位似乎在我們思考與決策的流程中扮演許多角色，有些部位在我們冒險時變得比較活躍，有些部位則在我們做愛時變得比較活躍。但認知流程只有一種，不僅涉及大腦，也涉及身體。一九八〇年代，神經生理學家班傑明·利貝特（Benjamin Libet）證實，在大腦下令指揮行動之前，身體就已經開始行動了（例如手抽離很燙的爐子）。[38]大腦是一個實體，不是一個委員會。

在一項著名的研究中，神經學家安東尼歐·達馬西奧（Antonio Damasio）提到，有位病人因為大腦受損而無法體會情感。[39]結果那個人並沒有變成大世界中的超級理性居民，而是只能在小世界裡運作。在日常生活中，他根本無法做任何決定。他會為了一些毫無實質意義的事情苦惱很久，例如下次約會的時間。他的問題在於，與決策可能有關的資訊幾乎是無限的，試圖處理所有的資訊導致他無法做出決定。

每個人都可能面臨類似的問題。如果我們試圖分析所有可能行動的所有可能結果，那我們什麼事情也做不了，因為極端不確

定性的存在，意味著貝氏推理樹的分支會無限倍增擴散。下週三的天氣如何？公車會準時抵達嗎？這些問題都還算單純，我們甚至還沒問到二〇二五年的股價水準，或二〇三〇年的中美關係。這就是極端不確定性的本質，這也是為什麼人類不會系統化地評估所有可能的結果，而是演化出獨特的選擇方法。

我們用反射、本能、情感、直覺等字眼來描述我們的手觸碰到熱爐、衝去救受困的孩子或受傷的陌生人、不信任潛在新員工或商業夥伴時所做的事情。這些行為並不是我們應該壓抑的「不理性」反應，而是演化訓練我們去做的行為，也是社會學習在我們身上強化的行為，好讓我們在極端不確定的世界中存活下來。人類因演化型理性（或稱生態理性）而受惠，這種理性與我們身處的大世界比較有關，那與公理型理性是不同的。

不過，系統一與系統二的區別仍有道理，我們將在第 15 章回過頭來討論。在第 15 章中，我們將區別演化型理性（evolutionary rationality，那是判斷與行動的基礎）與溝通型理性（communicative rationality，用來向他人解釋我們的判斷與行動的語言）。人類之所以與其他哺乳動物有別，是因為我們有溝通與協調的能力。[40] 這種合作的傾向不是只有人類才有，但人類合作的規模與程度在自然界中比較罕見。「真社會性」（Eusociality，或譯「群居性」）是指動物共同分工繁殖與養育後代的行為，幾個世代一起生活，共同撫養後代。群居社會促成勞力分工，亞

當 · 斯密在《國富論》（ *The Wealth of Nations* ）的前幾頁就肯定了勞力分工對經濟發展的重要性。群居物種的生產力旺盛，能夠承擔複雜的任務，並打造出複雜的東西。

「真社會性」出現在兩條不同的演化路徑上。人類族群中可以看到「真社會性」的展現，其他哺乳動物中也可以看到程度較小的展現。「真社會性」是溝通的產物。在人類社會中，複雜語言能力的發展，使我們勞力分工的能力倍增。在有些昆蟲物種中也可以看到「真社會性」，尤其是螞蟻、白蟻和一些蜜蜂。在蟻群中，所有工蟻都與蟻后有關，蟻后專門負責繁殖，所以螞蟻的遺傳機制與哺乳動物完全不同，但勞力分工廣泛。牠們把受精卵搬到蟻舍照顧，孵出的幼蟲由工蜂餵養。其他的工蟻負責蒐集或管理資源，兵蟻則是負責捍衛蟻穴，以免遭受敵人攻擊。

人類智慧 vs. 人工智慧

演化理性讓我們有能力製造電腦，而不是成為電腦。電腦的計算遠比人類精確及迅速，就算是最擅長數學運算的人類，也遠遠不如電腦。如今電腦下西洋棋或圍棋的功力，比任何人類棋手還要厲害。在頂尖程式設計師的幫助下，電腦可以在金融市場上實施有利的交易策略。電腦也比多數的放射科醫生更擅長判讀診斷掃描圖。這些問題都有龐大的資料庫可以讓電腦學習：例如所

有記錄下來的西洋棋與圍棋比賽、證券市場價格的大量資料、成千上萬張掃描圖及最終的診斷結果。

　　人工智慧使電腦可以從經驗中學習。許多人相信，透過這種方法，所有的疑團終究會變成可解的謎題。人工智慧公司DeepMind 編寫出一套程式，打敗了人類的圍棋冠軍。圍棋棋盤位置的潛在組合比宇宙中的原子還多，DeepMind 之所以能夠打敗圍棋冠軍，是因為它藉由程式跟自己下棋，創造出一個龐大的棋局資料庫。DeepMind 的電腦不需要讀取任何歷史資料，因為圍棋雖然複雜，但它的規則有完善精確的定義。自學圍棋的DeepMind 電腦可以讀取圍棋規則，並在自己與自己對弈的數千盤棋局結束時，知道哪一方贏了。目前為止人工智慧的所有成果，都是因為電腦有能力以這種方式自我訓練。電腦的計算速度飛快，它在很短時間內執行的西洋棋或圍棋局數，比一個人一輩子下的棋局還多。

　　歐巴馬面臨的問題則完全不同。他能接觸到的資訊必然是有限的。他的決策結果取決於許多已知與未知的因素，那些因素幾乎都無法附上機率。藏匿在基地裡的人不管是誰，不管是巴基斯坦政府還是軍方，他們的反應都沒有規則可循。那個情況是獨一無二的，總統無法藉由重複決定數千次並觀察結果來訓練自己。他頂多只能拿自己的情況與其他政治領袖面臨的情況進行粗略的類比，但任何歷史類比都很牽強。一九三八年，安東尼・艾登

（Anthony Eden）從張伯倫的內閣辭職。一九五五年，他接替邱吉爾出任英國首相。一九五六年，他錯把埃及總統納瑟（Nasser）類比成希特勒，占領蘇伊士運河未果，而於一九五七年辭去首相一職。歐巴馬確實有機會了解他的決策的近似後果，但一般重大的政治或商業決策往往無法做到那樣。然而，歐巴馬面對的問題是無法計算的。我們很難理解電腦充當美國總統時，在那種情況下會怎麼做。我們之所以這樣說，並不是因為我們無法發揮想像力。

而且，即使是下西洋棋與圍棋的電腦，也不是設計成追求最適化的。誠如一九五○年司馬賀所想像的（當時他大幅低估了人類製造出打敗西洋棋大師的機器所需的時間），這些機器追求的是「夠滿意」。它們不是找出最好的棋步，而是找出夠好的棋步。原則上，西洋棋有一種「最好」的棋步——亦即白棋或黑棋都無法做得更好的完美狀態。那會是西洋棋的「解方」（經濟學家以其特有的風格，把那個狀態描述成「子賽局完美奈許均衡」〔subgame perfect Nash equilibrium〕）。但我們並沒有、也許永遠也不會有功能強大到足以找到那個賽局的電腦。[41] 如果連二○一九年的西洋棋世界冠軍馬格努斯‧卡爾森（Magnus Carlsen）和「深藍」都無法下一盤完美的西洋棋，那麼覺得一般人與企業可以在經濟生活的賽局中追求最適化更是難以想像。

康納曼認為，在理解人類行為時，雜訊——亦即隨機性——

甚至比「偏誤」更重要。他期待將來人工智慧能消除我們先天的愚蠢:「很難想像,有了足夠的資料,還有什麼事情是只有人類才能做的。」[42] 因此,他建議「盡可能以演算法來取代人類」是個好主意。[43] 這樣一來,就可以避免他們所謂的偏誤與雜訊了。他們聲稱,偏誤與雜訊是人類系統化偏離及隨機偏離公理型理性行為的現象。

但數學推理只適用於小世界,不適用於我們實際生活的大世界,我們不知道電腦如何學習大世界裡的「理性」。電腦可以比人類更快、更可靠地完成許多任務,我們應該使用電腦來完成那些任務。但電腦無法解決拿破崙或歐巴馬所面臨的問題,而且電腦在面對維尼爾問題時,也給了錯誤的答案。很長一段時間以來,因應極端不確定的世界所需要的智力一直遭到低估且不足。偏誤與雜訊的概念可說是行為經濟學的主要基礎,它們被當成一般理論使用時,與極端不確定性、演化、許多人類決策的集體性質互相抵觸。

在極端不確定的世界裡,判斷是無法避免的。切記那句老格言:只做你能做的。在極端不確定的世界裡,我們得把這句老格言應用在人類推理上。我們沒有必要害怕電腦,我們應該要善用電腦。那樣做需要判斷力,良好的判斷力無法歸納成生存的十二條法則、高效能人士的七個習慣,或甚至二十一世紀的二十一堂課(注:以上為三本暢銷書的書名)。

人類智慧與人工智慧是不同的，人工智慧可增強人類智慧，而不是取而代之。目前為止，還沒有電腦能寫出任何人都想讀的詩歌或小說。二〇一八年，電腦創作的《艾德蒙‧德貝拉米的肖像》（*The Portrait of Edmond de Belamy*）在佳士得（Christie）以四十三萬兩千五百美元的高價售出。那幅畫之所以拍出那麼高的價格，是因為稀奇罕見，而不是因為畫得好或是原創。即使是電腦的語言翻譯也無法保留原文的語感，更遑論風格了，因為電腦無法「理解」文字所指的情境脈絡。[44] 我們的行為除了反映了我們所處的情境脈絡，也反應了我們對那個情境脈絡的共同敘述。電腦缺少那種情境脈絡，所以無法與中國外交官談判，也無法制定策略以擊敗恐怖分子叛亂。這也是為什麼「奇點」──人工智慧將取代自然、文化、社會進化的產物──只不過是一個遙遠的白日夢。人工智慧可能讓我們加速解決複雜的謎題，但無法解開疑團。

　　設計宇宙的力量讓我們輕易又迅速地獲得生活中的重要能力，包括因應出乎意料的獨特事件。如果快速進行大量計算的能力是在現實世界中存活的重要特質，演化可能會幫人類發展出那種能力。然而，人類並沒有獲得那種能力，而是獲得了其他技能，例如綜合量化與質化資訊以了解定義不明確的複雜情況，以及透過充滿洞見與想像力的文章與故事，激發我們自己與他人思考人類行為與未來可能性等技能。

第 10 章
敘事典範

「敘述本身確實在暗中指導讀者，而且比戒律更有效。」
——湯瑪斯・霍布斯，《修昔底德的生活和歷史》[1]

　　人類透過溝通與學習來獲得知識。黑猩猩與倭黑猩猩都不上學。在第 1 章中，我們提到加州大學洛杉磯分校的商業策略教授魯梅特上課時會請學生爬梳「究竟發生了什麼事？」。MBA 課程的案例研究法要求學生閱讀一家他們事先不了解的公司的決策資料，為每週的課程預作準備。至於判斷「究竟發生了什麼事？」，大多是由準備個案的助教來完成。上課時，大家討論個案的資料，並在教授的協助下，針對「究竟發生了什麼事？」形成看法，進而提出建議的行動方向。這些案例很少是現在進行式，當那家公司變成個案教材時，通常已經繼續發展到另一個階

段了。

說任何決定都是從「究竟發生了什麼事？」這個問題開始
的，似乎很明顯，甚至不值一提。但擁有數十年教學經驗的魯梅
特發現，事實並非如此。那種分析模式確實與貝葉斯錶盤的方法
大相逕庭。在貝葉斯錶盤中，單一決策者是從一組先前的信念開
始，然後看著錶盤指標隨著新收到的資訊來回移動。如果學生一
開始就從一兩次先前的經歷中獲得先驗機率，或從機場商店販售
的老套商業書中得到先驗機率，他很快就會看到這些認知在運作
良好的 MBA 課堂上遭到顛覆。在確定「究竟發生了什麼事？」
之流程的最後（而不是一開始），關於行為的理性觀點以及可能
行為的範圍才會表達出來。

在商業、政治與金融領域，我們有幸目睹優秀／糟糕決策者
的實際運作，也有幸看到對任何事情都預設立場是糟糕決策者的
一大特徵。他們是意識形態或傲慢的受害者，說的往往比聽的
多。在幾乎每個議題上，他們不承認其他人知道的比他們多。他
們也不知道知識的有限性——不僅自己的知識有限，全人類對不
斷發展的複雜情況的所有知識也有限。他們相信自己有能力為所
有可能不確定的賭注排序。與巴菲特的不同之處在於，他們總是
準備好揮出每一棒。

相較之下，優秀的決策者在形成初步觀點之前，會畢恭畢敬
傾聽他人所言、廣泛涉獵尋求相關的建議與事實。當他們確實得

出一個觀點時，會先提出質疑，再得出結論。商學院的案例教學法運行得宜時，就是在訓練未來的高階主管以這種方式思考。類似的練習也是法學院課程與醫學院實習階段的一部分。

魯梅特的學生很幸運能修到這位優秀教授的課，而多數人就沒那麼好運了。顧問公司招募的人是收到一套先驗資料——一套PowerPoint簡報，只需要改變每次簡報的標題就好了。商業上制訂策略的現實狀況，往往與確定「究竟發生了什麼事？」的流程不同，令人失望。

策略週末

策略週末是資深管理者移師度假飯店的一種儀式，他們期盼在美食美酒的滋潤下，團隊能以一種特殊的超然態度來思考公司的未來。筆者坐在鑲板房間的一張長桌邊，房內掛滿了真偽度令人起疑的古畫。桌子對面坐著公司主要營運事業的規劃經理與執行長。執行長拿起了厚厚一大疊策略計劃，對著規劃經理發脾氣。他說：「我們花了整整三年的時間為這份檔案提供資訊，我想不出我們有哪一次用過這份檔案。裡面的數字是什麼意思？是預測嗎？是目標嗎？」這時，規劃經理也火大了，他回嗆：「你現在管理的是一家兩萬人的企業，你不能再隨心所欲、憑感覺做事了。」後來他們在酒吧裡坦承，雙方的說法都沒錯。那位執行

長確實需要對公司的發展方向有更廣泛的了解，不能只考慮日常事務。但是，那些負責規劃的人提交給他的檔案，也無法滿足他的需要。

另一個時間，另一個場景：一家形象迥異的公司，這間公司的形象充分反映在流程上。場景不是在寧靜的英國鄉野，而是靠近一座大機場。房間裡擺了很多視聽裝置，而不是古董。這家公司從美國派了一位「引導師」來主持今天的會議流程。他在講台上走來走去，試圖引起大家的注意，彷彿皮條客想拉顧客進情色夜總會似的。他說：「我們必須問問自己，我們想成為什麼樣的公司。我們想成為這個產業在歐洲的龍頭嗎？」底下觀眾思考著這個問題，「我們來投票表決吧。」這時，有些人尷尬地看著地板。投票開始進行，讀者可以猜想一下結果如何。

然而，這家公司開始計劃實施「成為歐洲業界龍頭」的決定沒多久就遇到了阻礙。該公司在德國只有二％的市占率，之前他們曾試圖進入德國市場，但不太成功。一般認為，若要在那個產業中坐上歐洲龍頭的寶座，在德國至少需要有一五％的市占率。顯然，那必須靠收購德國企業才能達成。當時只有兩家夠大的公司符合那個標準。後來，選擇很快就縮小成一家。

半個小時之內，這家公司就做出了決定，並隨後收購了德國事業。他們從來沒討論過收購的成本、可能獲得的回報，或收購可為雙方關係帶來什麼價值。這家公司充分展現了一九八〇年代

主流的商業思維傳統。這種方法以願景與使命宣言為依據，是一種希望導向的策略。他們不是以公司的實際狀況為基礎，而是以公司想變成怎樣為基礎，彷彿孩子在爭論以後要當腦科醫生、還是要開火車似的。

另一個策略週末，另一家公司。觀眾正在觀看一支影片，標題叫做《品質就是自由》。該影片解釋，更好的品質可以增加需求，表示單位成本較低，收入更多，因此獲利增加，可以進一步提升品質。這種良性循環會永遠持續下去。那家公司是一間供水公司。在簡報結束時，筆者上前去找剛剛播放影片的顧問，提出自認很有建設性的評論，並道，當人在談供水業的品質時，通常指的是飲水品質。但僅有不到二％的水是拿來飲用的，多數的供水是用來沖洗、沖馬桶的，或有工業農業等用途，不然就是養護高爾夫球場和網球場。[2] 因此，即使飲水品質的改善使飲水的需求翻倍，總消耗水量的成長也不到二％。增幅甚至顯得過於樂觀，畢竟很少有人會說：「這開水真好喝，請再來一杯。」

此外，在供水業中，更高的供水量並不會降低單位成本，反而會增加單位成本。因為自來水公司會先使用最便宜、最容易獲得的水源。這也是水費會隨著需求增加而愈來愈高的原因。那家供水公司的多數顧客以及幾乎所有的飲水顧客所繳的費用，其實與他們消費的水量無關。因此，那家公司提高品質不僅無法降低單位成本，也不會增加收入。無論品質的良性循環可以適用在哪

些事業上，供水業就是不適用。那種模式與該公司面臨的問題根本無關。

但顧問不願討論這些。他們沒有針對成本、需求或收入的論點提出異議，只覺得筆者是個討厭的學究。他們的簡報只是隱喻、鼓舞人心的資訊，他們無意治該公司的本（說實在對其他公司亦然）。然而，筆者把他們的簡報視為對現實世界的主張，覺得那些主張需要加以評估及驗證，所以誤解了那份簡報的本質。

現場出席的高階主管也是如此。這些公司為了獲得最好的建議，花大錢聘請顧問。他們熱切尋求知識，但得到的東西對他們而言毫無價值。他們是三種最常見錯誤的受害者，這不僅是商業策略制定的錯誤，整體來說更是分析與解決問題的錯誤。

第一家公司的人坐在那些偽先人肖像下方，誤把量化視為理解，混淆了預測與規劃。這種方式幾乎毫無助益，只促成虛構數據的激增。這是一九七〇年制訂商業策略的常見方法，現在多數的公司已經拋棄了這種方式，就像美國各州已經不再做五年計劃一樣。但如今公共部門仍充斥著各種模型與指標，「有計算才算數」的信條影響了公共與商業政策的所有領域，同時導致大家認為只有計算的東西才重要，重要的東西都可以計算、也必須計算。

第二家公司收購了一家德國公司，把抱負與策略混為一談。這種混淆想當然耳會促成一種抱怨：制定策略很容易，但執行沒

那麼簡單。比前述例子糟糕的實例還很多，但至少那些爭論促成大家採取行動，儘管理由並不充分。如今，無論規模大小還是公私組織，幾乎都必須為願景或使命發表空洞的聲明。你草草掃過那些文字便是了，但別低估了大家辯論那些用字遣詞的時間。尤有甚者，大家都在浪費時間談論那些用字遣詞，而不是認真討論組織的特色與目的，以及相關的發展與實踐。

第三家公司的董事花了半個小時看了那支《品質就是自由》的影片，而無視該影片與供水業毫無關係。他們並未釐清「激勵員工改變觀念」（激勵確實有其效）與「董事會辯論」之間的區別。邱吉爾在對議院與大眾演講時，是位充滿熱情的演說家。但我們很難想像，當他的內閣同僚獨自面對所向披靡的對手，因應無盡的實務困難時，對類似的誇誇其談能有什麼良好的反應。

診斷

魯梅特說，詢問「究竟發生了什麼事？」這個流程是一種診斷。「診斷」這個詞源自於醫學。作家兼執業醫師傑若・古柏曼（Jerome Groopman）曾在《醫生，你確定是這樣嗎》（*How Doctors Think*）一書中試圖探究醫生的思維方式。古柏曼描述了他與同事在診斷時犯下的錯誤，並把許多錯誤歸因於行為經濟學的讀者所熟悉的標準「偏誤」清單。但事實上，多數的錯事是過

度關注先驗機率的結果——「他走進手術室時看起來很健康」，「這東西沒什麼稀奇」、「有甲症狀的患者大多罹患乙病」。優秀的醫生會先傾聽、測試、發問，才會得出暫時的診斷，並在「正確找出支持暫時診斷的症狀」及「太快確定他預期發現的東西」之間拿捏微妙的分寸。這是為什麼優秀的醫生會找同事討論疑難病例，許多臨床醫生團體也把這種做法加以制度化。

醫生在診斷時，如果沒有展現出自信與謹慎，誰願意去諮詢醫生呢？如果某位醫生是坐在指針來回擺動的貝葉斯錶盤下看診，指針一開始指著「我不知道」或「多數人過幾天就會好起來」，即使那兩種說法可能都是對的，誰會想找他諮詢呢？或者，如果醫生不願透露診斷推理，或只是選擇性地透露，誰願意讓他看病呢？溝通是好醫生的核心技能。我們猜測，很多人不願接受電腦的治療，就像他們看到穿制服的飛行員就放心了，即使飛機實際上是由電腦駕駛的一樣。當攪爛的飛雁屍體從飛機引擎中取出時，乘客才會意識到人類可能比電腦更能有效地因應極端不確定。

電腦與其演算法可為醫療保健帶來顯著的進步。每年有數十億人在尋求治療，人工智慧能夠學習的資料庫十分龐大。就像下西洋棋或圍棋的機器一樣，病人的進展可以回饋訊息給機器，告知程式表現如何，雖然這種資訊回饋不像棋局那樣快速或清楚。與最傑出的醫學學者相比，電腦維護及搜尋整個醫學知識庫的速

度更快、效果更好。這些方法的力量將可以改善及加快診斷流程，甚至在許多明確定義的「小世界」問題中取代醫生。

但我們預期，只有醫術高超、經驗豐富的醫生，在演算法及資料導向療程的輔助下，才能持續吸引患者。筆者之一之所以還活著，是因為一位憑直覺但經驗豐富的老派醫生追問過「究竟發生了什麼事？」（筆者最初對這位醫生抱持懷疑的態度），因此找到問題所在。受過更科學訓練的年輕醫生所做的診斷雖然準確但不完整，因此沒有發現那個問題。

歷史故事

第4章提過，吉朋描寫漢尼拔率領大軍跨越阿爾卑斯山時寫道：「雖然李維的描述可能性更高，但波利比烏斯的描述更真實。」這句話不僅說明了機率意義的改變，也說明了研究歷史的不同方法。李維想寫一部全面的羅馬歷史，把促成羅馬身分與文化的傳說交織寫成一個整體。因此他寫出了一本文學巨作（注：《羅馬史》（Ab Urbe Condita），書名為拉丁文，意為「自建城以來」），傳世兩千年之久，如今仍為學生與學者必讀的傑作。李維或許不是真的相信羅馬是由被遺棄在台伯河（Tiber River）、由母狼拯救養育的雙胞胎之一所建立的，並以其名命名。但是對於李維來說，這個故事是否精確地描述實際發生的事情並不重要。

神話、傳說、對真實歷史事件的選擇性描述所混合出來的東西，是族群的基礎：阿爾弗雷德大帝（Alfred）烤焦了麵餅；英格蘭國王哈羅德（Harold）在黑斯廷斯之戰（Battle of Hastings）中被射中眼睛；《大憲章》（*Magna Carta*）為民主制度奠定了基礎。或許吧。筆者之一在學校裡學到的蘇格蘭歷史，把一群盜匪之間的小規模衝突，放大成蘇格蘭與英格蘭敵人的勝利之戰，卻對蘇格蘭的啟蒙運動隻字不提。蘇格蘭的啟蒙運動不僅在蘇格蘭史中是個開創性的事件，在世界史中亦然。但那個事件否定了、而非強化了主流的族群敘事，即浪漫與英勇的民族主義。另一位筆者在學校裡學到，英格蘭人抵抗野蠻與不文明的蘇格蘭人幾個世紀後，十八世紀初蘇格蘭經濟的崩解為蘇格蘭高地的和平奠定了基礎，也讓和平、繁榮、民主的大不列顛暨北愛爾蘭聯合王國（United Kingdom）得以建立。

在《第二次世界大戰回憶錄》（*The Second World War*）中，邱吉爾以他特有的風格寫道：「『我們是否該獨自作戰』這個最重要的問題，從未列入戰時內閣的討論議程中。大家覺得理所當然，天經地義……我們太忙了，沒時間浪費在那種不真實的學術議題上。」[3] 然而，現在可獲得的當代記錄顯示，這種說法完全是錯的：繼續戰鬥與否的決定是戰時內閣激烈辯論的主題。

波利比烏斯的目標與李維或邱吉爾截然不同。波利比烏斯是少數強調實證比權威重要的古代作家之一，希羅多德（注：

Herodotus，古希臘作家，曾將旅行的所見所聞寫成《歷史》〔*Histories*〕一書，為西方文學史上第一部完整流傳下來的散文作品。）也是如此。邱吉爾是用李維的風格來撰寫鼓舞人心的敘事，而不是以波利比烏斯的風格來撰寫歷史。啟蒙運動時期，法國國王的生活仍構成伏爾泰歷史著作的很大部分，但他不光只是記錄他們的勝利及歌頌他們多會開枝散葉而已，伏爾泰對他描述的那個時代的經濟、文化、社會也很感興趣。吉朋在《羅馬帝國衰亡史》（*Decline and Fall of the Roman Empire*）中為歷史樹立了一種截然不同的典範。

在十九世紀初期，德國史學家利奧波德·馮·蘭克（Leopold von Ranke）提出了著名的現代歷史研究目標：描述「wie es eigentlich gewesen ist」——這句話通常是譯成「實際情況如何」。蘭克的現代編輯格喬治·伊格爾斯（Georg Iggers）強調，如此翻譯未能充分抓住德語的精髓。他從脈絡中解釋蘭克的說法，他寫道：「使敘事具有歷史意義的不是事實，而是對本質的強調。」（注：德語 eigentlich 為原來，其詞根 eigen 有自己、固有之意）伊格爾斯認為，「wie es eigentlich gewesen ist」相當於「判斷到底發生了什麼事？」，而不是「解釋世界的真實樣貌」。伊格爾斯繼續說：「蘭克屬於十九世紀德國思想家的傳統，他們強調處理價值、意圖、破壞的歷史與文化科學，與自然科學截然不同，需要獨特的方法以具體了解歷史現象，而不是抽象的因果

解釋。」[4]

從這個觀點來看，有兩個區別很重要。首先，對價值、意圖、破壞的強調，採用了一些更難（但不見得不可能）以數學語言表達的概念。第二，更重要的是，歷史談的主要是獨特的事件。誠如沙克爾強調的，革命結果的頻率分配與皇宮守衛無關。守衛只能被執行一次死刑。有些桌遊便是以一些知名的歷史戰役為背景，例如蓋茨堡之役（注：Battle of Gettysburg，美國南北戰爭期間最血腥的一場戰役，最後由北方聯軍戰勝羅伯特·李〔Robert E. Lee〕將軍的南方聯軍）和滑鐵盧戰役；如果李將軍和拿破崙「真的」無法戰勝敵軍，那些桌遊也就無法引起玩家的持續關注。這些戰役如果可以打很多次，我們也許可以建構一個結果的頻率分配，就像桌遊一樣，我們可以從中推斷李將軍或拿破崙獲勝的機率。然而，在蓋茨堡之役和滑鐵盧戰役確實發生的單次事件中，李將軍與拿破崙都落敗了，所以美國的奴隸制就此結束，英國不是講法語的國家。

人類學

找一群經濟學家與一群人類學家會面，看看他們可以互相學習到什麼；兩邊的差異很快就顯現出來了。那些人類學家曾在巴布亞紐幾內亞、亞馬遜盆地、英國警察局做過田野調查；對經濟

學家而言，人類學那種參觀工廠或交易廳的做法既新鮮又奇妙。人類學家觀察並傾聽對方，接著把田野調查研究帶回家，寫成一篇敘事；經濟學家則是詢問數據，可能連資料集都還沒看到，就已經勾勒出一個經濟模型。儘管如此，還是會有類似佛羅里達州前共和黨州長（現為參議員）瑞克・史考特（Rick Scott）曾發表佛州不需要人類學家的言論：「佛羅里達州需要多少人類學學位，才能有健全的經濟？」[5]（注：瑞克・史考特認為高等教育應該多培養科學、理工類的學位，覺得人類學是沒必要培養的學位。）

後來這群人走到酒吧休息，其中有個人請每個人喝一杯。他們的談話很自然地轉向這個社會現象（請大家喝一杯）的起源與背景。人類學家覺得這是一種禮物交換的慣例，可以鞏固社交關係、也預期對方禮尚往來。他們不只引用東非那些馬賽語民族的osotua做法，也引用美國西北原住民部落的贈禮宴（potlatch，那些儀式涉及大規模的禮物交換，有時甚至讓人傾家蕩產），以及現代美國與歐洲流行以昂貴的訂婚戒指來求婚的做法。經濟學家則為「請每人喝一杯」找到一種全然不同的解釋：這樣做可以盡量降低交易成本，減少酒吧裡的金錢交易次數，也減少酒保找錢的次數。他們以英國經濟學家羅納德・寇斯（Ronald Coase）的著名分析來舉例說明（何時透過市場交易比較合理；何時公司內部自己生產比較合理）。[6]

當然，為替代假設提出實證測試的是一位經濟學家。如果你

請別人的飲料比別人請你的還多（意指你付出比回報多），那會是什麼情況？按照人類學的解釋，你應該為此感到高興，就像準新郎看到女友接受了求婚戒指一樣，並期待未來的互惠。經濟學家則會為度過了一個不太理想的夜晚而感到遺憾。

但那個測試並沒有定論。人類學家的感受，正如人類學研究所預測的那樣；經濟學家的反應，與他們的經濟理論一致。也許，這個故事給我們的啟示是：人類學家——或許也包括其他人——不該與經濟學家往來；經濟學家會感到高興，但人類學家期待自己的慷慨大方在未來得到回報，則可能大失所望。「經濟學家搭便車，其他人呢？」是一份廣受關注的研究標題。[7]（經濟學家說，靠別人請客的人是「搭便車」，非經濟學家可能會使用不那麼中性的用語。）筆者的結論是，非經濟學家通常不會搭便車，但經濟學家會搭便車。筆者試圖探究這兩組人的推理時發現，「比較經濟學的研究生非常困難。超過三分之一的經濟學家要麼拒絕回答什麼是公平，要麼給出非常複雜、難以理解的回答。在這種情況下，『公平』的意義對這群人來說似乎有點陌生。」[8]

那夜，筆者意識到，人類學家與經濟學家的差距其實不大。亞當‧斯密在《國富論》中開篇就指出「人性有以物易物的傾向」。[9]法國社會學家馬瑟‧牟斯（Marcel Mauss）一九二五年發表的論文《禮物》（*The Gift*）是人類學探究「人際關係互惠性」

的經典研究。牟斯問道:「物品中有什麼力量促使收受物品的人日後回報呢?」[10]「物品永遠不會與交換它的雙方完全分開。」[11] 牟斯的理論可用大家耳熟能詳的諺語一語道盡:「世上沒有白吃的午餐。」五十年後這句話成了傅利曼的書名。

寵愛孩子的祖父母送孫子禮物時,他們期望孫子回報恩情,但他們並沒有期望回報的恩情是等價的。大家都知道,送禮是建立及鞏固社交關係流程的一部分,這些關係有助於經濟與社會目的。(或許只有少數經濟學家例外:喬爾 · 沃德福格爾〔Joel Waldfogel〕在《美國經濟評論》〔*American Economic Review*〕上發表過一篇短文,談論「聖誕節帶來的無謂損失」。他指出,收禮者心中的禮物貨幣價值遠低於禮物的成本。這篇文章看起來是以開玩笑的語氣撰寫,至少筆者看來是如此。但沃德福格爾後來寫了一本書,以更長的篇幅闡述這個論點。)[12]

就像牟斯解釋的那樣,禮物通常包含某種互惠的概念。但社群或親屬關係愈遠,就愈需要某種對等的交換。到最後是最疏離的純粹商業交易,在這種交換中,交換變成了雙方之間的匿名交易,彼此之間沒有任何關係,因為他們都不知道對方是誰。這樣的交換需要某種會計制度,記下貸方與借方。動物會互相梳理毛髮,但亞當 · 斯密接著說:「沒有人看過一隻狗啣著一根骨頭,刻意去找另一隻狗公平地交換骨頭。」[13] 計算及記下精確帳目的能力,是現代商業生活的產物。這種能力使得相隔遙遠的交易雙方

也能夠牽起漫長的交易鏈。

　　但現代經濟中很少交易是匿名的。我們購買值得信賴的品牌，依賴朋友的推薦或網站上的評論；我們光顧的超市與醫生都試圖與我們建立關係。即使在現代資本主義最詭異的過度行為中，社交關係與互惠也很重要。在湯姆・沃夫（Tom Wolfe）描寫一九八〇年代紐約的經典小說《虛榮的篝火》（*The Bonfire of The Vanities*）中，有一章的標題為「人情銀行」。律師湯姆・基利安（Tom Killian）向他的客戶（反派的債券交易員）保證：「每個人都會幫別人的忙，一有機會就往人情銀行裡存款。」[14] 參與操縱「倫敦銀行同業拆款利率」（LIBOR）和其他倫敦證券市場的交易員之間則是有很多令人震驚的電郵通信，信中充斥著「我欠你一次人情」之類的言語。[15] 即使他們參與了詐欺，他們也是透過人類學家所謂的禮物交換的方式進行交流。看過電影《教父》（*Godfather*）的人都不會為此感到訝異。

　　在社會群體中，這種鬆散的互惠特別重要，因為極端不確定性使人無法根據頻率學派的機率分配來精算風險的公平價格。實務上，我們就是透過寬鬆的互惠機制（涉及親友、親近團體、其他互助機制）以及根據某種社會保險概念所建立的國家制度，來因應多數的風險。

獨特事件與多種解釋

我們說明了商學院學生、史學家、人類學家如何處理「究竟發生了什麼事？」這個問題。他們的描述不拘一格又多元。他們需要人類學家克利福德‧格爾茨（Clifford Geertz）引用英國哲學家吉伯特‧萊爾（Gilbert Ryle）的說法所提出的「深描法」（thick description）：需要對社會現象（包括經濟現象）進行多層次的解釋。門鈴響了，是因為電路通電使錘子去敲打金屬；是因為有人按了門鈴；是因為鄰居（一位人類學家）想邀我們去喝酒。這些都是有效的解釋要件。

對於請大家喝一杯的做法，經濟學理論與人類學理論是互補的，而不是互相抵觸的。禮物交換的研究顯然與酒吧裡朋友之間的社交互動性質有關。然而，如果這種做法的效率低下，存續下來的可能性就比較低。一八八四年，加拿大政府把舉辦「贈禮宴」訂為刑事犯罪，他們認為，部落因舉辦這種贈禮宴而經濟嚴重受創。大家公認的現代人類學之父法蘭茲‧鮑亞士（Franz Boas）對此提出強烈的抗議，他說，即使法律合情合理，贈禮宴在部落文化中已經根深柢固，導致禁令難以執行。[16] 政府和鮑亞士的說法都有道理。

沃德福格爾說聖誕節帶來無謂的損失，此說也不無道理。筆者收過不是真正想要的禮物（哪個大人沒收過？），只得默默地

為送禮者的花費感到遺憾。但我們不贊成把交換聖誕禮物訂為犯罪行為，甚至不建議「助推」大家放棄這種行為。從贈與者到受贈者的價值轉移，只是「究竟發生了什麼事？」的一小部分，需要更深刻的描述。

想理解經濟事件（例如二〇〇七－二〇〇八年的金融危機），就需要「深描法」。這些事件的任何描述，如果不包含人類學對當時證券交易活動的異常文化的看法，就無法闡明為什麼金融機構的行為會對其資產負債表與聲譽造成那麼大的損害。同樣重要的是，我們應該騰出空間來解釋：為什麼總體經濟發展會允許銀行貸款與交易的過度擴張。

無論是面對贈禮宴、聖誕節、家庭生活還是金融危機，正確的反應都是從評估「究竟發生了什麼事？」開始。這個診斷階段在不同領域採用的形式不同：民眾去看醫生是因為他們覺得自己生病了。工程師只提供特定專案的諮詢。史學家通常會研究歷史的一個時期或一個方面，他們攻讀博士學位時，指導教授的興趣通常決定了他們的職涯方向。人類學家也是在特定、獨特的田野調查中磨練專業技能。航太工程師擔負起專案責任，例如把人送上月球，或製造一架能載五百人到澳洲的飛機。

策略週末的參與者很容易受到胡扯瞎說所影響，因為他們不是真的相信公司有問題。這種移師外地的辯論不過是現代公司的必要慣例，就像勵志書的讀者一樣，那些與會者打算週一早上回

辦公室繼續工作。商業領袖常常告訴我們：「我們希望有人質疑我們的想法。」但是根據我們的經驗，這種說法幾乎都是假的。「需要」有人質疑，有時確實是如此；但「希望」有人質疑，卻很少見。

　　法律方面則略有不同。向律師諮詢的客戶可能沒有問題（儘管他們通常有問題），他們是遇到議題。在許多大學裡，法學院教學生要依循所謂的 IRAC 結構：議題（Issue）、法規（Rule）、分析（Analysis）、結論（Conclusion）。[17] 頂尖律師的卓越技能就是找出「議題」所在，並為許多捉摸不定的事實賦予結構，而且他們經常以一種有爭議的方式陳述——亦即確立「究竟發生了什麼事？」。診斷階段完成後，其餘的階段合理地進行。「法規」是指確立相關的法律原則；「分析」是看這套法律原則如何與本案的事實相連；「結論」是指委託人該做什麼，或法院的判決是什麼。律師應該以一種不帶偏見、不帶感情的方式做這件事情。

　　任何人尋找實用知識時，IRAC 都是實用的縮寫詞。在法律情境中，它自然促成有效實務推理的下兩個階段——溝通敘事，以及對目前占上風的敘事提出質疑。有些最重要、最有技巧的說故事者，是法庭上的辯護律師。

第 11 章
不確定性、機率與法律

> 「想像律師一樣思考最難之處在於，面對不確定性時，克服一心想要保持理性的欲望。」
>
> ——傑夫瑞・立普蕭[1]

幾千年來，法院一直得在極端不確定下作出判決。所羅門王對兩個妓女的案件裁判可能是最早的法律判決記錄。她們二人都宣稱自己是某個孩子的母親。現代，有些人主張律師需要學習機率數學與貝氏推理。這種觀點說得過去，但反過來的主張更有道理，也就是說，機率推理的信徒需要從法律實務中累積的智慧中好好學習。

克拉克與辛普森

　　莎莉・克拉克（Sally Clark）是位英國律師，一九九九年十一月，她因謀殺兩個兒子而受審。一九九六年九月，克拉克的第一個兒子出生幾週後猝死。一九九八年十二月，她第二個兒子也以同樣的方式猝死。檢察官引用了小兒科顧問羅伊・梅德教授（Roy Meadow）提供的統計證據，梅德解釋，在克拉克這種社會背景的家庭中，嬰兒猝死症（SIDS）的發生頻率約為八千五百分之一，因此兩個孩子猝死的機率是 1 / (8500×8500)，約為七千三百萬分之一。梅德一再提出以下警語：「一個嬰兒猝死是悲劇，兩個猝死令人起疑，三個猝死就是謀殺了。」[2]

　　檢察官引用了梅德的證言，並宣稱在同一個家庭中發生兩次嬰兒猝死的機率非常低，一百年大概只會出現一件。由於相關醫學證據既複雜又相互矛盾，如果這麼驚人又簡單的統計數據沒有幫陪審團作出有罪判決，那實在令人吃驚。於是，克拉克被判終身監禁，她的名譽也遭到英國媒體澈澈底底摧毀。二〇〇三年，她上訴成功後獲釋——儘管獲釋的原因主要是基於程序問題，而不是因為審判中濫用統計數據。不過，皇家統計學會對這類審判濫用統計資料的情況正式表達關切。[3] 遺憾的是，克拉克因受盡折磨，罹患了嚴重的精神疾病，並於二〇〇七年死於酒精中毒。

　　有鑑於克拉克這個案子與其他類似案子的結果，二〇〇五年

英國醫學總會以「嚴重專業失德」為由，摘除了梅德教授的醫師資格（不過，二〇〇六年法院又恢復了他的醫生資格。法院判定他對統計數據的誤解及曲解並未構成嚴重的專業失德）。[4] 下面我們將回頭來看此案的關鍵，記者傑佛瑞‧萬塞爾（Geoffrey Wansell）把此案描述成「英國現代法律史上最大的司法誤判之一」。[5]

美式足球傳奇人物辛普森（O.J. Simpson）沒有向調查其妻謀殺案的警方自首，迫使警方展開追捕行動（CNN還現場直播了那場追逐過程）。後來電視轉播的審判過程及他無罪獲釋的結局，可能是現代史上最多人關注的刑事訴訟。審判中最令人難忘的時刻，是檢察官請辛普森戴上犯罪現場發現那隻沾有血跡的手套。辛普森的辯護律師強尼‧科克倫（Johnnie Cochran）插話說：「如果手套不合手，就應該宣判無罪！」那隻手套並不合手。

但該案的關鍵似乎在於DNA證據。儘管當時DNA的法醫應用仍處於初步階段，但法院得知，隨機抽取兩人的DNA發現兩者相符的機率約為五百萬分之一。檢方引用這個數字來證明，在犯罪現場發現了辛普森的DNA，這無疑證明他有罪。辯方指出，洛杉磯地區有三千萬人口，因此光是洛杉磯就有六人可能與這起謀殺案有牽連。陪審團該如何評估那種說法？

法律推理

　　機率推理在十七世紀發展時，許多採用這種新方法的數學先驅與哲學先驅打從心底認為，機率推理可以、也應該應用在法律上。事實上，法律問題（例如合約的詮釋、證人證詞的可信度、合議審判制度的設計）正是新機率論的主要應用。[6]尼古拉・白努利是聖彼得堡悖論的提出者，第7章曾提過他的堂弟丹尼爾針對那個悖論所提出的解法。尼古拉寫了一篇論文，談數學機率在法律上的應用。[7]三位法國著名的統計學家與機率學家孔多塞（Condorcet）、拉普拉斯、西莫恩－德尼・帕松（Simeon–Denis Poisson）投入了大量的精力提出一些理論，說明法律體系的運作該如何以明確的機率推理為基礎。[8]當時啟蒙運動的人物受到明顯不公事件的刺激（例如圖盧茲的新教商人尚・卡拉斯〔Jean Calas〕那個知名案件，他在一七六二年因謀殺兒子而受到審判、折磨、處決〔他基於宗教因素而試圖隱瞞兒子的自殺〕，在伏爾泰發起了一場活動後獲判無罪），他們相信機率可用來改革法國的法律體系。

　　孔多塞在尼古拉那份論文的法文版加注譯本中，說明如何為仲裁法庭的規模與有罪判決所需的多數決人數設定適當的數字目標，藉此盡可能降低司法錯誤的風險。他的標準是，一個無辜者被定罪的機率，不應高於一個從事日常工作的人發生意外死亡事

故的機率。孔多塞根據橫越英吉利海峽死亡之類的統計數據,估計那個機率是 1/144,768。假設每個法官做出正確判決的機率為〇‧九,孔多塞計算,仲裁法庭應該要由三十名法官組成,定罪需要二十三張「有罪」票。[9]

　　這些精心調整的建議對司法的實行幾乎沒有影響。在法國大革命期間,孔多塞是吉倫特派(Girondin)的重要人物,不但起草了他們的憲法草案,有段時間也擔任國民議會的祕書。他因批評掌權的山嶽黨(Montagnard)所起草的憲法草案而被控叛國罪。他明智地決定不要相信革命法庭而躲藏起來,但仍遭到逮捕。據傳他自殺是為了逃避死刑。儘管機率論者認為機率論應用在法律系統中頗有成效,但事實證明,他們的方法比乍看之下更有問題。

複合機率

　　孔多塞計算仲裁法庭的最佳規模時,是假設三十名法官在不諮詢同事、不參考他們的意見下,獨立作出判決。同樣,梅德教授以八千五百乘以八千五百得出七千三百萬分之一的複合機率,也是把兩個事件視為相互獨立的事件。孔多塞的計算充滿了想像,梅德的假設則不合情理。無論是什麼環境因素或遺傳因素造成嬰兒猝死症,同一家庭同一對父母的孩子都發生這種狀況是合

情合理的。在一九九〇年代末期的英格蘭與威爾斯，在已發生過嬰兒猝死的家庭中，嬰兒不幸遭遇同樣命運的可能性，是一般家庭嬰兒的十到二十倍。[10] 一個有能力殺死一個親生子的母親，也比一般人更有可能殺死另一個親生子。我們根本不知道這兩種持續性的影響因素的相對強度。然而，梅德的證言「兩個猝死令人起疑，三個猝死就是謀殺了」則是以「謀殺意圖比其他導致嬰兒死亡的因素更為持久」這個判斷為根據。但法庭上並沒有這方面的證據，而且這種證據不但很難找到，還很難解釋。儘管梅德在一些審判案中提出了證據（不僅針對克拉克，也針對其他失去孩子的母親），但是就嬰兒為什麼會毫無疾病或事故跡象就猝死，大家對此所知甚少。我們也沒有資料庫提供可靠的資訊讓大家查明真相。

在辛普森案的審判中，檢方與辯方的機率說法都有嚴重的誤導性。檢察官宣稱案發現場的 DNA 與辛普森的 DNA 相符，可見他有罪。辯方辯稱，光是洛杉磯地區就有六個人可能犯下罪行、並在案發現場留下 DNA，辛普森只是其一。這兩種計算都沒有考慮到辛普森是死者的丈夫這個關鍵事實。法醫證據必須和一個事實連結起來：多數遭到謀殺的婦女是被丈夫或伴侶謀殺的，尤其像本案這種有家暴史的情況。陪審團可能有考慮過：「謀殺妮可的人與妮可的先生有相同的 DNA、但不是她先生的機率有多大？」由於這種機率很小，辯方稱「現場血跡可能來自另一個攻

擊者、而不是辛普森」的說法無法構成合理的懷疑。[11]DNA 相符可以明確地否決辯方的一種論點，但是若沒有其他證據，也不能作為定罪的基礎。

辯方的其他論點讓人對警方處理法醫證據的方式產生懷疑。歐洲警方曾在四十幾個犯罪現場發現一個可疑國際連環殺手的 DNA，他們花了數年的時間追查，才確定那個 DNA 屬於某家棉花棒製造廠的雇員。[12]

檢察官的謬論

梅德教授、採用其證據的律師、以及允許他對陪審團提出證據的法官，皆在克拉克的審判中犯了許多錯誤。然而，這些錯誤中最根本的錯誤在法庭上經常出現，甚至還有「檢察官謬誤」（prosecutor's fallacy）這個說法。檢察官聲稱被告必定有罪，因為發生兩次意外猝死的機率非常低。然而，一個母親連續謀殺兩個兒子的機率很低也是真的。[13]忽視第二種說法、並主張第一種說法意味著被告無疑有罪，是統計推理上的錯誤。幸好，導致刑事訴訟的事件發生機率很低。

把敘事中每個元素的相關機率相乘，像機率數學要求的那樣，那麼敘事中某個事件順序發生的機率會穩定下降。你把一張紙弄皺，它會形成某種形狀，但那張紙變成那個形狀的機率極

低。[14] 聲稱你看到二十五個標準差的事件發生是很荒謬的，或至少根本不該提起。犯罪是罕見且獨特的事件。

在第 5 章我們看到，當我們知道某個不太可能且獨特的事件真的發生時，席佛並不了解「一個不太可能且獨特的事件發生的機率是多少？」。席佛是在世貿中心遭到攻擊的情境脈絡下寫了那篇文章。無獨有偶，維尼爾對全球金融危機的發生機率也同樣不了解。我們可以說，公平的硬幣剛剛拋一次是正面朝上、現在再拋一次正面也朝上的機率是二分之一，因為拋硬幣是定義明確且平穩的頻率分配主題。但多數事件不是從定義明確且平穩的機率分配中隨機出現的，所以席佛對機率的計算毫無意義。維尼爾的說法在高盛模型中可能是正確的，但是在複雜金融工具的世界裡，定義既不明確又不平穩，因此維尼爾的說法就不正確了。多數有爭議的法律程序議題也不能做出類似的機率聲明。

當一個法律案中的狹隘議題可以用「小世界的問題」來表達時，機率推理與貝氏定理很實用，甚至不可或缺（例如駁斥辛普森的說法：宣稱其他罪犯在犯罪現場留下的 DNA 與他的 DNA 恰巧符合）。然而，法庭上的機率使用常令人困惑，也令人混淆，有時甚至造成很糟的後果，例如套在克拉克案上的檢察官謬論。

即便如此，一些機率推理的信徒仍持續建議律師應該實際精心計算複合機率。在克拉克那個案子及其他法律案子發生機率濫用的情況後，英國皇家統計學會諮詢了經驗豐富的律師，並寫了

一系列報告，說明統計專業要如何運用在法庭上。[15] 但那些報告的作者直接假設個人機率與貝氏推理是處理廣泛不確定性的適切方法，他們等於是暗中把這個問題視為司法對相關數學的無知。

他們的分析是把法院判決的議題，視為判斷兩個周延且互斥主張的相對機率：一方面，檢察官或原告的說法是真的；另一方面，被告的說法也是真的。蒙提霍爾問題也有那種周延且互斥的架構。鑰匙在一個盒子裡或另一個盒子裡，參賽者不管有沒有貝氏定理的協助，都要評估相對機率。我們很難看出辛普森案中檢方與辯方的模糊說法如何以這種方式呈現。事實上，辛普森的辯護律師善用了自身的權利，沒有提出任何替代解釋，而是直接質疑檢方那個事件版本的可信度。在克拉克案中，議題則可能是以相對機率的方式提出的：由於克拉克兩個兒子都死於不明原因，她謀殺兩個兒子的機率（檢方說法）相對於兩個兒子都死於嬰兒猝死症的機率（辯方說法）是多少？[16] 另外，審判克拉克的法庭可能以條件機率的方式來陳述問題：「由於兩個孩子皆出生不久後死亡是不太可能發生的事實，克拉克謀殺他們的機率是多少？」但這些計算充滿了困難。嬰兒的死亡除了謀殺還有很多種解釋。「嬰兒猝死症」不是對死亡的一種解釋，而是承認找不到原因。我們根本沒有足夠的知識，也無法用機率術語來合理地進行這種討論。

貝氏定理能夠處理有明確解方的「小世界」問題（例如蒙提

霍爾問題），在整理案件某些層面（例如 DNA 證據的相關性）的思緒時可能也很實用，但對理解整個案件上沒什麼幫助。誠如探案小說《玫瑰的名字》（*The Name of the Rose*）中從修士的學徒變成偵探的阿德索（Adso）的發現：「當你運用邏輯、之後又拋開邏輯時，邏輯可能特別有用。」做法律判決時，一個主要敘事總是必要的。[17] 法院的任務永遠是在一個特殊案件中確定「究竟發生了什麼事？」，那是一個敘事，而不是一個統計問題。

機率推理 vs. 法律推理

法庭訴訟程序是我們在不完全了解的情況下，做出決定的最系統化流程——對過去有一些部分無知，對未來有更大的無知。這些程序所採用的推理風格與古典統計學的方法截然不同。

英國、美國和一些國家的法庭是在「普通法」的制度下運作的。這種司法體系在民事（當事人之間的私人糾紛）和刑事案件中有著不同的證明標準。民事案件是證明案件在「相對可能性的衡量」（注：原告提供的證據只要在可能性的比較上，勝過被告提出的反證，法庭就應該宣判原告獲勝）上有優勢（英國）或「證據優勢」（美國），通常會假定這些陳述本質上有相同的意義。然而，刑事案件的有罪判決，必須以「無合理懷疑」（beyond reasonable doubt）為前提。

對我們這種在大學裡學經濟學和統計學的人來說，這些詞句解釋得很明白。「相對可能性的衡量」是指這個論述比較有可能是真的，而不是假的。它是「真的」的機率必須超過五○％。但是，要證明一個論述「無合理懷疑」，必須要以很高的機率來確定其真實性，或許真實的機率高達九五％或是更高。然而，與律師的談話顯示情況並非真的如此。事實上，要是你問美國的法官若要滿足「證據優勢」的要求，機率應達到多少時，他們不僅會給出各種答案，而且多數的回答都高於五○％，有時甚至比五○％高出許多。美國陪審團成員的估計則差異更大。[18]

此外，在採用普通法的地區，法官作出判決或給予陪審團建議時，會堅決不告訴陪審團多少不確定性才算「合理懷疑」。[19]刑事證明的標準相當高，因為一般認為，懲罰無辜者所造成的不公，比釋放罪犯所造成的不公更大。所謂「更大」，那究竟是大多少呢？在聖經〈創世紀〉的第十八章中，亞伯拉罕問上帝，所多瑪（Sodom）裡要有多少義人，才能使這座城市倖免於難。亞伯拉罕後來把那個數目減到十，但似乎只有羅得（Lot）一家四口符合義人的標準，於是所多瑪被毀滅了。上帝必須在拒絕正確假設的「第一類」錯誤與接受錯誤假設的「第二類」錯誤之間做權衡，現代的統計學家也面臨同樣的問題。醫學檢測同樣也要區別流程的敏感性（避免假陰性）與特異性（出現假陽性），並想辦法加以測量——參見第4章吉仁澤對乳房X光檢查的批評。為

什麼律師也抗拒類似的量化？

　　許多經濟學家與統計學家喜歡的一種解釋是，律師對統計方法缺乏足夠的理解或知識。這說法有幾分道理，誠如克拉克與辛普森的案子所示，在統計證據扮演重要角色的案件中，法院往往很難以令人滿意的方式結案。在這些案子中，統計證據本身往往令人困惑，也令人混淆。法官沒有統計專業知識，我們當然更不可能指望陪審團具備統計專業知識。不過，那些譴責律師不懂數學的人並不知道機率論證在法律判決中只扮演有限角色的主因。

　　英國和美國的制度讓檢察官（或原告）及被告都有機會陳述自己的案件，但他們不是根據可能性的比例（亦即不同論點為真的相對機率）來決定結果。一九七七年牛津大學的哲學家喬納森・科恩（Jonathan Cohen）提出的「牛仔競技問題」，以及美國法律學者勞倫斯・特賴布（Laurence Tribe）所描述的類似問題「藍色巴士」都是在談這個議題。[20] 牛仔競技場上有一千個座位，共有四百九十九張票售出。但場外圍欄有個缺口，使得競技場內的座位全滿。於是牛仔競技比賽的主辦單位對那一千位進場觀眾逐一提告，每個案子都在「相對可能性的衡量」上贏得訴訟。

　　但沒有法院會做出那種判決，我們也覺得很少人會認為應該那樣做——儘管法律學者已經就這個問題爭論了四十年。[21] 誠如科恩所言：「長遠來看，真理的推進不見得等同於每個案子都伸張了正義。對競技場上乖乖買票入場的人來說，如果他必須輸掉

該案的訴訟，以維持整個系統的隨機成功機率，那也太吃虧了吧。所以，如果制度是為了個別公民的利益而存在，而不是反過來，那個立論就失敗了。」[22] 特賴布也提出了類似的觀點：「縱使每個陪審團都盡量減少犯錯，但容忍每一百名無辜者中可能有一人遭到誤判定罪，與指示陪審團以一％（甚至〇‧一％）的誤判率為目標，還是有很大的不同。」[23]

統計推理的限制

科恩與特賴布所指出的議題，不只套用在司法程序上很重要，還有更廣泛的意義。「統計歧視」（statistical discrimination）一詞指的是根據一個人所屬群體的整體特徵來判斷一個人。例如美國曾經普遍存在的「紅線制度」——對住某區的人收取較高的服務費（例如較高的利息），不管他們個別的信用記錄。這項制度被一九七七年通過的《社區再投資法》（*Community Reinvestment Act*）禁止。

任何統計歧視的應用，都會有個人遭到不公不義的對待。即使紅線區域的信貸違約率確實高於一般民眾，有些（也有可能很多）住在那裡的人還是值得信賴，且會如期償還債務。此外，「紅線制度」確實造成歧視黑人的效果，可能也有那樣的意圖。統計歧視實際上可能是間接執行政策的一種機制，因為公開制訂

那種政策違法或不被大家所接受。我們可能希望警方更有效地掃蕩犯罪，但我們並不希望他們透過「圍捕一般嫌犯」來做到這點。[24] 文明的司法體系把人當作個體看待，而不是把人視為統計分配中的數據。[25]

大數據的取得使我們更了解其相關性（但不見得是因果關係），但大數據也為統計歧視創造了新的機會，為資料的使用帶來新的危險。[26] 機器學習的發展也衍生出相關的問題——靠歷史資料訓練的電腦，將發展出反映過去選擇型態的演算法，那些型態可能不再適用或不可行了。[27] 即使明顯使用性別或種族等資訊已經遭到禁止，演算法可能還是會把性別或種族納入考量——根本沒有任何人刻意做這種歧視。

然而，要放棄統計歧視是不可能的。雇主得從數百份求職申請中挑選人才，大學需要從成千上萬名想要入學的申請者中挑選學生。他們根據過去與成功相關的標準來挑履歷。雇主看重相關的經驗，大學看重好成績。警察維持治安所使用的罪犯側寫、攔截、搜查等技巧會產生不良後果；但你也很難提出什麼理由，反對他們將資源集中在可能的犯罪地點。

筆者之一曾看過一則投訴（當然是在大學裡），那則投訴寫道：招聘合格的會計師是一種歧視。有會計師資格的人比沒有資格的人更可能具備會計職位的相關技能，這說法不難獲得認同，即使有些合格的會計師確實不太稱職，有些沒有會計師資格的人

也很懂會計。一般人比較願意去找合格的醫生諮詢，而不是隨機採訪一些人以評估他們的醫學知識。有人比我們更有資格進行專業知識與能力的測試，他們所做的先驗選擇讓我們受惠，儘管這回避了一個問題：負責執行這些測試的人是如何挑選出來的。歧視難以避免，問題在於如何防止不當的歧視。但究竟什麼是恰當、什麼是不當也一直有爭議，而且可能隨著時間推移而改變。

有會計師資格的人在性別、種族、年齡、其他特徵方面不能代表整個母體——事實證明這個論點更難處理。他們確實不具代表性，然而，從前在挑選成為合格會計師的培訓人選時，有一段不恰當的歧視歷史，如今已被大眾遺忘。但是，刪除那個對會計職位原本沒爭議的要求，可能會浪費招聘者及許多遭到淘汰的申請者的時間。當初寫那份招聘廣告的人壓根兒沒有把少數族裔排除在外的意圖。除了務實地根據每個申請個案的優點進行評估之外，幾乎沒有其他的替代辦法。統計資訊與機率推理通常與那些優點有關，但它們無法免除我們問「究竟發生了什麼事？」這個最重要的問題。第18章討論極端不確定性對保險的影響時，我們會再回過頭談這些議題。

在法庭上，法官的頭頂上沒有貝葉斯錶盤。審判的第一天，法官走進法庭時，如果他腦中已經有了先驗機率，他就是位糟糕的法官。而且，法院也明確要求陪審團要拋除心中任何的先驗機率。通常陪審團在聽取所有證據及當事人各自的陳述以前，不得

做出決定。這些要求都有令人信服的理由。對於那些用來決定判決的論述，法院希望能掌控那些論述的性質。在生活的其他領域，深思熟慮的決策者也應該這樣做。

而且，被告有罪的合理先驗機率很高，因為民眾通常不會無緣無故站在被告席上。但是依循司法應以個人、而非統計方式執行的原則，法律採用的是無罪推定。這跟人在聽取證據之前應分別給予「有罪」與「無罪」各五〇％的先驗比重是截然不同的。事實上，無罪推定不能轉化為任何有罪的數字機率，包括〇％。案子必須根據是非的標準來裁決。貝氏原則（更新有罪的先驗機率）與最初的無罪推定是不相容的，也和民事訴訟的要求（原告免除舉證責任）不相容。

最佳解釋

由於司法不是平均執行，而是個案執行，所以在缺乏敘事下，光有統計證據絕對不夠。多數遭到謀殺的婦女是死在伴侶的手下。那可能是警方調查伴侶下落的一個原因——我們懷疑許多人可能認為這種調查是統計歧視的不當應用。但無論頻率透露出多少機率，如果沒有敘事背景，那種統計資料無法構成定罪的基礎。我們需要一個故事，敘述是人類（法官、陪審團或從事日常生活事務的人）整理思緒及了解證據的方法。[28]

法律的推理方式本質上是溯因推理，需要尋找「最佳解釋」──攸關案子又有說服力的事件敘述。卓越法學家兼美國最高法院法官小奧利弗‧溫德爾‧霍姆斯（Oliver Wendell Holmes Jr）闡述其法學哲理時，開宗明義就提到：「法律的生命不是邏輯，而是經驗……法律體現一個國家歷經幾個世紀的發展故事，不能把它當成只包含公理與推論的數學書籍來看待。」[29] 尋求最佳解釋，得從要求檢察官或原告擔負起舉證責任開始，他們必須為相關事件提出說明，並證明其說明法庭認為可信，符合定罪或究責的法律要求。被告可能會提出不同的敘述，質疑檢方或原告敘述的真實性，或直接否認對方已盡舉證責任。[30] 因此，敘事推理是法律判決的核心。檢方或原告須說明相關事件，判決結果取決於該說明的品質。在民事訴訟中，原告的敘事必須優於任何其他敘事，才能在「相對可能性的衡量」上勝出。在刑事訴訟中，敘述必須夠令人信服，不能有明顯不同的事件描述──檢方的主張必須以「無合理懷疑」為前提。

　　一個「好的」解釋要符合「可信」與「連貫」這兩個標準。它必須與現有的（多數）證據，以及法官和陪審團可獲得的一般知識相符。他們知道，很少人會主動拿刀子刺穿自己的胸膛，或半夜闖進屋內把失物歸還給失主。（儘管法官要求陪審團只能根據證據作出裁決，運用那種對情境脈絡的「常識」是陪審團的理論依據及審判運作的核心。）一個好的解釋會展現出內部的一致

性，所以整體看來事件的描述是合理的。最佳解釋有別於其他解釋，而且與其他解釋是不相容的。統計推理有它的作用，但只有在融入整體敘事或最佳解釋時才有用。

極端不確定性是指，幾乎不可能知道一整套完整的可能解釋。如果「最佳解釋」難以呼應證據，就算它是現有的最佳解釋也不會成功，無論那是民事還是刑事案件。所以除了要求「相對可能性的衡量」或「證據優勢」之外，進一步的要求是最佳解釋明顯比其他解釋還要更好。而「無合理懷疑」的意思是，陪審團的腦中沒有其他似是而非的解釋。

只有在各種可能都是已知的情況下，才能採用消去法來推理。所以，福爾摩斯的格言「排除一切不可能後，剩下的即使再令人難以置信，那就是真相」不能作為法庭裁決的依據。[31] 因此，在現實世界的其他情況中，運用那句格言也不明智。福爾摩斯說出那句格言沒幾分鐘，卓越的醫生詹姆斯・桑德斯爵士（James Saunders）就指出，那些令人費解的事件是另一個合理的原因所造成的，那也是福爾摩斯不知道的一種疾病診斷。桑德斯爵士說：「難道不是我們知之甚少的微妙力量在發揮作用嗎？」[32] 桑德斯爵士很清楚極端不確定性的概念。

了解「最佳解釋」是法律推理的基礎，也解決了困擾「比較法」（comparative law）學者的問題。法國與德國的大陸法系不承認民事與刑事舉證責任的區別，但那個區別正是英美「普通法

系」的關鍵。從機率觀點來看，這種程序的明顯差異毫無意義：每個人都同意，判定謀殺犯有罪的證據標準，應該比解決合約爭議條款的證據標準更高。法國或德國是如此，英國或美國也是如此。普通法的司法體系把焦點放在對抗流程上，由雙方當事人提出對立的敘事，以質疑對方的敘事；法官扮演著比較被動的角色，聆聽雙方辯論，最後做出判決或請陪審團做出判決——所以卓越的英國法學家威廉‧布萊克斯通爵士（William Blackstone）曾道：「法庭是由十二個好人與真實所組成的」。[33] 英國與美國法律仍保留這種做法。大陸法系的國家賦予法官調查和審問的角色。法官認為調查和審問的合適深度，取決於問題的嚴重度而定。例如，在法國，只有最嚴重的刑事案件中才有陪審團。法庭徵求他們的意見時，他們會與三名專業的法官坐在一起。因此，在大陸法系的國家，「舉證責任」的意義在合約糾紛的案子與謀殺審判的案子中是完全不同的。

我們冒著過度簡化的風險，做出以下的摘要結論：在普通法系中，原告或檢察官提出解釋，然後由法院裁定那個解釋是否符合必要的標準；在大陸法系中，法官尋求建立最佳解釋。一如所料，這兩種流程的實際差異，並不像其制度暗示的那麼明顯。

美國著名國際律師安－瑪莉‧史勞特（Anne–Marie Slaughter）曾在歐巴馬政府內任職，她對普林斯頓大學的學生發表了一場精彩的演講，她在演講中指出：

像律師一樣思考，也表示你可以為任何問題的任一方提出主張。許多人抗拒這種教學，認為那樣做剝奪了你個人的原則與信念，把你變成受雇的槍手。正好相反，學習如何為一個問題的不同面向提出論述，是在學習雙方都有論點，以及學習如何彼此傾聽。這是包容的自由價值觀的核心，也是社會秩序的先決條件。在這樣的社會中，我們選擇進行語言爭論，而不是發生武力衝突。我們最大的希望是進行理性思考、不靠消除衝突來一起解決問題，而是有效地疏導衝突，在可能的情況下合作。」[34]

在那個理性思考的過程中，統計推理可以輔助、但永遠無法取代敘事推理。我們勾勒出敘事，用那些敘事來說服別人相信我們的觀點。極端不確定的世界不是由統計分配主宰的，而是由獨特的事件與個人控制的。正義需要一個尊重那種獨特性的法律推理流程。法庭是一個講述、評估、審判故事的地方，但肯定不是唯一的地方。

第 12 章
好故事／壞故事

> 「沒有人憑一個數字做決定，他們需要一個故事。」
>
> ——康納曼。[1]

　　我們描述二戰的迂迴曲折及電腦業那些創業者的起起落落時，我們不是以統計學家使用的機率術語來陳述，而是以史學家採用的敘述方式。機率推理是比較新的工具，只有幾百年的歷史；相較之下，敘事推理存在幾萬年了，如今仍與我們息息相關。文學中有真理，數學與科學之中也有真理。誠如路易士試圖解釋康納曼與特沃斯基的研究意涵所做的總結：「我們編造的故事根植於我們的記憶，有效地取代了機率判斷。」[2]

　　第 9 章中，我們提到舊石器時代的社會親近群體是如何拓展的。從人類開始出現合作行為以來，狩獵採集者就成群結隊以求

自保以及利用勞力分工。當人類開始溝通時，他們聚集在篝火周圍講故事——我們可以在兩萬年前的洞穴壁畫上看到敘事的開端，例如拉斯科（Lascaux）的洞窟壁畫。舊石器時代晚期的部落會深入闡述英雄傳說，並編造神話來解釋他們不懂的自然力量。人類學家波利・維斯納（Polly Wiessner）精心編纂了布希曼人（注：Bushmen，又稱桑人〔San〕，生活於非洲南部的狩獵採集族群）孔族（!Kung）的對話記錄，這些布希曼人是現代社群，一般認為他們的生活最接近舊石器時代的社會。白天，有三分之一的交流與經濟事務有關（他們爭吵的時間也差不多——典型的現代辦公室也是如此）。但是，「吃過晚飯、天黑後，白天比較剛烈的情緒轉趨溫和……大家把經濟事務和社會問題擱在一邊，對話的焦點明顯改變。這段時間，八一％的漫長對話是由許多人聚在一起講故事。這些故事大多是跟已知的人物以及有趣、刺激或可愛的行為有關。」[3]

說故事通常是人類解釋複雜情況的方式，這種說故事的方式遍布世界各地。布希曼人聚集在篝火旁，曼哈頓人與倫敦人爭搶音樂劇《漢密爾頓》（Hamilton）的門票。人類天生就擅長說故事。我們運用這些故事，透過類比來做決定；運用這些故事來測試論述以及了解過程與事實；運用故事以吸引他人合作，進而達成及落實好的決定。敘事有助於了解與說服。多數人比較喜歡具體的東西，而不是抽象的東西。筆者還在當菜鳥老師、或變成資

深一點的演講者時很快就發現，我們可以用精彩的故事來吸引聽眾，但是講一些統計數據或一個算式就足以讓聽眾開始神遊太虛。

怎樣的敘事才算是「好的」敘事？陳述的品質給我們最直接的印象。在布希曼人中，「男性與女性都會講故事，尤其那些已經熟悉這項技藝的長者更是能言善道。營地的領導者通常很擅長講故事，但不只有他們精於此道。一九七〇年代有兩位厲害的說書人都是盲人，但他們的幽默及伶俐嘴乖深受大家的喜愛⋯⋯那些聆聽故事的人不必支付直接成本就可以蒐集他人的經驗，同時獲得娛樂。」[4]在西方，我們之所以深受珍・奧斯汀（Jane Austen）的小說所吸引，以及欣賞皇家莎士比亞劇團（Royal Shakespeare Company）及《漢密爾頓》的演員，是因為那些創作與表現非常精彩。雄辯又浮誇的訴訟律師自古至今不勝枚舉，為辛普森案辯護的首席律師科克倫只是個近年的例子。不過，敘事的力量最終取決於它是否能幫我們了解一個既複雜又令人困惑的世界。科克倫也許對機率的了解不多，但他之所以能夠說服以黑人為主的陪審團，是因為他把辛普森這個案子放在「洛杉磯警局與黑人社群之間長久以來的敵意」這個更大的敘事裡。

表演強化了敘事，但即使表演看似是一切重點的所在，就像藝術作品那樣，敘事脈絡才是充分欣賞表演的關鍵。即使是校內演出，莎士比亞的《皆大歡喜》（As You Like It）也是一部卓越的

戲劇。可信度是指敘述與真實或想像的人類經驗一致。就這個意義上來說，可信度和真實是不同的。《傲慢與偏見》（*Pride and Prejudice*）雖不真實，卻可信。《鏡中奇緣》顯然不是在描述可能發生的事件，但它從卡洛爾的幻想與真實現象的關連中衍生出一定的可信度。「紅皇后必須跑得更快才能留在原地」是一種強大的經濟隱喻，而「無意詩」並非毫無意義，雖然我們給它取了一個貼切的標題。可信度與連貫性密切相關：一個故事的組成只要內在一致，那個故事就是連貫的。第五章結束時掛在懸崖邊的少女必須在第六章中獲救，之後在第七章再次出現。莎士比亞在第五幕中把鬆散的細節串連起來，讓我們在敘事的結尾獲得了滿足，因為我們知道「究竟發生了什麼事？」。可信度與連貫性是令人信服的解釋所具備的特徵。

敘事不單只是言語溝通的同義詞。與代數或其他的符號交流相比，言語溝通並不是一種比較不「科學」的方式。為了因應極端不確定性，我們試圖對「究竟發生了什麼事？」提出一個連貫又可信的答案。這種敘事的有效運用跟另一種「敘事」概念（敘事是資訊不靈通、有「偏誤」的行為者所藉助的方法，他們偏好講故事更勝於運算）是截然不同的。

很多人眼中的疑團，對一些人來說可能是可解決的問題，就像 NASA 的水星任務或《福爾摩斯冒險史》（*The Adventures of Sherlock Holmes*）裡的案子一樣。在經典犯罪小說中，解開謎題

所需的一切線索都嵌入小說內文裡了，但只有大偵探能分辨虛實、破解謎題。犯罪小說就像填字遊戲，是編譯器設計出來的人工結構。讀者知道作者會在書的結尾給出解方——除非像湯尼·漢考克（Tony Hancock）在 BBC 廣播系列中發現的那樣，你讀到結尾時，發現最後一頁被撕掉了。[5] 但我們面臨的許多問題（無論是日常生活中個人遇到的問題，還是身為民眾在公共政策中集體遇到的問題）都無法在最後一章得到解方。最後一頁還沒寫出來，我們可能永遠也到不了那一頁。

對敘事的強烈需求

我們無法以主觀機率來掌握敘事的複雜性，《鏡中奇緣》充分說明了這點，而這點也同樣適用在現實世界。例如，下列人物面對的是同樣獨特、但更重要的問題（而不是遇到虛構的生物）：羅斯福沒料到珍珠港事件的發生，史達林被德軍入侵打得措手不及，儘管他們二人都有事先得到攻擊迫在眉睫的具體情報。他們預測失敗反映的不是對機率的誤判，而是對未來可能發生的情況缺乏想像力。正如克耳文勛爵無法想像飛機的存在，達文西雖曾構想過載人的飛行，但克耳文勛爵是位務實的科學家，不知道該如何實現那種想法。科幻小說是通往未來、展開想像之旅的入口，沒有人能理智地為這些想像事件估算機率。它們顯現出如何

運用敘事來質疑現有的世界觀。

我們對敘事有強烈的需求，因此許多人覺得自己很需要一種涵蓋一切的主要敘事——某種統一的說明主題或相關主題的集合（還可以廣泛套用在許多領域裡）。這些宏大的敘事可能會讓他們相信複雜性是可以控制的，這世上有描述「世界真實樣貌」的故事存在。任何新體驗或新資訊都可以用那個主要敘事來詮釋。

即便在科學的尖端，理論物理學界就「弦理論」（string theory）已經殫精竭力、冥思苦索了二十年，就是為了找到一個放之四海而皆準的統一理論。[6] 物理學可能為「（物理）世界的真實樣貌」提供全面的描述——這個想法雖有爭議，但並不荒謬。然而，如果把這種說法套用在人類的行為上，顯然很荒謬。

儘管如此，虛假的敘事可能有助於社交。跟科學出現以前的許多族群一樣，喀拉哈里沙漠的布希曼人相信雷電是天神發怒的表現。但這種信念頂多只是對天神不贊同的行為有抑制作用而已。幾乎所有被研究過的「科學前」文明，都是以迷信及延伸的敘事來「解釋」無法理解的自然現象。死後轉世重生的信仰，就像必須安撫神靈以免天氣惡劣一樣，大體上對人類的行為是有利的影響，並為臨終者及其親友提供安慰。但是，若把死後過美好生活的敘事過度渲染成「聖戰的自殺式炸彈客上天堂時將有處女迎接」，則可能造成巨大的破壞。

在多數的社會中，宗教一直是主要敘事的來源，對許多人而

言至今仍是如此。如今，宗教主要是一種良性的力量，為信徒提供道德準則與方向感。在宗教信仰衰頹的地區與社群中，宗教信仰的熱潮退去後所留下的空間先是被馬克思主義填滿了，最近則是被市場基本教義主義與環保主義填滿了。十九世紀英國小說家喬治‧艾略特（George Eliot）對其筆下人物愛德華‧卡索朋（Edward Casaubon）的敘事做了令人難忘的嘲諷。卡索朋浮誇自大又愛賣弄學問，他想像自己已經找到了所有神話的關鍵。[7]

個人生活往往以個人敘事為中心──亦即「我們採用的隱喻」。[8]「敘事典範」（narrative paradigm）一詞是美國溝通學者沃爾特‧費雪（Walter Fisher）提出的，在他探索敘事作用的開創性研究中，核心作品是亞瑟‧米勒（Arthur Miller）的《推銷員之死》（*Death of a Salesman*）和史考特‧費茲傑羅（F. Scott Fitzgerald）的《大亨小傳》（*The Great Gatsby*）。這兩部作品皆為二十世紀美國文學最偉大的傑作，故事都是在描述主角為自己建構的虛假敘事崩解的過程。[9]戲劇與小說都顯現出敘事崩解後的淒涼。石黑一雄（Kazuo Ishiguro）的小說《長日將盡》（*The Remains of the Day*）也精彩地刻劃了這個主題。

不是為了預測未來

美國的政治學家泰特洛克蒐集所謂的「專家預測」長達二十

幾年之久，除了蒐集，他還評斷了這些預測的精準度，大多與地緣政治事件有關。這種評估必須符合以下條件：向預測者提出的問題必須具體，且要綁定時間，否則預測者很容易為自己的預測失準找一些似是而非的藉口。預測失準的大師聲稱他們的預言在本質上是正確的，儘管我們看起來可能不是那麼一回事。又或者，大師可能會說，他們的論點獲得證實的日子還沒到。這正是泰特洛克把問題設定成二元、可量化的原因。例如，「聯合國難民署公開的敘利亞難民註冊人數，截至二〇一四年四月一日是否會少於兩千六百萬人？」[10] 我們在第 2 章提過，這種「明確核實」的要求，把許多我們渴望得到答案的問題都排除在外。泰特洛克認為，透過回答許多像這樣的小問題（而且通常很無趣），我們可以對真正關心的問題形成一個觀點。但重大問題的答案（例如美國該如何因應敘利亞內戰的地緣政治後果），則不單只是把小問題的答案加總起來而已。

泰特洛克對歷史預測準確性的評估，讓我們有機會洞悉可靠與不可靠的預測者各有哪些特徵。泰特洛克從他最初的研究中發現，他那個樣本中的預測者表現不太好，比黑猩猩扔飛鏢好不了多少[11]——應該很少讀者對此感到訝異。也許最令人驚訝的是，他發現區分好壞的主要因素是預測者的知名度。預測者愈有名，被媒體報導的次數就愈多，政治人物與商業領袖愈常請教他，民眾就愈不應該相信那個人的預測。

泰特洛克舉「刺蝟」與「狐狸」的區別為例來說明這個現象。這個區別最初是希臘詩人阿爾基羅庫斯（Archilochus）提出的，由托爾斯泰延伸拓展，最後因以賽亞・柏林（Isaiah Berlin）而廣為流傳。刺蝟知道一件大事，狐狸知道許多小事。刺蝟認同某個主要的敘事，狐狸對於任何主要敘事的力量都抱持著懷疑的態度。刺蝟懷著強烈的成見去面對多數的不確定性，狐狸先蒐集證據，再針對「究竟發生了什麼事？」形成一個觀點。兩位筆者都曾和電台及電視節目的研究人員打過交道：如果你發表一個明確、而且最好非常極端的觀點，他們就會派車來接你去上節目；如果你說那個議題很複雜，他們就會跟你說「謝謝，之後再打電話來請教您」，但他們很少再打來了。大家喜歡聽明確的觀點，這可以理解，但真相是，很多問題還是免不了要說「一方面………，但另一方面……」

　　刺蝟與狐狸對世界都有好處。邱吉爾與賈伯斯屬於刺蝟，但如果你想獲得準確的預測，最好還是找狐狸。泰特洛克目前投入的良好判斷專案就是為了訓練狐狸，他的目的不僅是打造擅長預測的團隊，也讓團隊隨著經驗的累積變得更好。

　　法國人皮耶爾・瓦克（Pierre Wack）曾是名記者，他學過東方神祕主義，是非典型的石油公司高階主管。一九六〇年代，他在殼牌（Shell）組織了一個團隊，為公司未來的營運環境構思了多種不同可能的情境。一九七三年初，他向管理高層提報了一種

情境：中東的石油生產者組成卡特爾（注：cartel，多家公司為控制價格和限制競爭聯合組成的同業聯盟）壟斷市場。那年十月，以色列與鄰國爆發贖罪日戰爭（Yom Kippur war）。阿拉伯國家認為美國與其他西方國家支持以色列，因此對那些國家實施石油禁運。結果，石油價格暴漲，甚至在翌年禁運鬆綁後，依然持續攀升。

大家把殼牌預測到「石油衝擊」歸功給瓦克與他的團隊。從此以後，情境規劃一直是殼牌策略思考的核心，其他公司也紛紛跟進做了類似的演練。殼牌的情境分析廣泛地運用量化資料，把重點放在內部的一致性上，但本質上是敘事。實用的敘事可能是花俏的散文，而不是文學傑作——可能是洗衣機的操作說明書，而不是《傲慢與偏見》——但瓦克不尋常的背景讓大家注意到他的思維。

情境是開始接受不確定未來的實用方法，但把機率歸因於特定情境是錯的。兩位筆者都曾有這樣的經驗，我們在描述幾種不同可能未來的經濟情境後，被問到：「所以你覺得會發生哪種情境呢？」然而，提問者並未準備好聽到正確答案：「我認為這些情境都不太可能以我描述的方式展開。」情境規劃是把你對未來的想法加以整理，而不是預測未來。

我們通常預期創業者要有一份商業計劃，裡面列出預期的成本與收入（通常是五年）。如果你想從銀行或「金主」獲得融

資，他們會堅持要求那份詳列預期成本與收入的檔案。商用試算表會引導你填寫那些數字。會計與商業顧問也很樂於提供協助。

商業計劃是以預測的方式呈現，但實際上並不是預測。我們很少看到一份商業計劃的結果跟試算表的數字有一丁點的相似。它的目的並不是預測，而是提供一個全面的架構，以便列出任何事業都必須處理的議題：確定市場、因應競爭、招募人員、場地與設備。儘管商業計劃大多是數字——許多人把試算表描述成模型——但最好是把它想成敘事。準備商業計劃可以迫使創業者把願景轉化為文字與數字，以便講述一個連貫可信的故事。做不出連貫可靠商業計劃的創業新手不值得支持，通常也得不到支持。

文本之外，別無他物 [12]

敘事不見得要真實才有洞見。「犬不夜吠」（注：取自福爾摩斯的故事〈銀斑駒〉，狗不吠叫是因為看到熟人。）這個比喻廣為人知，尤其在科學領域已成老生常談。

> 葛列格里探長：「還有什麼事情是我需要注意的嗎？」
> 福爾摩斯：「夜裡那隻狗的離奇事件。」
> 葛列格里：「那隻狗在夜裡什麼也沒做。」
> 福爾摩斯：「就是這樣才奇怪。」[13]

柯南‧道爾提出一個發人深省的現象，但那個現象與狗或偵探都無關。珍‧奧斯汀為小說中人物的生活做了簡要的描述，讓數百萬從未讀過社會史學術報告的人了解當時的狀況。《傲慢與偏見》的描述很貼近當時的民情，但造訪英國的遊客若是問道：「我能參觀一下班納特夫婦住過的房子嗎？」那就是錯把小說當現實的受害者。

在倫敦貝克街 221 號 B（注：福爾摩斯寓所及偵探事務所地址，作品連載時尚不存在，現為福爾摩斯紀念館）外排隊參觀福爾摩斯房間的遊客，並不是誤會他們可以在那裡看到大偵探的遺跡，而是想參與有趣的幻想。澳洲哲學家馬克‧科萊文（Mark Colyvan）問道：「福爾摩斯在古吉街（Goodge Street）上剛好走過七次的機率是多少？」[14]福爾摩斯是虛構的人物，所以他走在古吉街上的頻率並沒有相關的事實可以查證。我們對福爾摩斯的了解只來自柯南‧道爾所寫的福爾摩斯故事，儘管後來有一些作家講述了福爾摩斯其他的虛構活動，導致情況變得更加複雜。

在英國文學的學者中，近一個世紀以前，萊諾‧奈特（Lionel Knight）在知名文章〈馬克白夫人有幾個孩子？〉中嘲諷那些把小說誤認為「世界的真實樣貌」而衍生的問題。[15]莎士比亞的戲劇讓我們洞悉了野心的本質與極限，但那不是在描述蘇格蘭的歷史（而是對蘇格蘭歷史的嘲諷），更不是在描述馬克白家族的家務事。

我們讀小說、看莎士比亞的戲劇或聽寓言時，可以用多種互補的方式來了解「究竟發生了什麼事？」。有人問罹患自閉症的神童傑達迪亞‧布克斯頓（Jedediah Buxton）對《理查三世》（*Richard III*）的看法時，他正確地回答：「那齣戲共有一萬兩千四百四十五個單字。」[16] 有些讀者可能會在文字中尋找寓言（那些寓言可能表達了文字以外更廣泛的觀點）、忖度那些文字如何融入他們所知的整個文學網中，並思考那個故事帶給他們的感受。再更深入一點，他們可能會檢視那部作品的背景脈絡，例如作者的生平、當時的歷史條件、其他人從那部作品中獲得的想法。詮釋總是因人而異，視背景脈絡而定。

愛爾蘭文學評論家丹尼斯‧唐納修（Denis Donoghue）解釋了個中道理：「理論……帶有一種臆測的成分……我們用一個理論來說明一件事，達到目的以後，就不用了。」[17] 法蘭茲‧卡夫卡（Franz Kafka）的《審判》（The Trial）是二十世紀最有影響力的小說之一。書中講述約瑟夫‧K（Josef K.）無緣無故被捕，難以抵抗、也難以理解自己為何遭到定罪的經歷。那個故事是在評論奧匈帝國不透明的官僚體制嗎？是卡夫卡在表達生活艱難及生活恐懼嗎？或者，那只是一部黑暗荒誕的悲喜劇？小說可以做上述一切解讀，每次閱讀都提供我們欣賞文本的新方式，但每種新方式並未告訴我們「真實」是什麼。加布列‧賈西亞‧馬奎斯（Gabriel Garcia Marquez）說，閱讀卡夫卡的《變形記》（The

Metamorphosis）改變了他對寫作的看法：「我心想，我不知道任何人都可以寫那種東西。早知道的話，我早就開始寫了。」[18] 衡量一個虛構敘事的品質不在於它是不是真的，而在於它是否有啟發性。就像其他的藝術作品一樣，解讀因欣賞者不同而異，不只和編纂者有關。我們評價《馬克白》（Macbeth）時，首先看的是語言與編劇技巧；接著，經過深思，看的是我們對野心的成因與後果所產生的看法。我們知道，不管政治小說中描述的是什麼事件（例如喬治・歐威爾的《1984》或艾茵・蘭德的《阿特拉斯聳聳肩》〔Atlas Shrugged〕），作品的品質首先取決於敘事是否優雅，之後才論書中隱含論點的效力與說服力。

敘事與情感

人不是電腦。我們利用判斷、本能、情感來做決定。當我們向自己或他人解釋我們的決定時，通常是採用敘事的形式。誠如社會學家兼精神分析學家大衛・塔克特（David Tuckett）所言，做決定需要「我們充分相信行動的預期結果」。[19] 敘事是形成信念的機制。敘事強化我們的身分感，使我們能夠重新做出過去的決定及想像未來面對的決定。情感與人類認知不是各自獨立的流程。塔克特在發展其「信念敘事理論」的概念時指出，決策者必須管理「敘事模擬期間喚起的情緒」，以便對提議的決策產生充

分的信念。[20] 塔克特是聽了金融市場的參與者詳細描述他們實務上如何做決策以後，才形成上述論點的。那些金融市場的參與者很少談到貝氏定理。

成功的事業建立在敘事基礎上。比爾·蓋茲與賈伯斯推翻了奧爾森的疑慮（「沒有人會想在家裡安裝電腦」），為個人電腦發展出全新的敘事。後來的敘事把電腦從手機推向雲端計算及口袋裡，賈伯斯成功接納了這套敘事，但蓋茲的繼任者史蒂夫·鮑默（Steve Ballmer）否定了這套敘事。創立沃爾瑪連鎖超市的山姆·沃頓（Sam Walton）回憶道：「我一直專心致志打造最好的零售公司，自己發大財從來不是我鎖定的目標。」[21]

波音執行長比爾·艾倫（Bill Allen）為人謙遜（他是被迫接任的），深知敘事有鼓舞人心的力量。[22] 他選擇「把生活完全融入航空世界」，因此讓波音成為民航界的全球龍頭。當波音著手打造全球最大的商用客機 747 時，一位非執行董事要求進行財務預測，有人告訴他已經有做過一些研究了，但負責的經理不記得結果。[23] 艾倫之後，由菲爾·康迪特（Phil Condit）接任波音的執行長，他強調「價值導向的環境」，結果使得空中巴士有機會變成強大的競爭對手，而且他也沒有為股東創造價值。[24] 在艾倫的領導下，波音公司也推出了 737 客機，為航空史上最暢銷的飛機。五十年後，為了與更現代的空中巴士 A320 競爭，波音公司決定不設計新飛機，而是為老化的暢銷機種安裝省油的引擎。事後證

明，這種修改比預期的更難，調整也相當複雜。而且，二〇一八年與二〇一九年兩架 737 Max 客機的墜毀事件，詭異地令人聯想到一九五四年的彗星飛機墜毀事件——那也是決定改造早期設計以適應新環境所衍生的意外後果。「未知的未知」（unk-unk）在航空界無可避免，對系統的理解不見得跟得上系統的複雜性。

我們在一九九九年的網路狂潮中看過新創企業的「商業計劃」，如今又在矽谷現身。那些商業計劃描述那些事業的目的是從投資者募資，而不是從顧客獲得營收。那些商業計劃很少延伸到後來的融資週期，而那些事業大多無法長久存活。有說服力的敘事可以發揮很大的影響力。年輕、迷人又充滿領袖魅力的伊莉莎白・霍姆斯（Elizabeth Holmes）曾獲得七・五億美元的資金，並透過她創立的 Theranos 公司一度成為身價數十億美元的富翁。該公司宣稱其產品可以從一滴血檢測出許多疾病。Theranos 透過藥房提供服務，市值最高曾達九十億美元。但這種技術並不存在。二〇一八年，霍姆斯以一筆巨額罰款與美國證管會（SEC）提起的證券詐欺指控達成和解並達成協議，不再擔任上市公司的董事或高管；Theranos 結束營運。[25] 霍姆斯仍因謊稱該公司測試的有效性而面臨刑事起訴。長達十年的時間，董事會、投資者、監管機構都沒有質疑她的敘事，直到《華爾街日報》的調查記者鍥而不捨的追查，才揭穿了這場騙局。成功的敘事經得起一再的質疑；不成功的敘事則會遭到取代——只是有時發生得

不夠快。

敘事與金融市場

現代的金融界充滿了雜訊。湯姆・沃夫（Tom Wolfe）把交易廳裡的咆哮聲描述成「年輕白人男性搶錢的聲音」。[26] 放眼望去都是不停閃爍的螢幕，宣告著新資料的到來。螢幕底部的跑馬燈顯示著最新消息。交易員頭頂上的電視螢幕裡，有人不斷地提出主張與反駁，例如「利率將在第三季上調。」、「利率到年底都不會變。」

現代金融的主要特色在於對立的敘事之間會持續相互影響。在投資銀行裡，經濟學家的角色是提供故事，讓業務員拿去跟客戶分享，或是在請客戶用餐時，把那些故事當成談資。在金融領域中，過度使用敘事的最糟糕情況（但並不罕見），是交易員在「邪惡博士」（Dr. Evil）、「黑武士」（Darth Vader）之類的陰謀中散播虛假的敘事，目的是擾亂債券與電力市場中的真實交易以從中為自己圖利。敘事無論是真是假，在金融市場中都扮演著核心的作用。美國經濟學家羅伯・席勒（Robert Shiller）最近就有提到敘事在金融市場中的重要性與感染力；根據廣泛的採訪內容，塔克特也認為交易員的行為是一種「信念敘事」（conviction narrative）。[27]

金融與商業中的敘事可能是真的，也可能是假的；可能有害，有可能是良性的，但很少是無害的。人類誤信打雷是超自然現象、太陽系繞著地球運轉，這些誤解並未影響股價，對其他經濟現象也沒什麼影響。但金融市場中有類似邪惡宗師的人物，為了自身的目的傳播虛假敘事。席勒舉了許多瑣碎或作假的敘事為例，但這些敘述依然廣受關注。那些虛假敘事可能會流傳好一段時間。沙連鎮（注：Salem，麻州城鎮，以一六九二年的女巫審判案聞名，因此被稱為女巫鎮）沒有女巫，一九二〇年代的美國經濟衰退不是投機商造成的，一九五〇年代撲天蓋地的共產陰謀並未威脅到美國的民主。但有些人認為二〇〇一年世貿雙子星大樓遭到攻擊是美國政府精心策劃的。這種情況不該讓我們忽視更重要的事實：敘事具有感染力最常見的原因在於，它們與證據及經驗相符。理性的人現在認為地球繞著太陽運轉；愛滋病是由透過污染的血液由病毒傳播的；種族隔離不僅不公平、也是以虛假的科學為基礎，雖然許多理性的人以前不是這樣想。這些問題的主流觀點已經變了（就像古希臘修辭學家所使用的「機率」意義），因為現在有一個觀念市場。在那個市場上，正確的新觀念會驅趕錯誤的舊觀念，只是速度不見得夠快。知識本身就是一個演化流程的主體。

在一個世界中，如果我們很難列出所有可能的結果及其機率，敘事是我們推理的必備要件。但敘事不光只是我們為自己提

供「最佳解釋」的方法，它在我們相互溝通及達成集體決策方面也扮演了關鍵要角。敘事會隨著時間的推移而改變與發展，需要不斷受到質疑。在接下來的章節中，我們將討論我們創造及呈現敘事的流程，以及敘事演進、受到質疑、改變的方式。

第13章
用數字說故事

「今天的科學家已經以數學取代了實驗,他們在一個接著一個的算式中徘徊,最終建立了一個與現實無關的結構。」

——特斯拉,〈無線電將澈底改變世界〉

　　機率讓我們對人類本來就概略知道的事物有了更多的了解。最早出現的死亡率表格(例如葛蘭特彙編的那個)就是彙整許多死亡年齡案例而成的,從這個表格可以算出任何年齡的死亡機率,以及活到任何年齡的機率。令人驚訝的是,能描述許多不同觀察現象的數學式很少。如果你懂一點分配概念,也知道那類分配的公式,你就可以運用那些資訊來計算整個分配。第4章介紹的棣美弗鐘形「常態」分配之所以這樣命名,就是因為大家常常碰到。[1]起先常態分配被應用在物理學上,例如天文學。但在十九

世紀，比利時的阿道夫‧德‧凱特勒（Adolphe de Quetelet）證明，許多社會現象也呈常態分配。[2] 說這項發現為社會學開啟了計量方法的應用大門一點也不誇張，在這之前，計量方法一直是自然科學的基礎。

一九七七年至一九八七年間出生的美國男性中，有一半的人身高超過一七六‧五公分。一七六‧五公分也是那十年間出生的美國男性的平均身高。美國男性的身高就是呈常態分配。股價每日波動百分比的分配也近似常態分配（但是對風險管理來說還不夠好，因為常態分配不適合用來描述極端或「尾端」的金融結果）。二十世紀發展量子力學時，常態分配在理解基本粒子的位置及動態方面扮演了要角。

我們怎麼知道美國男性的平均身高是一七六‧五公分呢？我們其實不知道。沒有人或機構量過所有美國人的身高，想要那樣做也不切實際。十九世紀末與二十世紀初發展出來的古典統計方法讓我們可以從樣本的性質推斷出母體的性質。美國健康營養調查（NHANES）每年約為五千名美國人提供全面的身體檢查，而美國人口普查局就是從 NHANES 估算出美國人口的身高分配與許多其他特徵的。

幾乎所有接觸過統計學的人都會感到訝異——普查局使用這麼小的樣本估計，竟然還對估算這麼有信心。在任一年裡，僅有六萬分之一的美國人參加 NHANES，所以不只「任何人都有機會

參與 NHANES」是不太可能的，連要「認識參與過 NHANES 的人」都不太可能。然而，由於被選中的人是從母體隨機抽樣的（這不僅很難做到，也很難證明是否做到），計算平均身高的誤差可以忽略不計。

這種統計分析不僅可以估計平均身高，也可以估計平均身高的誤差分配。[3] 美國男性的身高是許多因素綜合起來的結果，像是父母的身高、懷孕期長短、早期營養等等。機率的中央極限定理（Central Limit Theorem）指出，如果一個變數是大量隨機且相互獨立的因素的總和，那個變數的最終分配會是常態分配。那個「相互獨立的因素加總起來」的假設，充分描述了確定身高的流程，因此美國人的身高分配趨近於常態。[4]

僅二○％的美國男性身高超過一八二・九公分，另二○％的美國男性身高不到一七○公分。美國男性身高的平均值是一七六・五公分，標準差（衡量變異性）是七公分。這兩個參數闡明了所有與該母體有關的身高分配資訊。[5] 在分配製表的協助下，你可以估計高於或低於某個身高的人口比例。三分之二的男性落在平均值的一個標準差內——這是常態分配的性質。對美國人口普查局的抽樣調查來說，身高高於一九三公分或低於一六○公分的男性人數太少了，無法給出可靠的母體比例估計。這些極端例子代表常態分配的尾端。如果你看到一個三五○公分的人（你不會看到），那就是看到了二十五個標準差的事件，就像維尼爾看到

的金融價格波動一樣罕見。

常態分配是十九世紀發展出來的統計分配中最常見的一種。俄羅斯統計學家拉迪斯勞斯．波爾特凱維茲（Ladislaus Bortkiewicz）曾分析一八七五年至一八九四年這二十年間普魯士軍隊十四個兵團中被馬踢死的人數分配。誠如他的預期，整體死亡人數的分配幾乎和帕松分配（Poisson distribution，另一種不同的公式，以法國數學家帕松為名）相符。一個兵團中，平均每年有〇・七人被馬踢死，兩年中只有一年沒有死亡。根據波爾特凱維茲對兵團大小的了解，那個分析讓他能夠預測每個兵團每年的死亡人數。[6] 對許多學生來說（包括兩位筆者在內），這種分析對社會學來說有如一種脫胎換骨的啟示：似乎連最平凡無奇的人類事務也可以用科學方法處理；希臘眾神不再變幻莫測、捉摸不定。

統計分配是演繹推理與歸納推理交互作用的產物。演繹法是描述那個觀察變數（例如美國男性的身高、普魯士軍官的死亡人數）的流程。歸納法是檢查那些資料，並針對資料是如何產生的做出假設。假設可以預測分配，並藉由觀察來驗證，或從觀察得到。無論是哪一種方法，分析的適用性取決於根本模型的持續有效性。

一九一八年後，波爾特凱維茲所使用的那個模式就不再適用了。戰敗的普魯士軍隊消失了，即使有後繼者（德意志聯邦共和國的軍隊），那支軍隊也不再依靠騎兵，所以軍官不太可能被馬

踢死。或許那些強調一切看天意的人終究是有道理的。與模型和自然現象的相關性相比，模型與人類事務的相關性更偶然、更短暫。物理學家依靠的是平穩性——物理定律已維持好幾個世紀不變了——而經濟與社會現象並不是那麼平穩。二十世紀的兩次大戰在各種層面上改變了社會，普魯士騎兵團的消失只是其一，而且也不是最要緊的。世界經濟的澈底改變就是經濟學家所謂的轉換或結構性變遷（structural break）。

冪次律

英語中最常見的單字是 the。在本書的英文版中，the 出現了九千七百四十二次，約占全書總單字的七％。第二常用的英語單字是 of，第三則的是 and。至於 gadzooks（該死〔古語〕）、valetudinarian（過分擔心健康的人）、antidisestablishmentarianism（反政教分離運動）等字，雖然都被拼字檢查系統接受了，但在本書或我們兩人寫的任何書籍或文章中都沒有出現過。

在電腦出現以前，美國語言學家喬治‧齊夫（George Zipf）就研究過單字出現的頻率，並提出所謂的「齊夫定律」（Zipf's law）。[7] 我們若把單字出現的頻率畫在對數尺度上，結果多多少少會呈一直線，也就是說「一個字的熱門度」與「熱門度相似的單字數」之間有穩定的關係存在。排名第 n 常用單字的出現頻

率，是排名第一常用單詞的出現頻率的 1/n 倍。而且，字數不局限於微軟詞典收錄的字數，甚至也不限於《牛津英語詞典》收錄的字數。很多單字很少用（例如 kaama），而且每天都有新的字被發明出來。

這種分配稱為冪次律（power law），是另一種廣泛應用的數學式，它與古典統計的分配有明顯不同的特色。在常態分配中，平均數、中位數、眾數（最常看到的數字）是相同的。如果是對數常態分配（longnormal distribution），這些「集中趨勢」量數（measure of central tendency）會略有不同，但多數觀察值依然集中在中心周圍。然而，冪次分配（power law distributions）的性質有明顯的不同，尤其是極端結果的出現會更加頻繁。有些冪次分配的平均值是無法計算的。[8]如果身高的分配和單字使用的頻率相似，多數人會是矮子（多數單字幾乎都用不到），但有少數人有幾百公分高（有如人類版的 the 和 of）。

冪次律的應用很廣，不只出現在單字的使用頻率上。澳洲的唐・布萊德曼（Don Bradman）是板球史上最偉大的打者。我們能用冪次率估計還要再出現多少位板球打者，才會看到下一位跟布萊德曼一樣優秀的人物；或推論有多少打者的球技跟筆者一樣糟；甚至我們可以推測，與其他運動的出色選手相比，布萊德曼有多麼優異（好的驚人）。

常態分配可以應用在許多情況（例如打者的身高），但無法

應用在他們的打擊能力上──如果可以套用的話，就永遠不會出現像布萊德曼那樣優秀的球員，也不會有數百萬名天真的板球員被厲害的對手投出的第一個球淘汰出局了。常態分配也無法描述地震──如果可以套用的話，就不會有一九六〇年發生在智利瓦爾迪維亞（Valdivia）的地震了（那是現代記錄器測量到的最大地震）。地震的發生符合冪次律──每天都有許多小地震發生，小到人類察覺不到。小行星撞地球也是如此──猶加敦半島的隕石坑是我們已知最大的小行星撞出來的，但地球常被太空飛來的物體撞擊。一九八七年十月十九日，美國主要的股票指數在單日內大跌約二〇％，可說是金融版的瓦爾迪維亞大地震。極端事件在冪次律中很常見，在常態分配中卻相當罕見。

一九六〇年代初期，波蘭裔兼法裔的美國籍數學家本華‧曼德博（Benoit Mandelbrot）率先把冪次律應用在經濟學上。他證實冪次律可用來描述棉花價格的波動。[9] 冪次律有「尺度不變性」（scale invariance）的特質。如果你用高倍顯微鏡觀察一片雪花，雪花每個小部分的形狀看起來都像肉眼看到的形狀，創造出這種美麗結構的特質稱為碎形幾何（fractal geometry）。每分鐘證券價格波動的圖，看起來都很像每天證券價格波動的圖。冪次律比常態分配或對數常態分配更適合捕捉市場波動的極端，且對掌控風險及理解長期的報酬型態很重要。冪次律甚至可能跟理解字母 K 的使用頻率有關。

幂次律的應用範圍廣泛，其根本的數學亦充滿美學魅力，但經濟學家與統計學家對這類分析的關注遠遠少於日常統計的傳統分配（例如常態分配）。[10] 我們把太多的智慧資本投資在多數情況下已經足夠、但萬一發生金融危機及其他極端結果就會失靈的假設上。獲取及操作大量資料的能力不斷增強，可能會刺激大家把碎形數學及幂次律同時應用在常態結果與極端結果的描述上。

但是，儘管幂次律很適合套用在地震的頻率與強度上，但它幾乎沒有告訴大家真正想知道的事情——地震將會在何時何地發生？地震會有多嚴重？要回答這些問題，必須具備地下地質學的科學與化學知識，還要有能力觀察地殼下的動靜，這已經超出了目前相關科學所涵蓋的範圍。科技業、商業、金融業的震盪更是如此。如果不理解引發那些現象的流程，觀察就沒有什麼價值。如果沒有理論導向的觀察，對那些流程的了解也同樣有限。

為什麼民調無效

機率數學已被證實是個描述許多經濟與社會現象的強大工具。像 NHANES 那種對一小群人做的健康與營養調查就提供了我們寶貴的資訊，讓我們知道三億美國人的特徵。我們知道那些資料的品質很好，因為每年的結果變化不大，且變化的性質很合理，例如平均身高隨著時間經過而增加，但增幅不大。而且那些

資料與其他來源的資訊是一致的。

美國人口普查局努力確保 NHANES 的受訪者是隨機抽樣的美國人。但所謂的「美國人」究竟是什麼意思？是公民嗎？居民嗎？某天身在美國的人嗎？我們沒有一套完整的紀錄來記下上述的任一種定義。由於收到體檢邀請的任何人都沒有回覆的義務，即使受邀體檢的人是隨機抽樣的，人口普查局也無法預期接受體檢的人充分代表美國全體。NHANES 的結果似乎證明了其程序正確無誤，但是從樣本得到的總體估計值好不好，取決於建構那些樣本的方法。從大量個體組成的母體中隨機抽樣經常被用在許多其他目的上，其中民調預測選舉結果是最近有爭議的例子。

剛開始做民調時，大家並不是很了解抽樣有多困難。《文學文摘》（*Literary Digest*）對一九三六年美國總統大選的預測是民調史上最大的失敗之一。該預測以他們對兩百三十萬名選民所做的投票意向調查為基礎，他們預期共和黨的候選人阿爾夫・蘭登（Alf Landon）會獲得壓倒性的勝利。結果確實是場壓倒性的勝利——但贏家是爭取連任的羅斯福，他除了緬因州與佛蒙特州以外，橫掃其他所有州。《文學文摘》利用他們的訂戶清單、電話用戶、汽車車主記錄等，發送問卷給約一千萬人，但是這些群體對美國人口來說不具代表性，尤其在經濟大蕭條之後更是如此。羅斯福是一個評價兩極的人。回應《文學文摘》問卷的共有兩百三十萬人，其中因羅斯福的新政而感到憤怒的人，比支持新政的

人（通常是比較貧困的家庭）多出許多。

那次離譜的預測害慘了《文學文摘》，沒多久該雜誌便停刊了。但同一時間，那次總統大選也為當時鮮為人知的喬治・蓋洛普（George Gallup）建立了聲譽。他運用「配額抽樣」（quota sampling）的方法準確地預測了結果。於是，在幾十年內，蓋洛普這個名字幾乎成了政治民調的代名詞。配額抽樣會設法盡量使受訪者的特徵與全體美國人民的已知特徵相符。從民調已經聯繫到的人所做的答覆開始著手，配額抽樣會運用一種模型，從那些收到的答覆中去估計「如果答覆的人是從母體中隨機選擇的人，他們會給出什麼答覆」。現代的民調專家常常遇到回覆率很低的情況，他們也知道所取的樣本就任何意義上來說都不是隨機的，所以現在他們利用複雜的模型來調整未達隨機的樣本。但是這給民調專家及那些想使用民調結果的人帶來了維尼爾問題：「模型得出的機率」與「模型本身正確無誤的機率」必須結合起來。我們可以說「民調專家經驗豐富」或「這種模式以前很有效」之類的話，就像二〇一六年以前我們對席佛計算飛機意外撞上世貿的機率的看法那樣。但這些都是判斷，而不是對機率的陳述。因此，要證明統計上的信賴區間與民調結果有關聯是非常困難的。

而且問題不止於此。民調單位應該要把受訪者對於「投票意向」的回應轉化為對投票行為的預測。有些人回答在某些問題時比回答其他問題時來得誠實。綜合的銷售統計資料顯示，受訪者

透露的牛奶消費量比酒類消費量來得可靠多了。[11] 此外，也應把普選的預測比例轉換成預期的選舉人團結果。至於公投（比如二〇一六年六月英國的脫歐公投，重要的是雙方的票數），選票可以直接轉換成結果（雖然許多民調機構對選票的估計是錯的）。但是，當總統是由選舉人團選出，或當政府的組成取決於個別選區的結果時，就得做額外的模型分析。在二〇一六年的兩大選舉中（美國總統大選與英國脫歐公投），民調機構未能預測到結果，是因為他們的模型無法把原始資料轉化為準確的預測——這就是一種維尼爾問題的展現。[12]

二〇一五年的英國大選中，保守黨（Conservative Party）出乎意料贏得了絕對多數的選票。之後，英國脫歐的公投又再次出現跌破眼鏡的結果。於是，許多英國的民調機構進一步調整了模型，特別是承認他們的民調程序低估了保守黨的實力。結果，在二〇一七年大選期間，不同的民調機構做出異常廣泛的預測。最後，只有兩家公司—— YouGov 和 Survation ——的預測接近選舉結果。YouGov 正確地做出了以下的判斷：調整模型雖然可以改善二〇一五年的民調績效，但二〇一七年的情境與議題已與昔不同，學生與其他年輕或受世界各國影響較深的選民出乎意料地傾巢而出，投票反對梅伊（Theresa May）領導的保守黨，所以需要截然不同的模型。反之，Survation 調整了二〇一五年原始模型的幅度，調整幅度雖不像其他競爭對手那麼多，預測的結果卻比

其他民調機構更接近最終結果。[13] 顯然，任何預測都依賴某種根本的模型，預測的有效性及可信度取決於該模型的經驗相關性。一個問題即便看起來是個純粹統計上的問題（許多民調專家這麼想），極端不確定性及其隱含的不平穩性也會干預預測，使得預測看起來與統計無關。

虛假故事與偽造的統計數字

二〇一五年三月，英國小報《每日快報》（*Daily Express*）刊登了一篇報導，標題為〈巧克力加速減肥，研究宣稱可降低膽固醇及助眠〉。[14] 類似的報導也出現在其他媒體上，那些報導都以一篇發表在《國際醫學檔案》（International Archives of Medicine）上的文章為根據。該雜誌以同行評審的開放式讀取期刊自居，這類雜誌是電子出版時代的產物，有些值得信賴，有些則沒那麼可信。那篇報告以某個看似研究的東西為基礎，研究者的確證實了，與沒吃巧克力的參試者相比，吃低卡餐搭配巧克力的參試者減輕了體重。該報告除了提到該減重效果「具統計顯著性」外，也看到膽固醇與睡眠出現正面的影響，但這些方面的效益並未達到經典頻率統計學家所認定的顯著性。

那項研究確實精確地提報了研究結果，但這其實是一場德國科學家與記者編造的騙局，目的是揭露一些聲稱有評審卻標準低

落的科學期刊，以及報紙與其記者與編輯容易受騙的真相。[15] 他們容易受騙上當一事，證明了科學與經濟學中普遍濫用機率推理的情形。這項「研究」中所謂的「具統計顯著性」，是指研究中觀察到的減重現象純屬偶然的機率不到五％。但前面提過，任何有關機率的聲明都源自一個模型，那個模型描述觀察的資料是如何生成的，聲明的真實性視模型的有效性而定。所以，這裡的模型是什麼呢？

這個實驗是所謂「隨機對照試驗」（randomised controlled trial，RCT）執行不當的例子。一般認為，隨機對照試驗是判斷新藥的安全性和效用的研究「準則」。如今隨機對照試驗在經濟研究中也日益流行了起來。[16] 試驗目標是選出兩組人，他們只有一個方面不同——在本例中是他們吃的巧克力量。要確保兩組人在其他方面全都一樣很難，雖然臨床研究者會想盡辦法達到這個結果——例如，他們堅持採用「雙盲」測試，病人與醫生都不知道誰服用了藥物、誰服用了安慰劑。

即使是在設計最好的隨機對照試驗中，實驗組與對照組之間還是有許多無可避免的差異存在。研究人員注意到，吃巧克力的參試者睡得比較好，或許是因為他們吃了較多巧克力，但也有可能不是，也許他們只是平均而言比較放鬆的個體。這個實驗的隱含假設是，除了巧克力的攝取之外，兩個研究小組在所有相關方面都是相同的，這裡的「相關」是指任何可能影響減重的東西。

如果那個假設為真，在二十次測試中只會看到一次差異。但是，我們很難想像這個假設是真的，或一個人如何知道那個假設是不是真的。

在許多也許不是那麼正式的測試中，參試者吃了很多巧克力卻沒有減重，而那些實驗並未登上《每日快報》。研究人員通常只會提報正面的結果，因為負面的結果沒什麼趣味——不只巧克力「研究」如此，更嚴肅的科學研究也是如此。就像報紙不會報導安全街道與無事故的道路一樣，學術期刊也不收證明吃巧克力不會變瘦的論文，因此化學家凸顯出他們研究的化合物有正面效用是可以理解的。藥廠也有強大的動機去宣傳產品的效用，同時隱藏失敗。

巧克力的「研究」提醒了我們，即使藥物完全沒效、且研究確實是隨機的，平均每二十次試驗還是會出現一次「具統計顯著性」的結果。除非所有的測試都提報結果，否則宣稱「具統計顯著性」其實沒什麼意義。而且，沒有人會提報所有的測試，因為那些看起來沒什麼前景的研究，根本沒有人會浪費時間與金錢去追根究柢。

面對這種批評，一些藥廠同意他們不會只發表臨床試驗的正面結果，也會更廣泛地發表負面結果。這種開放性有助於緩和問題，但無法消除問題。十五年前，同時在史丹佛大學醫學系與統計系擔任講座教授的約翰‧伊奧尼迪斯（John Ioannidis）發表了

一篇論文，標題是〈為什麼多數發表的研究結果是錯的〉，該文已成為引用最多的科學論文之一。[17] 他直言，學術期刊上多數論文的主張都證實無法在隨後的研究中複製。

雖然伊奧尼迪斯的研究主要涉及醫學與相關主題，他的批評在金融與經濟領域的類似研究間同樣適用。經濟學家經常從大量的資料集中得出結論。一項大型研究能夠再現的已發表結果不到一半，即使是在原始研究的作者幫助下，使用那些作者採用的相同資料也一樣。[18] 另一項規模較小的研究是探索經濟學的實驗結果，最後發現約六〇％的結果可以再現。[19] 但實驗經濟學是在實驗室條件下所進行的經濟研究，問參試者的是類似「字母 K 多常出現在一篇文章中？」的問題。如果在一個不同的實驗中研究同樣的「偏誤」，成功再現結果的比例肯定會低很多。如今使用專利資料集的情況愈來愈多，結果難以再現的問題可能會惡化。

攝取巧克力以及相關「研究」顯然毫無價值，但這個惡搞研究只是以極端的形式來展現更嚴肅的科學研究中普遍存在的問題。另一份發表在主流心理學雜誌的研究顯示，賓州大學的大學生在聽披頭四樂團的歌曲《When I'm 64》時感覺自己變得更年輕。[20] 當然，該研究的作者一點也不相信這種效應真的存在，但他們依循了在那本知名期刊上發表研究結果的標準程序。基本思路是（這在經濟學與心理學中都很常見）：先確定你想解釋的變數，然後列出可能影響那個「因變數」（或譯「被解釋變數」，

dependent variable）的因素。年齡是因變數，「解釋變數」（explanatory variable）是可能與學生年齡有關的因素（例如學生父親的年齡），以及其他與學生年齡無關的因素（例如學生是否剛剛聽過披頭四的那首歌）。接著，他們對不同解釋變數對因變數（學生年齡）的貢獻做統計測試。他們確定了音樂的相關係數是具體的，而且以標準統計測試來看是有意義的——接觸那首歌使年齡減少了一年多。

如果研究人員使用的模型有效——亦即年齡真的是一些因素組成的線性函數，而且那些因素正是研究人員明確列出來的那幾項，包括一個人最近聽過的音樂——那麼作者就可以正確地推論，聽那首歌的減齡效果的最佳估計值是一年。但該研究的作者自己也很清楚，那個模型很荒謬。統計機率的主張，頂多只會和推導出那些機率的模型一樣好而已。那些模型就像攝取巧克力及《When I'm 64》實驗所用的模型一樣，說明得不清不楚，或根本沒有詳細說明。在其他的情況下（例如高盛的風險模型），那些模型沒有經過實證，而是從一系列假設中推導出來的，且那些假設就像不確定下的選擇公理，但沒那麼精確。

一個世紀前，古典統計學的創始者為類似機會賽局的小世界問題，開發出推理方法。他們希望其中一些方法可以用來改善日常生活中的決策。這種對機率推理的應用範圍所抱持的樂觀抱負尚未完全破滅。在一類有限的問題中，平穩流程衍生可觀查的頻

率分配。在那種情況下，統計方法很強大，但這些成果導致許多人不當應用一些看似相似的技巧。

第 14 章
透過模型講故事

> 「所有的模型都是錯的，但有些模型很有用。」
>
> ——統計學家喬治・博克斯[1]

一九五〇年，普林斯頓大學數學系系主任阿爾伯特・塔克（Albert Tucker）應邀與一群社會學家開研討會。塔克與蘭德公司（Rand Corporation）的梅爾文・德雷舍（Melvin Drescher）及梅里爾・弗勒德（Merrill Flood）一起研究了賽局理論的基礎。塔克知道，聽眾並不想看到黑板上寫滿算式，因此他編造了一個「囚徒困境」的故事。故事中有兩個關在不同牢房的重刑犯，[2]唯有相信彼此不會洩密，他們二人才有希望避免長期監禁。如果沒有那樣的互信，最好的策略就是坦白，以期獲得更輕的判決。如今，好幾百萬人已經忘記、或從來就不知道德雷舍、弗勒德、塔

克這幾個名字，卻仍記得那個狡猾警長的故事。這個故事隨後的理論化，使得囚徒困境成為最有洞見及成果的經濟模型之一。

建立這種模型的目的，是把一個疑團變成一個謎題，也就是找到一個更簡單的問題，而那個問題有明確的解方，且仍與實質問題有足夠的相似性，所以能夠讓人產生洞見，啟發最好的行動策略。在薩維奇之後，我們把這些模型稱為「小世界」模型。打從一開始，實用的經濟理論通常都屬於這個類型。亞當・斯密在《國富論》的開頭便是藉由描述別針工廠的運作來闡述勞力分工的概念——沒有證據顯示他描述的是一家真正的別針工廠。十九世紀初期，大衛・李嘉圖（David Ricardo）提出了一套以比較優勢為基礎的國際貿易模型，該模型至今仍是經濟學的核心觀點之一。

在川普當上總統的兩百五十年前，亞當・斯密曾駁斥把外貿視為零和遊戲的重商主義觀點（也就是說，一個國家以犧牲較弱或愚蠢的夥伴為代價來獲得利益），他認為貿易對雙方都有利。[3]李嘉圖把亞當・斯密的論點發揚光大，他證明一個國家就算生產任何東西都比另一個國家更有效率，還是可以跟效率較差的國家貿易，並從中獲益，反之亦然。[4]他以那個時代的風格，用數字化的故事來說明他的論點。

李嘉圖假設，如果葡萄牙用八十人的勞力就可以生產某個數量的葡萄酒，用九十人的勞力就可以生產某個數量的布匹；在氣

候較潮濕、日照較少的英國，同樣數量的葡萄酒需要一百二十人的勞力，同樣數量的布匹需要一百人的勞力生產。在這個例子中，儘管英國在生產葡萄酒與布匹兩方面都不如葡萄牙，但如果葡萄牙專門製造葡萄酒、英國專事生產布料，則兩國都能透過貿易受惠。

乍看之下，主張與效率較差的國家貿易有利，似乎有悖常理。同樣的，主張效率較好的國家可能願意跟你貿易也很怪。但李嘉圖的模型顯示，只要個人之間或國家之間的能力有差異，貿易就能帶來顯著的好處。一個國家在生產不同商品與服務方面的絕對優勢，不如它的比較優勢來得重要——比較優勢指的是該國在哪個產業的生產力比較高。這個模型無法幫我們預測貿易額，但確實可以幫我們了解，在沒有人為的障礙下，為什麼處於不同經濟發展階段的國家可以透過貿易蓬勃發展，以及未經引導的直覺如何造成誤導。

就算沒有受過正式經濟學訓練的人也知道，價格是由供給與需求的交互作用決定的。如果商品一直賣不掉，降價應該可以刺激需求、出清存貨，但某些市場似乎不是這樣運作的。其中一個原因是賣家可能比買家更了解銷售商品的品質，買家也意識到這點。一九七〇年，喬治・阿克洛夫（George Akerlof）指出，這種「資訊不對稱」使人很難找到成交價格。[5] 中古車的潛在買家不知道某輛車的品質好壞，他可能願意為一輛品質中等的中古車支

付某個價格，但只有品質低於平均水準的中古車賣家（所謂的「瑕疵車」）願意接受那樣的出價。[6] 潛在買家意識到這點，因此降低了出價，導致車子品質較好的賣家退出市場，只有品質較差的汽車在市場上出售，這個流程稱為「逆向選擇」（adverse selection）。這個流程繼續發展下去，市場可能會澈底崩解。買方與賣方之間的資訊差異，意味著任何價格都無法帶來供需平衡。

逆向選擇在許多市場中都可能出現。健康保險的成立有賴風險共攤（pooling risk），但健康的人不想加保，不健康的人急於投保。實務上，只有強制加保，醫療保險才能發揮良好的效用。就像許多好概念一樣，逆向選擇的問題解釋起來似乎再簡單不過了，但事實證明，這個概念對於理解多種市場很有幫助，也可以藉此解釋為什麼有些市場運作不良。

李嘉圖、塔克、阿克洛夫所提出的模型都建立在容易理解的描述上，那些故事闡明了基本的經濟概念。他們的模型可以用算式、數值範例或有趣的故事來呈現，而且應用在經濟學上特別有成效。雖然這些模型無法為經濟問題提供全面或計量的答案，但它們從小世界中舉出類似的例子來說明（謎題有確定的答案），幫我們建構論點，好讓我們更了解疑團的本質。

李嘉圖、塔克、阿克洛夫利用一些簡單易懂的故事（例如英國與葡萄牙之間的布料與葡萄酒貿易；囚犯的困境；矛盾的中古

車市場），改變了大家對市場運作的看法。

真假難辨

就一般意義來說，以上的故事都不是真的。事實上，十九世紀初期，英國紡織生產的效率遠高於葡萄牙。面對囚徒困境的警長無疑多次違反了兩名罪犯的憲法權利。筆者曾在演講中對一般觀眾提到阿克洛夫的模型，卻引來零售汽車聯合會（英國中古車經銷商的產業協會）一名代表的憤怒回應，他聲稱我的說法對該協會誠實的會員構成了誹謗。但塔克描述的不是美國的刑事司法體系，阿克洛夫也不是在聲稱零售汽車聯合會的會員有誠信問題。沒有任何資料顯示紡織廠的生產成本否定了李嘉圖的相對優勢理論。

效率市場假說是經濟學中最有爭議的模型之一。那個假說的爭議極大，以至於開發該模型的尤金・法馬（Eugene Fama）與致力駁斥該模型的羅伯・席勒（Robert Shiller）二〇一三年共同獲得了諾貝爾獎。那個假說的基本見解是，可獲得的公開資訊已經納入證券價格中了。兩個得獎理論看似矛盾（很難相信自然科學領域也出現類似的獎項），但他們的得獎理由是：無論相信那個假說是真的，還是主張那個假說是假的，都是錯誤的。公開資訊大多已經融入證券價格了，但公開資訊不見得總是或完全融入

價格，所以投資人還是有可能設計出成功的投資策略。效率市場假說的支持者與批評者似乎都犯了一個錯誤，他們都以為那個模型在描述「世界的真實樣貌」。效率市場假說是一個模型的原型，它具有啟發性，但它不是「真實」的，就像精彩的舞台劇，比如《馬克白》。

小世界模型是一種虛構的敘事，它的真實在於微言大義，而不是具體細節。在經濟模型中，「有代表性的行為者」、「消費者」、「公司」不是真實的人或企業，而是一個人為的構想，每個細節都是作者的巧思，就像福爾摩斯的故事一樣。那個行為者可能抱持的任何期望都是對模型的假設，而不是世界的屬性，就像福爾摩斯的冒險故事是柯南‧道爾發明的，而不是對現實世界的描述。經濟學從簡單的模型開始，這些模型以敘事的形式表達，有時包含一些假設的數字，就像李嘉圖對比較優勢的描述一樣。經濟史家約翰‧克拉潘（John Clapham）這麼批評《國富論》的作者：「很遺憾，亞當‧斯密沒有從柯科迪（Kirkcaldy）到幾英里外的卡隆工廠（Carron works）去看他們製作大炮，而是去他講的那座無聊的別針工廠，那種別針工廠不過是具老舊意義的工廠罷了。」[7] 卡隆工廠是英國工業革命中最早出現的大工廠之一，其實從科克迪過去那裡只需要一天的路程。與亞當‧斯密同時代的蘇格蘭詩人羅伯特‧伯恩斯（Robert Burns）確實去參觀了那家工廠，並寫道：「我們來這裡參觀工廠，希望能學點東

西，但其實是希望在看過工廠後，如果死後下地獄，就比較不會感到吃驚。」[8]

或許克拉潘講得有道理。不分古今，經濟學家都應該多出去看看他們抽象描繪的東西。但克拉潘所言也沒什麼道理，亞當．斯密不是在寫別針的製造，就像阿克洛夫不是在寫零售汽車聯合會的會員、塔客也不是在寫美國刑事司法系統的運作一樣：他們是利用那些模型來說明更廣泛應用的原則。

後來，經濟學透過許多這種小世界的模型做了進一步的發展。在亞當．斯密提出《國富論》二十年後，托馬斯．馬爾薩斯（Thomas Malthus）提出一個後來廣為人知的人口與成長模型，我們將在第 20 章進一步討論。除了比較優勢原理之外，李嘉圖還開發出一個「經濟租」（economic rent）的模型：供應商收到的金額，超過確保能供應自身所需的金額（在體育界與金融業，許多人肯定會為了比當前收入還低的報酬在那裡工作）。

如今，像亞當．斯密與李嘉圖那樣以舉例計算的方式來講故事已經不流行了，現在需要更正式的數學運算式，而且有時候那些數學運算可能很複雜。一九五〇年代早期，美國人肯尼斯．艾羅（Kenneth Arrow）與法國人傑拉德．德布魯（Gerard Debreu）用不動點定理（fixed point theorems，取自拓樸學的最新進步）證明，在一定的假設下，競爭市場經濟中確實有平衡存在，而且是有效率的。[9] 儘管他們使用的數學很複雜，但結論並不複雜；他們

清楚地闡述了分散式經濟體在怎樣的條件下可以達到供需平衡，並進一步提到在何種條件下，那種平衡可能是有效率的。對許多人而言，艾羅與德布魯為亞當‧斯密所謂的「看不見的手」提供了正式的數學根基。[10]

不是只有瑕疵品

阿克洛夫的研究可能冒犯了零售汽車聯合會，但他之後又提出了許多以資訊不對稱為特徵的市場模型，有些模型很實用，有些則否。麥克‧史賓賽（Michael Spence）曾解釋複雜商品的價格不是由供需決定，而是用來象徵產品特徵的資訊。[11] 約瑟夫‧史迪格里茲（Joseph Stiglitz）則強調效率市場假說的內在矛盾：如果所有資訊都已經「融入價格中」，那為什麼有人還要花錢買資訊？[12]

這些模型模擬的是小世界，可以引導我們去了解更大世界的關鍵特色。筆者之一曾試圖處理未到期的房產租約，我一開始是根據經濟學的供需理論，堅持降價轉租。當降價依然無法轉租時，我換了另一個模型。或許，價格不只是讓供需平衡的機制，也是一種訊號。而當價格恢復到原來的水準後，我用一個小小的誘因就說服了一位有興趣的買家從我手中承接了租約。

李嘉圖運用自身的智慧天賦獲得了實際的成果。他的直覺告

訴他，掌握金融市場中的資訊不對稱很重要，於是他在債券投機中發了大財；據傳他引領一群交易員迅速拋售債券引發市場恐慌，接著又以低價買回債券，並在恐慌平息後再賣出。[13] 二〇〇四年八月，花旗銀行的交易員採用類似的策略（名為「邪惡博士」），結果導致英國金融監理局（Financial Services Authority）對花旗處以巨額罰款，花旗執行長怒斥那些交易員「愚蠢無知」。[14]

拍賣有好幾種做法，最常見的方式是公開出價競標，價格持續上漲，直到只剩一個潛在買家，eBay 就是採用這種方法的變體。第二種是密封式投標（sealed bid auction），通常用於公共合約的競標。在這種標案中，競標者把出價放在信封裡提交出去。等到指定的某天，招標單位才把所有競標者的信封打開，出價最低的競標者得標。另一種密封式投標是讓出價最低者得標，但價格以第二低標為準。這表示競標者可以披露他們的真實估值，不用擔心出價可能會影響得標後支付的價格。第四種拍賣方式是「荷蘭式拍賣」（Dutch auction），這是阿姆斯特丹機場附近阿爾斯梅爾（Aalsmeer）的市場所採用的方式。這裡的市場是全球最大的建築之一，買賣來自世界各地的鮮花。有個大型儀表板顯示著一個逐漸下降的價格，直到有人願意買才停止下降。（如果你身處阿姆斯特丹也夠早起的話，你會驚訝地發現，那個大型儀表板有多迅速在處理大量的鮮花）。一九九六年諾貝爾獎得主威

廉・魏克禮（William Vickrey）證明，在合理的假設下，平均而言，以上四種拍賣方法會產生相同的結果。[15] 如果你認為這個道理顯而易見，你可以自問，為什麼一個賣家接受第二高的出價和接受最高的出價賺的錢一樣多（答案反映了不同拍賣方式促成不同的出價模式）。

　　魏克禮的方法基本上是演繹法。但是，當美國政府開始拍賣近海石油開採區，而不是以行政方式來分配時，一群石油工程師開始問：「究竟發生了什麼事？」他們注意到，石油公司透過拍賣取得開採權的油田回報率很低。「贏家的詛咒」模型是歸納推理（一般原理是從特定經驗推導出來的）的一個例子，這個模型是三位石油公司的員工開發出來的。[16] 在他們的模型中，一塊油田對多數的石油公司而言價值差不多，但是油田價值在開始鑽探之前很難估計。在出價競標之前，每家公司都會委託地質學家去調查，並估計油田的價值：如果調查沒有偏誤，每家公司的估價平均值應該很接近真實價值。但每家公司的估計值不一樣，或許差異很大。各家公司只知道自己的估計值，估值最高的公司很可能出價最高並得標——結果得標者卻發現，油田的平均價值比他們所想的還要低。他們標到的油田是他們委託的地質學家估錯的地方。這個問題在商業界與金融界也經常出現：在企業收購案中，競購者之所以得標，往往是因為出價太高。二○○七年，兩家英國銀行（蘇格蘭皇家銀行〔Royal Bank of Scotland〕與巴克

萊銀行〔Barclays〕）競標收購荷蘭銀行（ABN AMRO）。巴克萊的股東對此感到緊張因而股價下跌，後來由蘇格蘭皇家銀行得標，並因此承受了「贏家的詛咒」，二〇〇八年差點倒閉，由英國政府買下多數股權。[17]

拍賣理論最有名的應用或許是頻譜拍賣（spectrum auction）。歐美政府在這種拍賣中讓電信業者競標頻寬，從中獲得巨額收入。如今，新一代的研究生已經針對核心模型開發出複雜的變體。但大家過度鑽研那些小世界的模型，而沒去關注這些流程在現實大世界中如何運作的實證研究。保羅·克倫佩勒（Paul Klemperer）曾參與設計英國與其他國家的行動網路頻譜拍賣，他指出：「拍賣設計中，真正重要的大多是良好的基礎經濟學。相較之下，多數包羅萬象的拍賣文獻對實際的拍賣設計來說，反而是次要的。」[18]

有關方法論的唯一文章

傅利曼與薩維奇知道，他們的方法與成功的將軍、政治家、商業領袖所描述的決策流程不同。然而他們主張，決策理論與實際的流程看起來雖然不一致，卻不能說它們有實質缺陷，更不能說這是致命缺點。傅利曼與薩維奇舉專業的撞球高手為例，那些高手顯然不會計算、甚至不知道怎麼計算（更遑論理解）判斷最

佳進球法的複雜方程式，但他們的決定與他們做完必要的運算才做的決定相差無幾。因此，要是有位觀察者不擅長撞球，卻是精通微分方程式的天才，他也可以準確地預測比賽。撞球高手的行為「彷彿」他們是理性追求最大化的行為者。

這種類比有問題。或許最明顯的問題在於，它提出的撞球理論完全無法幫助我們預測一場比賽的結果。雖然撞球高手確實多多少少打出微分方程式所預測的理想進球方式，但一方獲勝、另一方失敗的原因在於，雙方實際撞球時都稍微偏離了完美的進球方式。這些微小缺陷所代表的現象就是奈特發現市場經濟運作的關鍵。雖然多數獲利機會已經有人捷足先登了，但那些尚未被利用的機會為創業者提供了報酬，並推動了科技與商業實務的創新。矛盾的是，芝加哥學派希望把經濟視為完全競爭的市場，卻無視芝加哥學派早期的觀點（創新能力源於在不確定與瞬息萬變的環境中尋求獲利）。市場經濟的創新成功並非來自個人或企業追求「最適化」，而是來自他們在極端不確定的世界中不斷嘗試與犯錯。實務上，成功人士努力學習的是怎麼因應及管理不確定性，而不是學習追求最適化。

傅利曼進一步發展上述撞球的「彷彿」（as if）理論。他主張，把假設的現實性與理論的有效性視為密切相關並不恰當。[19]他說：「關於一個理論的『假設』，我們該問的不是那些假設是否在描述『現實』，因為它們從來都不是在描述現實；我們該問的

是，它們是否夠貼近我們眼前的目標。這個問題只能看那個理論是否能有效回答，也就是說，看它能不能產生夠精確的預測。」[20] 傅利曼的論點對經濟學家頗具影響力，所以有些人主張，應把這個理論應用在遠遠超出不確定世界的選擇上。

科學哲學家丹尼爾・豪斯曼（Daniel Hausman）曾說，傅利曼的文章是「許多經濟學家（或許是大多數經濟學家）讀過有關方法論的唯一文章」。對本書的作者而言，多年來確實是如此。[21] 和許多人一樣，豪斯曼就很快駁斥了傅利曼的觀點。他指出，一個理論的前提既是該理論的預測，也是那些前提的推論。傅利曼的文章是在一段短暫的思想史時期出現的，當時流行的是波普爾（注：Popperian，指哲學家卡爾・波普爾〔Karl Popper〕）的否證論（falsificationism）：一個假設只有在有可能被反駁的情況下，才能獲得科學地位。

否證論最為盛行的時候，正是一九一九年五月日全食期間；當時英國天文學家亞瑟・愛丁頓（Arthur Eddington）在西非外海的普林西比島（Príncipe）進行法蘭克・戴森（Frank Dyson）所設計的實驗。愛丁頓證實，愛因斯坦的相對論正確預測了光的路徑，牛頓的重力場則否。愛因斯坦成了國際名人，兩年後他榮獲諾貝爾物理獎。[22] 然而，即使在物理領域，這種結論性的測試也很少見，特別是該實驗需要完全遮住陽光。即使牛頓力學並不是在描述「世界的真實樣貌」，但它在很多情況下都非常有用。在

日常生活中，假設物理定律維持不變是合情合理的，但假設人類事務的世界很平穩不渝則沒有意義。

如今哲學家所知道的「杜恆－奎因假說」（Duhem–Quine hypothesis）明確地推翻了這種否證論的觀點：這種反駁很少是決定性的，因為任何測試都需要一系列的輔助假設（對世界的額外假設），而且總是有可能主張實驗未符合這些假設。[23] 觀察緩慢飄落下的羽毛，便可證明牛頓關於落體軌跡的定律是錯的。但牛頓定律應用的是真空中的落體，所以我們永遠可以把表面的否證歸因於假設失靈，而不是定律失靈。在這個例子中，現實世界顯然不是真空的，儘管它已經夠接近真空，讓牛頓定律在多數情況下都適用。

儘管很少人料到二〇〇七－二〇〇八年金融危機的發生，但危機發生後，各種解釋如雨後春筍冒出，說明金融危機為何無可避免。聯準會前主席艾倫・葛林斯潘（Alan Greenspan）曾道：「我發現我觀察的模型有缺陷，而這個模型是定義這整個世界怎麼運作的關鍵功能結構。」[24] 他幾乎是唯一提出這種論點的人。多數人發現這場危機證實了他們一直以來的說法。在許多經濟議題上，當預期的結果沒有實現時，總是會有一個解釋，而大家只會對此嗤之以鼻，不會用其他方式反駁。經濟學家一再以這種方式辯解，並遭到嘲笑。然而，面對大家對模型未能描述人類真實行為的批評，經濟學家運用「否證論」的變體來轉移焦點，並以輔

助假設為由,來反駁大家對其預測失敗的評論。這種觀點比較接近宗教,而不是科學。

數字不是政策

有人拿給筆者看過一篇論文,出自某位知名的總體經濟學家(他曾在央行及財金部會有豐富的實務經驗)之筆。論文中的模型顯示,如果央行今天宣布未來幾年不同日期的利率,根據該模型,通膨目標是可以實現的。[25] 有人問那篇論文的作者:「所以我們從這個模型中得到什麼啟示?」他回應,從模型中得出的數字應該變成政策。然而,只有當經濟學家相信自己的模型在描述「世界的真實樣貌」時,那個回應才有意義。但小世界模型做不到這點,小世界模型的價值在於建構一個問題,以便為政策制定者面臨的大世界問題提供洞見,而不是假裝它能夠提供精確的計量指引。你無法從模型中得出機率、預測或政策建議。只有在模型的背景脈絡中,機率才有意義,預測才準確,政策建議才有充分的根據。

其他學科似乎比較注意這個議題。橋梁建造者或航空工程師處理的知識體系比較穩固,與先前經驗不符的計量答案會引起他們的懷疑,這也相當明智。然而,筆者在經濟學領域的經驗是,每當有令人驚訝的結果出現,最常見的解釋就是有人犯錯了。在

金融、經濟、商業領域，模型從來就不是在描述「世界的真實樣貌」。了解與詮釋一個模型的輸出，以及把模型應用到任何大世界的情況，永遠需要有見識的判斷。

第 15 章
理性與溝通

> 「切記,整個思想世界的目標不是描繪現實——那是完全不
> 可能辦到的任務——而是提供一種工具,使我們在這世上更
> 容易地找到前進的道路。」
>
> ——漢斯‧費英格,《彷彿》[1]

　　歐巴馬派遣海豹突擊隊突襲賓拉登的基地時,做了正確的決
定。卡特授權三角洲部隊(Delta Force)營救德黑蘭人質的行動
時,做了糟糕的決定。我們知道那些決策的結果:在二〇一一年
的行動中,賓拉登遭到擊斃,沒有造成棘手的後果,美國突襲隊
員全部安全返國。一九七九年,伊朗人質並未獲釋,兩架直升機
相撞,八名美國軍人喪生,美軍的聲譽嚴重受創,卡特未能連任
總統。但我們真的確定歐巴馬做了正確的決定、卡特做了錯誤的

決定嗎？還是那只是歐巴馬運氣好，卡特運氣背？我們並不知道。阿伯塔巴德基地的突襲行動可能出了很多差錯，但那些確實發生的問題並未導致突襲失敗。伊朗的襲擊也有可能出很多差錯，但那些發生的問題確實是致命的。在充滿極端不確定的世界裡，有許多事情我們不知道，即使是事後來看也是如此。還有一些事情是我們事後才知道的。然而，由於我們不願意承認極端不確定性——以及運氣——在人類事務中所扮演的角色，我們還是相信了後見之明。我們讚許歐巴馬的明智判斷，批評卡特低估了風險。

運氣

打牌是靠牌技、還是碰運氣？[2]當然，兩者都有。打牌的結果取決於玩家的能力及發牌的情況。美國撲克牌職業選手兼作家安妮・杜克（Annie Duke）曾描述撲克牌專家如何談論「結果導向」（resulting）——把結果好壞歸因於決策好壞。[3]打牌是一種小世界的問題，它的規則是完全講明且固定不變的，也是電腦擅長的領域。會打牌的電腦 Libratus 現在的牌技水準媲美頂尖的撲克牌玩家，下一代的電腦可能就會凌駕人類。

英格蘭板球隊的球員艾德・史密斯（Ed Smith）現在是球賽評論員兼板球隊經理。他提到，以前打者出去面對對手時，隊友

會對他說：「祝你好運！」若是他提前下場回來，隊友會對他說：「運氣不好。」但後來他所屬的肯特隊（Kent）聘請了一位「團隊顧問」來幫他們達成一項「核心協定」。他們還特地終止訓練好幾天，才討論出核心協定。[4] 那份「核心協定」禁止全隊用那些鼓勵或安慰的話語，它否定運氣是構成賽事成績的一個因素。那份協定的理念在於，極端不確定性是無法靠意志力馴服的。即使在當時，史密斯也覺得那根本是胡扯。他從板球運動退役後，寫了一本名為《運氣》（Luck）的書。他在書中解釋如何避免極端不確定性，運氣不僅在各項運動中扮演要角，在生活的許多方面也很重要。[5]

第 13 章提到的澳洲人布萊德曼是板球史上最偉大的擊球手。他的球技高超，但也非常幸運：他很幸運，因為新南威爾斯鄉村的鮑勒爾隊（Bowral team）正好少一個人，讓他有機會得以加入球隊；他很幸運，因為他選擇了板球，而不是網球，儘管他很可能成為有史以來最偉大的網球選手。不幸的是，二戰剝奪了他職業生涯中可能最美好的時光。布萊德曼的過人專注力強化了他的技能。很少運動需要及重視技能的程度像板球那樣——他打過每一個的經典局都打了超過一天（注：板球比賽時間長度不一，國際板球對抗賽的一局比賽每天進行六小時或以上），像是一九三〇年他在里茲（Leeds）累積得分突破三百分那局，使英國觀眾都知道他這號人物；他也為新南威爾斯創下四五九分的世界記錄。

在第 8 章中，我們提到另一位後來成為學者的板球運動員布瑞利描述「心流」的體驗——那是在定義明確的小世界問題中所感受到的熟練興奮感。契克森米哈伊研究發現，許多實務技能的傑出高手都有這個特質。[6]布瑞利的職業生涯中，最重要的一場比賽是一九七九年在倫敦羅德板球場（Lord's Cricket Ground）舉辦的世界盃決賽。他與傑佛瑞‧博伊科特（Geoffrey Boycott，有史以來最專注的運動員之一）憑著運氣與技巧，成功地抵抗強大的巴貝多速球投手喬爾‧迦納（Joel Garner），在球場上為英國隊撐了三分之二的上場時間。但他們不願冒險，導致英國隊的打者承受著迅速得分的壓力。他們兩人一下場，迦納迅速三振了剩下的英國打者，為西印度群島奪得冠軍。布瑞利的風險規避策略究竟是對是錯？他——還有我們——永遠也不會知道。

推理和溝通

好的決定往往結果不如預期，糟糕的決定有時反而會產生好的結果。二〇一九年，剛升格至英超但處境艱難的球隊卡迪夫城（Cardiff City）找上了阿根廷天才前鋒埃米利亞諾‧薩拉（Emiliano Sala），以提升隊伍的射門能力。二〇一九年一月，卡迪夫城為薩拉支付了創紀錄的轉隊費（高達一千五百萬英鎊）。兩天後，薩拉搭乘輕型飛機從法國南特（Nantes）飛往卡迪夫參

加新球隊的訓練。飛機在海峽群島的上空消失了，後來搜救人員在海底的殘骸中找到薩拉的遺體。卡迪夫城還是得支付一千五百萬英鎊，但沒有前鋒，結果在賽季末又被降級，退出英格蘭超級聯賽。但是那個誤以為七七四十八而贏得西班牙彩券 El Gordo 頭彩的西班牙人，即使犯了錯，卻可以笑看自己的錯誤。

「結果導向」是指誤以結果來判斷決策的好壞。足球隊的老闆常在幾次球賽失利後開除球隊教練。「結果導向」在金融市場中太常見了──荒謬的格言「你的好壞取決於你最後一筆交易」就是個證明。脾氣暴躁的足球隊老闆開除優秀的教練通常是一種錯誤，比方說切爾西足球隊的老闆羅曼·阿布拉莫維奇（Roman Abramovich）斷然開除世界級的前教練荷西·穆里尼奧（Jose Mourinho）。

評估一個決定背後的推理好壞，似乎比根據結果來判斷決策好壞更好。如果我買彩券是因為我認為七七四十八，並中了頭獎，我可能就會說服自己做了個好決定。但這個決定背後的推理是錯的。如果你把我的經驗應用在你自己的選擇上，就是不明智的。然而，有一種形式稍微不同的「結果導向」也很常見，西洋棋棋手──也許西洋棋對注意力的要求，是唯一媲美板球的活動──稱這種錯誤為「被結果牽著鼻子走的分析」（analysing to the result）。[7] 我們如何評估促成決策的推理，取決於我們對結果的了解。創投者會仔細審查每項潛在投資的商業計劃，儘管他預期那

些選中的投資標的中，卻只有少數幾個會成功。然而，失敗的投資並不會導致評估方法遭到質疑。

俗話說，歷史是由勝利者所寫的。如今我們對過去的理解，是根據我們對後續事件的了解所做的詮釋。如今我們自信滿滿地主張，一九三〇年代英國與法國的政治領導人過於無知又自命不凡，因為我們知道（而他們不知道）希特勒後來的所作所為。戰時內閣兩黨的脣槍舌戰，促成了邱吉爾一九四〇年夏天繼續戰鬥的決定，是以我們如今能以比較正面的眼光來看那些辯論。但納粹德國有可能像進軍法國那樣，迅速攻占俄國；日本也可能不會偷襲美國的珍珠港。結果，德國並未迅速攻占俄國，日本偷襲了珍珠港。我們稱讚邱吉爾是二十世紀的卓越政治家之一，貶低希特勒是個無能的軍事領袖及邪惡的人。

我們對歷史的詮釋深受「結果導向」的影響。如果美國內戰與世界大戰沒有發生、皮克特衝鋒（注：Pickett's Charge，蓋茲堡之役最後一天，南方邦聯軍的李將軍下令向的北方聯邦軍所發動的一次步兵攻擊。）成功了、或諾曼地登陸失敗了，林肯、邱吉爾與羅斯福不太可能享有如今的歷史地位。但我們把災難歸咎於偶然，也改寫了歷史，且否認了我們的罪責。二〇〇八年使全球金融體系差點崩解的銀行家後來向我們保證，沒有人能預料那場危機，那是二十五個標準差的事件。雷曼兄弟破產時的執行長理查·富爾德（Dick Fuld）向參議院的委員會解釋：「我每天晚

上醒來都在想，我當初應該採取什麼不同的做法？」[8] 這個問題有明顯的答案，但富爾德似乎真的說服了自己是公司失敗的受害者、而不是肇事者。我們所指的好結果端看背景脈絡而定。對有些人來說是好的決定，對其他人而言不見得好。富爾德依然腰纏萬貫，但雷曼的員工失去了工作，納稅人不得不掏錢善後。若要判斷不確定下的決策好壞，我們要檢討的是決策流程本身。

行動不是解釋，解釋不是行動

　　二〇〇一年的世界盃資格賽中，由於大衛·貝克漢（David Beckham）在比賽的最後幾秒踢進了一球，英格蘭在出戰希臘的關鍵比賽中扳平了兩隊的比數，保住了進入世界盃的資格。身為隊長的貝克漢在那場球賽中有幾次罰球沒進，但他還是決定由自己來踢最後一次罰球。他在極度高壓下所踢出的彎曲射門，是足球史上最棒的射門之一。謝菲爾德大學運動工程系的馬特·卡雷博士（Matt Carré）解釋，貝克漢的踢法使球在往前移動的過程中，從球門的一邊往另一邊橫向移動了三米。那顆球在飛行結束時，由於氣流由紊流變為層流，增加了逾一〇〇％阻力，所以落在球門的左上角。卡雷指出：「貝克漢本能地運用某種非常複雜的物理計算來射門得分。」[9] 我們在前一章中提過，傅利曼亦指出撞球高手似乎在解複雜的微分方程式。

但我們知道，很少撞球冠軍是微分方程式的專家，貝克漢也無法做出那麼複雜的物理運算。我們也知道，會做那種運算的卡雷博士不可能踢出那種球。貝克漢可以在不太了解自身行為的原因下採取有效的行動；卡雷可以解釋為什麼那個行動會導致成功的結果，但他在那種情況下無法有效地做出行動。奈森·利蒙（Nathan Leamon）在談職業國際板球員生活的小說《考驗》（*The Test*）中寫道：「想打出完美的中前方擊球，不見得要知道如何打出完美的中前方擊球。」[10]

然而，稱貝克漢的射門是出於本能或直覺踢的，便是貶低了促成那個有效動作的流程。貝克漢的球技是多年經驗、訓練與實作的結果，也是非凡天賦的累積。由於他在那場比賽之初已經有幾次射門沒進，也許當時他也很需要好運降臨。學習複雜的技能，需要密集的練習。不斷試誤的演化流程幫助身心適應必要的狀態，就像其他的演化流程一樣，那些經歷演化的生物不需要了解他們身上發生的事情。推理與決策是兩碼事。推理是決策的一部分，但推理不是決策，也不是決策推理（decision–making reasoning）。決策是描述行動的選擇，推理是我們如何向自己和他人解釋那些選擇。

我們知道貝克漢是卓越的球員，因為他不僅踢進了那球，也進了很多其他球。同樣的道理，我們知道杜克非常擅長打牌。我們根據長期的記錄來判斷創投業者的績效。然而創投業者與撲克

牌玩家所不同的是，創投業者既不是在平穩的小世界中運作，也沒有計算機率的基礎，但是做類似決策的機會經常出現，結果也很清楚。因此，從長期的成功結果中學習是有可能的。對沖基金經理人吉姆·西蒙斯（Jim Simons）的交易演算法就整體來說獲利頗豐。我們也許可以從長期的失敗結果中學到更多東西，不過很少交易者有機會累積長期的失敗結果。但是，阿法值（alpha）的計算（一種廣泛用來衡量基金經理人「技巧」的指標）通常會無緣無故假定投資報酬來自平穩的機率分配。

邱吉爾、林肯、羅斯福在極多種可能的情況下，做了許多不同的決定。林肯發表了解放奴隸宣言，邱吉爾在英國恢復金本位制，羅斯福在美國放棄金本位制。凱因斯描寫邱吉爾的決定時，說「他沒有用直覺來阻止自己犯錯[11]」，他描寫羅斯福時，說羅斯福「非常正確」。[12] 隨後的經驗證實，這兩個說法都對。我們對好的決策與好的決策者感興趣。由於邱吉爾的職涯記錄並不完整，我們不確定他是否稱得上一位優秀的決策者，但他是鼓舞人心的領袖，這點確實毋庸置疑。不過，林肯與羅斯福的確稱得上是優秀的決策者，他們做了一些錯誤的決定並從中記取教訓、扭轉頹勢。大家很容易光看結果來判斷這兩人。

貝克漢難以解釋他做那些選擇的背後原因——他並非特例。暢銷作家麥爾坎·葛拉威爾（Malcolm Gladwell）的《決斷2秒間》（Blink）以蓋蒂青年雕像（Getty Kouros）這個經典例子起

頭。博物館認為這尊希臘雕塑是真品，但專家立即確認那是贗品。[13] 正如葛拉威爾所述，專家判斷的背後原理很模糊——他們覺得作品「看起來不太對勁」。後來又有人發現一尊類似的雕塑並確定為贗品。進一步的調查顯示，詳述蓋蒂雕像出處的檔案是偽造的。質疑雕塑真實性的專家是真正的專家，貝克漢是英國最優秀的足球運動員之一，他們各自的績效都是多年經驗與訓練的結果。但他們的專業知識無法讓他們輕易闡述其判斷的理由。

美國心理學家克萊恩已經證明，有技巧的訪問者如何梳理出好決策背後的原因，或至少提出解釋。[14] 他舉了許多例子，其中一例描述一九九一年波斯灣戰爭快結束時發生的一個事件：在格洛斯特號驅逐艦上（HMS Gloucester），有一名英國軍官擊落了一枚瞄準該艦的伊拉克蠶式導彈。由於當時空中有多架美軍的A–6攻擊機，艦長與其他機組人員擔心他們擊落了友軍的飛機。但那位軍官強調，他確信他有辨識出威脅。他的最初解釋——那個加速飛行路徑顯然是導彈，而不是飛機——在分析中並未過關。但另一個更詳細的解釋（顯示儘管雷達訊號無法直接提供資訊，他仍能夠推斷高度）說服了其他人，最終也說服了軍官本人。

我們並沒有被隨機性給糊弄，也不是「結果導向」、只看結果好壞來決定是否讚揚該決策者。在英國對戰希臘之前，貝克漢已經在很多場合證明過他是位出色的足球選手。聲稱蓋蒂雕像是

贗品的專家已經累積專業資格多年了。那位海軍軍官經驗豐富，是備受敬重的船員，他拯救了他的船艦。這些人即使無法完全解釋自己的行動，他們都對自己做的事情十分擅長。

溝通型理性

克萊恩發現軍官決策背後的理由了嗎？乍看之下，這似乎是一個重要的問題，但很難知道它究竟意味著什麼、或為什麼它很重要。當手碰到熱爐時，我們會把手抽開。我們之所以那樣做，是因為手會痛？還是因為不抽開會造成組織受損？擊落蠶式導彈的決定是好的，戰火正酣之際，必須立即做出開火或不開火的決定。如果那位軍官有時間和同袍討論，其他人便會要求他解釋為什麼他認為那個物體是導彈。他的解釋可能會遭到質疑，最後一群人達成了協議，或是把他們的歧見提交給艦長處理。評估蓋蒂雕像的專家確實有機會彼此交換意見，並針對他們的觀點與理由達成共識。在格洛斯特號驅逐艦的例子中，這種磋商只在假設中進行，而且是在事件發生很久以後，「結果導向」讓我們可以稱讚軍官的判斷。無論對錯。推理流程與決策流程是不同的。

第 9 章提過，康納曼劃分了「系統一／系統二」。這種區別的道理在於，我們決策的流程與我們向他人描述這些決策的方式是不同的。我們需要那樣的描述來證明行為的正當性——以便在

賽後回答體育記者的激動問題，向格洛斯特號的艦長解釋我們的行為，為蓋蒂雕像的策展人提供建議。在徵求他人意見的過程中，我們需要那種描述，並在適當的情況下修改我們回應的說法。我們得為自己的行動作出解釋，以說服其他人與我們合作，一起執行我們的選擇。多數的決策，以及幾乎所有的重要決策，都是在社交脈絡中做的。我們讓家人與朋友參與家庭決策，讓同事參與商業決策。經濟生活是一種合作的流程，這種溝通是人類行為的一種重要組成。不同的人面對同樣的資訊會做出不同的判斷，因為在極端不確定性下，同樣的資料可能會有多種不同的詮釋。好的決策需要與他人進行溝通、交換意見。即使最後的決定是一個人的責任（例如白宮的決策），那個人通常可以從更廣泛的討論中受惠。

連貫性與可信度是我們判斷敘事的標準，也可以用來判斷決策理由的溝通品質。在現代西方文化中，我們把理性測試（是否符合邏輯與道理）應用於這種溝通上。敘事典範指引我們朝著雨果‧梅西耶（Hugo Mercier）和斯珀伯所強調的溝通型理性發展。我們的行為是演化型理性的結果，溝通型理性是我們向他人解釋這些行為的方法。貝克漢的射門得分與格洛斯特號的存活說明了以下概念的差異：有效的行動不一定是有效的解釋，有效的解釋不一定是有效的行動。但溝通型理性對我們的演化型理性有助益。

人類智慧是集體智慧

　　貝克漢在一大群觀眾面前跑向那顆球時，他肩負著英格蘭晉級世界盃決賽的希望，他看似一個孤立的人物。但他的成就不全然是個人的，而是一個社會流程的顛峰，那個流程也包含了隊友與人生導師（例如球隊經理亞歷克斯・佛格森爵士〔Sir Alex Ferguson〕）的貢獻。即便是非常個人化的比賽（例如打牌與西洋棋），成功也取決於你與他人溝通、並從溝通中受惠的能力。杜克就有描述她與其他撲克牌高手交流知識與經驗的重要性。西洋棋世界冠軍馬格努斯・卡爾森（Magnus Carlsen）與卡爾森團隊（Team Carlsen）合作，他從十三歲起，他的職業棋手生涯就獲得了微軟的贊助。卡爾森的指導老師是西蒙・阿格德斯泰因（Simen Agdestein），他在挪威的精英體育學院（Norges Toppidrettsgymnas）教授西洋棋與足球。

　　一九二四年，哈樂德・亞伯拉罕斯（Harold Abrahams）在奧運會上奪得百米金牌時（那場比賽因電影《火戰車》〔*Chariots of Fire*〕而名垂青史），有人覺得他聘請職業教練山姆・穆薩比尼（Sam Mussabini）跟作弊沒什麼兩樣。電影中有一刻特別動人，在體育場外的穆薩比尼聽到體育館內傳出英國國歌，因而得知他的門生奪得獎牌了。但此後的一百年間，運動醫學、營養、工程的進步——像是卡雷博士與其同仁所做的研究以及職業教練的活

動——意味著那天亞伯拉罕斯花十‧六秒跑的百米距離，如今尤塞恩‧博爾特（Usain Bolt）只要跑九‧五八秒。如今頂尖的職業教練也成了收入豐厚的明星。把統計學帶進棒球的比利‧比恩（Billy Beane）不僅出名了，在另一部慶祝體育成就的電影《魔球》（*Money Ball*）中還獲得布萊德‧彼特（Brad Pitt）扮演的殊榮。

這些體育界的類比不單只是比喻而已。誠如貝克漢因運動專家與教練的貢獻而受惠一樣，歐巴馬需要依靠情報單位的評估及幕僚的智慧。行為者、顧問、分析者為好的決策做出各自不同的貢獻，而這些都是不同的技能。

人類是群居動物，群體創造的成就遠遠超出個人的能力。這種群居性的經濟重要性非同小可，其他群居物種（主要是一些昆蟲）會創造複雜的東西，但牠們採用的方式與人類截然不同。蜂后其實不會去統治蜂群及指揮蜂群的行動。伍迪‧艾倫配音的《小蟻雄兵》（*Antz*）就是一種錯誤的擬人化。每隻昆蟲都會依循先天的行為法則行動。個體為本模型（Agent–based modelling）試圖在理解人類行為時，複製社會性昆蟲的行為（目前經濟學和一些社會學中，已經可以看到這個模型的一些應用）。我們可以從這些模型中獲得一些啟示。

但我們不是群居昆蟲，而是先進的靈長類動物，我們因為有溝通與合作的能力而異於其他動物。黑猩猩行為的專家邁克‧托

馬塞洛（Michael Tomasello）指出：「你很難看到兩隻黑猩猩一起抬一根木頭。」[15] 黑猩猩在空間意識、能力、簡單運算、理解因果關係方面，與一兩歲的人類幼兒差不多，而人類幼兒在社會學習方面更勝一籌——這也是為什麼成年人明顯比幼兒聰明，但成年黑猩猩並沒有比幼崽聰明的多少原因。其他物種可以解決小世界的問題，有時甚至做得比人類還好。兒童玩的剪刀石頭布在黑猩猩的能力範圍內；但要賽局理論家解釋這種簡單的遊戲，則需要混合策略的解方。[16] 鴿子可以解開一種蒙提霍爾問題的版本。[17] 在某些方面，聰明的非人類生物比人類更符合經濟學家提出的理性行為表徵。

鴿子會飛，人類不會，但人類能打造出空中巴士 A380，而且機身的各個部分分別是在英國、法國、德國、西班牙建造的。人類能在法國土魯斯（Toulouse）的裝配廠建立一個非凡的物流系統，把飛機的部件組裝起來。人類也能匯集機組人員與地勤人員，配合世界各地的空中交通管制員來操作飛機。即便是完成整體的一小部分的技能與知識，都無法由一人單獨掌握。沒有人知道如何製造空中巴士，也沒有人知道要怎麼從倫敦飛到雪梨，但許多人通力合作時就能辦到。人類智慧是集體智慧，而建造民航機這種複雜人工製品的能力，是兩百多年來集體智慧的產物。這兩百多年間，引擎取代了天然能源，萊特兄弟證明了一種與鴿子飛行方式迥異的技術可以讓人類飛上青天。

為每次空中巴士的航程做出貢獻的人成千上萬，但他們並不知道其他的貢獻者是誰。他們在小組內溝通，小組也和其他的小組溝通。從小組以外的角度來看經濟生活都會嚴重受限——事實上，沒有小組等於錯過了現代經濟運作的核心要點。

協調空中巴士的製造與駕駛是非凡的壯舉，這個壯舉如何實現的？一種觀點可歸因於現代工業組織理論，它認為市場與階級制度促成了這種協調的機制。[18] 企業家購買製造噴氣客機所需的零組件與技術。如果他們對這個流程的任一方面（從組裝元件到如何在雪梨機場降落等等）有一絲絲的不確定，他們就會購買適合的應機性商品（注：contingent commodity，指唯有在特定事件或狀況發生時才會用到的商品。）來因應。第二種觀點是靠階層來協調一切。大老闆決定製造一架噴氣客機，他把任務授權給無數個小老闆（例如有人負責機翼、有人負責機身），此外大老闆還聘請顧問來指導自己如何為每位小老闆及他們的下屬設計合適的激勵合約。

儘管這兩種諷刺性的觀點都有一些道理，但是它們為企業家（或大老闆）設定的任務顯然不可能完成。我們之所以能製造飛機，只是因為我們都不是孤立的個體，而是一個合作的物種。蘇聯在大老闆的領導下製造了民航機，但品質很差。缺乏社會組織來因應生產活動的社會（例如海地與奈及利亞）根本無法製造飛機。[19]

我們強調模型多元化的必要，多元化也需要管理。空中巴士聯盟無法輕易採用市場／階級這種二分法——它不是單一公司，而是一群簽約合作的獨立公司。當「市場／階級」這種分類概念輸出到美國以外的地方時，很難套用在日本的「集團」（注：keiretsu，日文寫做「系列」，指特定類型的商業夥伴關係，聯盟或擴展企業）、韓國的「財閥」（chaebol）[20] 或義大利北部城鎮的「產業群聚」（cluster）上，我們需要另一種強調能力的企業理論。[21] 我們可以把複雜的商業組織描述成能力的集合——無論是空中巴士那種聯盟、矽谷那種 IT 相關活動的聚集、還是像奇異公司（GE）那種多角化的企業集團。事業與經濟的進步有賴新能力的開發，以及把現有的能力應用在不斷改變的市場與技術上。那種能力可以買賣、交換，可能有階級順序，但最重要的是，可以輕易取得——英國新古典學派經濟學家阿爾弗雷德・馬歇爾（Alfred Marshall）自創了「貿易的奧祕飄忽不定」（the mysteries of the trade are in the air）這個說法來描述十九世紀末工業組織比較原始的狀態。[22] 保羅・克里爾（Paul Collier）等經濟學家主張，這些能力的群集是振興後工業城市的關鍵，而且只有在政府與企業廣泛合作的情況下才可行。[23] 人類智慧是集體智慧，集體智慧是人類非凡經濟成就的泉源。我們可以在極端不確定性中穿梭，是因為我們一起開創未來。

　　每個人都有不同的知識可以貢獻，而且每個人的知識難免都

不完整。即使每個人都交流知識（像為那場白宮會議做準備那樣），大家對同一證據也會做出不同的評估，並對特定行為的可能後果做出不同的判斷。歐巴馬的決定不是根據機率的計算，而是詮釋各種對立敘事的可信度與連貫性。他花時間傾聽，並與經驗豐富、知識淵博的顧問溝通，再做出深思熟慮的行動選擇。溝通是發展敘事不可或缺的重要環節。

第 16 章
質疑敘事

> 「各位，我想我們對這個決定已經有了共識，我建議我們把這個問題進一步的討論延到下次會議，讓我們有時間思考歧見，這樣我們或許能更了解這個決定的意義。」
>
> ——艾爾弗雷德・史隆[1]

　　一九六一年一月，約翰・甘迺迪就任美國總統時，是有史以來最年輕的當選者。他才上任不到三個月，美國中央情報局就向他提出進攻古巴及推翻卡斯楚的計劃。兩年前，卡斯楚這位煽動叛亂者才剛推翻獨裁者富爾亨西奧・巴蒂斯塔（Fulgencio Batista）。美國在這次進攻古巴的計劃中偽裝成軍方政變，雖有流亡在外的反叛人士支持，但以慘敗收場。在美國海軍協助下登陸的流亡者沒多久就遭到圍捕、殺害或監禁。「豬玀灣事件並非

美國政府計劃及執行的行動」這樣的謊言，很快就被人揭穿。那次行動不僅沒有推翻卡斯楚，還幫他鞏固了地位，並促使他向蘇聯尋求外援。此後，卡斯楚在古巴獨裁了將近五十年。

十年後，美國心理學家爾文．詹尼斯（Irving Janis）讓「團體迷思」（groupthink）這個詞開始廣為人知。「團體迷思」是指一個群體因成員不願或無法質疑主流觀點，而做出糟糕決定的過程。[2]詹尼斯提出的經典例子之一，就是導致豬玀灣登陸計劃獲得批准的過程（另一個例子是美國沒有對預示珍珠港事件的情報做出反應）。豬玀灣事件之後，美國參謀長聯席會議（Joint Chiefs of Staff）表示，他們對進攻計劃其實有疑慮，但不敢表達出來，因為那些疑慮並未反映出美國霸權的主流敘事。當時的會議由缺乏經驗的新總統主持，大家並不樂見會議上有人對那個敘事提出質疑。甘迺迪從那次經驗中記取了教訓，下定決心不再重蹈覆轍。他的前任總統艾森豪提出了一個關鍵的事後剖析來問他：「總統，你批准這個計劃之前，有沒有讓你面前的每個人先討論這件事，讓你權衡利弊得失後再做決定？」[3]後來古巴再次成為總統議程上的主要議題時，甘迺迪便以截然不同的方式來管理決策流程。

一九六二年十月十六日星期二，甘迺迪獲悉一架 U–2 偵察機發現蘇聯在古巴建造導彈基地的證據。在白宮的某次會議上，中央情報局展示了那些照片。當時，在場的內閣與官員組成了一個

小組，名為「執行委員會」（Ex–Comm），他們連續開了十三天的會議——就是後來所謂的「古巴飛彈危機」（Cuban Missile Crisis）。

想到核彈可能部署的地點如此靠近美國本土，美國自是無法接受，總統該如何因應呢此事？他們很快就把選項縮減至兩個：一個是進行海上封鎖，攔截更多前往古巴的蘇聯船隻；另一個是空襲古巴境內所有的軍事設施，接著再入侵古巴。委員會的成員意見分歧：隔離並不會移除已經部署在古巴的導彈，空襲則有可能把危機升級為全面核戰。兩邊的支持者都提出了強而有力的論據。[4]

執行委員會日以繼夜舌戰不休，豬玀灣事件的前車之鑒使得甘迺迪不敢貿然接受建議。在做出重大決定之前，他決定依循兩個原則來徵求意見。第一，了解極端不確定性的重要，他擔心「局勢升級的不可預測性相當可怕」，這是軍方沒有設想到的。[5]他盡力避免把蘇聯的最高領導人赫魯雪夫（Khrushchev）逼入絕境。他知道情報有缺陷，在一九六二年早些時候，他曾收過四次指出「蘇聯不會把攻擊性武器運到古巴」的情報，他審慎地詮釋情報，也小心翼翼地接收軍方提供的建議。

第二，他要確保他聽到的兩種行動敘事都受到質疑。為此，他把執行委員會分成兩組，要求他們為自己支持的方案撰寫報告，然後兩組交換報告並評論對方的敘事。[6]他也決定不出席執行

委員會的所有會議，因為他不希望他的出席導致與會者臆測他想聽的內容，而是想要知道他們的真實想法。誠如他弟弟美國司法部長羅伯・甘迺迪（Robert Kennedy）後來所撰：「我們能夠交談、辯論、爭論、反對，而且持續爭辯，是我們決定最終路線的關鍵……意見，甚至是事實本身，可以透過爭執與辯論得出最好的判斷。」[7]

以局勢升級的風險為例，甘迺迪後來選擇了「海上封鎖」。有些軍事顧問比較支持「空襲」。他們認同著名賽局理論家湯瑪斯・謝林（Thomas Schelling）的觀點：「美國與蘇聯不可能有機會捲入大規模的核戰。」[8]他們也相信，任何理性的領導人都不會讓古巴的局部衝突升級成全面的核戰。當赫魯雪夫發現甘迺迪想避免局勢升級時，危機就結束了。為了換取美國稍後從土耳其撤除飛彈的祕密承諾，蘇聯把古巴境內的飛彈撤除，並運回俄羅斯。隨後公布的檔案顯示，一場核戰浩劫差點就爆發了。直到檔案公諸於世，大家才知道，駐守古巴的俄羅斯指揮官已經獲得授權，萬一他們與莫斯科的通訊被斷，他就可以馬上動用核武對付美國的入侵。[9]你能讀到這本書的原因之一，就是甘迺迪總統做了一個很好的決定。

一年後，甘迺迪遇刺身亡，他記取的教訓似乎也隨著他的早逝而消失了。現代的歷史學家難免會爭論，要是甘迺迪繼續當總統，美國捲入越戰的麻煩會如何演變。[10]然而，我們確實知道的

是「團體迷思」死灰復燃了，美國軍事霸權的敘事再度形成壟斷。質疑主流的「骨牌理論」（domino theory）敘事有如倒行逆施，令人生厭。大家並未意識到，單憑先進的科技並沒有辦法擊敗堅定的獨立運動。即使技術官僚國防部長勞勃・麥納馬拉（Robert McNamara）要求政策要以證據為依歸，但是為了佐證事先決定的政策，證據永遠可以隨後再建構補上。這就是五角大廈文件遭到壓制的原因，也是丹尼爾・艾爾斯伯格和那些幫他揭發內幕的人必須面對美國政府怒火的原因。可悲的是，四十年後，美國政府規劃入侵伊拉克後的未來時，也沒有對關鍵假設提出任何質疑。

為不確定的未來做決定往往是一種集體活動。我們很少會在不徵求他人意見下做出重大抉擇——此乃明智之舉。溝通型理性的目的有一部分是為了說服他人，有一部分則是為了鼓勵質疑。徵詢他人意見是一種真誠協商與討論的流程。能力較差的領導者可能只希望別人奉承他的智慧。經驗豐富的艾森豪助了甘迺迪一臂之力，使他逐漸明白領導優劣的差別。後來的美國總統不是每一位都如此，也不是每一位都有發現徵詢前任總統的益處。

如何產生好決策？

數百年來，產褥熱導致許多產婦與嬰兒喪生。十七世紀與十

八世紀，歐洲新設的婦產科醫院內死亡率不斷攀升，顯示那些專為產婦分娩而成立的醫院被產褥熱狠狠肆虐。一七九五年，蘇格蘭產科醫生亞歷山大・戈登（Alexander Gordon）發表了一篇論文，聲稱這種疾病是由助產士及醫生所傳播的。一八四二年，英國醫生湯瑪斯・沃森（Thomas Watson）建議醫生用氯液洗手，以防感染傳播。一八四三年，老奧利弗・溫德爾・霍姆斯（Oliver Wendell Holmes Sr，亦即第 11 章提到那位最高法院法官的父親）在《新英格蘭醫學季刊》（*New England Quarterly Journal of Medicine*）上發表了一篇論文，標題為〈論產褥熱的傳染性〉。該文也主張，醫生傳播病菌是許多產婦與嬰兒喪命的原因。維也納醫生伊格納茲・塞麥爾維斯（Ignaz Semmelweis）對產褥熱的原因及預防所做的研究，或許是最系統化的。一八四七年，他發現在家分娩的婦女比在醫院分娩的婦女感染率低得多，而且如果醫生用含氯的水洗手，感染率會大大降低。塞麥爾維斯不是真的知道這結果的背後原因——他推論「屍體毒素」的轉移是原因（對了一部分）。[11]

這些發現與建議都遭到專業醫學人士的強烈反對，他們反對的理由雖然令人難以認同，卻可以理解。醫生反對、甚至痛恨「他們就是導致那個疾病的禍首」這個概念。塞麥爾維斯遭到無情的謾罵，甚至因此罹患精神疾病，後來命喪精神病院。但他的分析終獲平反，如今在醫院分娩比在家裡分娩來得安全。

一八五四年，約翰‧斯諾醫生（John Snow）拆除了倫敦蘇荷區布羅德街上的水泵握柄，迫使當地居民到別處取水，因此大幅減少了霍亂在倫敦的傳播。「傳染病是由「瘴氣」（空氣中的有害微粒）傳播的」是當時的主流敘事。由於當時倫敦與其他大都會區都瀰漫著難聞的氣味，這種說法很容易讓人相信。斯諾和塞麥爾維斯一樣，並不明白自己強制的干預做法為什麼有效──他只是發現疾病的發病率與使用布羅德街的設施之間有相關性。疫情平息後，水泵的握柄在居民的要求下裝了回去，水泵恢復了供水。那裡的水依然有糞便細菌的污染，但霍亂疫情已經結束了。

　　即使在科學領域，我們也依賴敘事。講一個好故事可能比發表詳細的研究結果更引人注目，到了二十世紀依然是如此。多年來，醫生普遍認為胃潰瘍是壓力及不良的生活方式導致胃酸累積造成的。澳洲的病理學家羅賓‧沃倫醫生（Robin Warren）一直試圖證明潰瘍其實是細菌感染的結果。一九八〇年代，他與澳洲的同事貝瑞‧馬歇爾（Barry Marshall）研究了一百位病人的活體組織切片，培養出一種名為「幽門螺桿菌」（Helicobacter pylori）的細菌。他們發現，幾乎所有罹患胃炎、十二指腸潰瘍、胃潰瘍的患者體內都有這種菌。然而，這些證據依然很難改變主流敘事。潰瘍的常規治療是每天吃藥，可能要吃一輩子。於是抗酸藥成了藥廠的獲利主要來源，但是使用抗生素治療只需要幾美元。因此，製藥業及醫學界都不願接納抗生素可治癒潰瘍這個觀點

——事實上，多數專業人士否認幽門螺桿菌是病原體。[12] 因此，馬歇爾決定吞下含有那種細菌的溶液，他很快就得了胃炎，胃炎通常會演變成胃潰瘍。這個激進的實驗改變了大家的看法。現在大家普遍認為胃潰瘍大多是幽門螺桿菌引起的，通常是在童年早期就感染了。二〇〇五年，馬歇爾與沃倫榮獲諾貝爾醫學獎，由於他們鍥而不捨地質疑主流敘事，使得數百萬人減輕了生活的痛苦。[13]

知識的進步不是一種機械化的過程，不是看貝葉斯錶盤上的指針移動來改變對未來可能結果的機率預測。我們的傳統觀念是一種集體敘事，會隨著辯論與質疑而改變。多數情況下，隨著「究竟發生了什麼事？」的主流說法日趨完整，敘事會逐漸改變。有時，敘事是間斷地改變——亦即美國科學哲學家湯瑪斯·孔恩（Thomas Kuhn）所謂的「典範轉移」流程。費茲傑羅描述自己的精神崩潰時，曾說：「即使腦中同時承載著兩種對立的觀點，大腦依然正常運作，這才稱得上是一流智力。」[14] 而一流決策者的特徵，在於面對極端不確定性時，他們能按照參考敘事來規劃行動，同時也對「這種敘事是錯的；另一種可能的敘事也許正確」的可能性抱持著開放的態度。這是一種和貝氏更新截然不同的推理方式。數百萬人死亡，更多人遭受痛苦，只因為醫生遲遲不讓實證觀察推翻傳統敘事。

但我們只有偶爾走運的時候，才會見識到那種一流的才智與

一流的決策者。薩繆森寫道：「誠如量子理論的創始人馬克斯‧普朗克（Max Planck）所言，科學是透過一場又一場的葬禮進步的：新學說永遠改變不了老人，只能靠新生代取而代之。」[15] 普朗克（像薩繆森一樣，因對典範轉移的貢獻而獲諾貝爾獎）其實沒說過這句話，但他用一種沒那麼犀利的方式表達過同樣的觀點。[16]

在法國科學家路易‧巴斯德（Louis Pasteur）耐心做了許多實驗之後，細菌的敘事花了幾十年的時間才取代了瘴氣的敘事。巴斯德在逐漸接近真相時這麼寫道：「我正處於神祕的邊緣，神祕的面紗愈來愈薄了。」他還加上了一句名言：「幸運之神只眷顧準備好的人。」[17] 質疑敘事的意願不僅是科學進步的關鍵要素，也是良好決策的關鍵。

央行大多會先經過冗長的委員會討論，才會做出利率決定。討論的目的是為了問「（經濟）究竟發生了什麼事？」，並得出一套敘事以便做出決定，再來向那些受到利率變化影響的人傳達決策。誠如筆者之一的經歷，這個流程的好處在於質疑與經濟狀況有關的主流敘事。英國央行貨幣政策委員會內部的討論幫助所有成員質疑當前的觀點，並彼此交流一些想法。引人注目的是，儘管政策決定鮮少是由全體一致通過的（而是根據九人委員會的多數決原則），但幾乎每個委員都想和其他委員討論「究竟發生了什麼事？」。近二十年來，只有一名委員表示願意放棄討論，改由透過電子郵件投票。

商業敘事

本章開篇那句引言的作者史隆在一九二三年至一九四六年間擔任通用汽車（General Motors）的執行長。那段期間通用汽車持續成長，成了全球最大的實業公司。在那個年代，或許沒有幾間企業如通用汽車那樣廣泛受到研究。彼得・杜拉克（Peter Drucker）於一九四六年出版的《企業的概念》（*Concept of the Corporation*）是第一本商業暢銷書，如今仍持續印行，讀者遍布各地。阿爾弗雷德・錢德勒（Alfred Chandler）的《策略與結構》（*Strategy and Structure*）將商業史的敘事風格從對公司與領導人的歌功頌德，轉變成如今嚴肅的學術敘事。史隆所寫的《我在通用汽車的歲月》（*My Years with General Motors*）是少數幾本值得一讀的高階主管自傳。羅納德・寇斯（Ronald Coase）以描述公司理論榮獲一九九一年的諾貝爾經濟學獎，他所描述的例子正是兩次世界大戰之間的通用汽車，對此他幾乎毫無掩飾。

史隆管理風格的精髓，在於把緊密交織的高階管理團隊，以及龐大的組織分權混合在一起。他一接管公司，就以自己所挑選的團隊取代了許多資深管理者，他的人馬在公司的全盛時期持續把持著主導地位。然而，同一時間，公司的各部門——別克（Buick）、凱迪拉克（Cadillac）、雪佛蘭（Chevrolet）、費雪車體（Fisher Body）等——繼續以獨立的事業單位運作。通用汽車

的旗下事業都沒有生產掛著通用汽車品牌的汽車。史隆相當強調諮詢、共治與關切的重要性，以確定「究竟發生了什麼事？」。他說：「我從來不發號施令，而是盡可能向同仁推銷我的想法。如果他們能說服我，讓我相信我錯了（他們常那樣做），我就會接受他們的判斷。我寧願跟一個人講道理，也不想靠權勢壓人。」[18]

當然，這些參與及檢討流程是在描述管理幹部的運作，而不是整個組織的運作。通用汽車多數的員工在裝配線上工作，只做公司要求他們去做的事。杜拉克解釋：「我給通用汽車的高階主管所下的定義是『會對自己反對的政策提出正式抗議的人』。那樣的批評不僅不會遭到懲罰，還會受到鼓勵。」[19] 在管理與勞工的明確界限中，質疑主流說法是可取的。那是通用汽車的理念，某種程度上也是現實。半個世紀以來一直是如此。

如果史隆稱得上是二十世紀最好的執行長，艾迪·蘭伯特（Eddie Lampert）可說是二十一世紀最糟糕的執行長。二〇〇五年，蘭伯特接任美國零售巨擘西爾斯（Sears）的執行長，他把西爾斯和營運困難的低階市場零售商凱馬特（Kmart）合併了起來。蘭伯特以前是對沖基金經理人，從來完全沒有零售或非金融業的經驗。他出了名地不愛開會，而是喜歡從他位於佛羅里達州及康乃狄克州的家中透過視訊發布指示及檢討進度。西爾斯和凱馬特的總部皆在伊利諾斯州，門市遍布美國各地。

蘭伯特知道敘事推理的力量。二〇一〇年，他抨擊監管與政府支出時，對股東這麼說：「主流敘事主要是靠一再重複來發展自我辯護，其次才是靠攻擊那些不同意敘事的人……主流敘事需要不斷重複，彷彿其他觀點都不存在，或主流思維不可能出錯似的。」[20] 或許這種對主流敘事的看法出自於自我檢視，因為蘭伯特出了名地不喜歡別人反對他的敘事。他的前商業夥伴理查・雷恩沃特（Richard Rainwater）向《浮華世界》（*Vanity Fair*）雜誌提到：「蘭伯特執意朝著自己想要的方向前進，即使有人因此受傷、遭到踐踏或碰撞也在所不惜……我覺得幾乎每一個能打交道的對象都跟他漸行漸遠。」[21] 蘭伯特以艾茵・蘭德（Ayn Rand）的小說《源泉》（*Fountainhead*）為他那艘長達八十八公尺的壯觀遊艇命名，那部小說既是對個人主義的歌頌，也是對從眾與傳統的持續反抗。

蘭伯特的經濟敘事依循了蘭德的模式，是一種自由主義的敘事。所以，他秉持著那種精神，把公司分成相互競爭的獨立利潤中心。這些利潤中心不是個別的商店或地區，而是在商店裡面相互競爭的利潤中心。[22] 蘭伯特的零售敘事把焦點放在一種名為「Shop Your Way」會員計劃上。「打從一開始，我們就想像『Shop Your Way』是西爾斯控股公司轉型的基石，我們將從單純的銷售商品，轉變成為會員的日常生活提供一站式服務的地方。」[23]

在這則敘事中，蘭伯特聲稱轉型將為西爾斯的事業帶來本質上的轉變，但我們並未從這則敘事中獲得更好的資訊。西爾斯的顧客似乎也同樣困惑。蘭伯特剛接掌西爾斯時，公司的股價超過一百美元。此後，銷售額縮減了一半，公司關了四分之三的門市。他每年寫給股東的冗長股東信也停了。我們即將完成本書手稿時，西爾斯已申請破產保護；而且債權人發現，承接這家破產事業資產的投標者，竟然是蘭伯特掌控的一群基金。

這家美國最失敗的零售商對敘事的看法，正好與亞馬遜的執行長貝佐斯的觀點形成鮮明的對比。毋庸置疑，亞馬遜是美國最成功的現代零售商。在亞馬遜內部，每次開會之前，高階主管都會先靜靜地閱讀一位與會者所準備的備忘錄（六、七頁）半個小時，之後才開始討論。這些備忘錄是「敘述型結構」，有些則是為提議的商品所撰寫的新聞稿。[24] 貝佐斯認為敘述很重要，這不單只是因為他已是全球最大的書商。寫一份優質備忘錄的時間不是幾小時，甚至不是幾天，而是一週或更長的時間。在會議之外，他指出：「我注意到一件事，當軼事與資料不符時，軼事通常是對的。且那表示測量的方式有問題。」[25] 這些管理實務對亞馬遜的發展有非常大的幫助，使得亞馬遜在短短二十三年內就成為全球最有價值的公司之一。

我們也有同樣的經驗：當資料產生了一個有悖直覺的結果時，最常見的解釋就是資料有問題。當然，不見得總是如此。從

伽利略到塞麥爾維斯，從巴斯德到愛因斯坦的科學進步，都是重大實驗的結果，實驗中的資料推翻了當時盛行的敘事。但每個年輕的研究者都應該準備好問這樣的問題：「那些資料是從哪裡來的？」資料與敘事都應該隨時接受質疑。

林肯與柴契爾

林肯與內閣一同圍坐在內閣會議桌邊商議，做決定的時候到了。林肯要求投票表決，內閣全部舉手表示反對。接著，林肯舉手說：「各位，贊成方通過。」這個故事雖廣為流傳，但其實是個杜撰的傳聞。不過，從這個虛構的敘事中，我們還是可以發現許多洞見。林肯在尋求質疑的同時，也為結果承擔了個人責任。

在兩大勁敵難分勝負的全國代表大會上，林肯是各地方派系都能接受的妥協人選，因而獲得共和黨的提名，之後當選總統。但隨後他便任命了競爭對手中最突出的幾位人選擔任內閣。其中有些人仍然認為自己比林肯更有資格坐上總統大位，比如獲任為國務卿的威廉‧西華德（William Seward）。林肯善用周遭這群人的才幹，也因應這些人所提出的挑戰。其中最重要的是，他推翻了自己先前的信念：他原本認為衝突的最後結果是移殖（把獲釋的奴隸送回非洲），但後來他被說服了，並把解放黑奴宣告延到「勝利之鷹起飛後」（即使他已經相信解放黑奴的必要）。毋庸

置疑，林肯是美國最偉大的總統之一，他領導的政府也是最有成效的政府之一。[26]

　　柴契爾的歷史地位依然頗具爭議。她確立了英國政治的轉型、完成了當時其他人物都無法完成的任務：克服通貨膨脹，恢復穩健的公共財政，放鬆管制，限制工會的力量，私有化計劃，在阿根廷入侵南大西洋的福克蘭群島後，派兵收復群島。然而，一九八七年柴契爾三度贏得選舉後，她的領導風格逐漸轉趨專制。就業大臣諾曼・福勒（Norman Fowler）指出：「她現在決定實施那些比較謹慎的閣員一直反對的政策……只要有閣員對預期提出任何質疑，柴契爾就會給他打上不可磨滅的標記。某次會議上，她低頭看一下擱置的部會提案，問其他的部長：『除了內閣大臣以外，有人同意這份提案嗎？』」[27]

　　一九九〇年初，福勒以「想多陪伴家人」為由（這個理由後來變成離職高管不願解釋離職原因的熱門託辭），辭去了內閣職務（後來英國首相換人後，福勒再次離開家人，成為保守黨的黨主席）。六個月前，英國財政大臣尼格爾・勞森（Nigel Lawson）才剛閃辭內閣。一九九〇年十月，英國副首相傑佛瑞・侯艾（Geoffrey Howe）辭職後，便在下議院發表了一場措辭尖刻的演說，他表示：「大家該好好思考可悲的忠誠矛盾問題了。搞不好我自己已經糾結太久。」[28]

　　四年後，侯艾在回顧柴契爾身為首相的行為時，評論道：「她

的悲劇在於,將來大家對她的回憶可能不是她林林總總風光輝煌的成就,而是她晚期愈來愈不願妥協,試圖強迫他人接納自身觀點的魯莽作風。」[29] 侯艾的辭職演說為柴契爾的領導帶來了質疑,一九九〇年十一月底,柴契爾的首相任期劃下了句點。

當然,柴契爾是在民主制度下當首相。她抗拒質疑的結果,就是首相生涯提早結束。同樣的道理也適用在投入競爭市場的企業家身上。西爾斯在蘭伯特的領導下持續衰頹,要不是他握有公司的股權,我們幾乎可以肯定他老早就被趕下台了。在缺乏導正機制的政權中,專制的領導者可能會造成難以估量的損害——不僅會破壞質疑者的事業與生活,也破壞了政策。希特勒、史達林、毛澤東的任期,都在這些領導人死後才結束。

艾森豪與麥克阿瑟

艾森豪與麥克阿瑟分別是領導同盟國聯軍在歐洲與太平洋戰場上獲勝的將軍,兩人都懷有總統大夢。艾森豪比較小心翼翼,麥克阿瑟則比較公開。一九五二年,兩黨競相爭取艾森豪參選總統,他後來宣布代表共和黨出選,並以壓倒性的票數當選。[30] 麥克阿瑟則因試圖把韓戰擴大成中美的潛在核武衝突,而遭到杜魯門總統解職。[31] 雖然麥克阿瑟最初在美國各地展開巡迴演講時獲得了熱烈的支持,當民眾對他尖刻的措辭及指控愈來愈不感興趣

時，他的人氣也跟著消失了。

他們二人都是能幹的指揮官，但領導風格截然不同。艾森豪會尋求不同的觀點，麥克阿瑟則是回避質疑、拒絕向他人的權威低頭。美國軍事政治家喬治・馬歇爾（George Marshall）曾告訴麥克阿瑟，他下面都是奉承的奴才，而不是參謀。杜魯門說，他不明白美軍為何能「培養出羅伯・李（Robert E. Lee）、約翰・潘興（John J. Pershing）、艾森豪、布雷德利（Bradley）這樣的人才，但同時也培養出卡斯特（Custer）、巴頓（Patton）以及麥克阿瑟。」[32]（卡斯特在小大角戰役〔Battle of the Little Bighorn〕中的「最後一搏」導致全軍覆沒。巴頓的風格從他對軍隊的出名命令可見一斑：「沒有哪個混蛋是靠為國捐軀贏得戰爭的。想要贏得戰爭，靠的是讓敵軍那些可憐的混蛋為國捐軀。」）[33]

英國陸軍司令伯納德・蒙哥馬利將軍（Bernard Montgomery）相當瞧不起艾森豪，他聲稱：「他沒有自己的計劃……艾森豪只會開會蒐集想法，我開會是為了發號施令。」[34] 蒙哥馬利的傲慢程度與麥克阿瑟不相上下，據傳邱吉爾說他「戰敗時數落不得；戰勝時難以忍受」。邱吉爾從美國將領中選了艾森豪擔任歐洲戰場的最高指揮官，連蒙哥馬利也承認，組成盟軍司令部最高層的將領非常多元，艾森豪是把這些將領團結起來的不二人選。

艾森豪擔任總統時，有人批評他遭到內閣控制，尤其是他的國務卿約翰・福斯特・杜勒斯（John Foster Dulles）。然而，艾

森豪卻是現代最成功的總統之一——有位史學家還描述他的治國之道是「暗手領導」（hidden hand leadership）。[35] 麥克阿瑟是位傑出的軍事策略家。他在二次大戰的太平洋戰役中做得很成功，也在戰敗國日本擔任稱職的行政官，但後來在韓戰中犯了一些錯誤，後來證實，他發出的警訊完全錯誤（當時他警告，如果韓戰沒有打到勝利才告終，不僅亞洲，連西歐都可能落入共產黨手中）。他的做法與艾森豪的冷靜判斷形成鮮明的對比，艾森豪曾考慮讓韓戰衝突升級，但後來被勸阻了；接著他成功推動並落實了外交官喬治・凱南（George Kennan）的遏制策略。

結果，艾森豪八年的總統任期不僅太平無事，也有穩健的經濟成長。即使《朝鮮停戰協定》達成了，也很少人料到冷戰竟然又持續了三十六年之久。艾森豪在總統告別演說中，出乎意料地對「軍事工業複合體」日益成長的威力發出預言般的警訊。

保護參考敘事

質疑敘事不單只是為「究竟發生了什麼事？」找到最好的可能解釋，也可以檢測提議的行動方案有什麼缺點，以確保計劃的穩健與韌性。一九四四年六月，艾森豪率領同盟國聯軍攻入法國，進行史上規模最大、計劃最縝密的後勤行動。在登陸日當天就有十六萬名士兵登陸，三百萬人可支援進攻。軍事演習及假情

報使德軍誤信同盟國軍隊將在加萊海峽（Pas de Calais）展開行動，結果導致德軍把軍力過於分散在英吉利海峽和大西洋海岸。艾森豪的做法跟巴頓的做法正好形成對比（巴頓說：「我們想盡快殺過去。在那些該死的海軍搶功之前，我們愈快清理那個該死的爛攤子，就能愈快去打日本鬼子，把他們的巢穴清剿一空。」）[36]然而，艾森豪知道許多事情可能出錯。在進攻的前一天，他寫了一封萬一行動失敗時可發表的公開信。[37]我們不知道他是否用貝葉斯錶盤算過那封信派上用場的機率。結果證明，那封信是多寫的。

泰特洛克與丹尼爾・賈德納（Daniel Gardner）是預測的評估家，也是「良好判斷專案」的設計者（注：兩人曾合著《超級預測》〔Superforecasting〕）。他們在推廣機率推理時主張：「數十年來，美國的政策是維持同時打兩場戰爭的實力。但為什麼不是三場？或四場呢？既然都要做準備了，為什麼不乾脆為外星人入侵做好準備呢？答案在於機率。」[38]才不是！我們根本沒有任何根據可以算出外星人入侵的機率。美國之所以維持同時打兩場戰爭的實力，是出於另一個原因。制定這個政策的人最關心的敘事在於，二次大戰期間，美國被迫在歐洲與德國打陸戰，同時在太平洋與日本打海戰。但後續的數十年間，這個敘事的重要性逐漸消退，而且大家愈來愈清楚看到，世界大戰後美軍需要不同且更多元的能力，尤其是在記取越戰與伊拉克戰爭的教訓之後。小布希

任命倫斯斐為國防部長時，他也對這個「兩場戰爭」的政策表示懷疑。後來，歐巴馬政府終於放棄了這個策略。[39]

試圖建構機率，其實是在把注意力從更實用的任務拉開：努力打造穩健又有韌性的防禦力，以因應許多突發狀況，有些突發狀況幾乎只能最粗略的細枝末節草草帶過，並沒有具體的描述。一九八二年，阿根廷入侵福克蘭群島時，英國大吃一驚，那次突發狀況對英國國防的影響持續至今。我們很難預測戰爭的爆發或演變，要是比較容易預測，那麼戰爭爆發的可能性會更小。軍事領導人採用軍事演習來測試他們因應各種假想情況的能力，但他們其實都沒有預期那些演習的情境真的發生──這個流程很像殼牌公司的情境規劃。我們很難想像外星人入侵是什麼樣子。描述這種入侵的小說與電影顯現出人類想像力的局限：無論是外星人還是他們的技術，都與我們熟悉的人類及裝置沒有太大的差別。有鑑於地球上已經演化出多種生命形式，誰曉得另一個星球上的智慧生物長什麼樣子？我們正在擴大極端不確定性的範圍──但那種不確定性確實存在。其他地方可能有生命，但唯一誠實的答案是我們不知道。

這世上有來自伊斯蘭恐怖分子的具體威脅，也有來自外太空難以想像的威脅。但穩健與韌性才是軍方審慎因應極端不確定性的關鍵特徵，而不是對近乎無限多的可能意外狀況配上任意的機率。我們認為，對企業與家庭來說，商業與金融領域的策略制定

也是如此。

第 10 章描述的策略週末，是為了檢討商業策略而生。如果那些會議上有人做出更好的引導，那應該要從診斷階段開始，讓與會者先確定「究竟發生了什麼事？」，接著再描述一個參考敘事——套用商業策略家亨利·明茲伯格（Henry Mintzberg）的說法：「被外面的擔憂所牽引，而不是被這裡的擔憂所驅使。我們永遠不會真正看到全貌，但我們肯定能看得更清楚」（這是對極端不確定性的世界所做的明智評估）。[40] 有效的商業策略是一種參考敘事，是一種部分質化、部分量化的情境，既定義了公司的現實預期，也描述了實現預期的方法。按照這種方式進行後，參與者接著考慮及評估那個商業策略或敘事的風險，以確定它面對多重（可能未知的）突發事件時，是穩健且有韌性的。

當賈伯斯告訴魯梅特他在等待「下一個大爆點」時，他不只是希望有東西出現而已。他知道，在瞬息萬變的消費電子業裡，將會出現令人振奮的發展。但是，如果認為有人能精確預測到未來的發展，那就太狂妄了。他知道、也了解他的公司相對於競爭對手的優勢。他把公司定位成一家善用多種可能性的公司。成功的策略得讓公司獨特的能力和公司運作的環境（有時靜態，有時瞬息萬變）相互配合。

我們在規劃假期時，就是從一個參考敘事開始：我們期待一次愉快又放鬆的體驗。接著，我們會考慮一些可能的風險，例如

去機場的路上可能耽擱了；吃到不熟悉的東西可能導致肚子不舒服。我們要想辦法確保那個參考敘事面對這些風險時是穩健且有韌性的。所以，我們提早出門，以免途中耽擱；我們在行李中放了胃腸藥。我們投入一項建築專案時也是如此，我們和建築師傅討論計劃，試著描述最重要、但可能出錯的部分。我們看過最接近「貝氏更新」的常用工具是所謂的風險圖，是個幾乎一定得提交給公司董事會的資料。通常，這些圖上會列出好幾個「風險因素」，並附上相對重要性的等級，以紅燈或綠燈表示。這種文件依循著一種制式設計，頂多只和商業策略有些微的關係。董事會通常會默默收下這種報告，然後記錄收到了。這樣做的目的與其說是為了確保風險不要發生，不如說是為了證明大家已經有考慮過風險了，或至少提過風險了——萬一風險真的發生，就可以拿出來當證據。

更好的做法，則是找出可能導致參考敘事嚴重偏離的少數風險，並思考可用來處理那些意外的應變措施。萬一巴基斯坦軍隊介入，海豹突擊隊是要開槍撤離，還是等總統去協商政治方案？（負責那次行動的威廉‧麥克雷文上將〔William McRaven〕主張協商，但遭到歐巴馬否決，他擔心萬一外國勢力挾持另一群美國人為人質，可能會產生新的風險。）[41] 如果重大風險的清單很長，那就需要質疑參考敘事了，但這又涉及到「重要性」的判斷。在現實世界中，若要把可能出錯的所有事情（無論多麼微不足道、

有多不可能）全列出來，那近乎是無窮無盡的。

麥納馬拉和他的懺悔

面對新的證據時，願意改變主意是件好事，但問題在於怎麼辨識出新的證據。如果拋擲一枚硬幣，正面一直朝上，就會讓人開始質疑那枚硬幣是否公平、出現正反面的機率是否一樣。計算某種序列發生的機率是可能的，但越戰並不是把一個遊戲重複第一千次。

麥納馬拉是所謂的青年才俊，他在二戰期間開創了數字行動管理，改變了軍事後勤。一九四六年，剛從父親手中接掌福特汽車公司（Ford Motors）的小亨利・福特（Henry Ford Jr.）意識到招聘新人才的必要，因此把一群青年才俊招至麾下。麥納馬拉運用行動管理技巧在公司裡平步青雲，成為總裁。一九六一年，甘迺迪任命他為國防部長——兩人年齡相仿——麥納馬拉在詹森接任總統後繼續擔任國防部長，直到一九六八年。美國之所以決定對古巴實施海上封鎖而非空襲，他是其中的關鍵人物。

但是，麥納法拉對資料相當癡迷，他幾乎不聽外部辯論就迅速做出決定。身為國防部長，他面臨的主要挑戰是越戰，他對美國政策的影響力僅次於總統。一九六二年，麥納馬拉對一位記者說：「每個量化指標都顯示，我們即將勝利。」[42] 隨著越戰戰局日益

升溫，麥納馬拉成了追求戰勝的政策主力。但是，到了一九六六年，他開始懷疑美國實施軍事方案的能力。在一九六七年五月發給詹森總統的一份備忘錄中，麥納馬拉寫道：「越戰局勢愈演愈烈，需要加以制止。」[43] 一九六八年，在他卸下國防部長職位、去接任世界銀行總裁之前，他曾私下向人談到轟炸的「澈底無用性」。[44]

這裡有個有趣的問題：身為美國政府中最聰明的人之一，為什麼他會讓自己捲入美國史上最嚴重的政策災難？史學家馬克斯‧黑斯廷斯（Max Hastings）問道：為什麼政府內部幾乎沒有討論與爭辯？[45] 退休許久的麥納馬拉回答，詹森總統對於「資深顧問有明顯分歧的議題，他並不鼓勵大家針對那些議題做全面公開的辯論」。[46] 但一九六八年，辯論公開爆發，詹森被迫下台。麥納馬拉在回憶錄中回想越戰的慘敗，他寫道，越戰慘敗的主因之一是「我們一直無法處理根本的議題；也不承認我們無法找出議題；更沒有指出並解決總統顧問群之間那些根深柢固的歧見。」[47] 詹森政府對越戰所採用的敘事並沒有真正地調查「究竟發生了什麼事？」，也抗拒任何對主流敘事的質疑。麥納馬拉試圖把衝突縮減成量化評估（亦即計算各自的彈藥儲備及死傷人數，這是傳統戰爭的運算），但他沒有更深入去質問敵人的性質與動機；換句話說，他沒有問「究竟發生了什麼事？」。美國是否有從越戰中吸取了教訓？二〇〇三年，美國入侵了伊拉克。

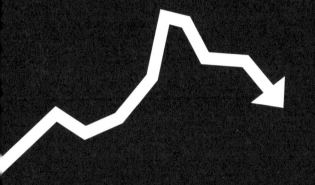

PART IV

經濟與不確定性

第 17 章
金融界

「有些東西可以用方程式來表達，看起來很屬害，甚至很狂妄，但是以文字來表達時卻荒謬不堪，連作者本人都覺得尷尬。」

——胡佛・麥金[1]

　　古希臘哲學家米利都的泰利斯（Thales of Miletus）曾提出一些幾何學的重要發現，也仔細觀察了自然事件的頻率。他準確地預測到西元前五八五年發生的日全食，以撒・艾西莫夫（Isaac Asimov）將此預測稱為「科學的誕生」。[2] 泰利斯也運用科學知識預測到一次特別豐盛的橄欖大豐收。他購買了米利都所有橄欖油壓榨機的期權，當壓榨機的需求飆升時，他就把那些壓榨機出租出去，賺取了相當可觀的利潤。亞里斯多德說，泰利斯的動機主要不是為了錢，他只是想為哲學家和經濟學家經常遇到的問題提

供答案:「既然你那麼聰明,為什麼你不富有?」[3] 這個故事不太可能是真的,但它確實有教育意義。小心運用小模型、結構良好的敘事以及邏輯推理,不但可以飛黃騰達,也可以賺取學術名聲。

莎士比亞筆下的威尼斯商人安東尼奧(Antonio)有預想到薩繆森所討論的「單次下注與多次下注的差異」(回想一下,薩繆森曾不解為何他的同事在期望值為正、只賭一次的情況下,不願下注;但要是連賭好幾把就願意)。安東尼奧向薩拉里諾(Salarino)解釋了多角化投資組合的好處,薩拉里諾則是擔心個別的風險:

> 我的投資不是全擺在一艘船上,
> 沒有全放在同一處,
> 也沒把所有財富寄託於今年的運氣好壞,
> 因此我並沒有為我的貨物發愁。[4]

而且,安東尼奧對自己的資本充足很有信心。薩拉里諾向夏洛克借錢,由安東尼奧作保。安東尼奧說:

> 唉,老弟,別怕,我不會違約的。
> 兩個月之內,也就是這份合約到期前的一個月,
> 我預計我就會收到這個借款金額三倍再三倍的錢了。[5]

但是安東尼奧的計劃被打亂了。首先,意外事件接連不斷發

生的複合機率雖然極低，卻還是發生了（結果安東尼奧的財富按市價計算出來的價值太低，損害了他的信用評級。在劇終，他一部分的商船返回了港口）。第二，極端不確定性跑出來攪局。一個反常事件——夏洛克的女兒潔西卡與人私奔——導致圖謀復仇的放款人執意執行契約（注：他不要錢，他要安東尼奧身上的一磅肉抵債），儘管握有充裕資金的最後貸款人介入了償債，他還是堅持執行契約。第三，更反常的事件（波西亞的介入）幫安東尼奧解決了問題。然而，安東尼奧因為沒有考慮到極端不確定性，又過度受到自己的機率模型所影響，便把自己的性命置於險境。這個故事抓住了多角化模型的精髓。面對極端不確定性時，多角化是風險管理的核心。

風險的意義與風險規避

筆者之一曾參加過一場會議，與會者是代表主要國防承包商的一些商界人士，以及一群財政部的經濟學家，那些經濟學家沒多久前剛從一流的大學畢業，修習經濟與金融。他們開會討論的議題為：承包商在承擔重大專案所涉及的大風險時，應該獲得多大的獎勵。許多專案本質上是獨一無二的。經濟學家認為，由於一個特殊專案的超支風險與公司及其股東可能面臨的其他風險無關，而且專案的金額又比那些股東的財富總額小，因此沒必要為

這種風險提供補償。有些人甚至提出,適當的報酬率應該是安全公債的殖利率。承包商中有幾個人最近才在一些超支的專案上承受了巨大的虧損,他們聽到經濟學家的說法後,一臉不敢置信地看著那些經濟學家,彷彿他們來自外太空似的。

由於雙方都使用「風險」這個詞,但雙方賦予這個詞截然不同的意義,所以根本無法協商。對經濟學家來說,他們受的教育是透過公理型理性的視角來看待不確定性,他們用資產報酬的變異性來描述風險。對承包商來說,風險意味著專案可能無法如期完成——亦即他們的參考敘事(工作順利完成)無法實現。他們認為專案不太可能超前完成——他們所謂的「風險」,肯定也不是指超前完成。他們也必定考慮過,萬一專案嚴重出錯,他們在公司內的地位可能會面臨的風險。風險的意義取決於個人與背景脈絡。這兩種「風險」的詮釋可能有關係,但承包商是以一般用語來解釋風險的意義,我們在這本書中及日常生活中也會繼續採用這種詮釋——亦即無法實現參考敘事的核心元素。

在前面的章節中,我們提過一些改變社會的風險愛好者(冒險者),例如維珍集團的布蘭森、邱吉爾、賈伯斯、特斯拉的馬斯克、歐威爾等等。塞麥爾維斯因堅信自己是對的而精神錯亂,但他拯救了數百萬婦女的生命。馬歇爾讓自己被細菌感染,藉此改變了醫療實務,並因此榮獲諾貝爾獎。這些行為與個人財富的效益毫無關係。隨著我們日益了解神經生理學,我們可以藉由追

蹤前額葉皮質的活動以及研究化學物質多巴胺來了解那些行為，而不是說服大家接受公理型理性。

　　規避風險的人不喜歡走出既定參考敘事的舒適圈。他們想在一個極端不確定的世界中尋找確定性，他們的做法就是想辦法把自己限制在一個平穩的小世界裡。他們就像小說《長日將盡》裡個性拘謹壓抑的管家史蒂文斯先生（Mr. Stevens），或是迪士尼電影《歡樂滿人間》（*Mary Poppins*）中的班克斯先生（Mr. Banks）。東德的崩解為許多人帶來了機會，但有些人因為專制政權的限制所帶來的安全感消失了而惶惶不安。相反地，像馬斯克、歐威爾那樣的風險愛好者則是不斷追尋新的參考敘事，並藉由那種追尋來改變其他人的參考敘事，無論是變好還是變壞。

大世界中的小世界模型

　　前述那些人看待風險的方式，與那些國防承包商的想法一樣。風險是由個人或企業的環境及參考敘事所決定的。財政專業人士（比如那些財政部的經濟學家）則有不同的想法。在他們的世界裡，風險是一種非個人、客觀的資產屬性，而促成這種思維的一大來源是一九五〇年代芝加哥大學哈利・馬可維茲（Harry Markowitz）的研究。[6] 他的中心思想是，當你要判斷一個投資組合的風險時，你不能只看每個資產的風險，還得看不同資產報酬

率之間的關係——也就是安東尼奧試圖向薩拉里諾解釋的議題。如果不同資產的報酬率密切相關，多角化投資的效益便微乎其微。但是，如果不同資產的報酬率不相關，加入更多的資產可以降低整個投資組合的變異性。「效率投資組合」就是針對某個平均報酬率，把投資組合的報酬變異性最小化。

傅利曼是馬可維茲的研究審查者之一，據傳他很欣賞馬可維茲的研究，但有點擔心他的研究會被歸為數學，而不是經濟學。[7]總之，馬可維茲最後還是拿到了博士學位，在學術界及投資管理領域都開展了他的職涯，並於一九九○年以「效率投資組合」榮獲諾貝爾獎。這個模型至今仍是現代金融經濟學的一大支柱，其他支柱包括所謂的「資本資產定價模型」（CAPM）與效率市場假說。資本資產定價模型是問，如果資產是根據效率投資組合的方式訂價，金融市場的均衡會是什麼樣子。效率市場則是主張，市場價格反映了所有可獲得的資訊（如第 14 章所述）。

效率投資組合、資本資產定價模型、效率市場假說都是簡單模型可用來闡述複雜問題的好例子。投資組合方法的關鍵觀點在於，風險是整個投資組合的屬性，不是直接把跟該投資組合的每個元素有關的風險相加起來。風險要視情境脈絡而定，在某個情境脈絡中有風險的行動，在另一個情境脈絡中可能會降低風險。這世上沒有所謂的「風險資產」，只有「有風險的資產集合」——如今很多投資者與金融顧問仍未充分理解到這點。馬可維茲

那個理論的數學其實不難，它優雅地證明並闡述了這個見解。[8]資本資產定價模型顯示，任何金融資產的價值是如何取決於那個資產（相對於所有其他可用資產）的屬性，並提供一個架構幫大家了解這些關係。套利（特徵相關、但不見得一樣的資產之間進行交易）一直是許多交易員獲利策略的基礎。資本資產定價模型區分了「特定」風險與「市場」風險。所謂的「特定」風險與特定的證券有關，例如國防合約能否按時在預算內完成？藥物能否通過臨床試驗？石油公司的產量高嗎？而所謂的「市場」風險，則是和一般經濟狀況有關，牽涉到所有的證券。例如，經濟衰退時，我們預期多數證券的價值將會下跌。市場風險是無可避免的，特定風險是可以多角化分散的，因此市場風險的報酬應該比特定風險的報酬來得高。這就是財政部經濟學家的反直覺論點。

效率市場假說是強大的現實檢測機制。每個人都知道亞馬遜是個成功的零售商，也知道蘋果的產品對消費者而言很有吸引力。這些公司的股價都已經反映了這些訊息。任何人要是聽說、或深信自己找到某個未開發的事業或投資機會，都應該先問問自己：「為什麼其他人沒有把握這個大好機會？」當然，這個問題可能有很好的答案。但這樣自問可以幫你避免犯下代價高昂的錯誤。

投資組合理論、資本資產定價模型、效率市場假說都是有用的模型，甚至不可或缺，但它們都無法描述「世界的真實樣

貌」。當大家把這些金融模型當成現實來看待，以虛構的數字填充它們，並把它們當成重要決策的依據時，這些模型就會造成誤導，甚至很危險，就像它們在全球金融危機及許多其他場合中所扮演的角色一樣。一九九八年，美國大型對沖基金 LTCM 公司崩解，因為該基金及擔任公司顧問的諾貝爾獎得主（包括羅伯·C·莫頓〔Robert C. Merton〕）都太相信他們的模型了。（羅伯·C·莫頓是社會學家羅伯·K·莫頓之子，我們在第 3 章提過，他是第一個提出反身性議題的社會學家——當熟悉 LTCM 策略的交易員試圖趁公司無法維持策略時大撈一筆，反身性就變成非常相關的議題了。）他們的錯誤在於把小世界誤認為「風洞」模型（見第 19 章），風洞模型複製了我們生活的大世界。

我們很高興自己了解這些小世界模型，我們也因為知道這些模型而變成更好的投資者。但我們不會把這些模型看得太認真，更不會相信它們是在描述「世界的真實樣貌」。馬可維茲與薩維奇都很清楚，他們的理論只適用於小世界，但他們的警告大多被忽視了。有人問馬可維茲，他規劃退休時，是做了什麼樣的投資組合決定，他回應：「我應該要計算資產類別的歷史共變異數，畫出一條效率前緣（efficient frontier），但我沒有。我想像如果股市持續上漲，我卻不在其中；或股市下跌，我完全套在其中，我會有多慘。我的目的是儘量減少將來的遺憾。所以，我把投資組合一半放在股市，一半放在債市。」[9]馬可維茲對自己行為的描

述，呼應了魯文斯坦的「風險即感覺」模型（見第 7 章）──他的決策反映出他所抱持的希望與恐懼，而不是追求隱含在模型中的主觀期望效用的最大化。

金融監管

上述財政部的經濟學家已把學術金融的傳統智慧深深地烙印在腦海裡。修過同樣課程的其他畢業生則在金融監管機構找到工作，他們也把風險視同為資產價格波動。兩派對風險截然不同的看法在金融監管領域中水火不容，劍拔弩張，充滿破壞力。

二〇〇七年春季，英國北岩銀行（Northern Rock）在年度股東大會上宣布，他們是英國資本狀況最好的銀行，而且將把「超額」的資本退還給股東。[10] 那年年初，《巴塞爾協議》（Basel regulations）才剛生效，根據國際協定的風險計算，北岩銀行確實是英國資本適足性最好的銀行。新法規規定的風險權重假設，抵押貸款是銀行可投資的最安全資產。然而，要是去掉風險權重，北岩銀行的負債是其權益資本的八十倍。

更糟的是，定義「資本適足性」的詳細規定，並沒有考慮到銀行是如何建構資產負債表上的負債部分的（亦即銀行用來提供房貸資金的自身借款）。在年輕氣盛、雄心勃勃的執行長亞當・阿普格思（Adam Applegarth）的領導下，北岩銀行已不再是十年

前那個傳統的房屋互助協會（從散戶吸收存款、再把存款借給購屋者的金融機構），當時該行大部分的貸款資金是來自貨幣市場的日常借款，接著再向其他的金融機構出售包裝好的證券化貸款。二〇〇七年八月，短期借貸市場及證券化貸款的轉售市場都乾涸了，銀行無資金可用。北岩銀行的分行外頭儲戶大排長龍，擠兌剩下的錢。政府提供存款擔保及央行提供金援以後，恐慌才平息了下來。二〇〇八年二月，北岩銀行因救援無望而收歸國有。

一九八〇年代開始，從世界各地招募而來的聰明人士齊聚瑞士巴塞爾，試圖為金融監管設定一個全球架構。但後來證明，他們設計的風險處理方法有誤導性。他們誤以為不確定性可以籠統地根據歷史經驗、以固定數值的風險權重來表示。他們沒料到來自批發市場的資金可能會消失，也沒想到投資者對不動產抵押貸款證券（mortgage–backed securities）的興趣會突然驟減。商業銀行及監管機構都認為，即使零售融資可能會突然枯竭，批發性融資一定可以用某個價格取得。這個合理的假設後來證明是錯的。一場反常的事件便澈底擊垮了北岩銀行。

這些模式在全球金融危機中失靈，卻未澆熄監管機構對它們的興趣。歐洲指令——所謂的「歐盟償付能力第二代指令」（Solvency II）——已經把類似的模型沿用到保險業，將來也可能會沿用到退休金制度上。但保險公司的倒閉很少是因為風險模型

中描述的低機率事件所造成的，成因往往是非關模型的異常問題，例如詐欺，或是像北岩銀行那樣，發生管理高層或監管機構意想不到的敘事。

退休金模式

一九九一年，囂張的詐騙犯羅伯・麥斯威爾（Robert Maxwell）從他停在加那利群島（Canaries）的遊艇上消失。有人發現他盜用《每日鏡報》（*Daily Mirror*）的退休基金來資助他搖搖欲墜的龐大事業。後來，監管機構針對職業退休基金公布了更廣泛的監管法規。「確定給付」方案（defined benefit）是承諾根據過去的收入、而不是過去的繳款來支付退休金。二〇〇四年英國的《年金法》（*Pension Act*）要求這些方案為其負債進行「技術評價」（technical valuation），這需要使用年金存續期間（基本上會超過五十年）的價格、收益、投資報酬的預測值，來計算折現的現金流量。年金方案的受託人必須比較這個計算出來的數字和這個方案的流動資產，並想辦法消除任何赤字。

當然，沒有人知道五十年後的價格、收益、投資報酬是多少。為這些方案提供建議的精算師，難免對那些數字一無所知，他們只知道幾個需要填入試算表的數字，所以其他的數字都是他們自己編出來的（理論上，方案的受託人要負責檢驗精算師的假

設，但受託人其實更不了解相關數字是多少）。他們帶著電腦去造訪客戶，電腦裡有一個標準範本。無論客戶是擁有五十名員工的小雇主，還是整個英國的大學體系，他們拿給客戶看的範本基本上是一樣的。在第 20 章中，我們將會描述面對無可避免的無知時，這種自己編數字的情況為何如此普遍。

退休基金的監管機構要求制定計劃，以消除「技術評價」所顯示的「赤字」。這個規定是為了確保萬一那個退休金方案不得不關閉，它還有足夠的資金可以履行退休金給付的承諾。乍看之下，這條規定值得讚許，但現在這條規定可能會把繳費提高到難以負擔的水準，導致英國私營的退休金方案幾乎失敗。監管制度試圖藉由規定一個參考敘事來降低風險（在極端不確定的世界裡，風險永遠無法完全消除），但那個參考敘事太過嚴苛、在財務上又沒有吸引力，所以根本沒有人想要。法規的錯誤（儘管立意良善）加上模型的濫用，大幅縮限了英國多數人安全退休的前景。麥斯威爾死後所造成的傷害，比他可恥的一生所造成的傷害還大。

除了確保退休金方案足以履行給付承諾，或要求銀行發行足夠的股本以吸收可能的損失，還有什麼更明智的做法呢？然而，加入《每日鏡報》退休金的人之所以受害，不僅是因為他們款繳太少，更是因為麥斯威爾竊取了他們所繳的款項。同樣的，在金融危機中，風險調整後的資本並無法拿來預測哪些銀行可能會倒

閉，簡單的槓桿比率反而是更好的預測指標。有鑑於金融業過去的行徑，我們並不相信金融業在缺乏嚴格的監管下，能夠穩健地經營銀行體系或處理投資者的資金。但立意良善的法規制定出極其複雜又詳細的規範，也已偏離了正軌。在極端不確定的世界裡，這些法規無法考慮到所有（甚至許多）相關的情況。但是，面對這些法規的不足之處，大家的反應通常是制訂更多的規則。最近金融監管的經驗顯示，避免不懂裝懂非常重要。我們不知道下一場危機何時到來，也不知道它長什麼樣子。我們需要簡單、穩健的原則來指引我們大方向，而不是制訂成千上萬頁的詳細規則，讓遵守規則的義務凌駕合理管理他人金錢的精神。我們在從前出版的著作中曾對這種改革提出了建議，監管機構愈是想要界定明確、詳細的規則（這些規則與其說是澄清，不如說是混淆），就愈有可能適得其反。要是有人能退一步問「究竟發生了什麼事？」，而不是去調整那些看似勢不可擋的流程就好了。

更多金融敘事

第 12 章提過，經濟學家席勒主張，想了解經濟行為為什麼會出現又大又有破壞性的變化（無論是股市泡沫與崩盤，還是經濟蕭條期間的產出驟減），就得了解情緒的波動。[11]

但席勒對敘事的關注是片面的。他用敘事的概念來解釋世人

稱為「風潮」的行為；換句話說，儘管敘事可用來解釋行為，但他認為敘事偏離了「理性」的最適化行為，所以是非理性且情緒化的。套句他的說法，「在一般人之中，敘事往往有些不誠實，帶有操縱性[12]」，「因此經濟敘事所涉及的行為，往往是因為聽到別人說自己做了哪些事情而跟著去做。」[13]

但敘事之所以重要，不是因為人類行為的弱點，而是因為我們需要在極端不確定的世界中做決策。的確，在某些金融市場中，敘事有時「不誠實、帶有操縱性」，但一般人是誠實地使用敘事來了解環境，並在極端不確定性下用敘事來指引他們的決策。我們需要一個敘事才能回答「究竟發生了什麼事？」

一些真實事件確實改變了經濟的基本面以後，有感染力的敘事往往會影響金融市場。由於敘事的傳播一定是循序漸進的，隨著後來的人跟風抬轎，最先相信那個敘事的人可能會獲得豐厚的報酬，而且評論者往往誇大了經濟發展的速度與規模。大家普遍認為，世人容易高估一項新技術短期的影響，而低估其長期的影響。

關於金融泡沫的開創性著作，首推查爾斯‧麥凱（Charles Mackay）的《異常流行幻象與群眾瘋狂》（*Extraordinary Popular Delusions and The Madness of Crowds*）。這本書寫於一八四〇年代的鐵路狂熱時期，追溯了早年充滿感染力的金融愚行，從一六三〇年代的荷蘭鬱金香狂熱，一直談到一個世紀後的南海泡沫。

最近有學者對荷蘭鬱金香狂熱的性質和規模提出質疑，那個風潮看起來似乎特別愚蠢；然而，把那些風潮歸因於妄想，並未點出那些敘事中常見的真理核心。沒有人會懷疑，十八世紀開始的國際貿易成長、十九世紀的鐵路建設，或一九二〇年代無線電與商業航空的發展等等，都是讓經濟脫胎換骨的轉型事件。

同樣地，投資者肯定以下的事實也是正確的：一九七〇年代與一九八〇年代日本製造商的成功，不僅使日本崛起為主要經濟大國，也是新興市場經濟體更廣泛成長的前兆。不過，隨著資產價格泡沫的膨脹，這個事實也無法證明日本股票及房地產的價值是合理的。後續十年，在其他的新興市場中，幾乎立即重複了同樣的過度擴張與反應——比方說一九九九年的「新經濟」泡沫，以及歐元上路後，歐陸各地的利率趨同期間。在這些例子中，隨著更現實的情況終於出現，投資者都損失了大量的資金。敘事的崩解是比敘事的傳播更迅速的流程。我們寫這篇文章的時候，金融媒體上充斥著鬱金香狂熱引發泡沫以來最薄弱空洞的故事——想像加密貨幣在未來將接掌全球貨幣系統。像流行小說一樣，比特幣現象結合了幾個經久不衰的敘事——自由意志主義者想像一個沒有國家干預的世界，神奇科技的力量，以及「創造貨幣」的謎。

傑克森霍爾的全球央行年會

一九八〇年代,曾經在金融體系中顯得枯燥乏味的債券市場突然變成新敘事的焦點,新敘事以證券化為基礎,令人振奮。當時的想法是,放款機構——銀行、貸款提供者、融資公司——可以把他們的放款打包成可交易的證券,主要出售給其他金融機構。這麼做可以讓他們提供比以往債券市場的投資標的更有吸引力的風險與報酬組合。

過去,還有現在,這種交易有兩種可能的理論基礎。其中一種敘事是把證券化視為一種機制,讓放款機構分散放款風險,從而降低融資成本,或許還可以把融資成本較低的效益,分一點給申請房貸的購屋者及申請信貸的小企業。另一種敘事則是說,證券化提供一種機制,讓了解這種風險或理當了解風險的人(亦即最初的承銷商),把風險轉移給不太了解風險的人。

但無論是哪一種解釋,證券化的直接結果,都是包裝以及交易那些證券的人賺了很多錢。這種產品的數量急速成長,而且把這些包裝的證券再組合包裝成證券,又可以賺更多錢(例如「債務擔保證券的平方」)。隨著市場的成長,銷售人員愈來愈積極地尋找新的借款人,以便把他們的貸款加以證券化而獲利。他們甚至找上幾乎沒有資產與收入的人,後來就成了所謂的美國次貸市場。

每年八月底，都會有一群中央銀行家來到懷俄明州的傑克森霍爾（Jackson Hole）參加由堪薩斯城聯邦準備銀行（Federal Reserve Bank of Kansas City）所召開的經濟政策研討會，他們就在壯麗的提頓山脈（Grand Tetons）之間討論最新的觀點以及全球經濟所面臨的挑戰。二〇〇五年，時任國際貨幣基金組織（IMF）的首席經濟學家、後來擔任印度準備銀行（Reserve Bank of India）總裁的拉古拉姆・拉詹（Raghuram Rajan）提到，金融監管的鬆綁及新金融工具的興起，使得投資人更有動機承擔更大的風險，但是投資人並不完全了解那些風險。[14] 這番警告充滿了先見之明，但沒有獲得大家的認同。當時在場的人大多認同聯準會主席葛林斯潘更早之前的判斷（有些人甚至以強烈的措辭來支持葛林斯潘的看法）：「近幾十年來，促成風險分散的主要原因是證券化的銀行貸款、信用卡應收帳款、商業與住宅抵押貸款市場的廣泛發展。這些市場把持有那些資產的相關風險加以調整，以符合更多元投資者的偏好。」[15]

　　說到衍生性金融工具，葛林斯潘說：「這些日益複雜的金融工具對金融體系的發展特別重要，尤其是在過去這兩三年間，它們使得金融體系變得遠比二十五年前更加靈活、有效率且堅韌。」[16] 大家普遍認同的主流敘事為，效率市場會把風險分給最了解風險以及最能承受風險的人。但這樣的敘事卻經不起二〇〇八年一系列衝擊的考驗。

二○○五年的傑克森霍爾會議也正好是葛林斯潘告別職涯舞台的特殊場合，他已擔任美國聯準會主席長達十八個年頭、即將退休。後來葛林斯潘遭到許多不公平的指責，因為兩年後金融危機就爆發了。在告別演說中，葛林斯潘確實有提出警告：「歷史向來不善待長期低風險溢價的結果。」[17] 這話說得一點也沒錯。

金融理論的局限

筆者之一在商學院執教了十幾年，我曾向潛在支持者形容，金融領域是商學院的「珍寶」，這個說法是有道理的。這門學科學術上非常嚴謹，金融界的主要實踐者不但會在備受敬重的期刊上發表文章，也為金融機構提供諮詢。金融系的學生在政府與金融業找到有趣又高薪的工作並不難。這門學科似乎結合了學術性與實用性。

然而，就更廣泛的意義上來說，五十年前這門學科展開的計劃（以馬可維茲、夏普、法馬的貢獻為基礎，進一步發揚光大）卻是失敗的。我們從失敗中留意到兩個截然不同的表徵。其一是監管機構與金融機構使用的模型（直接源自金融的學術研究），不僅未能防止二○○七－二○○八年的金融危機，還是促成危機的推手。

此外，看看那個時代最成功投資者的成就——巴菲特、索羅

斯（George Soros）、西蒙斯（James Simons）。他們各自創造出數百億美元的財富，代表著三種截然不同的投資風格。巴菲特的投資公司波克夏海瑟威擁有多元企業的大量控股權，而且很多情況是持有一〇〇％的股權。巴菲特的投資理念是買進有強大競爭優勢的企業股票，培養傑出的經理人（或者，許多情況是從公司內部拔擢人才），並賦予他們幾乎完全的決定權。他曾說，他比較喜歡的持股時間是「永遠持有」。索羅斯因一九九二年成功狙擊英鎊，導致英鎊釘住歐洲貨幣體系的政策崩解而一戰成名，最近則以慈善事業聞名於世（原本是為了推廣自由民主，最近是推廣新的經濟方法）。他靠著自己的能力區別錯誤及有充分根據的經濟敘事。西蒙斯曾是數學教授，他雇用優秀的（數學及物理學）博士來設計演算交易策略，以便在證券市場中做非常短期的買賣交易。

然而，這三人的投資共通點比乍看之下還多。第一，他們都有過人的智慧，他們都能輕易打發「既然你那麼聰明，為什麼你不富有？」這樣的質疑。從索羅斯的著作可以明顯看出，他與米利都的泰利斯有很多相似之處，他更希望大家記住他的思想，而不是他的財富。巴菲特寫給股東的信，以及在奧馬哈市舉行的波克夏股東年會上的全天候台上演出，是掩藏在樸實的鄉村智慧中與大家分享的真知灼見。西蒙斯在頂尖的數學期刊上發表過論文。他們還有另一個共同的特色：某種程度的謙遜。巴菲特與索

羅斯一再強調他們的知識有限。西蒙斯聲稱，他永遠不會想要凌駕他的演算法。[18] 他強調他是數學家，而不是市場心理學、商業策略或總體經濟學的學生。

而且，他們三人都忽視——甚至蔑視——以投資組合理論、資本資產定價模型、效率市場假設為基礎的金融理論。事實上，那些理論意味著他們根本不可能像現在那麼成功。這些金融模型強調了所有投資者都應該知道的要點——多角化投資的好處，不同資產提供真正多角化機會的程度，以及資訊融入證券價格的程度。但經驗告訴我們，在金融市場中獲利不是只有一種方法，解釋「究竟發生了什麼事？」不是只有一種方式，「金融界的真實樣貌」不是只有一種敘事。有效的方法有很多種，適合的工具（以模型為基礎或以敘事為基礎）取決於背景脈絡以及投資者的技能與判斷。我們確實可以從泰利斯與馬可維茲的見解中受益，也可以從法馬與席勒宣揚的兩種矛盾的金融敘事中得到收穫。但我們也必須承認，我們從他們的小世界模型中獲得的見解有局限性。

在金融界，有些人制定了一些計劃，他們聲稱那是為了界定策略，以追求風險調整後的報酬最大化，但那些計劃根本沒有那種效果。極端不確定性阻止我們追求行為的最適化。在現實世界中，我們是在因應現狀，而不是追求最適化。我們在這些計算中所使用的數字都是虛構的，或是源自歷史資料序列、假設世界上

有一種不存在的平穩性。這些計算的支持者難以因應他們無法完全了解的大世界，所以他們創造了一個小世界。那個小世界可以滿足他們想要得到明確答案的需求。宣稱可以追蹤金融系統風險的金融監管機構也是如此。一個人因為無法勝任別人賦予他的任務，而去找他能勝任的有限任務，是可以理解的。

第 18 章

保險、投資與極端不確定性

> 「經濟學家所設想的理性預測，在現實世界中對於任何稍有
> 理性的人來說，顯然是不理性的。」
>
> ——羅曼・佛萊曼[1]

　　倫敦金融城勞合社保險交易所的承保商坐在一個大房間裡，
每個人都有自己的小隔間，也就是所謂的「箱子」——幾個世紀
以來，這裡的投保一直都是以這種模式在運行。經紀人在房間裡
走來走去，想要找人投保。筆者之一坐在一個箱子內，聆聽整個
流程。其中最有趣的投保提案，是為一批價值高達數億美元的私
人藝術收藏品投保，那些東西收藏在瑞士某個非常安全的設施
中。經紀人並未透露收藏品主人的身分，不過有那種財力又對藝
術有興趣的人寥寥無幾。那位專門承保這類保險的承保商，私下

機靈地臆測了那位客戶的名字，接著提出一個價格。經紀人又前往其他幾個箱子詢價。這個市場的慣例是，如果有一家可信賴的承保商願意接受某個風險（會把他的名字寫在一張紙條上），其他承保商就會認真考慮是否也要寫上他們的名字，以建議的價格承擔一部分的風險。

我問那位承保商，他是如何決定價格的。他沒有任何根據可以計算損失的機率或損失的金額。大膽的小偷有可能偷走整套收藏品，雖然機率不高；但更有可能的是，歹徒可能偷走一兩幅畫，然後勒索贖金或賣給某個怪人。那個怪人對於能夠擁有那幅畫、而且只有幾個最信任的損友知道他有那幅畫就心滿意足了。承保商思索著這些事情，但沒做任何計算。他說，他只是覺得那個價格是承保那種風險的合適價位。我問他是怎麼知道的，他不太情願地解釋，他以前做過類似風險的報價，這次是根據之前的報價上下調整。我進一步追問後，他承認，如果最近發生了與藝術品竊盜有關的索賠，或甚至與藝術品無關的不尋常索賠，保費就會上漲。但這並不是貝葉斯錶盤，承保商的思考流程是敘事的、而不是統計的。他的評估是一種見多識廣的判斷，但他把它說成一種直覺，是他對個人能力的描述不足。保險市場只信任少數人有能力做這種判斷。

當天結束時，這位承保商解釋，他和同業在倫敦可以把兩件事做得很好。他們可以承保非常特殊的風險，例如藝術品收藏。

他們的市場經驗豐富，而且勞合社是分散化的組織，也就是個別承保商可以逕自做主，不必為了承保理由向風險委員會提報複雜的解釋。此外，他們也可以承保例常的風險，例如車禍險，交易所有完善的資料庫讓他們好好分析。

　　一九九〇年代以前，勞合社的運作以「人名」來承擔無限的責任。那些人名是富有的個人，他們專業上大多不是從事保險，甚至不是金融圈裡的人。那些人同意分擔所屬企業聯盟（承保集團）的損失，並獲得對應比例的保費。因此，承擔風險的成本是由一大群有錢的個人共同承擔的。實際上，市場的資本就是英國中上階級的資源。但一九七〇年代開始，在全球化與精英統治的衝擊下，支撐倫敦金融城金融體系的社交關係結構開始瓦解，勞合社在腐敗與無能的雙重打擊下陷入困境。那個年代的剩餘損失由巴菲特的波克夏海瑟威公司一肩擔起，以換取勞合社支付一大筆款項。巴菲特的公司既有多角化的投資，又有足夠的資源，足以償還任何可能的負債，而且公司的簡單決策結構能夠像那位承保商那樣，承擔比較官僚的組織所無法管理的複雜棘手義務。

　　勞合社和一般保險公司可以在「近乎隨機」及「極端不確定性」這兩個極端上運作。至於兩個極端之間的情況——不完整、不對稱的知識——則比較困難。傳統的保險公司難以因應極端不確定性，於是把這個領域讓給了勞合社或波克夏海瑟威這種對傳統金融智慧抱持著懷疑態度的機構。

保險共擔

　　透過有社交關係的群體來分擔風險，這種風險的共同化（mutualisation），比如今我們稱為「保險」的正式實務發展還早。布希曼人之間的不確定性管理，並不涉及人情交流與預期回報之間那種精打細算的關係。我們今天熟悉的那種保險契約是十七世紀才出現的，[2]但當時只保障一些風險。商業保險公司承保火災、死亡、車禍等風險。但那些風險中，有很多風險是由以團結精神為重的親和團體所承保，而這種團體是由從事同一職業或住很近的人所組成的。蘇格蘭寡婦基金（Scottish Widows Fund）始於一八一二年三月，當時有一些蘇格蘭紳士聚集在愛丁堡的皇家交易所，「建立一個通用基金以供養寡婦、姐妹和其他婦女」。[3]十九世紀絕大多數的保險公司都是共同保險公司——承保者也是保戶。直到一九八〇年代，這種共同關係才開始從保險業及更廣泛的金融業消失。二〇〇〇年，駿懋銀行（Lloyds Bank，只是英文名稱跟勞合社的 Lloyds 一樣，兩者無關）收購了蘇格蘭寡婦基金，成為該行的保險及資產管理子公司。

　　一些特殊的不確定性是透過特殊契約來投保的——匿名的藝術品收藏家可以去勞合社投保那些收藏品。威士忌生產商卡蒂・薩克（Cutty Sark）原本承諾，誰能證明威尼斯湖水怪的存在，就可以領到一百萬英鎊的獎金；但他後來擔心真的有人來領賞，所

以他也向勞合社投保了這個「風險」。[4] 如果你真的想投保的話，可以在二〇二五年之前為外星人登陸地球投保。[5]

瑞士再保險（Swiss Re）、波克夏海瑟威等大型的國際再保險公司，接手規模較小或專注於零售業務的保險公司所累積的巨額虧損風險，這相當於一種全球規模的風險共攤及互惠互助計劃——亦即風險的共同化。它們是特殊風險的主要承保人，我們認為，主要的再保險公司將總部設在倫敦、紐約等金融中心之外並非偶然（獨特的勞合社保險交易所是個例外），因為在這些金融中心裡，傳統機率導向的風險管理比較盛行。

一九五四年，第十四屆國際精算大會（International Congress of Actuaries）審議了「風險可承保的必要條件」。[6] 他們列出了四百多頁的規則與理由，以確保「捕獲尼斯湖水怪」這種保險遠遠超出這些規則與理由的範圍。瑞士再保險公司聲稱，要使一種風險可以再保險，「必須有可能量化保險事件發生的機率」。[7] 儘管如此，勞合社還是承保了巨大的風險。這些大型再保險公司雇用了許多建模專家。很多特殊的風險無法合理地指定機率——瑞士再保險公司承保的許多風險都是如此。但奈特的主張「即使你不能測量，無論如何也要測量」在蘇黎世及芝加哥一樣適用。

歐巴馬面對幕僚提供的多種估計時，他敏銳地表示：「在這種情況下，你會開始得到一些掩蓋不確定性的機率，而不是比較實用的資訊。」情報單位不知道藏匿在那個基地裡的人是不是賓

拉登，但他們確實知道很多事情。說我們無法預測或確定機率分配，並不是說我們對未來一無所知。沒有一家再保險公司知道明年夏天五級颶風在佛羅里達州登陸的可能性，但這不表示氣候模型和以往颶風造成的破壞記錄對他們的評估沒有影響，只是表示承保者必須做出良好的判斷，就像為藝術收藏品的風險定價一樣。經濟學家、銀行家或商業策略家也必須這樣做。

商業保險這一行之所以能夠存在，是因為資料庫還不錯，但也不是太好。資料庫中個別的結果是未知的，但有個充分記錄且大致上平穩的頻率分配。擁有跑車的年輕男性要支付的保費，比擁有數十年良好駕駛記錄的年長女性來得高。但是在每一種風險中，我們並不知道哪個年輕男子或哪個年長婦女會出車禍，而且無論是投保人還是承保人都不知道，否則逆向選擇的問題（只有高風險的人才投保，只有低風險的人才願意承保）將會阻止保險市場的出現。當我們對未來的具體結果相當無知時，保險才有可能存在，而且是投保人及承保人都對未來的結果感到無知，保險才會成立。

大數據的進步，意味著這種隨機性的元素將逐漸消失。保險公司已經可以透過追蹤你駕駛行為的裝置來取得資訊，保費可以愈來愈準確地反映你的行為所導致的損失。隨著保險為個人量身打造的精確度提升、隨機性的元素逐漸減少，保險就不再是保險了。[8] 隨著愈來愈多醫療診斷資料的出現，我們將日益了解任何人

的健康前景。隨著虛擬助理 Alexa 向雇主彙報愈來愈多的用戶資訊，愈來愈多的各樣資料都可以派上用場。當風險變得確定無疑時，就不再具有「可保性」了。因此，包括美國在內的多數國家都嚴格限制保險公司精挑細選投保人，或對保費採用差別訂價。這限制了根據發生頻率的機率評估來精算保費的範圍，使得保險回歸至它原始的樣貌：共同體內的一種互助制度。

退休年金

今天退休者的生計，由今天工作的人來承擔。退休金通常涉及某種隱性或顯性的跨世代共擔（intergenerational sharing）——這是一種共同化的流程，預期互惠的義務將代代相傳。過去大部分的時間裡，這種模式主要是發生在大家庭裡。如今實體需求的滿足大多仍是以這個方式處理，雖然通常會有社群充當後盾。隨著社群愈來愈大，這些互惠義務也跟著延伸，需要正規化。那位率先蒐集死亡率統計的英國布商葛蘭特是德拉普斯公司（Drapers Company）的成員，德拉普斯公司則是當時監管貿易及提供互助的諸多組織之一。蘇格蘭的紳士齊聚愛丁堡，協商如何為彼此的遺孀提供贍養。機率數學的發展使得這種責任得以量化。一七六一年，公平人壽保險協會成立（第4章提過），其宗旨是根據精算原則來決定會費。「機率推理」與「承認相互義務」這兩項原

則之間的緊張關係，一直是保險和退休金規定演變的核心。

　　跨世代風險共擔形式的另一個變化，來自就業性質的改變。貴族地主知道，他們對地產勞工的義務要一直持續到工人過世為止，那份義務是隨著地產一起繼承的。國家與大型家長式的雇主（例如銀行和鐵路）也抱持著類似的觀點。這些組織理所當然地認為他們會永遠存在，並設立了信託基金來支持他們的承諾。退休金規定的效益與義務，可以透過多種方式共享及共擔：它們可以由一群有共同社會關係的人來管理，就像十九世紀初的愛丁堡那樣。它們可以大部分由國家管理，就像法國一樣。它們可以由雇主管理，以個人或團體為基礎（團體可以跟特定產業有關，也可以是因共同興趣或地點而組成的親和團體）。這種共同化要有效，有兩個先決條件。首先，這個群體必須夠大，以便分擔與投資報酬、個人死亡經歷、總體預期壽命等演變有關的各種風險。第二，我們需要有理由相信，提供退休保障的團體將無限期存在。

　　把現今世界各地的退休金方案攤開來看，幾乎就可以從中找到各種可能的退休金組合。一種流行的分類法是找出三個支柱：第一個支柱是由國家提供的基本保障，第二個支柱通常與就業有關，第三個支柱是以個人家庭的儲蓄來支應。第三個支柱（可能也包括第二個）需要投資決策。誠如電腦業的演化所示，科技的進步意味著企業的預期壽命是有限的。因此，在多數的情況下，

個別雇主提供的退休金方案要麼欠缺效率，不然就是有風險。因此，未來的共同化會以其他標準為基礎，無論是透過國家，還是其他的集合實體。

確定性不是安全感

在期望效用的世界裡，如果結果沒有不確定性，就沒有風險。但確定不等於沒有風險，某人知道他明天即將被處決時，他是確定的，但他的生命顯然有風險。在越南的監禁中，史托戴爾海軍上將不知道要怎麼活下來，但他從未對活下來產生懷疑。讓他活下來的唯一參考敘事，就是想像他最終獲釋的敘事。在退休金這個例子中，尋求虛幻的確定性導致數百萬人面臨風險，也使得大家無法實現對退休保障的現實期望。確定是可望而不可即的；追求近乎確定的代價很高昂，我們承擔不起。

舉一個典型的退休金承諾為例：對一個三十歲的人承諾，五十年後、當他八十歲時，將會提供他一筆金額與消費者物價指數相連的錢。要如何保證或承保這樣的承諾呢？許多國家（包括英國、美國、德國）發行的政府長期指數連結債券，似乎都提供了這種擔保的可能性。借款給這些政府的信用風險極小（儘管評級機構及主張限制政府支出的人誇大了這些風險），但這些證券的報酬率微乎其微。英國的情況特別極端。二〇一九年一月，購買

二〇六二指數債券的成本為二百零八英鎊，那張公債將在二〇六二年以一百英鎊贖回（我們沒有寫錯），連結零售價格指數。它還有〇‧二％的年報酬率，這本身也連結零售物價指數。但由於這些微不足道的報酬可以再投資的條件不確定，如果你想要確定性，最好把這二百零八英鎊直接存起來。

　　而且，這個交易還會受到其他政治風險的影響，包括政府干預指數的彙編。一九七四年，英國政府對列入指數的產品實行補貼，顯然是想要減少指數連結工資調整的幅度。[9] 二〇一一年通過了一項立法，改變了許多私人合約中對零售價格指數的引用，並以另一種衡量標準取而代之，亦即消費者物價指數。[10] 有些國家的統計機構比較沒那麼獨立，政府干預指數的情況很常見。任何退休金規定都有可能進一步修改個人或基金本身對退休金的稅制。

　　因此，負債匹配（注：liability matching，將未來資產出售和收入流與預期未來支出的時間相匹配）永遠不能超過近似值。然而，我們有理由詢問「二〇六二債券」在二〇六二年的實際價值的波動性，可能大於、還是小於一個包含多角化實體資產的投資組合的實際價值波動性。這樣的投資組合可能包括一間在雪梨港邊的旅館、一棟在加州的辦公大樓、一片在英國有開發潛力的農地、以及一棟在柏林市中心的公寓。這個投資組合的收益率將大幅超過指數債券，而且在未來五十年裡，它的實際價值縮水一半

以上的可能性微乎其微，除非發生核災。

這種對極端百分位數的關注，帶出了「維尼爾問題」更基本的議題——極端結果很少是來自二十五個標準差的觀察，而是來自模型以外的事件。英國股市的歷史極端暴跌出現在一九七二至一九七四年，美國則是一九二九至一九三三年，那不是從某種平穩的機率分配中得出的反面例證。那些情況之所以發生，是因為在那個時期「資本主義制度即將終結」的敘事愈來愈流行，而且有其依據。最終，事實證明，那些擔憂是多餘的，市場止跌回升。一九二六年至一九三六年間一直沉睡的美國投資者，或一九七二年至一九八二年昏迷不醒的英國人，都不會注意到自己的投資組合有什麼不對勁之處。[11]

然而，當時英美皆擔憂會發生、但沒發生的大災難事件，於二十世紀的某些時間點，在中國、德國、俄羅斯和其他國家確實發生了。商業與金融業沒有確定性。那種確定性無法靠投入單一「安全」資產類別獲得，只能靠多角化達到穩健與韌性。風險是一種個人經驗，而不是資產的特徵。

懷疑的金融經濟學家

在上一章中，我們介紹了現代金融理論的三大支柱——效率投資組合理論、資本資產定價模型、效率市場假設。當時我們提

過，在極端不確定的世界裡，理性投資者必須知道這些模型，但不能照單全收或太過當真。馬可維茲的投資組合效率前緣模型的核心概念是，風險是整個投資組合的產物，而不是投資組合中個別投資的風險總和。這個概念對實際的投資策略非常重要，而且無論風險的意義是如我們所願、以參考敘事為基礎（呼應字典中的定義「無法達成現實預期」），還是以金融經濟學家的風險來定義（「機率分配的變異數」），這個概念都是正確的。

在投資組合理論中，我們必須知道投資組合中每種證券每日損益的機率所分配的變異數，以及這些證券之間的共變異數（一種證券的虧損，跟另一種證券的獲利或虧損是否有關）。分析共變異數時，「貝他」（beta）是指某證券股價的走勢與整體市場走勢之間的相關性。因此，我們預期一家向已開發國家的顧客銷售消費品的公司，貝他接近一。但是，如果該企業大幅提高槓桿率，導致股本報酬率的波動變大，它的貝他將大於一。如果一個事業的活動與整體經濟的表現無關，它的貝他較低。上一章提過的那場財政部經濟學家與國防承包商的會談中，那些經濟學家採用的就是這個論點。

要是好好觀察貝他係數的實際計算你就會發現，儘管兩家公司的經營活動及槓桿率截然不同，但很多公司的貝他都接近一。原因在於，貝他係數通常計算的期間比較短，那段期間所有的股票都會受到主流市場的敘事變化所影響（無論是正面的影響還是

負面的影響）。例如，成長數字優於預期；失業資料比預期更糟等等。央行為市場提供的廣泛流動性支持影響了所有資產的價格，結果就是：最近所有資產之間的相關性似乎都很高。

但極端不確定性意味著，根據歷史資料集來計算相關性是徒勞的。多數情況下，我們根本不知道相關機率分配的變異數或共變異數。投資報酬並不是從一個已知、平穩的根本流程中隨機抽取的。然而，許多金融分析與金融監管都在做這樣的假設。

或許這也是為什麼我們知道許多人為客戶建立了效率投資組合前緣，但沒有認識任何人用這種方法來管理自己的財富。不過，我們還是可以做得比馬可維茲的實際理財方式更好（他說他把一半退休基金投資在股票，另一半投資在債券）——像是關注與不同類資產的長期績效有關的基本面；或是了解「新興市場股票」、「房地產」等廣義資產類別（這對分析投資顧問來說很方便，但還不夠細膩，無法洞悉多角化的真正影響）。在非短期的時間內，影響越南某零售商及巴西某石油服務公司的業績，或影響柏林某棟公寓和澳洲某塊農地報酬的因素，可能截然不同。有闡釋作用的數值模擬可能很具啟發性，但那永遠無法取代你問：「究竟發生了什麼事？」

在效率投資組合前緣及資本資產定價模型的背後，隱藏著一個概念：每個人對機率分配所做的評估很類似。由於模型假設，在這個小世界裡，每個人以同樣的方式解讀風險，只是「風險偏

好」不同罷了；於是結論很自然就會變成風險愈高，報酬愈高，反之亦然。

然而，風險對不同的人而言，所代表的意義也不同。政府眼中的風險與國防承包商眼中的風險大不相同。為了買房而存頭期款的人，以及為了退休保障而儲蓄的人，對風險也有不同的看法。對資產管理者來說，如果他的參考敘事跟持續就業有關，他面臨的風險就是績效比同行差而遭到解雇。對資本資產定價模型的愛好者來說，風險是短期股價波動的變異數。如果你對風險的概念與市場整體的概念截然不同，你可以犧牲他人來降低自己的風險。廣泛的多角化投資變成「免費的午餐」，可以毫無成本地降低風險。當你意識到每天的價格波動不是風險指標，而是市場中毫無意義的雜訊時，你便可以學習忽略那些波動，藉此以更低的成本來實現長期的目標。藉由建立一個多角化的投資組合，關掉電腦、努力思索（雖然不一定是經常思考「究竟發生了什麼事？」），就可以獲得回報（這不是毫無風險，而是幾乎沒有風險）。

廣泛的多角化需要建立一個對不可預測的事件有穩健性及韌性的投資組合。這是對抗極端不確定的最佳保障，因為多數極端不確定的事件只會對你擁有的部分資產有很大的長期影響。促使矽谷富豪去紐西蘭鄉下置產以便安度世界末日的那種多角化投資，或許太異想天開（且這已形成一股風潮，導致紐西蘭政府限

制外國人購買當地的資產），但那個思維是合理的。[12]

波動是投資者的朋友

班傑明・葛拉漢（Benjamin Graham）或許是第一位、也是最受推崇的投資大師，他是巴菲特的恩師。約一個世紀以前，他闡述了一個觀點：對聰明的投資者而言，股價的隨機性是優點，而不是問題。葛拉漢把市場比喻成多變的「市場先生」，每天都會隨機提出買賣的提議。在第 5 章中，我們提到巴菲特用棒球這麼比喻：「你站在本壘板上，投手對你扔出四十七美元一股的通用汽車！三十九美元一股的美國鋼鐵公司！沒有人會說你這明明是好球怎麼沒揮棒。」[13] 他強調，你根本不需要揮棒。

這個比喻假設投資人有能力辨識估價過高及估價過低的股票，葛拉漢和巴菲特都特別精通此道。但葛拉漢也特別提過並讚揚「定期定額法」（dollar cost averaging）的好處，也就是說，即使投資者對股票估值原則或公司的基本面一無所知，他只要定期定額投資市場也能獲利。即使沒有任何意圖，或不懂投資策略或公司行為，這個系統也會在價格低時買進較多的股票，在價格高時買進較少的股票。

這種因應市場波動的方法，與過去半個世紀主導金融理論的傳統觀點恰恰相反。傳統觀點把風險和波動當成同一回事看待，

並回避價格波動的證券。套用巴菲特的說法:「波動性幾乎普遍被當成風險指標。這種教學假設雖然讓教學變得更容易,卻大錯特錯。」[14] 同樣,多角化投資的好處,在於投資報酬分配中有隨機性。偶爾有人會問我們:「把某種投資排除在投資組合之外,有什麼成本?」例如,有些投資者的投資原則是不買菸草公司或武器公司的股票。面對這種問題,我們的答案一定是:「我不知道。」如果我們確實知道,我們要麼就會把那種股票從投資組合中剔除,要麼只投資那種股票。但我們確實知道,多角化降低了參考敘事無法實現的風險(這裡的參考敘事可能是可靠的應急基金、退休保障、大學捐贈基金的持續成長)。

照字面意義來看,效率市場假說暗示著索羅斯、巴菲特、西蒙斯的投資成功是不可能的。奈特知道極端不確定性會帶來盈利機會,索羅斯、巴菲特、西蒙斯等人所累積的驚人財富,證明了奈特的觀點是正確的。事實證明,效率市場假說很有啟發性(也是不可或缺的模型),但不是真的。巴菲特可說是史上最成功的投資者,他很清楚這點。談到效率市場假說的支持者,巴菲特寫道:「他們說市場通常是有效率的,那樣講是沒錯,但他們因此推論市場隨時都有效率,那就錯了。這兩個主張的差異可說是天差地別。」[15] 對巴菲特來說,此差別的價值為七百億美元——而這七百億美元,正是他善用奈特的深度洞見(指出極端不確定性與冒險進取精神之間的關係)所贏得的獎賞。

第 19 章
了解／誤解總體經濟學

「我在一些名校裡參加過太多場研討會，那些研討會已經淪為封閉的小圈圈，他們比較喜歡關起門來互相取暖，而不是誠實地面對現實。」

——葉禮廷[1]

二〇〇三年，諾貝爾經濟學獎得主盧卡斯在擔任美國經濟學會（American Economic Association）會長的任期間，發表了一場演講，他主張：「我這次演講的論點在於，總體經濟學已經成功：預防經濟蕭條的核心問題已經解決，而且所有實務目的都達到。事實上，那問題已經解決幾十年了。」[2]

二〇〇七－二〇〇八年的金融危機之後，工業化國家經歷了一九三〇年代經濟大蕭條以來最嚴重的低迷，隨後的十年又經歷

了一段漫長且異常緩慢的經濟成長期。金融危機就像戰爭一樣，發生過很多次。但危機與戰爭都不是平穩流程的結果，每一次都是獨一無二的事件。盧卡斯稱讚經濟理論進步了，卻未阻止世界經濟嚴重衰退，也沒有為決策者提供因應衰退所需的工具。他描述的模型是在假設一個穩定不變的經濟架構，它無法因應市場經濟的根本不平穩所衍生的獨特事件。

總體經濟中的「風洞」模型

戰後，數學與統計方法在經濟學中普遍應用開來，許多經濟學家認為建立「風洞」型（注：風洞是一種產生人造氣流的管道，用於研究空氣流經物體所產生的氣動效應。由於風洞的控制性佳、可重複性高，如今被廣泛用於各種工程測試）的經濟模型是有可能的。一九五〇年代與一九六〇年代的經濟模型很龐大，但基本上是機械性的——有些確實是機器操作的。在倫敦經濟學院學習的紐西蘭工程師比爾·菲力浦斯（Bill Phillips）設計了「國民收入類比電腦」（Monetary National Income Analogue Computer，MONIAC），那是個根據凱因斯《通論》中的概念所設計的液壓驅動模型。世界各地的經濟系所裡頭有十幾台這樣的機器（其中一個在倫敦經濟學院重新架設了起來，非常壯觀，現在陳列在倫敦科博館的數學展廳；另一個仍在運作的模型裝在劍

橋大學工程系裡）。

隨著電腦變得日益強大，電子產品不再使用液壓驅動，凱因斯模型在電腦上開發運行。凱因斯時代的方法本質上是務實的，那個時候的方法假設經濟總量之間的簡單關係會維持穩定。一九五〇年代與六〇年代看起來是全球經濟穩定成長的黃金時代，但基本面並不像表象那般安穩。戰後大部分的時間，通貨膨脹緩緩加速，一九七〇年代已經有人開始質疑「凱因斯的需求管理可以消除經濟不穩定」那種自滿的觀點。菲力浦斯曲線（菲力浦斯的另一項發明）畫出了工資成長與失業之間的關係，聲稱那是一種像消費函數一樣的穩定經驗關係。[3] 曲線還暗示了通貨膨脹與失業之間的長期取捨，降低其中一個的代價，就是導致另一個增加。但一九六〇年代與七〇年代通貨膨脹與失業率雙雙穩步上升的經驗，推翻了前述的說法。

筆者之一曾受雇參與劍橋成長專案（Cambridge Growth Project），為英國經濟打造最早的計量經濟模型之一。那種模型有效地強調，經濟的不同部分不可能以完全獨立的方式發展。那些模型加入了會計限制，確保消費、投資、出口、政府支出加起來必須等於國民總收入與總產出。一九三〇年代至一九五〇年代，世界各地發展及採用的國民經濟會計系統，至今仍為整理及了解經濟資料提供了一套不可或缺的架構。但劍橋成長專案的模型無法解釋工資與價格的變化，也無法解釋總產出的短期變動

——那取決於對未來通貨膨脹與經濟成長的預期。

如果凱因斯還活著，他會告訴劍橋大學的同事，極端不確定性是了解經濟的基礎，電腦無法輕易把我們對不確定的未來所做的預期建成模型。一九三九年，凱因斯針對荷蘭人廷貝亨的開創性統計研究（計量經濟學這門新學科的基礎之一）發表了一篇評論。[4] 廷貝亨的研究假設關係是平穩的：「最重要的條件是，除了我們特別考慮的那些因素的波動之外，在一段時間之內，所有與之相關方面的環境應該是一致與均一的。」[5] 凱因斯對這種方法提出了他主要的批評：「他最糟糕的地方，就是他只想繼續研究下去，而不是花時間判斷這項研究是否值得繼續下去。」[6] 凱因斯的先見之明預見了後人無法抗拒的誘惑。

理性預期革命

橋梁的建造者曾有充分的理由相信，橋梁竣工時，蘇格蘭東海岸或塔科馬海峽（Tacoma Narrows）的風力狀況與建橋計劃所依據的風力狀況不會有太大的差異。但是，要是風真的對模擬結果有反應，就不能做出那樣的假設。經濟確實會對預測與模擬產生反應。我們必須讓預期在經濟模型中扮演更大的角色。當時乍到芝加哥大學的盧卡斯就想領導大家朝著這個目標邁進。他於一九七六年發表的〈盧卡斯批判〉（Lucas critique），為十年前就提

出的計量經濟總體經濟模型敲了一記喪鐘。如果政策會影響預期，政策制定者就不能相信根本經濟流程是平穩的。把經濟關係拿來與物理關係（例如風對結構的影響）類比，根本就不可行。

關於先前對預期的忽視，有一種明顯的因應方式就是，針對消費者及那些經商與從事金融業的人對未來實際抱持的信念、以及他們建立與改變那些信念的流程，進行實證研究。但很少人做過那種研究，新的總體經濟理論家採用的是不同的方法。芝加哥經濟學家寇斯就以英國經濟學家伊利・德文斯（Ely Devons）的諷刺說法來解釋這個現象：「如果經濟學家想研究馬，他們不會去看馬。他們會坐在書房裡，心想：『如果我是一匹馬，我會怎麼做？』」[7]

這些理論家（芝加哥自古至今一直是他們的思考中心）採用的主流模式是主觀機率的通用性。他們對預期的假設是從行為推演而來的，而那些行為以公理型理性為基礎。如此衍生的「理性預期」理論，不僅要求所有行為者（公司、家庭、政府）的預期必須一致，也必須與模型一致。這種方法不僅假設「世界的真實樣貌」有一個真正的模型，而且除了經濟學家知道那個模型、每個人（從華爾街的巨頭到最卑微的農民）也都知道那個模型，此外還假設每個人都根據那個模型知識產生了一致的預期，並根據那些預期採取行動。套句湯瑪斯・薩金特（Thomas Sargent）的說法（一九七九年他針對這種新思維「寫了書」[8]）：「根本就是模

型的共產主義。模型中所有的行為者、計量經濟學家、以及上帝都共用同一個模型。」[9]

那些假設理性預期的模型，可能對闡釋一些重要的議題有所幫助。例如，解釋為什麼政府試圖把失業率降到無法長久維持的水準，這麼做其實無法創造更多的產出，反而會因為大家預期工資與物價將上漲而加速通膨。就像其他領域一樣，這種「小世界」模型可以作為實用的比喻，但無法描述真實的世界，也無法幫助我們了解經濟蕭條與金融危機。因此，我們認為經濟學家應該去看看馬——觀察預期是如何形成的，以及這些預期如何影響行為。雖然一九七〇年代的評論家讓大家更加關注個人選擇如何影響總體結果是對的，但我們身為人類之所以成功，關鍵在於我們同時受惠於個人智慧與集體智慧。人類是社群動物，群體行為不單只是獨立個體的決策加總起來而已。預期需要同時從個人層面及整體層面來做研究。

完整與大拍賣

十八世紀以來，當蘇格蘭哲學家亞當・佛格森（Adam Ferguson）闡述「自發秩序」、亞當・斯密歌頌「看不見的手」時，「分散市場」配置資源可能比「中央計劃市場」更有效率這個觀念，一直是經濟分析的主題。十九世紀，在洛桑大學任教的

法國經濟學家里昂・瓦爾拉斯（Leon Walras）試圖以一套方程式來表達一個概念：數百萬人未協調的決策所產生的整體結果，可能不但很連貫，還很有效率。[10]

但是，瓦爾拉斯的分析直到艾羅和德布魯（第14章提過）把強大的數學新方法套用在經濟學上，才算大功告成。[11]對「自由放任主義」的信徒來說，這是他們一直在等待的分析──證明「你無法頂撞市場」這句格言的嚴謹數學論證。艾羅和德布魯以瓦爾拉斯的分析為基礎，想像出一個「大拍賣」：消費者帶來需求曲線，工人與擁有資源的人帶來供給曲線，生產者帶來技術能力。在這個「大拍賣」中，價格機制確保了一種平衡，並協調了這些需求與供給，在這種情況下，沒有人能在不損害他人的利益下變得更好──於是所有可能的互利交易都實現了。

但是在極端不確定的世界裡，市場必然是不完整的。例如，二○七五年交割石油的市場並不存在，因為不確定性太大了，沒人願意交易。即使航空公司願意提前購買航空燃料來避險，但要是他們無法提前出售機票，他們也不願冒這種風險。有多少人會考慮購買二○三○年八月三日飛往某個機場的機票？這得看那一天當地的天氣及該國當年的政治局勢而定。為二○二五年某個下雨天提供雨傘服務的市場也不存在，因為建立那種市場的成本，遠遠超過那樣做的效益。一九九七年，智慧型手機沒有現貨市場或未來市場，因為當時沒有人想到智慧型手機會出現。艾羅和德

布魯知道，他們描述的想像世界很像《鏡中奇緣》裡的世界，他們把那個世界視作一種修辭手段，就像文學小說一樣，用來說明一些命題，那些命題在現實世界中可能是真的、也有可能不是真的。二十年後，艾羅與另一位卓越的經濟理論家法蘭克‧哈恩（Frank Hahn）為那個模型世界做了權威性的調查，在那個調查中，艾羅描述了他與同仁一直試圖做的事情：「對於『一個由個人貪婪所驅動、並由許多行為者所掌控的經濟會是什麼樣子？』這個問題，立即做出『符合常理』回應是可能的。那會有一些混亂……但長久以來，大家一直宣稱另一個截然不同的答案才是對的……我們在試圖回答這個問題時，會不會了解到，它可能不是真的？」[12]

盧卡斯在職業生涯的早期也曾解釋，我們不該太認真看待那些模型：我們應該致力「打造一個由互動式機器人組成的機械人造世界，經濟學所研究的通常是那種世界。」[13] 經濟學理論是「可以放入電腦中執行」的東西。[14] 盧卡斯把這種結構稱為「類比經濟」，因為就某種意義上來說，它們是完整的經濟系統。它們有點像現實世界，但太過簡化，它們的一切要不是已知的、就是虛構的。那種寓言可能為現實世界提供寶貴的見解，但不是在描述現實世界——當然也不是「世界真實樣貌」的表徵。

艾羅和德布魯的世界，是薩維奇所描述的那種「小世界」。事實上，他們的經濟就是薩維奇描述的小世界，還可以套用他的

機率推理。他解釋，在那個世界裡，「行為與決定就像事件一樣，是沒有時間性的」。某人「當下」做了決定就成了定局，他沒有在等待什麼，因為他的一個決定就足以應付一切可能發生的情況。[15]

這種把「整個市場視同機率推理的公理基礎」的觀點，可不是學術界的泛泛之論。如今許多經濟學家雖然願意接受市場是不完整的，卻依然堅持「一套完整的主觀機率是存在的，我們可以假設人的行為是在追求期望效用的最大化」，但這些觀點本質上並不相容。薩維奇的理性決策者在參與「大拍賣」的同時，做了一個「大決定」。薩維奇的世界也是艾羅與德布魯的世界。薩維奇跟艾羅與德布魯一樣，他知道，主張這些模型幾乎複製了現實世界「根本太荒謬了」（他自己的說法）。[16]

在小世界裡制定政策

許多盧卡斯的追隨者忘了建立模型的目的是運用想像力，有了模型，就可以講述有關現實世界的可信故事。他們跟西洋棋的棋手一樣，活在一個規則完全定義好的世界裡，且贏的人可以獲得獎勵與晉升。《愛麗絲夢遊仙境》中的奇幻世界更好——就像渡渡鳥說的：「大家都贏了，而且必須統統得獎。」[17] 事實證明，那些經濟學家設計的模型比較適合套用在智力遊戲上，而不是拿來

描述企業與個人得去努力面對的世界（以及世上不可知未來的挑戰）。理性預期模型把世界劃分成已知的（「模型的共產主義」）與不可知的（任何人都無法預知的力量與事件）。當永久性的變化與暫時性的衝擊打亂模型時，經濟預測就失靈了。不過，由於變化與衝擊是不可知的力量所創造出來的，很遺憾，這裡多說什麼都是徒勞。

廷貝亨是計量經濟學的先驅，他把嚴格的統計方法套用在經濟資料上。誤差項的性質（經濟模型的結果與預測之間的差異）是那個主題的核心。在總體經濟學中，誤差項被更名為「衝擊」。[18] 但是，如果「衝擊」只是模型的預測與現實世界之間的落差，我們就算為這些誤差項貼上「衝擊」的標籤，也沒有從中學到什麼。為了進步，我們必須要有能力洞察這些衝擊的起源，或許也要有能力針對這些事件的發生畫出機率分配或說出敘事。十九世紀的經濟學家傑文斯（W. S. Jevons）曾提出類似的論點。[19] 他主張景氣循環是自然波動的結果，這個主張在當時並非毫無實證。尤其，太陽黑子活動的變化會影響氣候條件，氣候條件會影響農產品的價格與產量，進而對經濟的其他方面產生影響。傑文斯的敘事指出了衝擊的來源，並描述它們如何造成經濟週期。儘管大家還不清楚太陽黑子的決定因素，但它們出現的實證資訊是可以取得的。

最近，經濟波動被歸因於需求與供給條件的意外變化（「偏

好衝擊」與「生產力衝擊」）以及「摩擦」。這種摩擦減緩了工資與價格朝平衡值的調整，也減緩了世人的預期。這些衝擊偶爾會打斷經濟的基本成長趨勢，而摩擦又減緩了恢復平衡的速度。當然，消費者的品味會隨著新產品及新時尚而改變，破壞性的創新會影響生產力。但是我們對偏好轉變或破壞性創新的來源提不出任何解釋，更遑論這些轉變或創新的規模與波動性；此外，它們的發生率也無法用任何機率分配來描述。只有一些複雜的模型需要協調模型與觀測資料。[20] 有人把生產力描述為衡量人類無知的指標，[21] 所以生產力衝擊的分配，就是在衡量我們對自己的無知有多無知。

為了滿足政策制定者、商界人士、電視觀眾的希望與預期，經濟學家一直在追求能夠做出準確預測的總體經濟模型。誠如前述，早期的嘗試都失敗了，因為經濟學家並不了解，當政府改變政策干預的性質時（如〈盧卡斯批判〉所言），看似穩定的實證關係可能會突然崩解。把預測建立在描述個人與經濟行為的嚴格理論基礎上看起來很有智慧魅力，這是可以輕易理解的；但是，唯有導入我們一無所知的衝擊與轉變，才能使尋求穩定結構關係的建模計劃與實際的經濟觀察保持一致。結果金融危機或經濟大蕭條等現象，只能用科技出現意外發展或偏好驟變（大家突然比較想遊手好閒而非勤奮工作）來解釋。所謂的「真實景氣循環」模型，對經濟的大規模變動幾乎都提不出什麼有說服力的解

釋。[22] 在那些模型中，所謂「摩擦」的存在（數百萬人學習及適應經濟結構改變的複雜），意味著只在沒有太多事情發生的情況下，預測才比較準確；只要有任何重大事件發生（例如金融危機），預測就會極度失確。

尋找一個包羅萬象的經濟預測模型是白費心力的。很多人知道了以前的真相，可能會很訝異：多數央行使用的預測模型並無法解釋借貸，因為這些模型中並沒有銀行的容身之處，也忽略了多數的金融資產，並假設所有人都是一樣的。簡而言之，這些模型假設了一個沒有金融體系的經濟體，所以由金融體系引發的經濟危機是不可能發生的。這種小世界模型或許可以幫大家洞悉央行的獨立性及通膨目標的作用，但它無法在金融危機中明智地回答「究竟發生了什麼事？」。[23] 聲稱每個重要的總體經濟議題都可以用單一模型來解釋，本身就是一大錯誤。

極端不確定性與非平穩性密切相關。這世上沒有一個穩定的世界架構讓我們能從過去的經驗中學習，並據此推斷未來的行為。我們的世界充滿了不完全的市場，沒有價格訊號可以引導我們回到有效率的均衡狀態。有時期望會自行發展。[24] 因此，沒什麼大事發生時，央行所使用的模型表現得很好；一旦有重大事件發生，模型就澈底失靈了——然而，這個時機點我們正好需要模型提供一些東西，而不只是根據過去推算而已。

預測失靈

在預測經濟的重大衰退方面，經濟預測者的記錄特別糟糕。二〇一六年，《經濟學人》在春季的〈世界經濟展望〉中檢視了國際貨幣基金組織（IMF）對各國的預測。在兩百零七次的衰退中（衰退的定義是，預測那年至下一年間的產出下降），〈世界經濟展望〉沒有一次準確預測成功。[25] 這個發現驚人地顯示，我們幾乎無法預測總體經濟活動的動向。當 GDP 變化不大時，我們似乎還可以預測 GDP 的變化；但經濟大幅波動時，我們就無法預測了。

在任何重大經濟危機期間，總是有人聲稱自己有預測到危機的發生。有些人專門做悲觀的預測，他們就像停止的時鐘一樣，偶爾可以矇到幾次，但很少經濟學家有預測到二〇〇七年至二〇〇八年的金融危機。在一九九〇年代初期到危機爆發前的經濟穩定期間，中央銀行及私人企業的預測者所使用的模型已經證明，它們比較擅長預測產出與通膨（這時最好的預測就是從最近的過去推斷未來），但不擅長預測工業化國家銀行系統的崩解。但顯然，預測銀行體系崩解比預測產出與通膨來得更為重要。

大家對預測的需求相當濃厚，然而大家對預測價值的懷疑似乎也一樣強烈。[26] 這種對經濟預測的癡迷（甚至宣稱預測成功）一直存在。二〇一〇年，歐洲央行發表了一篇技術論文檢討歐洲

經濟模型的績效。結論是，那個模型的預測績效「令人激賞」，[27]
但那份報告並未提到二〇〇七年至二〇〇八年的金融危機。時任
歐洲央行總裁的尚－克勞德‧特瑞謝（Jean–Claude Trichet）是那
個模型的設計者，那份報告的作者也是他雇用的，但他提出了完
全不同的觀點：「身為危機期間的政策制定者，我認為可用的模
型幫助有限。事實上，我想進一步指出：面對危機，我們有被傳
統工具拋棄了的感覺。」[28] 世界各地的央行與財政部都複製了他的
經驗。

管理經濟

在國際機構與央行使用的模型中，模型會逐漸把信念導向模
型所定義的正確理性預期。如果我們不確定哪個模型是正確的，
統計學習會把我們導向正確的選擇。這在平穩的世界中可能是合
理的，但在不平穩的世界中，根本就找不到機率分配或模型。

在形成預期的過程中，朋友與同事的觀點、《每日郵報》或
《紐約時報》的報導、福斯新聞（Fox news）或英國廣播公司
（BBC）的新聞與預測都發揮了重要的作用。我們是社群動物，
即使在投資銀行的交易室裡也是如此——或許在交易室裡更是如
此。大家互相交談，彼此學習。他們看的是同樣的《每日郵報》
和《紐約時報》，福斯新聞和BBC在每個螢幕上播放同樣的影

像。社群媒體加快了這個流程，交易員會相互模仿，也會想辦法智勝對方。從別人的錯誤中學習，而不是等著從自己的錯誤中學習，是完全合情合理的。

信念體現在敘事中，只要看到證據並改變觀點的人夠多，主流敘事可能就會突然改變或斷斷續續改變。那些證據可能來自新的回歸分析，或是看到那些不知所措的前雷曼員工用紙箱把家當搬離辦公室的照片，或是來自社群媒體傳達的訊息。二〇〇八年九月的事件改變了主流敘事，並導致預期斷斷續續地改變了。沒有人料到，複雜的美國金融體系竟然會處於崩潰邊緣。各國央行並未準備好因應這種失敗的後果。與這世上種類繁多的金融工具相比，教科書模型中單一金融資產的單純性並無法提供大家深刻的見解，因此央行比較依賴金融歷史的研究，而不是計量經濟學模型的預測。

賈伯斯在等待下一個大爆點時，他沒有挑選既有的選項，而是運用想像力創造出全新的東西，這就是極端不確定性的本質。同樣的，諾貝爾經濟學獎的授予，不是因為有人為一套已知的條件開發出合理的推論，而是因為充滿想像力的新概念令人靈光乍現，刺激了其他經濟學家的研究。奇怪的是，極端不確定性體現了經濟學家進行研究的世界，但經濟學家把世界的運轉方式加以形式化時，卻完全把極端不確定摒除在外。

工程 vs. 經濟

「真實景氣循環」理論的創始人愛德華‧普雷史考特（Edward Prescott）聲稱：「航太工程與總體經濟用來做量化預測的方法十分類似。」為了佐證這個說法，他引用了他之前在明尼蘇達大學的同事葛蘭‧坎德勒（Graham Candler）的說法。坎德勒是工程教授兼 NASA 顧問，他這麼描述他的航太預測方式：

> 我試圖預測，太空船進入一顆行星的大氣層時會發生什麼事……我們從兩個方面來解決問題。首先，我們把問題分解為定義明確的部分，並運用理論與實驗來決定受控條件下的具體參數……為流場建立模型的第二種方法是，判斷哪些參數對設計真的很重要……通常使用了這種參數不確定性分析，就有可能找出幾個需要特別注意的關鍵參數……我們充分了解到，這樣表現出來的世界不可能是百分之百準確的。[29]

工程師藉由設定一系列的小世界來解決複雜的現實世界問題，那些小世界的行為是可以理解的。藉由這種方式，工程師可以找出對理解太空船績效及其行為真正重要的因素。實務知識就是這樣累進提升的。

讀者可以比較一下坎德勒的描述以及普雷史考特對自己的研究所做的描述，藉此判斷他聲稱航太工程與經濟用來做量化預測

的方式「十分類似」是否屬實：

> 這項研究始於一九九九年年底，動機源自於一個問題：股市
> 是否被高估並即將崩盤？當時大家並不知道如何運用這個理
> 論來為這個問題找到精確的答案，只能靠本益比之類的歷史
> 關係來回答問題……稅收與監管體系必須明確建模。例如，
> 我們把模型對公司分配的稅率，設為分配的平均邊際稅率。
> 這是校準，因為在模型世界中，每個人的稅率都一樣——但
> 實際上並不一樣。公司擁有大量未衡量的生產性資產，這些
> 資產是公司價值的重要組成，它們是知識的累積，是來自研
> 發的投資、組織資本和品牌資本——而這是我們要處理的事
> 實。我們利用國民經濟會計資料，以及已衡量資本與未衡量
> 資本的稅後報酬相等的均衡條件，來找出如何估計未衡量資
> 本的存量。

理論是透過成功的應用來檢測的。這個理論正確地預測了股
市價值相對於 GDP 的巨大變化，在一九六〇到二〇〇〇年期間，
美國的變化是二‧五倍，英國是三倍。[30]

坎德勒那段描述所展現的謙遜與普雷史考特的傲慢形成了鮮
明的對比。但更重要的是，即使只是膚淺地解讀這兩段描述，也
可以看出除了手邊處理的系統都無法被完全理解，這兩個人的方
法毫無相似之處。工程師是在做實證研究，來發現什麼是可行

的；經濟學家則是在操弄資料，以佐證一個先驗主張。雖然坎德勒承認「這樣表現出來的世界不可能是百分之百準確的」，但他正確地相信他可以找出關鍵的不確定性。然而，股市充滿了極端不確定性。因此，NASA 成功地執行了極其複雜的任務，而普雷史考特儘管有含蓄地表示，他卻絲毫不知道股市在任何時間是不是高估了。

航太工程師知道「究竟發生了什麼事」——雖然不完全，但足已打造出安全飛航的飛機及完成任務的太空船。坎德勒一開始就定義了他的專業範圍：「我試圖預測，太空船進入一顆行星的大氣層時會發生什麼事。」普雷史考特也試圖預測：「這項研究始於一九九九年年底，動機源自於一個問題：股市是否被高估並即將崩盤？當時大家並不知道如何運用這個理論來為這個問題找到精確的答案……」兩者一比，便顯現出這兩個任務之間的根本差別。如果有一個理論已經「透過成功應用完成檢測」，而且它可以判斷股市是否被高估並即將崩盤（當然，這種理論並不存在），那個知識本身就會改變股市的價值。這正是前述〈盧卡斯批判〉及效率市場假說的本質。（從歷史的角度來看，一九九九年年末股市確實被高估了，也即將崩盤，而且幾個月後確實崩盤了，但是確定崩盤時間和確定會不會崩盤是截然不同的問題，而且確定時間相較之下更加困難。）

在更大的太空任務世界中找出小世界問題後，坎德勒接著找

出兩個控制預測的關鍵因素——太空船的熱傳導水準及太空船的空氣動力性能。這是更廣泛策略（把整個問題分解成定義良好並可以單獨分析的部分）的開始，和總體經濟學家要求一個一般均衡模型正好相反（他們要求那個模型要有夠簡化的假設，以便進行運算）。坎德勒說，空氣動力流動的基本方程式早就確立了，但一個完整的模型涉及一百多個參數。然而，之前的研究顯示，這些參數中只有一部分對結果有很大的影響。研究是為了在特定情況下對這些參數做出最好的評估：「例如，我們可能想知道，高溫氧分子如何攻擊某種隔熱材料。我們會做實驗，在盡可能接近飛行條件的情況下解決這個具體問題。」

工程師最後總結：「在我們的建模參數中，不確定性有預計的風險。當然，我們會想辦法減少這種不確定性，但最終如果我們想完成一個有趣的任務，我們總得承擔一定程度的風險。」注意，這裡坎德勒的敘述區別了不確定性（不完整知識的產物）與風險（無法實現參考敘事：任務成功），這也是本書的做法。更大的問題「究竟發生了什麼事？」已經超出了坎德勒的權責範圍：政治人物和NASA的高層已經審查了未來的太空計劃，提出火星任務，並針對實施該政策的一個關鍵徵詢了坎德勒的建議。這種授權是根據可執行的政策界定策略方向一般做法的第一步。策略目的很明確——不是下令「征服太空」或「成為全球最受敬重的太空探索機構」（太多公家機構都採用這類陳詞濫調）。

根據坎德勒的具體預測概要，下一步就是把大世界問題分解成能夠解決的小世界問題。這些小世界問題可以運用一般模型（空氣動力流方程式）或那個大世界特有的模型（太空船抵達火星大氣層時產生的熱傳遞）來解決。分解的過程會找出研究的關鍵問題。

　　最後的階段則是重組那個研究的結果及這些模型，形成一個連貫一致的敘事，以提供決策者（他們對技術議題的了解可能不如坎德勒）做審慎決策所需的資訊（例如要中止任務或繼續前進）。經濟建議通常不是用這種方法準備與提報的，但我們認為經濟建議也應該採用這種方法。我們期待有朝一日能看到充分的證據證實普雷史考特說的「航太工程與總體經濟用來做量化預測的方法十分類似」，也期望看到總體經濟模型像 NASA 模型一樣實用。

　　一整個世代的經濟學家對極端不確定性視若無睹，導致我們幾乎無法用現代的總體經濟學來了解全球金融危機。經過證實，凱因斯的批評「只想繼續研究下去，而不是花時間判斷這項研究是否值得繼續下去」不僅適用在舊的計量經濟學模型上，也適用在新的總體經濟理論上。有些對於了解金融危機和其他危機最實用的貢獻，不是來自正式的模型，而是來自對早期事件的歷史研究。例如，二〇〇八年，各國央行都覺得很難說服商業銀行去接受緊急貸款，因為他們擔心接受這類援助會帶來污名——接受緊

急貸款可能表示銀行陷入困境。多數的央行都忘了，一九○六年美國銀行業發生危機後曾出現過同樣的問題，沒有一家銀行利用美國財政部為銀行設置的新額度，直到一次大戰爆發，所有的銀行都急需資金，使用額度不再帶有污名，銀行才接受緊急貸款。[31]

誠如特瑞謝所言，在二○○七－二○○八年的危機及其餘波中，已經成為經濟研究化身的模型未能通過效用及相關性的測試。就像諾貝爾獎得主羅莫談及總體經濟理論家時所撰：「他們的模型把整體變數的波動歸因於不受任何人行為影響的假想因果力量。物理學中的弦理論也有類似的現象，[32] 當大家把對備受景仰的領導人所展現的尊重演變成對權威的服從，並取代客觀事實作為科學真理最終的決定因素時，就會觸發科學的普遍失敗模式。」[33]

過去四十多年來，兩位筆者見識了這種嚴謹的新經濟學方法所帶來的樂觀前景，卻目睹它在二○○七年至二○○八年全球金融危機中崩壞，化為預測與分析的失敗。極端不確定性的普遍存在，正是問題的根源。

第 20 章
模型的使用與誤用

> 「領導者只要存有一絲絲商業欲望，無論多麼愚蠢，幕僚都
> 會迅速弄出詳細的報酬率與策略研究作為佐證。」
>
> ——巴菲特[1]

　　十八世紀，有一些聰明過人的鄉村牧師有許多空閒的時間，
他們靠著一種安全的參考敘事受惠，貝葉斯就是一例，馬爾薩斯
也是。一七九八年，馬爾薩斯提出一個模型（可能是經濟學第一
個成長模型），並假設人口會呈指數成長，他隱晦地指出那是
「激情」衍生的結果，但食物供給只能呈線性成長。不斷成長的
人口會為糧食供給帶來壓力，因此衍生的貧困又會再減少人口。
這個循環會悲慘地不斷重複下去。

　　馬爾薩斯的預言可說是不準到了極點。在接下來的兩個世紀

中，人口的確呈指數成長，但全球糧食產量的成長更多。儘管如此，後來還是有人多次重提馬爾薩斯最初的論點。一九六八年，生物學家保羅・艾爾利希（Paul Ehrlich）在暢銷書《人口爆炸》（*The Population Bomb*）中斷言：「養活全人類的戰爭已經結束了。一九七〇年代，數以億計的人將會餓死。」[2] 艾爾利希和許多預測者一樣，對於自身預測失準的回應，不過是把預測日期往後推延。他是對的，只是時候未到。[3] 對於專業的末日論者來說，世界末日總是一再推延，但永遠無法避免。

只要多注意「究竟發生了什麼事？」，馬爾薩斯也許可以察覺到周遭英國鄉村正在發生的變革。作物輪作、新機械、選擇性育種是農業生產力提升的前兆，這些因素都可以推翻他的悲觀預期。馬爾薩斯在英國哲學家威廉・戈德溫（William Godwin）的遊說下，考慮了一種可能性：經濟成長、智慧啟蒙、更好的教育或許可以抑制「激情」，使人把心思放在更重要的事情上。但馬爾薩斯對此感到懷疑，他提倡晚婚且與婚前禁慾（他自己三十八歲結婚，婚後育有三子）。然而，時間會證明，隨著女性享有更高的收入及更好的教育，加上避孕的普及，她們生育的孩子減少了。這就是一個世紀以前沃倫・湯普森（Warren Thompson）率先提到的「人口轉型」，隨後許多國家都出現了這個現象。[4] 如果艾爾利希多有注意到「究竟發生了什麼事？」，他可能會看到的不只是人口轉型，還有「綠色革命」——多元的雜交種子使農產

激增。

　　維多利亞時代的經濟學家斯坦利・傑文斯（Stanley Jevons）在一八六五年出版的《煤炭問題》（*The Coal Question*）中解釋，煤炭資源是有限的，這將會限制英國的經濟成長，無可避免。[5] 在馬爾薩斯的模型中，人口的指數成長與糧食產量的線性成長出現了死亡交叉；在傑文斯的書中，工業產量的指數成長與有限的煤炭資源出現了死亡交叉。傑文斯大膽地針對煤炭消耗量做了長期預測，但他只不過是把前半個世紀的經驗推算到可預見的未來罷了。他的預測與下圖的現實狀況形成了對比。傑文斯強調，這些數字只是為了說明，而不是預測，他承認自己的預測是不可能的。

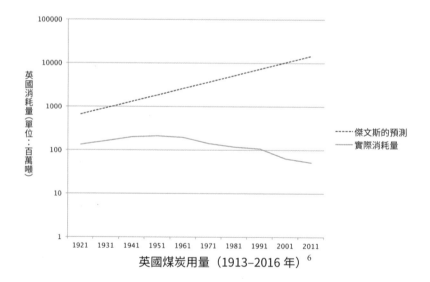

英國煤炭用量（1913–2016 年）[6]

和重複馬爾薩斯一樣，後來也有一些人重複了與傑文斯類似的分析，但提出了不同的警訊。十九世紀後期，農業生產力的提升使得馬爾薩斯先前的擔憂顯得毫無根據，但有些人擔心，農產量的增加會因為肥料（鳥糞）的供給有限而停止，那種肥料主要來自秘魯。德國化學家弗里茲·哈伯（Fritz Haber）發明了一種固氮方法。一次大戰導致德國的港口遭到封鎖時，他的發明獲得了工業規模的推廣。糧食產量不再依賴海鳥的排泄物。

　　美國地質學家馬里昂·金·哈伯特（Marion King Hubbert）提出的「石油峰值」（peak oil），引發了世人的關切；一九五〇年代，他預測美國的石油產量將達到無法持久的高峰，二〇〇〇年全球產量也會出現類似的高峰。[7]美國確實在一九七〇年遇到石油峰值，國內輸出隨後下跌；但後來拜頁岩油所賜，我們撰寫本書之際，美國的石油產量在二〇一八年達到了顛峰，預計二〇一九的產量會更高。[8]二〇〇〇年的全球石油產量約是哈伯特預估水準的兩倍，而且持續成長。如今，悲觀的預言家不再認為世界上的石油將會被用光，而是認為人類對化石燃料的排斥，會導致曾經很寶貴的龐大石油和煤炭儲量永遠留在地底下——也就是所謂的「閒置資產」。一九七二年，國際環保團體羅馬俱樂部（Club of Rome）委託出版的《成長的極限》（*The Limits to Growth*）宣稱，由於各種礦物資源有限，經濟成長必定會在下個世紀內結束。該書售出三千萬本。[9]公平起見，我們必須坦言，他們還有五

十年的時間可以證明他們的預言是正確的。

　　究竟發生了什麼事？這些預言者持續受到關注，他們寫出來的東西廣為流傳（而且即使他們明顯錯了，熱潮依舊持續），這些現象反映了人類對末日預言敘事的普遍偏愛。羅得逃出所多瑪以逃避上帝的忿怒。約拿的預言使尼尼微城避開了毀滅的命運。如今，PayPal 的創始人彼得 · 提爾（Peter Thiel）在紐西蘭偏遠地區的一大片土地上蓋了地堡，為網路科技可能導致社會組織崩解並帶來的世界末日做好了準備。雖然目前為止所有末日預言的失準，都讓人有充分的理由懷疑新的末日預言，[10]但我們依然無法斷言那些敘事都是假的。人類主宰地球的日子總有一天會結束，雖然那可能不是煤炭、鳥糞或鋰的短缺所造成的。

　　小世界模型（例如馬爾薩斯、傑文斯的模型）很適合用來建構論點，但作為預測工具則毫無用處。艾爾利希的預測雖然可笑，但他提出「如何餵養不斷成長的人口」這個問題是對的。艾爾利希、哈伯特、羅馬俱樂部那份報告的作者雖然都有自然科學的背景，卻運用了錯誤的假設（石油、電力、水等資源的需求是由商品之間的實質關係決定的）——這並非偶然。他們忽略了供需平衡改變對價格的影響。他們也忽視了一個事實：儘管科技無法預測，但科技很可能會對新出現的挑戰產生反應——環境本質上是不平穩的。價格與競爭不僅會促進發現與創新，也會改變偏好與預期。

馬爾薩斯既是辯論家，也是經濟學家，但他從來沒有愚蠢到相信他能預測他的模型所描述的危機。經過適當的分析後，他提出的架構讓我們了解是什麼因素影響了農產量與人口結構轉變。傑文斯是他那個年代最偉大的思想家之一，同時也是一個難以捉摸的怪人，他對資源稀缺的癡迷，使他變成了紙張囤積狂。他活在馬爾薩斯的年代之後，了解馬爾薩斯對食物供給的擔憂有缺陷。他寫道：「北美與俄羅斯的平原是我們的玉米田，芝加哥與烏克蘭的奧德薩（Odessa）是我們的糧倉，加拿大與波羅的海是我們的木材森林，澳洲有我們的牧羊場，阿根廷與北美西部大草原上有我們的牛群……印度人和中國人為我們種植茶葉，我們種植咖啡、糖、香料的莊園都在印度。西班牙和法國是我們的葡萄園，地中海是我們的果園。」[11] 但他似乎沒有意識到，類似的論點可能也適用在燃料上——沙烏地阿拉伯有我們的煤礦，是我們的太陽能與風力引擎。然而，傑文斯永遠也無法把當時仍未知的資源及資源儲量納入預測模型中，因此無從描述「世界的真實樣貌」。

運輸模型

在英國，對交通專案的投資決策是用一種名為「WebTAG」的模型來評估的。為了獲得國家對交通專案的資助，決策評估必

須根據 WebTAG 中的詳盡官方指南及財政部有關專案評估的「綠皮書」來進行。[12] 在 WebTAG 的世界裡,時間的貨幣價值取決於個人使用十三種交通工具中的哪一種。計程車乘客的時間價值是每小時十三‧五七英鎊(截至二〇一八年的資料,以二〇〇二年的價格計算),但計程車司機的時間就沒那麼值錢了,每小時僅九‧九四英鎊。步行上班的對沖基金經理人與騎自行車上班的記者,時間價值都是每小時七‧六九英鎊。對騎摩托車的戶戶送(Deliveroo)配送員來說,任何延遲都是有代價的,他的時間價值是十三‧五七英鎊,跟計程車乘客一樣(如果他是騎自行車,代價就低一些)。[13] 那個模型要求未來也要維持這種精確度。成長預測可以準確預測出二〇五二年每個群體的時間有多寶貴,而且精準到以便士計價。如果你還想知道二〇三六年有多少人會在工作日的晚上開車,WebTAG 試算表也可以提供你答案。這種幻想中的運算,確保你可以在試算表中的每個儲存格都填入數字,而且在運算結束後一定會得到一些數字。讀者可以自行評估這種試算表的可信度有多大。

由於填入的數字大多是虛構的,所以使用者可以刻意填入想要的數字以得到預期的結果。從倫敦到伯明罕的高速鐵路、甚至到更遠的地方,有多少價值?大家在爭論 WebTAG 模型時,往往把焦點放在這些時間估值上。商務人士在筆電的幫助下能有效利用搭乘火車的時間嗎?他們會浪費每小時 X X 英鎊(讀者可以

自行填入任何數字）的時間價值，在火車上打幾通愚蠢電話到辦公室嗎（就像我們現在常在非高速火車上遇到的那樣）？我們怎麼知道答案？民眾願意為五十分鐘抵達目的地、而非七十分鐘抵達的火車付多少錢？令人驚訝的是，那個建模過程中，對於新服務的票價結構問題竟然隻字未提。然而，在倫敦與伯明罕之間，已經有兩條互相競爭的路線，提供不同速度、不同價格的旅程。更大的問題是，高速鐵路將如何改變地區發展的動力，或擴大通勤到倫敦的機會，這些問題不可能合理地列入試算表中。

二〇一四年起，愛丁堡的有軌電車開始在機場與市中心之間通車（同一公共交通部門也在同一路線上經營公車服務。公車服務營運已久，而且價格更便宜，通常速度也比較快，吸引較多的乘客。）這個部分完工的有軌電車專案，建設成本約八億英鎊，是預計成本的兩倍左右，而且營運虧損約一千兩百萬英鎊。[14] 只需要花幾分鐘粗略計算一下，就可以證明這個專案是個荒謬的浪費。然而，顧問公司所做的昂貴建模分析卻得出完全相反的結論。

據傳，顧問公司的分析採用「蒙地卡羅模擬」（Monte Carlo simulations），來考量不確定性。蒙地卡羅模擬是核子物理學家設計的一種技術，當每個變數的機率分配為已知時，這種方法可以估計兩個或多個變數的聯合機率分配，但要做出聯合機率分配的解析計算實在過於困難。誠如我們強調的，只有觀察結果是某

個已知平穩流程的產物，而歷史資料能證明分配參數時，才能推斷機率分配。這個有軌電車專案的蒙地卡羅模擬需要虛構多組異於最初選擇的數字，然後算出不同的結果。建模者聲稱，這些結果代表可能結果的機率分配。這種說法毫無根據，我們可能也沒必要指出，未完成的有軌電車專案的結果，超出預測的「信賴區間」好幾個標準差。

在這些運算中，除了呆板地預測目前的趨勢以外，對於「我們對未來缺乏了解」這個問題，他們的解決方法不過是假設未來基本上與現在相似。但我們不知道二〇五二年，我們的後代將會使用什麼交通工具移動。或許，到時候他們已經可以享用我們等待許久的個人飛行平台，又或者，我們的後代可能放棄使用化石燃料，回頭改用馬車。對於未來會怎樣，我們完全不知道。然而，WebTAG 預期每個人仍使用現在的方式搭乘交通工具，只有乘客人數及乘客的時間價值會改變。

風險價值

銀行用來管理風險的風險價值模型（Value at risk model，VaR），是維尼爾聲稱看到「二十五個標準差」那個事件背後的技術。這種模型是以馬可維茲率先提出的投資組合理論為基礎，於一九八〇年代末期由摩根大通（J.P. Morgan）開發，以幫助銀

行因應在那十年間出現的多種債務工具。就像馬可維茲的模型一樣，模型的起始點是每種證券每日收益的變異數，以及每種證券之間的共變異數。在這些資訊的協助下，[15]你可能算得出分配的極端百分位數──在某個非常可怕的日子裡，你可能損失多少錢，那種日子只會在一千次試驗中發生一次（儘管那種情況平均每四年就發生一次）。這個數字代表「風險價值」，而風險價值成了關鍵的風險管理工具。

這種方法在銀行界造成了轟動。計量與科學風險管理可以取代銀行資深高手的直覺與判斷。這個工具實在太好了，不能只讓一家銀行獨享，於是摩根大通把這個事業（RiskMetrics）獨立分割出去，到處推廣業務。不久，幾乎各大銀行都使用類似的模型，風險價值成了銀行監管的一部分。

銀行投資組合包含數以百萬計的金融工具，反映了銀行間交易量的邊增及因此衍生的互相依存網絡。但是，這些投資組合報酬率的關鍵參數（平均值、變異數、共變異數）是如何決定的？唯一可能的答案是參考歷史資料數列。因此，建模的過程中已內建了「平穩性」的假設。當然，這些歷史資料數列必然是從銀行未承受嚴重損失的時期擷取出來的，所以它們的擷取方式難免低估了機率分配的變異數。

還有共變異數。二○○七年到二○○九年間，抵押貸款的損失遠遠超過以往這類貸款所承受的損失。以往的貸款主要是由保

守的銀行從業者貸放給可信賴的貸款者，這些傳統抵押貸款的違約通常是個人家庭的不幸造成的，例如關係破裂、疾病或死亡。這種不幸發生的機率很低，而且是隨機的，整體來說是可以合理預測的。但是，當貸款是貸放給那些不可靠的貸款者時（他們靠著房價上漲為無法持久的貸款再融資），只要持續上漲的房價出現倒退，就會導致許多人違約、繳不出房貸。所以，大家原本以為是多角化的資產組合，其實是高度相關的資產。這些模型假設違約流程是平穩的，建模者欠缺「究竟發生了什麼事？」的質化知識，他們如果知道「究竟發生了什麼事？」，就會發現那個假設並不合理。

雖然風險價值模型多多少少可以幫銀行追蹤日常曝險，但它們無法處理「模型外」的事件——這些模型外的事件正是金融危機的典型肇因——維尼爾問題。金融危機中出現的極端現象大多源自模型外的事件。誠如二〇〇八年的經驗所示，銀行確實會倒閉，但通常不是因為風險價值模型所描述的原因。北岩銀行即使在資金耗盡的那天，根據規定的風險評估，它的資本適足度依然看起來良好，但它還是倒了。金融機構之所以會倒閉，通常是因為詐欺或管理不善，或是介於兩者之間的非道德疏失，或是國內或世界經濟出現了完全出乎意料的轉折。

把數學套用到漁業上

　　在十五與十六世紀，西班牙與葡萄牙探險家為了尋找寶藏走遍美洲。南方的金銀礦備受矚目，另一個寶藏則是位於遙遠的北方：紐芬蘭大淺灘（注：Grand Banks of Newfoundland，位於加拿大紐芬蘭島東南方，拉布拉多寒流在此與墨西哥灣暖流相會）的鱈魚漁場。即便到今天，鹹鱈魚仍是西班牙與葡萄牙人的主食。但現在的鱈魚都不是來自加拿大。五百年來，西班牙、葡萄牙和其他國家的漁民在這個看似資源無限的淺灘上打魚。一九六〇年代，現代捕魚技術的強盛導致許多地方過度捕撈。一九六八年，紐芬蘭海岸有多達四十八萬噸的鱈魚被捕獲，此後鱈魚的數量開始縮減。許多國家面對過度捕撈的方式就是擴大領海以保護本國漁民。一九七七年，加拿大幾乎控制了大淺灘所有的水域。[16]

　　加拿大以有條理的方式開始發展漁業，以重振新斯科舍省（Nova Scotia）和紐芬蘭省疲軟的經濟。政府為拖網漁船的建造提供補貼，並讓自治領漁業署（Dominion Fisheries Office）負責決定許可捕獲量。許可捕獲量的設定，不僅是為了確保魚類的生存，也是為了確保存量的成長及產業的逐步擴張。漁業署開發了複雜的模型，並依此算出建議的可撈捕量，但鱈魚的數量仍持續縮減。一九九二年的許可捕獲量是十四萬五千噸。結果那一年成了大淺灘上商業捕鱈魚的最後一年，因為後來鱈魚都沒了。那一

年過後，當地的漁業就此關閉。如今，每年只有休閒漁民及家計型漁民用魚竿與魚線海釣約五千噸的鱈魚。[17]

把大淺灘漁業的崩潰完全歸咎給制定模型者是錯的，貪婪的漁民和虛偽的政客才應該承擔大部分的責任。但模型設計為政客與產業的行為與不作為做了辯解。最初根據建模與環境科學的洞見來決定捕撈量的動機，後來完全本末倒置：模型產生的「證據」被拿來證明該政策的合理性，而不是用來保護漁業資源。模型設計者成了一場環境災難的共犯。

移民的錯誤資訊

二○○四年，有十個國家加入歐盟，其中八個國家是前共產國家。這些國家的公民因此獲得了在其他成員國工作的權利。歐盟委員會估計，從這幾個加入國移徙到其他成員國的人數，最初可能介於每年七萬至十五萬人之間，之後會減少。英國政府估計，將有五千至一萬三千個移民來到英國。[18] 到了二○一六年英國脫歐公投之際，從這十個新增成員國移至英國的移民至少有一百六十萬人；[19] 另有四十五萬人是從羅馬尼亞和保加利亞來的，這兩個國家加入歐盟的時間稍晚。[20] 在愛爾蘭，約有二十四萬人（占愛爾蘭人口的五％）是來自這些歐盟新成員國的移民。[21]

這裡我們不談這種移民的利弊，但任何論點都應該要建立在

精確的資料與仔細的分析上。當中最重要的一項研究，是由歐盟委員會透過歐洲整合聯盟（European Integration Consortium）委託進行的。[22] 這項研究是所有單位都會參考的研究，該研究強調，第一波較貧窮的國家（希臘、葡萄牙、西班牙在一九八〇年代加入）加入歐盟時，幾乎沒有產生什麼移民。最高的預測（仍然偏低）來自德國 Ifo 研究院（Ifo Institute），由此可見，拿上一波移民來做類比並不可靠。[23] 前共產主義國家以前幾乎不容許移民。最重要的是，歐盟的原始成員國和後來的新成員國之間的收入差距，比一九八〇年代加入歐盟的國家大得多。歐盟委員會委託進行的學術研究向來有誇大整合效益、低估整合成本的缺點。

英國政府強調政策應以證據為基礎，這點令人欽佩，但這樣做往往會促成為政策打造的證據：也就是提供資訊，以佐證政策制訂者想看的結論——移民的估計就是一例。根據我們的經驗（我們自己開發的模型以及觀察模型在政治界和商業界的運用），大家很少會把模型輸入決策流程中，而是把模型拿來向公司的董事會、政府部會、外部監管機構證明已經確定的行動方案。金融機構的管理者希望確保風險是可控制的，大型交通專案的主事者希望確保專案能順利進行。開發模型的真正用意很少是為了解決不確定性，反而是像加拿大漁業那樣，是為了替一個已經基於其他理由作出的決定提供表面上客觀的理由。愛丁堡有軌電車專案在經濟上的失敗，並未阻止政治界支持它進一步的擴

展。

在許多這樣的分析中，實證評估是由少數幾家顧問公司中的一家所進行的。建造模型是那種公司的主要業務，他們很清楚贊助研究的人想要看到什麼樣的答案，而他們就是靠提供客戶想要的東西來營利的。尋求大眾關注及官方研究經費的學者很容易被籠絡到這個流程中。

濫用模型

上面描述的模型分析有一些共同的缺陷，它們都至少顯示了下列一些缺點，且多數的例子涵蓋了所有的缺點。

首先，建模是把一個通用範本套用在不同的情況上。交通專案的性質與規模、銀行之類組織的活動、歐盟成員國的就業與福利條件等等有很大的差異。在這些例子中，認為採用共同的方法可以達到客觀性或比較性的信念，都被事件給推翻了。

其次，建模需要虛構數字（通常是大量的數字）以填補知識上的空缺。有些虛構數字是規定的（例如 WebTAG），有些虛構數字則是讓建模者自行決定。由於模型複雜，建模者可能是唯一了解假設對答案會有什麼影響的人。事實上，通用範本表面上的優勢，在於建模工作大多可以交給基層分析師來做，所以可能沒有人了解假設與結果之間的關連。

第三，這些練習必然假設（幾乎總是毫無理由）根本流程是平穩的。也許有一些理由可以假設建模者很了解漁業的根本科學，儘管事實證明並非如此。我們沒有先驗理由相信以下的事情：抵押貸款違約的歷史經驗可以套用到未來；投資商品的歷史報酬率是未來報酬率的好指標；利用西班牙的資料所設計出來的模型可以用來描述波蘭的移民。這些事情在實務上都無法獲得證實。

第四，在缺乏平穩性之下，這些建模分析既無法解釋不確定性，也沒有建立機率分配、信賴區間或使用統計推斷工具的基礎。不同人對某個參數值的看法，或同一顧問對該參數值的不同估計，都不構成頻率分配或機率分配。這種不確定性的評估沒有正當的依據，所以也沒有機制可以評估各種選項的價值。例如，許多交通專案想辦法排除可能實現類似目標的其他專案，卻採納了本來不可行的專案。這些選項的價值可能是正的或是負的，通常對專案的評估有關鍵性的影響。重大的決定永遠需要在更廣的敘事背景中進行。

第五，由於模型的成本很高又複雜，這些模型的運用往往無法做出有意義的公開諮詢與辯論。那些反對 HS2（倫敦－伯明罕高鐵）的人，覺得有必要自己找人對同一專案做昂貴的評估（儘管他們的評估在結構上幾乎沒什麼差別，但得出的結論與官方觀點恰恰相反）。

這些假模型就像風洞裡的輕木結構一樣脆弱，都有一個共同的缺陷。他們一開始先思考，如果你對現在和未來的世界都有完整且完美的了解，你會如何做決定。但相關的資料幾乎都是未知數，那怎麼辦呢？就全部瞎掰啊。

NASA 與 WHO 的建模

我們在本書中多次提到，NASA 科學家為太陽系建模及預測太空船航行路徑的成就驚人。然而，NASA 為自家系統建模時，又完全是另一回事了。一九八六年，「挑戰者號」太空梭在發射時爆炸，機上七名太空人全數罹難，那是太空梭計劃中兩次致命事故中的第一次；第二次則發生在十七年後，「哥倫比亞號」在重返地球大氣層時解體，也導致七名機組人員全數殉職。挑戰者號爆炸後，諾貝爾獎得主兼物理學家理查・費曼（Richard Feynman）被任命參與調查。費曼堅持把他對調查結果的異議附在報告上。他指出，NASA 針對發射造成致命事故的機率做了估計，但估計出來的數值很廣：從工程師估計的百分之一，到 NASA 高層估計的十萬分之一。費曼問道：「是什麼原因使得管理高層對機械有那麼強大的信心？」，他嘲笑那十萬分之一的機率，並指出 NASA 管理高層聲稱自己擁有無法想像的知識和理解力。費曼最後總結：「一項技術若要成功，現實必須優先於公關，

因為你無法愚弄大自然。」

分析太陽系時運作得如此美好的方式——那需要全面了解系統、系統的平穩性、確定 NASA 的行動或其行為者不會影響系統——放在火箭先進科技這種難免會有極端不確定的情況下，完全失敗了。NASA 內部對機率的表述掩蓋了不確定性，而不是化解了不確定性。費曼對 NASA 官僚機構的嚴厲批評，凸顯出在極端不確定性下濫用偽科學來合理化行政決策的情況。這種模型的濫用，在分析休斯頓的太空船、紐芬蘭的魚類資源、愛丁堡的有軌電車、歐洲的移民時很常見。可悲的是，這種濫用現象非常普遍，而且持續不斷發生。

湯瑪斯・戴文波特（Thomas Davenport）與布魯克・曼維爾（Brook Manville）曾針對大型組織如何做出正確決策，寫了一系列的個案研究。[24] 他們首先分析，二〇〇九年 NASA 經歷挑戰者號災難性的打擊後，NASA 先是延遲了 STS–119 太空梭的發射，接著成功地執行了那艘太空梭的飛行任務。他們強調 NASA 修正後的程序特色：

> 致力追蹤小失敗、辨識及了解複雜問題的能力、對第一線人員的真正關注、從錯誤中學習及重新振作起來的能力，臨機應變的能力……最重要的文化是開放交流、尊重不同意見、接受他人表達歧見的權利。今天，我們欽佩的不單只是

NASA 的成功，還有它從挑戰者號與哥倫比亞號的可怕悲劇中重新振作起來的能力。[25]

NASA 已經學會不止在太陽系中、也在自己的組織中問「究竟發生了什麼事？」；並且放棄偽裝知識，為無法預測的意外事件尋找穩健、有韌性的方案。每個人都應該如此。

一般認為，人類第一次接觸愛滋病毒發生在一九二〇年代，但直到一九八一年，有報導指出舊金山有五名男同性戀者出現 PCP（一種罕見肺部感染）的異常聚集，大家才發現如今所知的愛滋病毒。對此，世界衛生組織（World Health Organization，WHO）的任務是打造一個模型，為政策制定者了解這個疾病如何傳播，以及必要的干預水準。WHO 根據各國最新的人口資料設計了一個複雜的模型。數學家羅伯·梅（Robert May）和羅伊·安德森（Roy Anderson）則開發了另一個簡單得多的模型，並據此對愛滋病毒的傳播做出了較為悲觀的預測。很不幸，後來證明，他們二人的預測反而更接近最終的結果。[26]愛滋病在全球各地加速傳播感染，尤其對非洲南部造成了重創：一九九〇年，估計有十二萬人罹患愛滋病，到了二〇〇〇年，該數字已經增至三百四十萬。新感染愛滋病毒的人數增加了九倍。[27]世界似乎不像 WHO 模型所想的那麼穩定。

為什麼與梅和安德森那個簡單的模型相比，看似比較複雜的

WHO 模型反而失敗了？掌控疾病傳播的關鍵因素包括感染者把傳染給他人的機率。梅和安德森知道，感染他人的機率由兩個部分組成：任何性行為都會傳染的機率，以及感染者有幾個性伴侶。區分這兩者非常重要。一個 HIV 陽性的性工作者和十個人發生性關係，比他和同一個人發生性關係十次更容易傳播疾病。但 WHO 的模型並沒有做出這樣的區分，這也是 WHO 的模型對愛滋病的傳播預測不準確的原因。梅和安德森問了「究竟發生了什麼事？」，WHO 模型則是把焦點放在詳細的人口統計資料上，而不是看真正重要的資訊：受影響群體的不同性愛習慣。

適當使用模型

我們從商業與政府的模型運用中記取了許多教訓。

首先，啟用簡單模型以找出影響評估的關鍵因素。面對前述的批評，一種常見的因應方式就是提議把自認缺少的東西加入模型中。但這樣做反映了另一種誤解：以為那些模型可以描述「世界的真實樣貌」。建模的實用目的是為了發現「小世界」的問題，而那些問題可以彰顯出極端不確定的大世界的一部分。

第二，在找出可能對評估產生重大影響的參數之後，要開始做研究以證實這些參數的價值。例如，火車乘客覺得旅程更快有什麼價值？即使精確的量化顯然有誤，量化往往可以作為一種現

實檢驗。英國史都克利村（Stewkley）那座保存良好又美麗的諾曼教堂（接近提議的新高鐵路線）有很高的保存價值，但肯定不是十億英鎊。這種校準通常就足以解決決策的某些層面了。

第三，簡單的模型有彈性，比較容易探索模型修正及替代方案的影響。例如，WHO 的人口統計模型不僅偏離了關鍵問題，其複雜性也使人更難調查模型結構與參數的其他規格。在極端不確定下，分析各種情境總是有幫助的。例如，這個政策決定在五年或五十年後會是什麼樣子？

第四，在極端不確定下，一項政策所提供的選項可能會左右評估。例如，若要從倫敦兩大機場（蓋特威克機場或希斯洛機場）中選一個來擴張，該選哪一個？知道蓋特威克機場的地形可以根據不確定的未來需求逐漸調整設施的發展，但希斯洛機場不行，這應該是選擇時的重要因素。選項的價值可能是正的（促進與最初目標沒直接關連的政策），也有可能是負的（排除有吸引力的替代方案）。

最後，只有當使用模型的人知道，模型並不代表「世界的真實樣貌」、只是探索決策是否會出錯的工具時，模型才會有用。

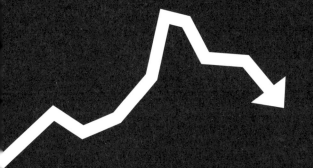

PART V

接
納
不
確
定
性

第 21 章
實用知識

> 「現在大家愈來愈常用方法論來定義經濟學，而不是以學科內容來定義經濟學。這在學術界及政策領域中看起來不太尋常，或許也很獨特。歷史學家研究歷史，化學家研究化學，律師研究法律。」
>
> ——傑西・諾曼[1]

「經濟學是一門研究人類日常生活的學問。」第 15 章提過的英國新古典學派經濟學家阿爾弗雷德・馬歇爾在一八九〇年出版的權威著作《經濟學原理》（*Principles of Economics*）中如此寫道，接著他再更具體地定義了這門學問的範圍：「經濟學研究的是個人和社會行為中，與獲得及使用幸福的物質條件最密切相關的那個部分。」[2] 誠如第 7 章所述，貝克（在傅利曼退休後，他成

為芝加哥學派的學術領袖）對經濟學抱持著不同的觀點：「堅定不移地使用『追求最大化的行為、市場均衡、穩定偏好』這個假設組合，就是經濟方法的核心。」[3]

最適化、均衡、平穩性等假設，適合在小世界中建構模型以闡明問題——亞當・斯密、李嘉圖、塔克、阿克洛夫都用這種方法得到很好的成果。但這種模型只能洞悉人類在大世界中的部分行為。然而，貝克有更遠大的雄心壯志，他也因為「把個體經濟分析的領域擴展到人類行為與互動的廣泛領域」而榮獲諾貝爾獎。但跨學科合作並不是經濟帝國主義。在寫這本書的過程中，我們刻意旁徵博引、引用廣泛的知識與學問，我們也從過程中學到不少東西。只懂經濟學的人，其實對經濟學了解並不多。

經濟學作為實用知識

馬歇爾的觀念是從問題出發，而不是從方法出發。他把經濟學視為一門實用的學科，就像工程學或醫學一樣。工程師是從一個專案開始著手，醫生是從一個病人開始看起，他們的成功由任務完成或病情好轉與否而定。同樣，經濟學的範圍是由它試圖探討的議題——商業及公共政策的問題——來界定。經濟學的成功與否，應該要看它給了財政部長與央行總裁、維尼爾和賈伯斯、不知該如何投資存款或創業的人、以及買房或買日用品的家庭多

少幫助來衡量。

二〇〇九年，英國女王造訪倫敦政經學院時，據報導，她在一場金融危機的演講中問道：「為什麼沒有人預見危機的到來呢？」[4] 這句話也表達了英國民眾的普遍觀點。女王知道，經濟學和經濟學家無論名聲多麼響亮，都無法提供實用的見解。她的祖先查理二世敦促英國皇家學會錄取葛蘭特時（第 4 章提過他在倫敦的公墓蒐集資料），他就知道，實用知識比資歷或地位更為重要。

航太理論的價值在於它對實務知識的貢獻。航太工程師對數學與物理學都很在行，他們的計算很複雜，但他們把焦點放在解決實務問題上。因此，當我們說經濟學也應該把焦點放在解決實務問題時，我們並不是說數學推理與知識不適合。諸如醫學或工程學之類的實務學科，與數學和物理——或者就此而言，哲學或文學——形成了鮮明的對比。那些非實務的學科，是一種對知識本身的追求。當然，基礎的科學知識往往被證實有很大的實務價值——例如，與其他科學發現相比，人類對電力的了解可能對經濟的影響最大。說「有電力的發現，才有現代世界的出現」一點也不誇張。但電力的應用並不是發現電力那些人最初的動機。富蘭克林在暴風雨中放風箏吸引閃電時，他並沒有意識到他的研究可以促成吸塵器、電腦等電器的發明以及原子的分裂。但是，我們很難從我們對恐龍滅絕的原因、珍‧奧斯汀對十九世紀小說家

的影響，或從拿破崙征俄的理解中，看到類似的金錢效益。這些學科的研究代表著對知識本身的追求。人類透過這些研究提高了言語水準。這些知識提供我們在複雜情況下了解「究竟發生了什麼事？」的背景脈絡。這些研究使我們的生活過得更充實，而不光只是透過累積耐久財，以及完成另一場十八洞的高爾夫球來追求充實感。我們有充分的理由認為，那些問「佛羅里達州需要多少人類學學位，才能有健全的經濟？」的人是庸俗之人。

醫學和工程學不一樣。我們去看醫生是為了尋求資訊與建議，好讓身體康復。如果手術後我們沒有變得更健康，只是知識增長了，我們會很失望。一個人設計的機器如果永遠不會被製造出來，我們會覺得他是個怪咖。如果一位軟體工程師或 NASA 工程師試圖解釋他是怎麼做到的，而不是解釋他所投入的迷人議題，我們可能會去找更有趣的談話對象。

實務學科很龐雜是很恰當的，它們從許多學科中擷取了基本的科學知識。它們的方法是兼容並蓄的。在實務學科領域，備受敬重的專業人士通常會對一般理論及泛知論抱持懷疑的態度，他們許多的活動都依靠著經驗法則。那些經驗法則在他們自己或他人的經驗中已經證明是可行的——許多經濟學家嘲笑這種方法是「急就章」。能幹的從業者可能不太理解自己的做法為什麼行得通，而那往往是因為那種理解並不存在。

模型是工具

想像一下，你的廚房出了問題，你找水電工來處理。你可能預期他帶著一大箱的工具來，仔細檢查問題的性質，並選擇適當的工具來解決問題。現在想像一下，水電工來了，他說他是專業的經濟學家，業餘時間當當水電工。[5] 他只帶了一件工具來你家，接著他環顧廚房，找一個可以用上那個工具的問題。或者，他解釋，他帶來的螺絲起子正是修理排水管漏洞所需要的。或者，他說，他隨身攜帶的多功能工具與每一種需求都息息相關（我們兩個都愚蠢地買了一支那種工具）。

你可能覺得這位兼職水電工應該專心投入經濟學（也許你也納悶他在經濟學領域是否成功，或為什麼他是經濟學家）。無論你是找水電工來處理漏水，還是請經濟學家為政策問題提供建議，你都希望他或她（儘管水電工和經濟學家一樣以男性為主）從診斷問題開始做起。接著，你會希望他有一盒工具，並從中挑選一個或幾個相關的工具來處理問題。闡明具體議題的多種「小世界」模型，就像水電工擁有的多元專業工具。模型的優劣不該以數學的複雜度來判斷——數學本身沒有好壞之別——而是取決於模型是否為我們想解決的問題提供洞見。

模型就像專業水電工貨車上的工具，在一種情況下有用，在另一種情況下則派不上用場。模型就像貨車上的工具一樣，有幾

個模型可能對解決某個問題有幫助。有時根本找不到任何模型可以解釋我們所看到的現象，但我們還是得做決定。因此，檢驗一個模型，是看它在一個極端不確定的世界中，對政府、企業與金融、家庭做出必要的決定是否有幫助。

追求實用知識、為決策者提供實用建議都是從問「究竟發生了什麼事？」這個問題開始。水電工會先找漏水的原因。醫生會先觀察症狀並測量數據以利診斷進行，直到他診斷出結果並開處方。工程師或設計師會先確定專案的範圍，牙醫會先檢查評估再推薦療程。這些方法都與尋找「世界真實樣貌」的抽象知識（那是物理學家與哲學家的研究特徵）有別。但經濟學對世界的重要貢獻在於，它是個實用的知識，而不是科學理論。凱因斯指出：

> 柏林的普朗克教授是量子理論的創始人，他對我說過，早年他曾有學習經濟學的念頭，但他覺得經濟學太難了！普朗克教授可以在幾天內輕輕鬆鬆掌握數理經濟學的全部內容，所以他才不是那個意思！但是邏輯和直覺的結合，以及對事實的廣博知識（大多不是精確的）需要最高等級的經濟詮釋。那對天賦主要是發揮想像力、盡力追尋比較簡單事實的含義與前提條件的人來說，確實很困難。那種比較簡單的事實往往非常精確。[6]

如果我們刪除「想像力」那個詞，那這段話就可以用來描述

一台強大電腦的技能。當然，刪除「想像力」後差異很大，這也是為什麼從來沒有電腦獲得諾貝爾物理學獎的原因；在可預見的未來，電腦也不太可能得獎。

現代經濟學試圖模仿的是普朗克、而不是凱因斯，也因此失去了很多東西。公理型理性不是演化型理性，行為經濟學家提出的批評並未承認「人類在背景脈絡中詮釋問題」的能力很重要，而這是電腦還遠遠達不到的能力。驗證碼（CAPTCHA，用來區別人類與機器人的扭曲文字）對人類而言很容易判讀，對電腦來說卻非常困難。幸好，Google 在這個領域的研究不是致力把機器人訓練得更像人類，而是從已經解開的驗證碼中累積知識，好讓電腦更有效地區分人工智慧和人類智慧。事實上，電腦已經可以有效地區別兩者了，你的按鍵動作就會洩露你的身分。現在我們通常只要在一個框裡打勾，就能確認「我不是機器人」。

凱因斯後來寫道：「如果經濟學家能夠讓人認為他們是一群既謙卑又有能力的人，跟牙醫一樣，那該有多好！」[7] 不難理解，經濟學家希望自己更像物理學家、而不是牙醫，畢竟很少有牙醫達到普朗克的地位和形象。[8] 普朗克榮獲諾貝爾物理學獎，但牙醫在我們的日常生活中扮演著重要的角色，即便這個角色有點枯燥乏味。現代牙科之父、法國醫生皮耶‧費查（Pierre Fauchard）之於牙科，就像亞當‧斯密之於經濟學，他們的研究與工作成果基本上是同時代的，反映了十八世紀啟蒙運動的廣泛影響。費查

在牙醫界整合及拓展了實務知識，開啟了牙科門診的改變：從拔牙轉變成修補。牙科後來的創新大多是因為把一般科學的進步應用在牙科上，例如麻醉的發明、菌原論等等。現代植牙是瑞典解剖學家佩爾－英格瓦・布倫馬克（Per–Ingvar Branemark）的研究產物，他發現了鈦可以緊密結合骨頭的特質。[9]

好的牙醫能夠改善病人的健康，同時避免不必要的痛苦，而不是創造牙科新理論或新模式。牙科沒有所謂的一般理論，但有大量的實務知識可供牙醫學習。醫術高超的牙醫可以找出病人問題的根源——亦即「究竟發生了什麼事？」——並從知識庫中有效地吸收新舊技術來解決問題。我們說布倫馬克對牙科有卓越的貢獻，是指他開發了一項可以廣泛應用的新技術。

經濟學需要資料

美國經濟思想史家菲力普・米羅斯基（Philip Mirowski）使「物理嫉妒」（physics envy）這個詞開始流行起來。物理嫉妒指的是，許多經濟學家渴望效仿普朗克，而不是凱因斯所描述的牙醫。儘管凱因斯對普朗克演繹推理的描述相當準確，NASA 任務成功的背後所依賴的太陽系知識，並不是源自於公理推理，而是因為十六世紀丹麥貴族第谷・布拉赫（Tycho Brahe）對行星做了仔細又廣泛的觀察。布拉赫晚年還與德國數學家克卜勒合作，分

析了蒐集而來的資料。物理學既是歸納的，也是演繹的。但物理流程雖本上是平穩的，所以減少了溯因推理的必要性。然而，經濟學家在面臨一些獨特的情況（比如二〇〇八年最後幾個月的情況）時，他們必須做出「達到最佳解說的推論」（inference to the best explanation）。

就像物理學一樣，經濟學也需要資料，商業與金融界就為經濟學提供了豐富的資料。但我們曾強調，那些資料只能以某些經濟理論來詮釋，而且，誠如第 6 章所說的，那些資料通常是根據某些理論蒐集而來的（但通常沒有講明）。啟發性的理論不見得正確——布拉赫直到去世那天，仍然相信地球是宇宙的中心，並以一種我們今天再熟悉不過的方式，做了別出心裁的詳細闡述，好讓他的觀察呼應他的信念。科學的特色不在於堅持演繹推理，而在於堅持觀察重於理論，不管有什麼權威支持那個理論——正是這種堅持，導致伽利略在行星運動的真相獲得普遍接受之前，得面對宗教法庭的審判。

布拉赫為觀察而留下的詳細記錄，無論其意涵為何，仍是所有社會學的榜樣。我們常聽到有人對政治和經濟誇誇其談，卻對現成的資料一無所知。二〇一六年一項涵蓋二十六個國家的調查顯示，八四％的受訪者認為，全球赤貧的現象增加了或維持不變。[10] 但在過去二十年裡，赤貧人口減少了一半以上，超過十億人擺脫了赤貧。[11] 這可能是這段期間全球經濟最重要的一個事實。

漢斯‧羅斯林（Hans Rosling）在暢銷書《真確》（*Factfulness*）中指出，這種無知在印度與中國更加普遍，但這段期間的經濟成長絕大多數是來自中印兩國經濟的突飛猛進。[12] 在這份調查中，大學生的表現略優於全體民眾。但我們擔心的是，現代經濟學的教學強調計量方法，但沒有讓學生有機會了解資料來源或彙編資料的原則。

關於政治、金融、商業的決策，應該要以最好、最廣泛的資料作為依據。然而，資料雖然重要，但僅僅根據資料對世界做出推論時，必須謹慎，尤其是因果推論。現在所謂的「大數據」——現代電腦的強大運算力所促成的龐大資料庫——增加了這些危險。歷史資料集的存在，並不能作為計算未來機率分配的基礎。銀行用來預測抵押貸款的損失規模，以及計算不同借款族群違約發生率之間的相關性時，不僅是根據不同時期的資訊，也是根據迥異的借款人經驗（那些借款人的特質與次貸危機中大量違約的借款人截然不同）而來。依賴觀察的關係（observed relationship）的商學、經濟學、金融學的學生，必須尋找令人信服的理由（但他們鮮少找得到），才能相信產生那些資料的流程是平穩的。

千萬不要在沒問「這些資訊來自何處？」的情況下，就盡信資料。前述有關赤貧的資訊來自世界銀行，是個謹慎又可靠的資料來源。所謂赤貧，是指每天收入低於一‧九美元的人，聯合國

在「千禧發展目標」中使用的數字更低一些，是每天一‧二五美元。聯合國的報告指出，在二〇三〇年前把赤貧人口縮減五〇％的目標已經達成。[13] 這些收入水準是根據對住房與營養的最低水準評估，對任何生活在歐洲與北美的人來說，這個數字低得難以置信。這裡就像其他地方一樣，實用的衡量通常需要一些根本理論或模型——在先進國家，衡量貧困的方式非常不同。除了詢問資料來源，詢問「是使用什麼模型來詮釋資料？」也同樣重要。還記得前面提過《文學文摘》的命運嗎？它預言蘭登將獲得壓倒性的勝利、而不是羅斯福獲勝。即使是現在，對於該如何把蒐集的原始資料轉化為結果預測，民調業者依然眾說紛紜。

地圖不是領土

模型也可以用來重現大型的真實世界。工程師必須對飛機與橋梁如何因應風速與風切有全面及量化的了解。雖然模型的性質有多少可以沿用到橋梁上，需要看經驗與判斷，但實際上我們可以透過建造小規模的複製品來塑造橋梁。二〇一八年，麥拿侖車隊（McLaren）的工程師難以解釋他們的賽車氣動力不佳的原因。儘管他們可以把整台車放進風洞測試，但跑道上的表現異於風洞中的表現，公司的工程主管因此丟了飯碗。[14]

唯一完全可靠的模型，是全尺度複製橋梁（或汽車）的模

型，風洞的確複製了橋梁實際建造或汽車實際開動的情境。但複製品不是模型。阿根廷作家豪爾赫・路易斯・波赫士（Jorge Luis Borges）寫過一個廣為流傳的故事，或許最能體現這種矛盾。那個故事描述有人想要繪製一幅完美的世界地圖。[15]最後，當地圖完全複製整個世界時，目的終於達成了，但那張地圖也無法使用。一張地圖或一個模型必然是一種簡化，適當的簡化要看用途而定：步行地圖與地鐵路線圖或公路地圖迴異，即使描繪的是同一個地區，內容也不一樣。波蘭哲學家阿爾弗雷德・柯日布斯基（Alfred Korzybski）說過一句名言：「地圖不是領土。」模型也是如此。[16]然而，有些模型成功地代表了系統的關鍵特徵，那些特徵是準確預測的必要條件。這種代表性是科學進步的基礎，遵循著牛頓力學的範式發展。

NASA 根據長期建立及實證過的行星運動方程式，以及 NASA 對其火箭能力的了解所開發出的模型，代表了人類在建模方面的極限。他們的地圖不是領土，但充分代表了那個領土的相關特色，所以電腦模擬或多或少精準地重現了火箭在外太空的體驗。那樣的建模是有可能的，因為 NSAS 了解太陽系（可用比較簡單的方程式精確地表達），NASA 相信太陽系是平穩的，而且沒有必要預測太陽系會如何因應 NASA 的行動。在 NASA 建立的太陽系模型中，沒有極端不確定性。但令人遺憾的是，幾乎所有的經濟問題都有這種不確定性，尤其是在金融與總體經濟中。

大家誤以為「小世界」模型可以套用在這些領域，就像「風洞」模型那樣，這種誤解後來讓大家付出了慘痛的代價。

儘管很多人普遍嘗試開發類似風洞的模型來做總體經濟的預測，但風洞模型幾乎完全無法套用在經濟學上。誠如薩維奇所言：「判斷與經驗對於挑選合適的『小世界』模型來說非常重要，那些判斷與經驗不可能闡明完整且明確定義的一般原則」。[17] 過去二十年間，個體經濟的研究愈來愈專注在這種小世界的簡單模型上，使得這些模型產生的命題能夠獲得實證。在現代總體經濟與金融理論中，大家仍一直在尋找一個全面描述大世界的模型、一個像 NASA 的太陽系模型那樣接近「世界真實樣貌」的模型。但是，當世界難免充滿極端不確定性時，「經濟學家可在這些領域中建構風洞模型」的概念就不再值得追求了。

這些領域中，許多經濟學家面對批評的回應是：「所有的模型都是錯的。」他們的意思並不是說模型在數學上是錯的，他們所指的錯誤，就像塔克描述的刑事司法及莎士比亞對蘇格蘭歷史的描述是錯的那樣。但「所有的模型都是錯的」這句話，應該加上博克斯那句名言的後半句「但有一些模型很有用」做進一步修飾。「囚徒困境」描述一個廣泛應用的觀點，《馬克白》對人類常見的愚行有深刻的描述。對總體經濟與金融學模型的相關批評，並不是說它們是「錯的」，而是它們在總體經濟中並未證明是有用的，在金融學中則證明有誤導的效果。

我們提出那樣的批評時，常聽到許多經濟學家以另一個口號回應：「只有模型能打敗模型。」[18] 正好相反，我們認為只有事實與觀察才能打敗模型。前述英國女王的反應提醒了我們，如果一個模型顯然無法解決我們想要處理的問題，就應該收回工具箱裡。如果一個模型無法解決任何經濟問題，它一開始就不該收進工具箱。可以獲得最佳建議的人在金融危機中發現，經濟模型並沒有幫他們了解「究竟發生了什麼事？」。沒有哪個腦袋清楚的人會問女王：「妳的模型是什麼？」，英明的女王不會去找另一種經濟模型，她會找另一位經濟顧問。我們不見得要有替代工具可用，才能知道那個只帶螺絲起子來的水電工不是我們需要的技師。

在路易士的暢銷書《橡皮擦計劃》中，有一段動人的文字描述了特沃斯基受邀到康納曼的課堂上開研討會，在研討會結束後，特沃斯基的想法有了轉變。[19] 在那之前，路易士形容特沃斯基的思維是「在你找到更好的理論（更能預測實際結果的理論）來取代現有理論之前，你不會隨便拋棄一個理論。」但是研討會結束後，「他開始覺得，自己以前或多或少接受的理論看起來跟可疑物件一樣似是而非。」他採納了「一種對他來說相當罕見的心態：懷疑」。在金融危機之後，對多數正式的總體經濟模型抱持一定程度的懷疑很合理。就像我們看到廚房地板持續淹水時，會懷疑水電工的能力一樣。

占星家有一批死忠的粉絲，他們相信星辰會影響人類行為。

我們不認同那種預測的價值，我們也不認為我們需要另一個更能預測事業或愛情的星象模型，才能知道占星家的預測是胡說八道。套用羅莫爾的例子，我們也不需要另一個有關自閉症成因的理論（幾乎可以肯定成因很多且複雜），才知道宣稱「『麻疹、腮腺炎、德國麻疹三聯疫苗』會誘發自閉症」是錯的，而且那說法有危險的誤導性，已經導致許多孩童不幸喪命。[20]

經濟學作為導航

如果有必要，牙醫師可以麻醉病人來解決反身性的問題。經濟學家沒有類似的選擇，經濟永遠不會靜止不動。股市的行為不是依循著一成不變的物理規律，而是瞬息萬變的經濟與社會狀況以及投資者預期多變的結果。系統的非平穩性以及系統對我們行為與信念的依賴，有很大的影響力。儘管工程師可以預測發射信使號探測器的路徑長達六年半及四十九億英里，但他們無法以類似的精準度來預測二十分鐘後你愛車的位置，就算他們知道你要開往哪個方向，也無法預測。他們之所以不能這樣做，是因為交通狀況不斷在改變——交通幾乎在各方面都不是平穩的，儘管有時這不重要——也因為你到達的時間，取決於你與其他駕車者未來決定做什麼。

位智（Waze）是 Google 提供的衛星導航系統，可以取得

Google 想要的任何科學或工程知識。連央行也無法像 Google 那樣取得那些情報資源或資料。位智有聰明的程式設計師及數百萬個即時提供資料的用戶。在複雜軟體的幫助下，位智可以比十年前更精確地預測你到達的時間。但它的預測依然不是非常出色，而且永遠也達不到分秒不差。以你昨天開車回家的時間來預測你今天開車回家的時間，準確度幾乎和現代科技所能提供的最好估計一樣。

位智主要不是預測工具，而是對決策者有價值的實用知識來源。位智那種程式可在幾秒鐘內為你指明方向，並告訴你去一個陌生的目的地需要花多長的時間。它在分析那個問題的當下，是把系統視為平穩的——聰明又快速的電腦取代遲緩的人類，擔負起判讀地圖的角色。位智會根據過去的頻率分析估計你回到家的時間。但是這個應用程式對用戶的最大價值，在於它可以提前通知破壞性事件，例如出乎意料的塞車、道路施工、事故等等。藉由累積「大數據」（從許多來源取得的問題相關資訊），那個程式可以指引結果，並建議其他的替代方案。

Google 工程師並沒有意圖建構一個交通的一般理論，讓每位駕駛預期未來幾年所有其他駕駛的軌跡，並據此做出自己的決定，反覆地走向一種平衡——在那個平衡點上，所有駕駛都採用最適行車計劃，每次行車計劃都是最適的。而且，值得注意的是，即使他們正在規劃自駕車的未來（在那個決策流程中，多數

〔但非全部〕人為因素已消除），他們也沒有意圖建構一個交通的一般理論。在可預見的未來，為所有的車輛打造最適交通計劃，已經超出 Google 程式設計師及最強大電腦的能力範圍。即使位智已經建立了這種模型，它必須近乎完美，才能稍稍為我們的某次行程提供相關資訊。

許多經濟模型的建構假設有一個「代表性」的家庭存在。但一個好的交通流量模型不能以一個有代表性的車輛為基礎；塞車之所以會發生，主要就是因為交通的異質性。把「倫敦」視為單一實體無法為駕駛人提供實用建議，因為倫敦不是我們需要指引的單一實體。簡化需要代表總體，但小世界模型的簡化將使那個模型變得無用。為不同的期望與人類互動打造模型，則必須更加細膩。

如果你覺得建構一個通用的交通理論聽起來很可笑，其實那多多少少就像許多總體經濟學家過去四十年在做的事情，而且如今許多總體經濟學家仍在做這種事。位智之所以有用，正是因為它使用資料不是為了建立通用的模型，而是為了讓人迅速讀取交通資訊（告知哪裡出事及可能的解方）。我們認為，經濟學家也應該這麼做。如果凱因斯如今仍在寫作，我們認為他可能會提出，如果經濟學家應該立志像個牙醫，那麼經濟學應該立志像位智那樣。

經濟學家與極端不確定性

社會學家的公共角色是提供必要的資訊，讓必須在極端不確定下行動的政治人物、公務員、企業家與一般家庭能夠做決策。為了達成這個使命，社會學家可以藉由解釋「究竟發生了什麼事？」來從旁協助，也就是提供一個連貫、可信的敘事，並建立決策的背景脈絡。這些敘事可能包括故事（文學虛構內容），或數字（由大資料集或小資料集建構，比如經濟的統計資料或社會調查結果），或模型（那些看似有精確解方的小世界描述）。在經濟學、商業、金融學中，這些類型的推理通常是相關的。

經濟學家無法告訴政策制定者該做什麼決定，但他們可以幫助政策制訂者思考問題，並提供相關的資訊。社會學家的敘事就像專業從業者的敘事——例如醫生的診斷、工程師的專案說明、律師的案例陳述。相關敘事的挑選取決於問題與情境脈絡而定，所以小說、數字、模型的選擇，需要針對問題與情境脈絡進行判斷。我們試圖建構的敘事既不是真的，也不是假的，只有實用或不實用的區別。[21]

在挑選敘事時，判斷需要兼容並蓄且務實去華。身為經濟學家，我們既不是新古典經濟學派，也不是新凱因斯學派或奧地利經濟學派、社會主義派、行為學派。但是，如果這些思想學派能在特定問題的情境脈絡中提供相關的見解，我們願意採納任一或

所有的學派。有些學派聲稱他們根據一種對世界的通用先驗主張，為問題提供廣泛的答案——我們對這種學派都抱持懷疑的態度。

疑團無法像謎題一樣解開。在疑團中推理需要承認疑團的模糊性，並充分化解模糊性好澄清思緒。然而，即使是擬定一個問題，也需要具備技巧與判斷力。這是經濟學家能做的最重要貢獻之一。首先必須擬定一個疑團（無論好壞）來幫助大家在極端不確定下做出必要的決定。擬定要從找出關鍵因素及組合相關資料開始做起，這需要應用這些因素過去如何互動的經驗，並評估它們未來可能如何互動。決策流程需要了解問題所在的廣泛情境脈絡，多數判斷需要傳達給他人，且實施時也需要他人的協助。

經濟學家的角色就像其他社會學家一樣，是在擬定政治與商業領袖在極端不確定性下所面臨的經濟和社會議題。

務實經濟學家的角色就像消防員、醫生、牙醫、工程師一樣，是解決問題的人。消防員、醫生、牙醫、工程師之類的能幹專業人士——是狐狸，而不是刺蝟——不是從一套公理或總體的理論開始出發。二十世紀以前，醫學幾乎沒什麼實際用處的一大原因是，當時的醫生確實是從理論出發。當時理論主宰了醫學思維，但對真正的理解幾乎沒什麼貢獻——最惡名昭彰的就是希臘醫生蓋倫（Galen）提出的概念。那個概念從西元二世紀開始聲稱，疾病是體液之間失衡所引起的。現代的科學醫學是由與細節

有關的零碎知識累積而成，並充分利用歸納、演繹、溯因推理建立起來的，這個流程至今仍在促進我們對人體解剖與生理學的了解。

好醫生的診斷會從聆聽病人說話、問相關的問題、然後逐漸做出臨時診斷開始。接著，他會拿出治療該病的相關工具。第 19 章中坎德勒對工程方法的描述是一種類似的思維模式——先是建構問題；接著把它拆解成較小的問題，以便使用已知的解方或計算解方；然後透過試誤法為更大的問題找到可能的解答。要把人類送上月球，首先要有一個宏大的目標。但是，要找到實現目標的方法，需要落實大量的細節。

如果經濟學是一門務實的學科、一門解決問題的科學，那麼對經濟學與經濟學家的重要檢驗，就是他們解決問題的能力。二〇〇八年金融危機爆發時，誠如第 19 章所提，歐洲央行總裁特瑞謝指出，他認為各國央行與財政部依循最佳學術做法所開發及落實的總體經濟模型幾乎毫無助益。決策者發現他們身處於克萊恩研究的那些消防員所面對的狀況，他們正面臨著一種獨特的局面。決策者就像那些消防員一樣，他們不是在追求最適化，而是以克萊恩描述的「識別啟動決策方法」（primed recognition decision–making），憑經驗尋找最佳解釋並尋找可行的方案。[22]

也許這些政策制定者找到的解方是最佳解方，但似乎不太可能。無論如何，我們都不會知道。無論是過去還是現在，都沒有

人有資訊可以判斷什麼是最適政策。最適政策及最適化的概念，本身就是小世界的產物。小世界模型可以幫我們洞悉大型的經濟世界，但前提是我們不能誤以為它們描述的是「世界的真實樣貌」。我們不能像傅利曼宣稱的那樣，把面對極端不確定性的人當成「彷彿為每個可能發生的事件都附上了機率」。我們不可能列出每個可想像的事件，也不可能獲得為那些事件做明智推測所需的資訊。

理性的人在回答多數關於未來的問題時，他們會回應：「我不知道。」（無論問題是「哪匹馬會贏得肯塔基賽？」還是「二〇二五年底的股市會是什麼水準？」或「人工智慧將如何發展？」）。有人認為我們能夠（且應該）為每件事賦予主觀機率，這種說法非但無法增進我們對未來的了解，也阻礙我們對未來的了解。而且，由於沒有令人信服的理由讓人把公理型理性視為大世界中最好的理性行為，那種推理既不能為個人該有的行為提供指引，也無法洞悉大世界中確實發生的行為。薩維奇在一九五四年出版的開創性著作中，曾解釋了一種理性概念的局限性：為小世界問題找到正確解方的能力。在他發表研究後的數十年間，他的研究成果大致上已被世人遺忘。

如果我們不按公理型理性行事、也不追求主觀期望效用的最大化，那不是因為我們愚蠢，而是因為我們聰明。正因為我們聰明，人類才成為主宰地球的物種。我們的智慧是為了大世界、而

不是小世界設計的。人類的智力能有效地在一個不完美界定的情境脈絡中理解複雜的問題，並找到夠好的行動路線，幫我們度過日常與餘生。有人認為我們的智力有缺陷，只因我們在解決某些常規數學難題方面不如電腦——這個觀點忽略了一個事實：真正的問題很少具有數學難題的特徵。從認知能力的演化起源來看，聲稱人類的認知有缺陷是因為系統性「偏誤」或「先天的愚蠢」是不合情理的。如果我們的認知能力像電腦一樣調適，我們會演化得更像電腦。不過，有一點確實沒錯：人類現在確實面臨一些問題（例如試圖為極其複雜的金融資產估價），這些問題與人類歷史上面遇到的問題（例如基因突變及文化演變）大不相同。大草原上沒有衍生性商品的合約。事實證明，電腦在管理這些合約的風險方面沒有比人類來得好——或許這點令人放心。

我們對情境脈絡的了解及詮釋情境脈絡的能力已經累積數千年了。這些能力已經嵌入我們的基因中，由父母與師長灌輸至我們的腦海，融入文化的社會規範中。經濟學家比較關注均衡與最適化而不是演化與適應，可能基於歷史的原因，也就是十九世紀功利主義社會改革者所留下的遺跡。事實上，經濟學家常常假設這些流程本質上是相同的——追求最大化的人會驅逐不追求最大化的人。調適（adaptation）與最適化（optimization）的根本數學原理確實有一些相似之處。但是調適與最適化是兩碼事。調適最主要是為了生存。生存所需要的，並不是找到最好的解決辦法，

而是找到夠好的辦法。為了生存，分配的尾端事件至關重要。我
們認為，在了解金融危機時尤其重要。

第 22 章
適應極端不確定性

「我們如今彷彿對著鏡子觀看，模糊不清，到那時，就要面對面了。我如今所知道的有限，到那時就全知道，如同主知道我一樣。」

——《聖經》〈哥林多前書〉十三章十二節

我們曾考慮以《對鏡觀看，模糊不清》作為本書的書名，但最後覺得這樣太隱晦了。不過，這個比喻是恰當的。世界無法區分成已知與不可知。小行星在猶加敦半島著陸、消滅了恐龍，至少對恐龍來說，那是一個無法預測、也無法避免的事件。然而，上世紀末網路泡沫的興起與破滅，以及二〇〇七年至二〇〇八年金融危機之前金融體系中裂痕的加劇，並非不可預測或不可避免的事件。這些經濟發展也不能描述成長期平穩流程的結果，亦不

能以機率分配來顯示。沒有人能夠準確預測這些金融過度行為將如何發展，但這不表示我們對此一無所知。

承認極端不確定性，並不表示任何事情都會發生。展望未來，思考未來幾十年資訊科技的部署方式，或考量亞洲的繁榮與政治影響力的成長將怎麼影響地緣政治平衡——我們對這些事情多少都有些了解，但還不夠深入。我們透過鏡子觀看，模糊不清。我們建構敘事與背景脈絡來描述未來二十年科技與全球政治的發展方式。但是，我們沒有合理的方法，為一份完整的意外事件清單加上發生機率。不過，我們也許可以用一貫的方式來談論我們對情境脈絡的信心以及它們出現的可能性。誠如我們所強調的，我們常把「信心」、「可能性」、「機率」這三個詞交替著使用，但它們的意思並不相同。

我們無法透過虛構事實與數字來填補知識中無可避免的缺漏，從而增加我們對未來的了解。我們規劃未來時不能倚賴預測。然而，對經濟預測的需求是無止境的，許多人認為經濟學主要就是在做預測。身為經濟學家，常常有人要我們預測未來的經濟成長水準，或預測股市的走勢或利率水準。我們並不怕以「我不知道」來回答這些問題。此外，我們發現，那些提問者大多不把經濟預測當回事。有鑑於以往的預測記錄，他們不把預測當一回事也是對的。這種人之所以尋求這些資訊，不是因為他們相信這些數字，而是因為他們想要一種安心的感覺，或需要在試算表

中填入一格數字，或是萬一他們的計劃出錯，可以把他們有問過這些問題拿出來當藉口。

政策制定者與活動推行者經常捏造數字來佐證自己的主張。二○一六年英國脫歐公投之前，脫歐陣營開了一輛巴士在英國各地遊走，車身上寫著「我們每週送給歐盟三億五千萬英鎊，這些錢不如拿來挹注國民保健署」。領導留歐陣營的英國財政大臣喬治‧奧斯本（George Osborne）站在一張海報的前面，海報上寫著「離開歐盟將讓每個英國家庭每年花費四千三百英鎊」。[1] 這兩個情況都精確地寫出了數字，而數字之精確正好也凸顯了它們荒謬的本質。對於公投可能產生的結果，雙方都沒有提出任何意外且連貫的敘事──那才是唯一切實可能的描述。

並非所有的相關知識都是量化的。「每週三億五千萬英鎊」這個數字是來自對公開資料的誤導性解讀，「每年四千三百英鎊」的數字則是來自一個複雜的模型，那個模型做了許多薄弱的假設。就像 WebTAG 及保險精算的「技術估值」那種複雜的模型一樣，它們依賴大量虛構的數字，以填補因極端不確定性而產生無可避免的知識缺漏。如今那種複雜模型被廣泛運用。在政府的重大決策上，我們看到對於成本分析或「影響評估」、或甚至「商業立論」的癡迷。大家把對「循證政策」（evidence-based policy）的熱衷，視為縝密決策的特色。問題並不在於這些模型會導致錯誤的決策，而在於它們為那些基於不同理由做出的錯誤

決策，提供了貌似客觀的掩護。

我們在決策中不應該放棄建模或放棄數學的運用，但我們應該了解在闡明問題時，模型能做什麼、不能做什麼，並了解這世上沒有標準化的試算表架構可以回答「究竟發生了什麼事？」。「循證政策」已經本末倒置，成了「循政策的證據」（policy-based evidence），也削弱了大眾對「證據」的信心。政治辯論日益反映出一種不當的媒體爭鬥，雙方都提出未經證實的主張，而不是冷靜地去辯論正反兩面，或真心想要搞清楚「究竟發生了什麼事？」。太多經濟學家願意加入這種混戰，也難怪這個專業的聲譽受到損壞。

我們提過銀行採用的風險價值模型，也提過退休金計劃的精算評估，兩者都獲得監管機構的鼓勵。這些做法充其量是無用的，某些情況下甚至比無用還糟糕。但是，大家依然持續使用這種既不相關又難以理解的黑箱模型。不止政府如此，許多大公司內部也使用類似的程序來規劃或做投資評估。今天，大大小小的顧問公司中都有許多建模人員，他們在填寫試算表上每個儲存格時都毫無困難，無論試算表有多大。在這些情況下，模型的適當使用需要簡單的架構，那些架構必須找出關鍵參數——這為那些計算關鍵參數（或至少找出關鍵參數的界線）的研究提供了基礎。

許多模型是經濟學家的拿手本領之一，面對特定的問題時，

辨識哪些模型有助於解析問題、哪些模型沒有用是需要技巧與判斷的。奈特認為，挑戰傳統方法的人是冒險進取的驅動力、是獲利機會的來源、亦是市場經濟的關鍵動力；而且在經濟學中，就像在其他學科一樣，他們也是實務知識的來源。我們相當認同奈特這個觀點。

非平穩性

在二〇〇八年以前，人類與電腦都無法掌控金融體系中冒出來的風險。「訓練基礎」（從風險管理者的經驗及機器的演算法所推演出來的歷史資料數列）大多不相關，這些數列擷取自與現在及未來截然不同的過去。商業和金融界不是平穩的。

有些經濟學家對這種批評做出了回應，他們聲稱，相關的資料其實是由一個流程產生的——追求最適化的個人做公理化的「理性」選擇。那個流程長久未變，但會被流程外的「衝擊」（科技或偏好改變）給擾亂。但這種說法根本無濟於事，只把大家感興趣的東西幾乎全歸因於「衝擊」。因此，我們得到的預測模型只要沒遇到太大的變化，就能持續運作，而且模型也無法告訴我們何時可能會出現變化，或為什麼會出現變化。氣象學家告訴我們，在沒有其他的資訊時，明天天氣的最佳預測就是：像今天的天氣。這個說法沒錯，但我們合理地預期，專業的氣象預報員應

該要做出更好的預測，或乾脆不做預測。

如果不是衝擊，那轉變呢？我們可能想建立某個幾年內有效的模型，在那段期間可以看到一定程度的平穩性，但承認偶爾會出現轉變，朝著新的經濟軌跡發展（一種「狀態轉變」）。這種思維結構雖不像前述的系統外衝擊那麼薄弱，但也有類似的缺點。除非我們很了解這些變化的起源與影響，否則我們的知識並沒有大幅增加。「衝擊」與「轉變」的論述中缺乏敘事推理，而敘事推理可以讓我們了解科技、偏好、其他攸關經濟結果的因素是如何發生的。而且，「衝擊」與「轉變」假說都假設這世上有一定程度的不連續性存在著。不連續性確實存在，但不像這些論述所說的那麼頻繁。這與生物演化辯論有一個明顯的相似之處。生物演化辯論基本上否決了「間斷平衡」（punctuated equilibria）的理論，它相信演化本質上是一個連續的流程。[2] 我們對複雜系統的研究，促進了我們對這種演化的了解。這些研究顯示，初始情況的連續變化如何導致結果的不連續變化。透過這種方式，我們可以建立一個經濟和金融危機的描述，比把它們描述為「衝擊」更加豐富與深入。

「究竟發生了什麼事？」這個簡單問題的威力令我們驚艷。也許，去看看那些沒有問這個問題的人所犯的錯誤，最能說明這個問題的威力。詹森與小布希政府並沒有問、更不知道越戰與伊拉克戰爭究竟發生了什麼事。他們的行動是基於對某類行動的普

遍傾向以及錯誤的假設（自以為他們可以把美國社會熟悉的制度直接套用到陌生環境中）而做的。那些參加商業策略週末活動的人遭到數字的轟炸，或被願景所吸引，或被鼓舞人心的資訊所蒙蔽。在二〇〇七－二〇〇八年的金融危機之前，銀行家與監管機構誤信他們的風險模型，見樹不見林。交通分析程式 WebTAG 或精算模型的使用者相信模型，但這些模型非但沒有闡明「究竟發生了什麼事？」，還使真相變得更加模糊。策略週末的參與者好好待在家裡讀魯梅特所寫的商業策略書，說不定還更實用。

人是社群動物

不過，那些參加週末策略活動的人還是覺得，他們需要找機會聚在一起討論公司的事務。人類之所以成功，就是因為與其他物種相比，人類更懂得溝通。既然如此，經濟學如此強調獨立個體追求最適化的行為就顯得非常奇怪。因為強調個體追求最適化不僅忽略了那個使我們成為人類的重要部分，也忽略了我們創造經濟成就的核心因素。我們提過，成千上萬的人現在可以參與生產一個複雜的人工製品（例如空中巴士的飛機），而且彼此互不認識，但大家可以利用多種機制來聯繫與溝通。這在兩百多年前是難以想像的。我們才剛開始了解市場與階級的混合、競爭與合作的混合（這促成了上述成就），這些能力比較像是演化的產

物，而不是設計出來的產物。大公司是現代經濟中最重要的行為者，令人驚訝的是，大家很少關注組織的經濟。

在商業、金融、公共政策中，公司、銀行、部會、機構等組織會做出判斷與決策。這些組織都有多個目標，裡面的個人與團體通常也有自己的多個目標。經濟學家強調激勵的作用，並構建模型來描述把組織目標分散給裡面的個體去實現，會有什麼問題。但這些模型並沒有描述「世界的真實樣貌」。貿然假設經濟激勵在任何地方都是首選要務，以及有效率且公平地提供公共服務所涉及的複雜問題，可透過設定目標與獎金這種獎懲制度來處理，已經製造出許多問題。我們看到，追求目標扭曲了教育流程與衛生服務。一家醫院或學校的好壞取決於很多方面，很難準確界定。哪些醫院或學校辦得很好、哪些較差，我們會有非常廣泛的看法。

汽車裝配線之所以淘汰了按件計酬的方式，是因為那會導致工人拚命衝高數量，但忽視品質。豐田汽車（Toyota）表示，鼓勵工人為自己的產出感到自豪，而且在覺得目標岌岌可危之際「停止生產線」，就可以生產出優越的產品。[3] 金融經濟學是導致以下觀念普及的罪魁禍首：我們把高階管理者視為行為者，他們的角色是在因應公司賦予他們的動機（為了實現股東價值最大化而量身定制的激勵措施）——這種觀念嚴重扭曲了企業行為，導致高階主管的薪酬暴增，加劇了社會分裂。法律與會計領域導入

「自給自足」（eat what you kill）的政策——影響個人薪酬的主要因素是你自己創造的收入，而不是公司的獲利能力——侵蝕了這些職業存在已久的道德精神。在二〇〇八年以前，銀行是商業界中最接近以下狀態的組織：管理高層與底層員工都只透過激勵方案追求個人利益與公司利益的一致。這樣做的結果如今人盡皆知——數十年累積的企業聲譽毀於一旦，企業因員工的貪婪而四分五裂。

敘事的重要

我們活在極端不確定的世界裡，我們不但對當下沒有完全的了解，對未來的了解更是有限。在這個世界裡，沒有人或組織能夠掌握取得「最佳解釋」所需的一切資訊。敘事推理是整理不完善知識最強大的機制。要了解複雜的世界，就需要從無數的小細節以及對脈絡情境的了解（取自個人與他人的經驗），建構出最好的解釋——亦即一種敘事描述。

值得閱讀的商業策略書籍不多，明茲伯格的書值得大家閱讀。他提到週末策略會議所造成的問題：「在商業界，我們常常領導過度，管理不足……管理高層理當放眼大局，但在功能失調下，卻往往對細節不聞不問。」[4]明茲伯格接著引用了松下公司創辦人松下幸之助說過的話：「大事小事都是我的工作。中間那些

不大不小的事可以授權出去。」於是，明茲伯格總結：「換句話說，你是從小細節建構大局，就像畫畫一樣，一張圖是一筆一畫畫出來的。」我們也了解到，當你與實際交付產品的人接觸，而不是接觸管理高層時，你會更了解一個組織。

敘事流程是法律決策的核心，那是人類最古老的結構化推理形式之一。我們透過分享敘事來說服他人在製造空中巴士飛機的複雜過程中合作，或是為一個組織的成功做出貢獻。雷曼兄弟等等在二〇〇八年倒閉的金融機構，則是把有害的敘事與錯誤的激勵結構結合在一起。

電腦不會建構敘事，它們沒有情感，但我們知道，缺乏情感深度時，我們不可能或很難在大世界中做決定，連微不足道的小事都拿不定主意。電腦沒有感同身受的能力，我們從研究高功能自閉症患者得知，對他人感受缺乏洞察力的人很擅長做電腦或普朗克（他沒有自閉症）做得很好的事情，但是難以應付多數人日常生活中的活動及成功人士的工作生活。[5]

一九九五年霸菱銀行（Barings Bank）破產前不久，該銀行的董事長彼得‧霸菱（Peter Baring）為惡棍交易員尼克‧李森（Nick Leeson）在新加坡謊報的巨額獲利而自豪，還聲稱：「在證券業賺錢其實不是很難。」[6] 李森的交易導致這家銀行對外宣稱巨額獲利的同時，其實正大量地耗損現金。關於問「這到底是怎麼回事？」的必要性，以及這種不看表面數字背後真相的刻意盲

目，再也找不到比霸菱銀行更有說服力的例子了。如果事情好得令人難以置信，那通常都不是真的。

質疑敘事

在極端不確定下做決策需要多種技能，這些技能很少集中在一個人的身上。成功的領導者因為有顧問協助擬定問題而受惠。路易十四有國務大臣尚－巴蒂斯特・柯爾貝（Jean–Baptiste Colbert）的輔弼，羅斯福非常依賴抱病的外交政策顧問哈里・霍普金斯（Harry Hopkins），甚至乾脆讓他入住白宮的一間臥室裡。尼克森之所以能保留一點聲譽，主要是有季辛吉的支持。即使是自信滿滿的柴契爾，談到自己的助手兼副手威廉・懷特洛（William Whitelaw），她也說：「每位首相都需要一個懷特洛。」[7]

在不確定性下做出成功的決策，是一個協作的流程。得出最佳解釋之後，應該讓那個解釋訴諸公評，並準備好在新的資訊出現時，改變指引的敘事。喜歡奉承的人所犯的錯誤（例如小布希規劃伊拉克戰爭，或雷曼執行長富爾德導致公司的毀滅），與不怕誠實批評的人所締造的成就（史隆打造出全球最成功的公司通用汽車，甘迺迪因應古巴導彈危機的挑戰）形成了鮮明的對比。小布希政府中的共和黨思想家認為，在伊拉克迅速建立證券交易所是穩定與民主的核心構件，但這是從先驗主張所構建出來的敘

事，而不是因為他們對伊拉克的政治與文化有具體的了解。我們應當特別注意來自「通泛」的解釋、意識形態、宏大理論，或根據抽象推理的形式公理所衍生的刺蝟敘事。在日常生活中，我們經常得面對獨特的情況，需要多元化的方法與模型因應。

有些專家其實可以解釋越南近代史、遊擊戰戰術的微妙細節，並為美國決策者評估一九六〇年代印度支那戰場上發生的真相。但幾乎沒有人去諮詢這些專家，當他們試圖提供建議時，也遭到鄙視。因此，決策者只聽到他們想聽的資訊。沒多久，他們就什麼也不想聽了。美軍入侵伊拉克的歷史也是類似的情況，還顯現出一個極端的對比：一方面，小布希政府針對軍力、弱點、選擇做了詳細的評估，同時倫斯斐等人在精心策劃及執行軍事行動之前，也提出真正嚴苛的拷問。但另一方面，他們對於後海珊時代伊拉克的政治完全缺乏類似的了解與規劃。

集體智慧和溝通型理性

如果我們的知識僅僅局限在自己透過觀察或計算可核實的事情，那的確很有限。我們因應極端不確定性的能力也會受限。如果我們的知識只來自個人經驗，我們做出正確決定的能力也會受限。同樣的道理也適用在多數非人類的物種上，只要問那些試圖讓寵物服藥治病的人就知道了。即使是智力與人類最接近的其他

靈長類動物，也會對一些非常規的問題感到困惑不解。牠們有時能解決簡單的謎題，但沒有能力處理疑團。

身為人類，我們因應極端不確定性的能力來自社交學習力，以及比其他物種更擅長溝通的能力。我們是社群動物，我們透過教育與經驗獲得知識，我們在那些知識決定的情境脈絡中管理極端不確定性，我們與他人（朋友、家人、同事、顧問）一起做重要的決定。

「群眾智慧」這個詞指出了一個重點，但忽略了另一個重點。群眾總是比個人知道得更多，但有價值的是個體知識的總和，而不是知識的平均。由於知識和經驗占了集體智慧的壓倒性多數，加上專業化的明顯必要性，在回答多數關於未來會發生什麼事、或特定行動會有什麼後果這種問題時，遵循邏輯與理性要求的理性人會回答：「我不知道，如果這很重要，我會設法找出答案。」

回想一下民航機的例子：一架民航機上有兩名飛行員、一名機組人員、五百名乘客。地面上有維修人員及空中交通管制員的協助。萬一遇到問題，還可以徵詢專家的建議。飛機的飛行不是透過不斷對數百人進行民意調查而行的，而是透過一個有紀律的流程，並善用眾人的專業知識與經驗，但那些人很少在飛機上。事實證明，代議制民主之所以是最好的政府形式，是因為管理得當時，它利用的是整個社會的集體智慧。

我們相信飛行員的能力與經驗，但如果我們請他解釋飛機的運作原理，我們可能會大失所望，就像我們問貝克漢微分方程式一樣。好的判斷和好的解釋是不一樣的。一個人為自己的判斷與決定所提出的理由，不見得能說明那個決定是怎麼做出來的，他自己也不見得知道那個決定是怎麼做出來的。但我們可以從那些投入困難實務的人所做的有效決策流程中學習（例如那些在火場、戰場或路邊搶救生命，或體育成就達到顛峰，或一眼就能辨識真偽的人）。那些人可能非常擅長自己做的事情，但不善於解釋他們做的是什麼。克萊恩的研究中最激勵人心的故事之一，就是一位消防隊長在火場崩塌前的幾分鐘，突然把一位救火員拉出現場──他察覺到他和同仁所認為的最佳解釋不太對勁，但又不確定到底是哪裡出錯了。在一個傑出的決策者底下問「這感覺對嗎？」，是非常有價值的。欽佩這種專業知識，不等同於稱讚那些「憑直覺」做決定的人。憑直覺做決定的人不過是大言不慚，或仗著資歷來證明自身判斷的好壞罷了。

在當今的大型組織中，決策往往是選最容易證明的事情，而不是選正確的事情。長期以來，中階管理者一直把「沒有人會因為買 IBM 電腦而遭到解雇」掛在嘴邊，那也是 IBM 技術上並不起眼的個人電腦之所以熱賣的關鍵因素。對採用 IBM 電腦的管理者，以及雇用這些管理者的組織來說，風險的含義並不相同。「好的流程促成好的結果」這種錯誤假設在公家機關十分普遍。

在公家機關中，好往往意味著漫長，涉及許多對結果幾乎沒有責任的人，也充斥著模糊的公平概念（執著於代表性及統計歧視的議題）。過程已經變成政策，對結果造成傷害。

在法庭上，法官當然必須為他的裁決提出合理的論據。但在那個場合上，就算有創意的法官會盡可能用決定反映出他認為是正確的想法，他還是得用法規與先例所要求的用語來表達論據。梅西耶與斯珀伯所使用的「溝通型理性」一詞，指的是一個人向他人表達自身的觀點與判斷，尤其當對方是打算相辯的對象，或必須落實最終決定的人。[8]我們不該假設那樣的表述會為他的觀點、判斷或決定描述「真正的理由」，甚至不該假設那些表述有「真正的理由」。而且，「溝通型理性」一詞也因文化而異。法官用一種方式來表達法庭的裁決，逮捕嫌犯的警察用不同的方式來表達他的訴求；執行長用一種語言風格來宣布決定，部落首領用的是另一種語言風格。

一般而言，做一個決定比說明那個決定是什麼更為重要。我們從克萊恩的研究中了解到，那些必須做出生死抉擇的人，不會花時間去評估一份選項清單，他們會迅速找到一個夠好的選項。那個選項通常已經夠好了，如果不夠好，他們就會換另一個。反之，我們兩人都遇過很多委員會把審議工作無限期延長，只因為大家對最佳行動有眾多不同的意見。

不過，我們在群體中往往可以做出更好的決定，因為在極端

不確定的世界裡，群體比任何個體成員擁有更多的資訊。當委員會的成員各抒己見、而不是貢獻他們的獨特知識；當委員會成為一種分散責任、而不是為結果承擔責任的機制時，委員會就是在浪費時間。一個領導者體認到，他的團隊成員身分是以其卓越的責任感著稱，而不是以卓越的智慧著稱時，他才是位有效的領導者。

幾千年來，哲學家一直在思考人類推理的本質。但直到最近，神經生理學才開始闡明大腦運作的物理與化學流程，我們透過這些流程來解讀我們看到的東西，並決定採取行動。演化心理學描述了這些流程是如何在幾千年間發展出來的，以幫我們在極端不確定的世界中做選擇與決定。我們意識到自己對人類的真實思考方式知之甚少時，感到羞愧；看到經濟學以外的科學家開始知道的事情這麼多時，也感到羞愧；或許最令我們感到羞愧的是：這些研究迄今對經濟學的影響竟然還這麼少。

第 23 章
擁抱不確定性

「知識是致命的，就是不確定才迷人，霧裡看花才美。」

——王爾德，《格雷的畫像》[1]

「沒有人從人類的角度思考……他們有自己的五年計劃。」

——《黑獄亡魂》中的哈利·萊姆

奧森·威爾斯（Orsen Welles）在電影《黑獄亡魂》（*The Third Man*）中飾演哈利·萊姆，劇中有句名言：「在義大利，波吉亞家族（Borgias）統治的三十年間，他們經歷了戰爭、恐怖、謀殺與流血，但他們創造出米開朗基羅、達文西、文藝復興。在瑞士，他們手足情深，有整整五百年的民主與和平，但他們創造出什麼？咕咕鐘。」萊姆跟很多人一樣，不公平地污衊了

瑞士人。瑞士也創造了愛因斯坦、卡爾・榮格（Carl Jung）、柯比意（Le Corbusier）、保羅・克利（Paul Klee）、赫曼・赫塞（Hermann Hesse），更不用說還有烏蘇拉・安德絲（Ursula Andress）和羅傑・費德勒（Roger Federer），而且人均諾貝爾獎得主的數量超過世界上任何國家。[2] 咕咕鐘諷刺了瑞士在精密工程方面的真實優勢。這些產業，連同特殊化學品，使得瑞士成為全球最富有的國家之一。不過，萊姆指出，文藝復興時期義大利的政治動盪與其非凡創意的偉大時代相容，那說法確實很有說服力。

《今天暫時停止》（*Groundhog Day*）是一部非常與眾不同不同的電影，由一位非常與眾不同的角色主演。在那部電影中，比爾・莫瑞（Bill Murray）飾演的角色被迫活在一個平穩的世界裡，每天一再重複。經驗使他確切知道接下來會發生什麼事，這是厭惡風險的人求之不得的狀況，但他一點也高興不起來，而是絕望到試圖自殺，卻發現在一成不變的世界裡，根本沒有死亡這回事。那部電影有個皆大歡喜的結局，或許是因為好萊塢的喜劇必須如此，但也因為莫瑞的角色從一再重複的經驗中學到足夠的東西，使他終於知道怎麼擺脫一成不變的迴圈。

在哥倫布橫渡大西洋前五十幾年，中國船隻也展開了雄心勃勃的探險之旅。但隨後明朝皇帝把焦點轉向國內、排拒外來的影響，他們渴望穩定。兩個世紀後，日本幕府也採取類似的鎖國政

策。一七九二年到一七九三年，馬戛爾尼伯爵（Lord Macartney）率領英國使節團造訪中國時，他的贈禮與提議盡數遭到回絕。乾隆皇帝有諭：「天朝物產豐盈，無所不有，原不藉外夷貨物，以通有無。」[3]

於是，大分流（Great Divergence）就此開始。工業革命在西歐發生了，而不是資源同樣豐富的中國東南。直到十九世紀爆發鴉片戰爭，英國皇家海軍強行侵犯中國，中國的平穩狀態才開始改變。即便如此，中國的內部失能一直抑制著經濟的實質發展，直到一九七二年尼克森訪華後發生的一連串事件，經濟發展才驅動了起來。一八五三年培理艦長（Captain Perry）抵達日本後，日本開始向世界開放經濟。但是一九四五年麥克亞瑟將軍的強行登陸，才使日本（以及接下來半個世紀裡的多數東南亞國家）進入現代世界。在人類事務中，平穩不是一種美滿的選擇，長遠來看，也是無法持久的選擇。

風險與不確定性

凱因斯和奈特都理解機會賽局之類的問題（可以機率表達）與極端不確定性（不能以機率表達）的區別。二戰後，傅利曼否認這種區別的存在，於是這兩個概念不僅在經濟學領域中遭到忽略，在決策理論及貝氏推理占有主導地位的更廣泛領域中也遭到

忽略。

我們可以為每個可想到的事件加上機率。未來可能發生的任何事情，都可以用一組互斥的選項來表達，還可以為每個事件附上機率。這意味著風險是可以定價的。一旦定好價格，風險就可以掌控了。實際上，市場壓抑了不確定性。

在金融理論中，風險被定義成跟已知平均報酬之間的利差。差距愈小，風險愈小。既然大家假設人會「趨避風險」，要讓他們持有風險資產，就得提供誘因，因此風險與報酬之間存在著取捨的關係。只要給予足夠的補償，厭惡風險的個人也樂於承擔風險。世人不再害怕風險，因為風險已經定價了，而且承擔風險可以獲得報酬。風險資產只是像洗衣粉、汽車那樣可買賣的商品，而且就像那些商品一樣，風險最終會落到那些最有意願及能力購買它們的人手中。極端不確定性必須澈底移除，因為它既無法衡量，也無法定價。

但這種小世界不是我們的世界，也不是你們的世界。在日常用語中，「風險」與「不確定性」有著不同的含義，然而，由於解讀的多樣性，加上這些詞的字義歸屬與日常用法不符，造成了許多混淆。我們把風險定義成參考敘事無法實現。達文西天賦過人，盧多維科・斯福爾扎（Ludovico Sforza）、切薩雷・波吉亞（Cesare Borgia）等富人都積極資助他創作。他在參考敘事中很安全，可以自由地作畫及思考。即使在那個年代波吉亞家族互相

殘殺，富人的資助讓這個來自小村莊的私生子有機會發揮天賦。對達文西和米開朗基羅來說，這些動盪時代的蓬勃生機是機會，而不是威脅。斯福爾扎最後死於法國監獄；波吉亞被扒光衣服、在納瓦拉（Navarre）的戰鬥中陣亡；達文西在家裡中風過世；米開朗基羅活到八十八歲。

「沒有看到波動」不應與「毫無風險」混為一談。休謨對歸納法問題的表述使我們確信，我們沒有理由因為太陽過去一直升起，就相信明天太陽也會升起。現代的表述——一般認為是伯特蘭‧羅素（Bertrand Russell）提出的——則是描述火雞在十二月二十四日之前的每天早上都一定會獲得餵食的經驗。塔雷伯重新定義了這個敘事，他比較了銀行員工和計程車司機的不同：銀行員工每個月月底都會領到薪水，但隨時都有突然遭到解僱的風險；計程車司機的收入每天都不一樣，但收入是安全的，因為收入持續來自多個源頭。[4] 誤以為當前沒有波動性就沒有風險，正是金融危機的核心。就像聖誕節的火雞一樣，許多金融機構在二○○八年突然破產之前，每季都照著華爾街的要求，宣布每季每股的收益穩步成長。它們及許多企業公布的穩定收益理當引起大家的擔憂，而不是慶賀。更大的波動才能證明那些收益有較穩健的基礎。這個世界天生就充滿著不確定，假裝它很穩定是在製造風險，而不是削減風險。

塔雷伯曾描述過所謂的「反脆弱」——讓自己從極端不確定

性與不可知的未來中受惠。選擇權的價值隨著波動性而增加。米利都的泰利斯做的橄欖壓榨機交易，其細節至今依舊模糊不清（假設那個交易確實發生了）。有可能他是和橄欖壓榨機的擁有者簽了期貨合約，也許他是買了現今所謂的「買權」（call option），那是以事先談定的價格承租壓榨機的權利，不是義務（如果那年的收成像泰利斯預期的那麼好，那個事先約定的價格看起來很低）。無論是簽期貨合約，還是買下買權，他都參與了歐洲史上第一筆傳聞的金融衍生交易。金融衍生市場之所以存在，是因為證券價格的波動。波動愈大，期貨的價值愈大——無論那個期貨是買權還是賣權。多數選擇權交易〔例如對沖基金經理約翰‧保爾森（John Paulson）等人與美國次貸市場對做的大賣空〕就只是賭博。在那種賭博中，雙方對未來有不同的看法，最後觀點比較接近正確的那個人獲利，另一方則賠錢。然而，選擇權交易可能對雙方都有好處。芝加哥商品交易所（Chicago Mercantile Exchange）如今是全球金融投機中心，它的成立是為了讓農民與食品加工商能夠事先固定尚未收成的作物價格，[5] 以保護他們的參考敘事。雖然「選擇權」一詞目前在金融市場上最常用，實體經濟中的選擇權有更重要的實務意義。策略性的決策可能會打開新的可能性，也可能讓替代方案消失。

穩健性與韌性

對極端不確定的世界來說，好的策略是避免不懂裝懂——亦即避免使用模型及虛假的量化，這些都需要使用者編造他們不知道、也不可能知道的事情。第 19 章提過，英國法規要求退休金方案應達到一種無法實現的確定性，還要用有許多想像數字的試算表呈現出來，結果不但沒有產生確定性，還創造出非常脆弱的結構，破壞了原本為了提供退休保障而設計的計劃。近幾十年來，這種對於了解與預測的莫名信心再再誤導決策敘事。例如，在加拿大的漁場，複雜的模型在短短不到二十年間，導致幾個世紀以來保護良好的漁業資源驟減。一些銀行相信，他們的風險管理流程是以業界普遍採納的良好實務為基礎，而且與國際監管機構協商的結果，可以避免它們受到交易員貪婪與瀆職行為的影響。

因應極端不確定世界的好策略會承認，我們不知道未來是什麼模樣。這些策略找出參考敘事，設想未來的另一種可能情境，並確保計劃面對一系列另一種可能情境時是穩健且有韌性的。加拿大大淺灘的相關參考敘事應該要估計出一個永續的捕撈量以及相關的漁業管理政策（包含問題預警通知、開啟緩衝機制以及復育計劃），卻只承認監管者對此所知並不完整。退休金計劃的類似參考敘事是，在可預見的未來履行義務，並有合理的理由相信

在可預見的未來結束時繼續這樣做。退休金的時間跨度很長，因此當預期的極端情境出現時，有很長的時間可以調整。對一家銀行來說，相關參考敘事——從根本來講——是可以繼續經營銀行業務，並在負債到期時履行義務。無論銀行對風險價值與風險加權資本的詳細計算告訴他們及他們的監管單位什麼，二〇〇八年的銀行體質根本稱不上是穩健或有韌性。

穩健又有韌性的計劃會提供正面的選擇（把握發展的機會，這些機會目前可能無法明確預見或根本看不見），並避免負面的選擇（這些選擇阻絕了替代方案，並把未來發展局限在目前可預見的範圍內）。現代城市的規劃者因創造正面選擇的前輩深具遠見卓識而受惠。曼哈頓的網格計劃以及倫敦泰晤士河的堤岸為這兩座城市的市中心提供交通服務，它們是寶貴的資產，已經存續了近兩個世紀，而且將繼續存續下去，儘管當初打造它們的遠見家並不知道、也不可能知道如今民眾會如何利用它們。但事後證明，他們制定的計劃對隨後的多元發展來說，是穩健且有韌性的。我們必須接受我們不知道、也不可能知道未來會發生什麼事，並據此制定計劃。落實韌性，盡量取得並保留多種選擇。

但有些決定會減少未來的選擇，我們可能得為這些決定付出高昂的代價。許多造訪紐約的遊客一定很納悶，為什麼在這座城市往返兩個主要機場和曼哈頓之間竟會如此困難。或許你曾在範威克高速公路（Van Wyck expressway）上生過悶氣，就像以前

經過那條路的數百萬名旅客、以及成千上萬每天走那條路上下班的機場與航空公司員工一樣。一九四五年規劃那條路時，都市計劃委員會總規劃處的負責人多德・麥休（Dodd McHugh）提出了一項簡單且較平價的改造方案：增加一條連接城市通道的快速道路，這麼一來便可以在二十分鐘內把旅客送進市中心或金融區。但這個提案被才華橫溢卻獨斷專行的羅伯・摩斯（Robert Moses）斷然否決了。摩斯在一九二四年到一九六八年間擔任多個職位，主導紐約的建築環境。[6]

　　摩斯不僅否決了麥休提議的計劃，還確保了那些城市連通道的寬度。最重要的是，未來在他所設計的那些高速公路上，橋梁淨空沒有辦法實施。他的客戶都是一九四五年就有車的人士，在他設想的城市裡，窮人和非裔人士不會冒險離家遠行。如今擁有汽車或使用優步（Uber）的人更多了，大家日日夜夜受困在車陣中。負面的選擇縮限了未來的決定，正面的選擇則提供新的可能性。有創意地運用選擇，就可以利用不確定性。運用不當時，則會增加不確定性的成本。

頂尖強國

　　有場談論未來地緣政治的會議在一座英國鄉間別墅內舉行，其中的專家強調，中美兩國未來競爭「頂尖強國」的重要性，就

像塞勒（Sellar）和葉特曼（Yeatman）在他們嘲諷英國歷史的經典之作《1066及一切》（*1066 and All That*）中所寫的那樣。[7] 筆者之一語帶挑釁，指出對許多現代的歐洲人來說，丹麥才是「第一」——富有、社會凝聚力強、有令人羨慕的基礎建設與環保標準——而且在全球幸福度調查中經常名列前茅。丹麥語的單字「hygge」有時被定義為「享受生活中簡單事物所帶來的舒適愜意與幸福感」，最近這個字成為少數進入英語詞彙的丹麥詞之一。

但是丹麥太無聊了，一位前駐丹麥大使如此回應。繼萊姆之後，他對瑞士可能也有同樣的評論。對一位大使來說，丹麥就像瑞士一樣無聊。它的政治沒什麼全球意義，經濟也很穩定，大使館沒有必要針對緊急電報或協商做出回應。大使的生活就是舉辦一連串的招待會，接待一些說著流利英語又和善的訪客。反之，辛巴威對大使和一般民眾來說就不無聊了，但一般民眾可能希望那裡的生活無聊一點。丹麥為民眾提供了一種安全的參考敘事——收入損失、龐大的醫療費用、恐怖分子的威脅、或是毫無保障的退休都不會讓民眾感到威脅。天災少見，即使發生了，也會有高效率的緊急服務來援助。二〇〇五年卡崔娜颶風（Hurricane Katrina）重創紐奧良之所以令人震驚，是因為美國這個全球GDP最高的國家，竟然在危機時刻無法動用資源來保障民生基本需求，更不用說保護參考敘事了。這也是為什麼幾乎所有的歐

洲人都不解，為何美國會覺得提供全民醫療保健是個爭議。

有一種觀點認為，美國經濟非凡的創新力正與政府不願提供廣義的社會保障有關（丹麥和多數歐洲國家覺得政府提供社會保障是天經地義的事），但我們得對此做更深入的探索。比爾‧蓋茲從哈佛休學去創辦微軟，不是因為他不這麼做就會失業，也不是因為他擔心一場疾病可能導致他傾家蕩產或威脅他的生命。事實正好相反，他之所以能夠去追逐夢想，是因為他對那些事情毫無畏懼，他是成功律師之子，他所受的教育已經證明他成功在望。史丹佛搬到加州以前已經取得律師資格。提爾這位紐西蘭地堡中的假想難民，可能是矽谷自由主義者中最直言不諱的代表，他的職業生涯也是從律師開始的（從史丹佛大學畢業），在創立PayPal之前，他曾當過聯邦巡迴法官的助理，也曾在一家頂級證券律師事務所執業。

十九世紀，當貧窮但充滿冒險精神的歐洲移民湧入美國時，青年冒著一切風險、但憑藉恆毅力及進取精神創造偉大事業及飛黃騰達的敘事背後，確實有一些依據。薩特嘗試過，但失敗了；卡內基成功了。但是就像一介貧民日後入主白宮的神話一樣（注：林肯便出身寒微，大家常用「從木屋到白宮」來形容他。），真正成功的實例很少。如果當初PayPal失敗了（這是很有可能的，因為許多人曾嘗試為數位時代開發新的支付系統，但成功的人少之又少），提爾可能不會成為億萬富豪，但他仍然享

有比多數美國民眾舒適得多的生活型態。

美國在科技領域是創新霸權。在哥本哈根，你會發現比芝加哥、甚至紐約更大膽新奇的食物（除了該城的北歐餐廳以外），而且在今天的丹麥首都有一種文化環境，那是美國任何一個同規模的城市所無法比擬的。丹麥與義大利皆以創意設計見長。如果我們想在藝術、文學或音樂方面尋找新意，我們搜尋的範圍會遍及所有已開發國家，但我們不會到辛巴威或敘利亞去找。波吉亞與斯福爾扎有理由持續擔心自己的生命安危，達文西與米開朗基羅則無須擔心，他們也不必擔心辛巴威非洲民族聯盟－愛國陣線（ZANU–PF）的暴徒或化學炸彈。

丹麥或瑞士的民眾可以享受不確定性，因為他們經歷的風險很小，而且在他們的參考敘事中很安全。不確定性對這兩國的民眾而言非但不是威脅，還有可能是使生命值得活下去的一切泉源。度假時因發現一個前所未知的地方而感到開心，或者因發現一本新書、一段音樂或結交一個朋友而感到開心。在辛巴威或敘利亞等地，風險占了主導的地位。辛巴威經濟的崩解與敘利亞內戰剝奪了多數人民的安全參考敘事，許多人成了逃往南非或歐洲的難民，那些留在國內的人則繼續擔心明天會發生什麼事。在缺乏安全的參考敘事下，不確定性是可怕的。在那種敘事的背景脈絡中，不確定性——對新體驗的預期——可以是快樂的泉源，而不是絕望的泉源。

不確定性與演化

　　沒有不確定性，就不可能有演化。有性繁殖確保每個孩子都從雙親遺傳基因，以確保任兩個人絕對不會有完全相同的機制。連病毒與細菌也會突變，因為無性繁殖是不完美的。而且，多數突變是變糟。與其他基因相比，突變基因遺傳給後代的可能性較小。但偶爾有些突變會強化適應性，並在群體中散播開來。

　　如果世界是平穩的，也是線性的——因此每個微小變化都可以等比例地放大成類似的大變化——這個突變流程的結果可能就會看起來很像「行為最適化」的經濟概念。演化之所以不是最適化，其中一個原因就是外部世界在不斷變化。從最簡單的層面來說，人類隨時都在與寄生蟲戰鬥，而寄生蟲本身會突變，以便進一步利用我們。為了抵抗我們的抗生素，他們不斷地演化；我們也不斷地發明新的抗生素來對付牠們。[8] 無性繁殖的群體面臨極大的風險，愛爾蘭的馬鈴薯饑荒就是一例。若沒有不確定性，就沒有演化的必要。但要是沒有不確定性，也就沒有演化的可能性。

　　然而，誠如抗生素的例子所示，基因演化只是演化的一種形式。文化與科技搭配生物學的共同演化，是社會和經濟進步的泉源。平穩性很無聊。有人曾對一個可憐的年輕學子說，他攻讀的學科是「一門高度發展、近乎完全成熟的科學，能量守恆定律的

最高成就很快就會出現最終的穩定形式。」[9] 那個學子就是普朗克，一八七四年他從指導名師、德國物理學家菲利普・馮・喬利（Philipp von Jolly）那裡獲得這番建議。幸好，普朗克沒聽從導師的建議去別處尋找新領域——也許他就是在那個時候考慮研究經濟學的。果真如此的話，他可能也會發現，當時攻讀經濟學的學子也從十九世紀中葉的偉人彌爾那裡獲得類似的警告，彌爾告訴他們：「幸好，價值定律中已經沒有什麼需要靠現在或未來的作家澄清了，這個主題的理論已經大功告成。」[10] 馮・喬利對物理學做出那番評論二十五年後，克耳文勛爵又重申了那句話，他向英國科學進步學會保證，至少就物理學來說，幾乎沒有可能或必要出現進步了。美國第一位榮獲諾貝爾獎的科學家阿爾伯特・邁克生（Albert Michelson）也說：「多數重大的基本原理似乎都已經牢固確立了……一位著名的物理學家說，物理學未來的真理要到小數點後第六位尋找。」[11] 普朗克年紀較長時說，科學只能透過一場又一場的葬禮進步。他這麼說時，心裡可能正想著當初喬利給他的建議。那句話今天看來可能更加中肯，因為年輕學者如果拒絕師長的建議，可能就會失去師長的支持及博士後研究的職位。

然而，知識進步的周圍充滿了極端不確定性。終身教職提供的穩定參考敘事，還是可以幫學者在極端不確定性中優遊徜徉。但是學術界就像其他地方一樣，穩定的參考敘事可能會退化成導

致中國與日本鎖國的平穩狀態。hygge 變成了丹麥作家克塞爾‧桑德摩斯（Aksel Sandemose）所謂的洋特法則（Jante's Law）：「不要以為你很特別。」[12]

在學術領域中，我們也可以看到演化論發揮了作用：大家爭相寫新的文章與書籍，但多數的文章與書籍幾乎都沒有人閱讀或引用。在創業界可以看到演化論發揮作用：世人嘗試新的商業概念，但多數的概念以失敗收場。在競爭市場中，也可以看到演化論發揮作用：企業爭相開發另類的策略，但往往失敗。在科技領域，亦可以看到演化論發揮作用：不斷的修修補補促成漸進的發展。「達爾文的危險思想」不僅是解釋物種起源的關鍵，也是了解我們經濟與社會發展的關鍵。

人類體制（大學、市場、公司、研討會）的演化因涉及意向，所以跟其他生物的演化不同。基因是隨機突變的，但學者認為他們應該為知識做出貢獻。創業者挑選創業領域時，是選自己希望能成功的事業。企業領導人挑選策略時，是覺得那個策略比目前的行動更有效。工程師與軟體設計師認為他們正在改進方案。這些判斷往往是錯的，在有利的結果中，我們容易誇大技能相對於運氣所扮演的角色（這是被結果牽著鼻子走的分析錯誤）。但是，如果把這些流程講得好像是隨機的，或為流程建模，那就錯了。

冒險進取精神

奈特的見解——極端不確定性創造了冒險進取的機會——是理解社會、科技、經濟進步的基礎。透過生物的、制度的、政治的、市場驅動的演化流程，冒險進取的精神推動著我們前進。不僅商業上是如此，學術、實務知識、藝術、生活中許多的其他領域也是如此。

一人單打獨鬥創業的模式——有傑出商業點子的窮孩子白手起家；孤立的學者在頂樓小屋或鄉間牧師屋中寫下絕妙的想法——大多是虛構的，但也有相反的例子。愛迪生只做過兩份工作，但遭到解雇。一份是西部電氣公司（Western Electric）的電報員，另一份是公司的執行長，那家公司就是今天的奇異（General Electric）。貝葉斯牧師去世時仍默默無聞，但這種例子不多。要找這種例子，就得追溯歷史。如今，成功創業者最常見的特徵，就是利用之前在大型組織的經驗，從一開始就與一群志同道合的人共事。這樣的個人只有在支持的社會背景中，才能對社會有所貢獻。奈及利亞不缺乏創業人才，但太多人才投入投機詐騙與尋租（注：rent seeking，是指在沒有從事生產的情況下，為壟斷社會資源、或維持壟斷地位，從而得到壟斷利潤所從事的一種「非生產性的尋利活動」）。歐巴馬因二〇一二年在羅安諾克（Roanoke）的競選演講而廣受批評，他在那場演講中表示：

「如果你成功了，你不是靠自己走到那一步的。」[13] 但更深入解讀他的話就會發現，他說得一點也沒錯：「我們成功，是因為個人的主動進取，但也因為我們一起做事。」[14] 或許單靠一己之力的天才中，最引人注目的是斯里尼瓦瑟‧拉馬努金（Srinivasa Ramanujan）。這位貧困的印度數學家沒有考上大學，只好從公立圖書館自學數學，他的能力令一位印度稅務官對他刮目相看，因此獲得了工作。那位稅務官寫信給英國的數學家哈代（G.H. Hardy），讓他去了英國，並獲得劍橋三一學院的獎學金。但是，如果沒有哈代，拉馬努金的想法永遠不會在數學界獲得接納。

當有創意的個體可以利用集體智慧，在與他人溝通時精進想法，並在一個允許穩定參考敘事的環境中運作時，人類便可以在極端不確定下蓬勃發展。在安全參考敘事的脈絡中，應該要接納不確定性，而不是畏懼不確定性。在個人事務方面——朋友、假期、休閒——一成不變很無聊。在政治與商業領域，不確定性是積極進取的機會來源，雖然官僚機構可能出現決策癱瘓（因為官僚內那些趨避風險的個人一心只想保護自己的參考敘事）。在藝術領域，不確定性與創意是不可分割的。我們應該擁抱不確定性，避免風險。

重回博羅金諾

我們就以本書開篇提到的博羅金諾戰役為本書作結吧。卡爾．馮．克勞塞維茨（Carl von Clausewitz）是位與俄國人一起對抗拿破崙的年輕普魯士軍官，後來他成了軍事戰略家，其著作至今仍廣為流傳。克勞塞維茨在戰場上學到極端不確定性的重要，並強力主張良好的判斷力是辨識成功將領的明顯特質。在《戰爭論》（*On War*）一書中，他描述有些人試圖把戰爭簡化為數學用語：「他們想得出一套肯定且明確的結論，因此只考慮可用數學計算的因素。」[15] 克勞塞維茨知道，戰爭不是這樣運作的，因為戰事是極端不確定的，是反身性的，本質上是一種集體活動。

這些理論上的嘗試，只能從分析上說是真理領域的進步。綜合來看，它們提供的規章制度毫無用處。他們追求的是固定值，但是在戰爭中，一切都是不確定的，必須用可變的數量做計算。他們只問實體數量，但一切軍事行動皆與心理力量及影響交織在一起。他們只考慮單邊行動，但戰爭是由對立的雙方持續互動組成的。

不這麼想的話，就是「對事實施暴」。[16]

托爾斯泰在一部偉大的文學作品中，以二十章的篇幅描述那場戰爭，書中事實與虛構交織在一起，他了解極端不確定性。我

們是透過鏡子觀看，模糊不清。我們是透過敘事、而不是機率來溝通，以描述這個無限迷人的世界。

附錄
不確定下的選擇公理

　　在第 1 章到第 7 章，我們解釋了為什麼極端不確定性導致我們無法對世界上所有可能的狀態估算主觀機率。在不確定的世界中，若要藉由追求期望效用的最大化來做決定，這個理論的先決條件是：你要先能估算可能狀態的主觀機率。這種對人類行為的「最適化」觀點，是建立在一組有關行為的假設或「公理」上的，且這些假設與在確定的世界中做選擇非常類似。在確定的世界裡，假設從一組已知的可能結果中做出明確且一致的選擇，似乎沒什麼大礙。但是，把這種假設套用到不確定的世界中，就絕對不是無害了。在這個附錄中，我們將簡短說明，為什麼經濟學的專業人士為了幫期望效用最大化的假設辯解，而輕易地接受不確定下的選擇公理是錯的。[1]

　　希克斯－薩繆森（Hicks–Samuelson）的「確定下的消費者選

擇公理」與紐曼－摩根斯坦（Neumann–Morgenstern）的「不確定下的行為公理」（經薩維奇修正）有明顯的相似性。這些方法分別稱為「效用最大化」與「預期效用最大化」，這兩個名稱更進一步凸顯出它們的相似之處。但「消費者行為的分析」與「不確定下的決策分析」是兩碼事，兩者貌似相當是長久以來經濟學使用「效用」一詞的結果，而且現代經濟學不止以「理性」來指許多不同的事情，他們對「理性」一詞的用法，也不見得反映一般用法。也就是說，消費者選擇是「理性」的（根據希克斯－薩繆森的定義），但在不確定性下做決定是「不理性」的（根據紐曼－摩根斯坦的定義）是完全有可能的。

　　紐曼－摩根斯坦的方法是以一個先驗假設（那些選擇是如何做出來的）為基礎，而不是以任何決策研究為基礎，更不是以哪種決策程序可促成好結果的證據為基礎。「理性」決策者應該可以把他們對風險結果的偏好轉化為一種排序——一種對不同替代機率分配的偏好排序。馮‧紐曼與摩根斯坦假設，這些對另類機率分配的偏好為：

完全性：決策者可以在所有可能的機率分配中做選擇。
遞移性：如果我喜歡 A 甚於 B，喜歡 B 甚於 C，那麼我喜歡
　　　　　A 甚於 C。
連續性：如果 A 比 B 好，B 比 C 好，總是會有一些賭博涉及

「A 與 C 的組合比 B 好」，無論 A、B、C 是固定結
果還是機率分配都是如此。

獨立性：如果 A 比 B 好，無論是否有其他的賭博選擇，A 比
B 好都維持不變。

但是，為什麼我們要假設理性的個體必須遵守這些公理呢？
這些公理看起來很抽象，對很多人來說可能毫無意義，因此看起
來可能就是一些技術細節罷了。但它們其實對人類行為做了強烈
的假設，那些假設很難與真實的人類行為兜在一起。「完整性」
假設符合明確定義的機會賽局，但是與極端不確定性根本不相
容。「遞移性」假設可能相對無害，我們就不進一步討論了。此
外，「連續性」和「獨立性」的假設都無法令人信服，而且跟一
般人覺得「理性」的行為互相矛盾。我們逐一來看看這些公理。

完整性

薩維奇在他著名的論文中證明，如果人遵循某些公理（他說
那是不確定性下構成「理性行為」的公理），就會有一些可以解
讀成主觀機率的數字存在，而且「理性行為」就相當於運用那些
主觀機率去追求期望效用的最大化。[2] 薩維奇的公理，與馮・紐
曼和摩根斯坦的公理相似，雖然有一些技術上的變化與補充。但

紐曼－摩根斯坦的方法還是異於傅利曼和薩維奇的方法，其中最重要的差異不在於公理本身，而是在於他們把公理延伸套用到沒有客觀機率的情況。紐曼－摩根斯坦研究的是明確定義的問題，那些問題的頻率是可以推導出來的，或者機率是由遊戲設計者設定的（例如在賭場、蒙提霍爾遊戲中，或與阿萊教授的餐會研討上）。當「完整性」公理套用在商品與服務之間的選擇、有客觀機率的彩券選擇、主觀機率的選擇時，雖然形式上是相同的，但意義與影響卻截然不同。

把「完整性」公理延伸套用到有客觀機率的彩券，這樣做本身就有問題。當我們在國家彩券的大賭注及大西洋城輪盤賭的較小賭注之間做選擇時，我們的答案是，我們對任一種賭注都沒有興趣。誠如我們在第 5 章談「打賭機率」所說的，大多數的人不會對大多數的事情下注。在有客觀機率的事情上（例如國家彩券或誠實賭場的輪盤賭遊戲），機率通常是不利的。

但是，如果說把「完整性」公理延伸套用到有客觀定義及量化風險的彩券上是有疑慮的，那麼把「完整性」公理套用到有主觀機率的選擇時，那疑慮更是增加了好幾倍。如果有些可能性是我們無法想像的，我們就不能為它們附加機率。「完整性」公理與極端不確定根本不一致。

連續性

　　「連續性」這個假設的問題也很容易理解。回想一下這個公理：如果A比B好，B比C好，那麼A與C的某個組合就比B好。在俄羅斯輪盤賭中，你把槍口對準自己的頭，然後扣下扳機，但六個彈膛中只有一個裝了子彈。小說家格雷安·葛林（Graham Greene）和電晶體的發明者威廉·肖克利（William Shockley）年輕時就玩了這種極其愚蠢的遊戲，顯然沒有造成任何災難，但在電影《越戰獵鹿人》（*The Deer Hunter*）中則是致命的。[3] 塔雷伯舉了一個例子：有人受邀玩這種遊戲，報酬是一千萬美元。你接受這種邀約很愚蠢，但有可能活下來。如果塔雷伯成功勸阻你不要玩這種遊戲，你可能有理由抱怨他剝奪了你獲得一千萬美元的機會。假設A代表獲得一美元，B代表什麼也沒得到，C代表頭部中槍。顯然，A比B好，B比C好。我警告你，公園裡有一個槍手，他會隨意朝著人頭開槍。然而，就像銀行家對模型有信心、相信他們已經掌控風險那樣，我跟你保證，槍手對你開槍的機率微乎其微。此外，如果你成功穿越公園，你將獲得一美元。我們沒有遇過任何人對這種賭博有絲毫的興趣，也沒遇過有人想要討論：「槍手對你開槍的機率要多低，才能說服你穿越公園？」我們之所以這樣說，是因為我們知道，包括我們在內的許多人，我們每天在過馬路或超車時，都是為了極小收益，而冒損失極大

的極小風險。

這究竟是怎麼回事？為了一美元的報酬而去冒頭部中槍的風險，根本不值得考慮。如果 C 是頭部中槍，A 與 C 的任何組合都不會比 B 好，這違反了連續性的假設。在不確定的世界裡，我們的選擇在一定程度上受到希望與恐懼的影響，那種影響不見得取決於我們夢想或畏懼的事件實際發生的機率。而且，就像多數人一樣，我們看到車禍事故或聽到車禍受害者的說法後，在開車上路會更加小心，即使我們知道別人遭遇事故並不會導致我們更容易遇到事故。這種行為與買彩券時一心想著中獎的人正好相反。買彩券者明明知道中獎機率很低，但他們從思考中獎所獲得的效用，幾乎不受中獎機率低的影響。我們重視這些重要的結果，絲毫不受那些結果的機率所影響，也常忽視那些結果發生的機率。

獨立性

「獨立性」公理可能是最有趣的，因為它幾乎從一開始就引起爭議。它可以精確地表述如下：假設你覺得 A 比 B 好，A 和 B 可以是確定的結果、也可以機率分配。接著，有人要你在 AC 與 BC 這兩種選項中二選一。AC 是 A 的機率是 p，C 的機率是（1–p）。BC 是 B 的機率是 p，C 的機率是（1–p）。根據「獨立性」公理，你會覺得 AC 比 BC 好。C 的機率不會影響你對 A 和 B 的

偏好，至少這是這個公理的一種詮釋方式。

　　這個有點奇怪的公理，是以消費者和政治選擇的公理來建模的。這個公理後來被稱為「無關選項的獨立性」（independence of irrelevant alternatives）。如果你可以選擇 A 或 B，而且你覺得 A 比 B 好，當你必須從包含 A、B、C 的集合中挑選時，你還是覺得 A 比 B 好。一家餐廳有提供肉或魚這兩種選擇，你選了肉。接著，服務員告訴你，有素食可選。如果你說：「那樣的話，我要魚。」你就違反了「無關選項的獨立性」公理（雖然只要動點腦筋，你可以為那個決定想出一個理由）。「無關選項的獨立性」之所以變得重要及出名，是因為美國經濟學家肯尼斯・艾羅（Kenneth Arrow）證明，多數社會與政治決策規則（例如投票多數決）為群體產生的偏好，違反了這個要求。[4]

　　第 8 章提到的阿萊悖論就違背了獨立性公理。阿萊最初提出以下的問題：你喜歡一一％贏得一億法朗的機率（一無所獲的機率是八九％），還是一〇％贏得五億法郎的機率（一無所獲的機率是九〇％）？絕大多數的人偏好後者，他們希望獲得更大的報酬，不在乎贏錢機率稍微下降。

　　隨後阿萊大幅修正了那個問題。你會選一〇〇％獲得一億法郎的機率？還是選八九％獲得一億法郎的機率、一〇％獲得五億法郎的機率，一％一無所獲的機率？多數人選擇前者（一〇〇％獲得一億法郎的機率）。

接著，阿萊提醒參試者那兩種選擇的期望值。第一題的期望值介於一千一百萬法郎（一億法郎的一一％）和五千萬法郎（五億法郎的一○％）之間。第二題的期望值介於一億法郎與一億三千九百萬法郎之間（期望值的計算很容易，但多數人拒絕了這個選項）。如果你仔細研究這兩題，你會發現這兩種情況下，問題都出在於，把預期獎金提高三千九百萬法郎，能否彌補一無所獲的機率增加一％。[5]

不管這裡發生了什麼事，參加阿萊那場晚宴的人並不是不懂計算期望值的簡單算術。那些獎金都是足以改變人生的巨款，即使是對已經寫出暢銷教科書、且即將榮獲諾貝爾獎的薩繆森而言也是如此。但我們猜想，許多讀者也會做出與那些晚宴出席者同樣的選擇，而沒去注意到獎金的價值。或許那些晚宴出席者是怕自己一無所獲，即使一無所獲的機率僅一％。

阿萊接著指出，那些選擇違背了期望效用最大化的假設。在那個假設下，第一題意味著：

$$0.11 \times u(500) + 0.89 \times u(0) > 0.11 \times u(100) + 0.89 \times u(0)$$

第二題意味著：

$$u(100) > 0.89 \times u(100) + 0.1 \times u(500) + 0.01 \times u(0)$$

簡單重排後顯示，第一題意味著：

$$0.11 \times u(100) < 0.1 \times u(500) + 0.01 \times u(0)$$

第二題意味著：

$$0.11 \times u(100) > 0.1 \times u(500) + 0.01 \times u(0)$$

但這兩種情況不可能同時成立，因此，令人吃驚的是，阿萊證明了多數參試者的偏好與他們追求期望效益最大化的假設相互矛盾。

阿萊當時說──並隨後寫道──「這些大家公認理性的人在實驗中的行為，違反了白努利原則。」[6] 阿萊顧及法國禮儀，沒在當下提出他描述的白努利原理，其實就是現場與會人士所發明的「不確定下的理性選擇理論」。但阿萊提出的矛盾現象是行為研究的先驅，那些研究偏離了經濟學家對理性行為的定義──追求期望效用的最大化。實際上，他創立了後來大家所知的行為經濟學──近五十年後，康納曼就是以這門學科榮獲諾貝爾獎。[7]

薩維奇一直無法忘卻巴黎那場愉悅的餐會所衍生的意涵。他從巴黎回到芝加哥時，覺得自己表達的偏好違反了他提出的理性行為原則，這實在很尷尬，所以苦思了這個問題許久。他後來得

出的結論是，他犯了一個錯誤——不是公理的表述有誤，而是他的偏好有誤。他寫道：「偏好完全是主觀的，當然不可能出錯，但是在另一種更微妙的意義上，偏好是可能出錯的。」[8] 這番話看起來像詭辯。但薩維奇認為，既然他已經回到美國本土站穩腳跟，他確信他正確地理解了自己的偏好。一九五四年，他出版了權威著作《統計學基礎》（*Foundations of Statistics*），為現代決策理論奠定了基礎。

一些理論家試圖拯救機率推理，他們聲稱，就像我們不知道結果也可以定義結果的機率分配一樣，如果我們不知道機率，我們需要看機率分配。[9] 這樣的區別忽略了機率的小世界與極端不確定無處不在的真正差別。而且，這把大家導向一條危險的路徑——擔心論點中隱含著無限後推（infinite regress）的統計學家早就知道這個問題。如果可以有機率的機率，為什麼不能有機率的機率的機率，並依此類推呢？這種試圖捍衛機率推理的做法，造成了薩維奇自己描述的無限後推：

有些人想要導入二階機率，他們可能會說出類似下面的話：「B 比 C 更有可能的機率，大於 F 比 G 更有可能的機率。」但那種排序似乎有很大的困難……一旦導入二階機率，導入無盡階層似乎就無可避免了。那種階級似乎很難解釋，而且似乎只會導致理論變得更不切實際，而不是更加實際。[10]

期望效用理論發展的最驚人之處，在於那些主要支持者在看這個理論時，只看那個理論如何解釋定義明確的彩券中的選擇。至於現實生活的決策充滿不確定性（極端不確定性），他們乾脆視而不見。

延伸閱讀

一個世紀以前，奈特與凱因斯對於機率推理應用於經濟與社會問題提了批評。誠如本書所述，他們輸掉了這場智識之戰，社會學日益由機率推理主導——儘管沙克爾是罕見的例外。

隨著極端不確定性的重要性逐漸影響我們的思維，我們認為有兩位作家似乎走在正確的道路上。他們來自非常不同的背景，其一是英國學者肯・賓莫爾（Ken Binmore），他是倫敦大學專攻賽局理論的數學家和經濟學家，他二〇〇九年出版的《理性決策》（*Rational Decisions*）清楚地解釋了貝氏推理及薩維奇主張的統計理論基礎的局限性。另一位是黎巴嫩裔的美國人塔雷伯，他曾是交易員，後來成為作家。他二〇〇一年出版的《隨機騙局》（*Fool by Randomness*）和二〇〇七年出版的《黑天鵝效應》（*Black Swan*）有力地證明了，輕率地把機率推理應用在金融風險上為什麼會失敗。他的著作構成了一個名為《不確定》（*Incerto*）

的系列，雖然兜了很多圈子、穿插了許多題外話，但整套書還是對於如何因應充滿極端不確定的世界，提出了非常重要的見解。

喬治‧萊考夫（George Lakoff）與馬克‧詹森（Mark Johnson）合著的《我們採用的隱喻》（*Metaphors We Live By*）描述敘事引導人類推理的程度，是一本開創性的精簡著作。最近延斯‧貝克特（Jens Beckert）和理查‧布朗克（Richard Bronk）合著的《不確定的未來》（*Uncertain Futures*）及席勒的《故事經濟學》（*Narrative Economics*）也在經濟與金融領域中發展這個主題。南希‧卡特賴特（Nancy Cartwright）和瑪麗‧摩根（Mary Morgan）探討了敘事與模型之間的關係，例如《自然，巧妙的建模者》（*Nature, the Artful Modeler*）、《模型中的世界》（*The World in the Model*）。梅西耶與斯珀伯在《理性之謎》（*The Enigma of Reason*）一書中為溝通型理性——推理與敘事之間的關連——提出了重要的見解。

這本書出版之際，作家兼 BBC 記者麥可‧布拉斯藍德（Michael Blastland）在《隱藏的一半》（*The Hidden Half*）一書中，以一種通俗的方式提出與我們相似的觀點。在面對極端不確定性時，資訊必然是不完整的。阿瑪‧拜德（Amar Bhidé）的《呼籲判斷》（*A Call for Judgment*）與羅曼‧弗雷德曼（Roman Frydman）和邁克‧戈德堡（Michael Goldberg）合著的《超越機械市場》（*Beyond Mechanical Markets*）針對資訊不完整時何謂理

性，做了重要的討論。

古樂朋（Nicholas Christakis）的《藍圖》（*Blueprint*）精彩地說明了演化如何塑造人類的推理能力。尼克・查特（Nick Chater）的《思考不過是一場即興演出》（*The Mind is Flat*）對任何推理試圖以運算科學為基礎、而不是以神經生理學為基礎的做法，提出犀利的批評。約瑟夫・亨里奇（Joseph Henrich）的《我們成功的祕訣》（*The Secret of our Success*）說明，經濟發展有多少是集體知識成長的結果。我們覺得這三本最近出版的書，連同喬爾・莫基爾（Joel Mokyr）的《成長的文化》（*A Culture of Growth*），對於希望更廣泛了解經濟學如何融入科學（和社會學）的讀者來說，是不可或缺的讀物。

彼得・伯恩斯坦（Peter Bernstein）的《風險》（*Risk*）說明了數千年來人類試圖管理風險的方式，內容精彩。蘿蘭・達斯頓（Lorraine Daston）在《啟蒙運動中的古典機率》（*Classical Probability in the Enlightenment*）中鉅細靡遺地描述機率推理的發展。尼爾・弗格森（Niall Ferguson）在《貨幣崛起》（*The Ascent Of Money*）中描述機率推理在保險中的應用。二〇一九年，美國統計協會以一期刊物專門探討濫用機率推理來推斷因果關係的問題。那一期刊物的編輯最後總結：「現在是完全停止使用『統計顯著性』[1] 這個詞的時候了。」曼德博開創了冪次律的研究，馬克・布坎南（Mark Buchanan）的《改變世界的簡單法則》

（*Ubiquity*）概要說明了冪次律的許多應用。本書付梓時，我們看了伊恩・史都華（Ian Stewart）的《骰子耍了上帝嗎？》（*Do Dice Play God?*），那本書探討了本書最初幾章中提到的幾個謎題與矛盾。

謝辭

二〇一九年夏季，本書撰寫接近尾聲之際，兩位作者亦「慶祝」了（如果這樣用字妥當的話）一下身為職業經濟學家五十週年的生涯。這五十年來，經濟與經濟學的研究發生了很多變化。第一屆諾貝爾經濟學獎是一九六九年頒發的，每年最新得獎者的宣布已成為經濟學家年曆中的例常大事。在公共、私人、學術領域，經濟學家的數量大幅增加。我們兩人都有幸與這三個領域的同業共事。誠如本書所述，進步是透過與他人的交流、集體創造出來的。因此，我們最想感謝的是世界各地與我們互動近半個世紀的專業經濟學家，他們人數眾多，無法在此一一提及。他們對我們的影響，無論是有意還是無意的，都非常巨大。

我們想先感謝與我們討論本書概念的經濟學家：Rachel Barkow、Tim Besley、Amar Bhide、David Bodanis、Alan Budd、Paul Collier、Samuel Issacharoff、Peter Kellner、Richard Pildes、

Stuart Proffitt、Adam Ridley、Paul Seabright、Robert Skidelsky、Ed Smith、David Tuckett、紐約大學史登商學院及紐約大學法學院的同仁，以及倫敦政經學院與英國央行的同仁。這幾年來，我們在一些地方舉辦的研討會上，曾向與會者發表過書中的一些概念，包括牛津大學的萬靈學院、卑爾根的挪威經濟學院、紐約大學法學院、耶魯大學法學院。

促成這本書出版的功臣還有好幾位。我們的私人助理——英國的 Rachel Lawrence 和紐約的 Gail Thomas ——幫我們規劃生活、讓我們有時間寫書。Andrew Wylie 再次證明他是活力充沛的文學經紀人，給予了我們充分的支持。我們的出版商—— Bridge Street 出版社的 Tim Whiting 與 Zoe Gullen，以及 W.W. Norton 出版社的 Drake McFeely ——在每個階段都給予我們鼓勵與建議。

Doris Nikolic 與 Matthew Ford 不僅提供卓越的研究支援，也堅持提出我們覺得有必要找出答案的棘手問題。他們的見解使得這本書更為豐富。

最後，我們要感謝長久以來吃了不少苦的伴侶 Mika Oldham 與 Barbara Melander–King，她們不僅給我們實用的評論與編輯建議，也耐心地給我們時間完成手稿。

參考書目

Abramovitz, M., 'Resource and Output Trends in the U.S. Since 1870', American Economic Review, Vol. 46, No. 2 (1956), 5–23

Adams, A. and Levell, P., 'Measuring Poverty When Inflation Varies Across Households', Joseph Rowntree Foundation (2014)

Aikman, D. et al., 'Taking Uncertainty Seriously: Simplicity Versus Complexity in Financial Regulation', Bank of England Financial Stability Paper Number 28 (2014)

Aitken, I., 'Obituary: Viscount Whitelaw of Penrith', Guardian (2 July 1999)

Akerlof, G. A., 'The Market for "Lemons": Quality Uncertainty and the Market Mechanism', Quarterly Journal of Economics, Vol. 84, No. 3 (1970), 488–500

Aktipis, C. A., Cronk, L. and de Aguiar, R., 'Risk-Pooling and Herd Survival: An Agent-Based Model of a Maasai Gift-Giving System', Human Ecology, Vol. 39, No. 2 (2011), 131–40

Alchian, A. A., 'Uncertainty, Evolution, and Economic Theory', Journal of Political Economy, Vol. 58, No. 3 (1950), 211–21

Allais, M., 'Le Comportement de l'Homme Rationnel devant le Risque: Critique des Postulats et Axiomes de l'Ecole Américaine', Econometrica, Vol. 21, No. 4 (1953), 503–46

Ambrose, S. E., Eisenhower: The President: Volume Two, 1952–1969 (London: George Allen and Unwin, 1984)

Anderson, Z., 'Rick Scott Wants to Shift University Funding Away From Some Degrees', Herald-Tribune (10 Oct 2011) <http://politics.heraldtribune.com/2011/10/10/ rick-scott-wants-to-shift-university-funding-away-from- some-majors/> (accessed 12 Oct 2018)

Appiah, K. A., As If: Idealization and Ideals (Cambridge, Massachusetts: HUP, 2017)

Aristotle, Complete Works of Aristotle, Volume 2: The Revised Oxford Translation (Princeton: PUP, 2014)

Aristotle (trans. Ross, W. D.), Nicomachean Ethics, Book VI, available at <http://classics.mit.edu/Aristotle/nicomachaen.6.vi.html>

Aristotle (trans. Jowett, B.), Politics (1885) Arkansas Teachers Retirement System v. Goldman Sachs Group, Inc., No. 16–250 (2d. Cir. 2018)

Arrow, K. J., 'A Difficulty in the Concept of Social Welfare', Journal of Political Economy, Vol. 58, No. 4 (1950), 328–46 Arrow, K. J. and Debreu, G., 'Existence of an Equilibrium for a Competitive Economy', Econometrica, Vol. 22, No. 3 (1954), 265–90

Arrow, K. J. and Hahn, F., General Competitive Analysis (Amsterdam: North Holland Publishing, 1983) Atran, S., 'A Cheater-Detection Module? Dubious Interpretations of the Wason Selection Task and Logic', Evolution and Cognition, Vol. 7, No. 2 (2001), 187–92

Backhouse, E. and Bland, J. O. P., Annals and Memoirs of the Court of Peking (New York: Houghton Mifflin, 1914)

Ballmer, S., 'Ballmer Laughs at iPhone' (18 Sept 2007) <https:// www.youtube.com/watch?v=eywi0h_Y5_U> (accessed 21 June 2018)

Bank of England, 'Inflation Report' (May 2013)

Barns, S., 'Chocolate Accelerates Weight Loss: Research Claims It Lowers Cholesterol and Aids Sleep', Daily Express (30 Mar 2015)

Barry, J. M., The Great Influenza: The Epic Story of the Deadliest Plague in History (New York: Viking, 2004)

Baur, P. and Breutel-O' Donoghue, A., 'Understanding Reinsurance: How Reinsurers Create Value and Manage Risk', Swiss Re (2004)

Becker, G. S., The Economic Approach to Human Behavior (Chicago: University of Chicago Press, 1978) Beckert, J., Imagined Futures (Cambridge, Massachusetts:

HUP, 2016)

Benson, A., 'French Grand Prix: Lewis Hamilton Says: "I Need Win" ', BBC Sport (24 June 2018) <https:// www.bbc.co.uk/sport/formula1/44590425> (accessed 9 Oct 2018)

Bernanke, B. and Hutchins, G., 'Central Banking After the Great Recession: Lessons Learned and Challenges Ahead', The Brookings Institution (16 Jan 2014)

Bernoulli, D., 'Exposition of a New Theory on the Measurement of Risk', Econometrica, Vol. 22, No. 1 (1954), 23–36

Bernoulli, N., De usu Artis Conjectandi in Jure (1709)

Bezos, J., '2017 Letter to Shareholders', Amazon (18 Apr 2018) Blackstone, W., Commentaries on the Laws of England (1765–9), accessed via <http://avalon.law.yale.edu/subject_menus/ blackstone.asp>

Boas, F., 'The Indians of British Columbia', Popular Science Monthly, Vol. 32 (Mar 1888)

Boeri, T. and Brücker, H., 'The Impact of Eastern European Enlargement on Employment and Labour Markets in the EU Member States', European Integration Consortium (2001)

Bohannon, J., 'I Fooled Millions Into Thinking Chocolate Helps Weight Loss. Here's How', Io9 <Io9. gizmodo.com> (27 May 2015)

Bolton, B. and Thompson, J., The Entirepreneur: The All-In-One Entrepreneur-Leader-Manager (London: Routledge, 2015)

Borch, K., 'The Monster in Loch Ness', Journal of Risk and Insurance, Vol. 43, No. 3 (1976), 521–5

Borges, J. L., Yates, D. A., Hurley, A. and Irby, J. E. (trans.), The Garden of Forking Paths (London: Penguin, 2018)

Bowden, M., The Finish: The Killing of Osama bin Laden (New York: Atlantic Monthly Press, 2012)

Bower, T., Branson (London: Fourth Estate, 2001)

Box, G. E. P., 'Robustness in the Strategy of Scientific Model

Building' (1979) in Launer, R. L. and Wilkinson, G. N. (eds), Robustness in Statistics (Cambridge, Massachusetts: Academic Press, 1979), 201–36

Bradley, H. in Stephen, L. (ed.), 'Jedediah Buxton', Dictionary of National Biography Vol. VIII (1886), 106

Brands, H. W., The General vs. The President (New York: Doubleday, 2016)

Brearley, M., On Form (London: Little Brown, 2017)

Brooks, B. E., 'Jimmie Savage: 20 Nov 1917–1 Nov 1971', Tales of Statisticians (4 Sept 2004) <https://www.umass.edu/wsp/ resources/tales.html>

Buffett, W. E., Berkshire Hathaway 2016 Annual Report (2017) Buffett, W. E., 'Chairman's Letter to Shareholders' (1988) Buffett, W. E., 'Chairman's Letter to Shareholders' (1989) Buffett, W. E., 'Chairman's Letter to Shareholders 2014' (2015) Burns, R., 'Impromptu on Carron Iron Works' (1787) <http:// www.robertburns.org/works/176.shtml> (accessed 9 Oct 2018)

Caldwell, J. C., Demographic Transition Theory (Dordrecht: Springer, 2006)

Camerer, C. F. et al., 'Evaluating Replicability of Laboratory Experiments in Economics', Science, Vol. 351 (2016), 1433–6

Candler, G. V. and Prescott, E. C., 'Calibration', The New Palgrave Dictionary of Economics (10 Dec 2016), accessed 17 May 2018

Capen, E. C., Clapp, R. V. and Campbell, W. M., 'Competitive Bidding in High-Risk Situations', Journal of Petroleum Technology, Vol. 23, No. 6 (1971), 641–53

Caro, R. A., The Power Broker: Robert Moses and the Fall of New York (New York: Knopf, 1974)

Carré, M. J. et al., 'The Curve Kick of a Football I: Impact with the Foot', Sports Engineering, Vol. 5, No. 4 (2002a)

Carré, M. J. et al., 'The Curve Kick of a Football II: Flight Through the Air', Sports Engineering, Vol. 5, No. 4 (2002b) Carroll, L. and Gardner, M., The Annotated Alice: The Definitive

Edition (New York: Norton, 2000)

Carter, I., 'Rulebook Overhaul is Welcome – But Some

Changes Will Need Precise Policing', BBC Sport (1 Jan 2019) <https://www.bbc.co.uk/sport/golf/46728272> (accessed 11 Jan 2019)

Cartwright, N. and Hardie, J., Evidence-Based Policy: A Practical Guide to Doing It Better (Oxford: OUP, 2012)

Case, A. and Deaton, A., 'Rising Morbidity and Mortality in Midlife Among White Non-Hispanic Americans in the 21st Century', Proceedings of the National Academy of Sciences, Vol. 112, No. 49 (2015), 15078–83

Central Statistics Office, 'Population and Migration Estimates' (2016)

Chandler, A. D., Strategy and Structure (Cambridge, Massachusetts: MIT Press, 1962)

Chang, A. C. and Li, P., 'Is Economics Research Replicable? Sixty Published Papers from Thirteen Journals Say "Usually Not"', Finance and Economics Discussion Series 2015–083 (2015)

Chater, N., The Mind is Flat (London: Allen Lane, 2018) Cheng, E. K., 'Reconceptualizing the Burden of Proof', Yale Law Journal, Vol. 122, No. 5 (2013), 1254–79

Chong, K. and Tuckett, D., 'Constructing Conviction Through Action and Narrative: How Money Managers Manage Uncertainty and the Consequences for Financial Market Functioning', Socio-Economic Review, Vol. 13, No. 2 (2015), 1–26

Christoffel, K., Coenen, G. and Warne, A., 'Forecasting with DSGE Models', ECB Working Paper Series, No. 1185 (2010)

Churchill, W., The Second World War, Volume II (London: The Reprint Society, 1949)

Clapham, J. H., Bibliography of English Economic History (London: Historical Association, 1913)

Clausewitz, K., Howard, M. and Paret, P. (trans.), On War (Princeton: PUP, 1976)

Coase, R., 'The Nature of the Firm', Economica, Vol. 4, No. 16 (1937), 386–405

Coase, R., 'Opening Address to the Annual Conference', International Society of New Institutional Economics, Washington DC (17 Sept 1999) <http://www.coase.org/coasespeech. htm> (accessed 16 May 2018)

Cochrane, J. H., 'How did Paul Krugman Get it so Wrong?' (16 Sept 2009) <https://faculty.chicagobooth. edu/john. cochrane/research/papers/krugman_response.htm> (accessed 23 Apr 2019)

Cohan, W. D., 'Inside the Strange Odyssey of Hedge-Fund King Eddie Lampert', Vanity Fair (2018)

Cohen, L. J., The Probable and the Provable (Oxford: OUP, 1977)

Coleman, R. 'Lemon', Writing for Designers (26 Feb 2009) <http://www.writingfordesigners. com/?p=1731> (accessed 24 Jan 2019)

Collier, P., The Future of Capitalism: Facing the New Anxieties (London: Allen Lane, 2018)

Collins, J. C., Good to Great: Why Some Companies Make the Leap . . . and Others Don't (Chatham: Mackays of Chatham, 2001)

Collins, S., 'Where is Sodom? The Case for Tall el-Hammam', Biblical Archaeology Review, Vol. 39, No. 2 (2013)

Colyvan, M., 'Is Probability the Only Coherent Approach to Uncertainty?', Risk Analysis, Vol. 28, No. 3 (2008), 645–52

Committee on Oversight and Government Reform, 'The Financial Crisis and the Role of Federal Regulators', House of Representatives (23 Oct 2008)

Committee for the Prize in Economic Sciences in Memory of Alfred Nobel, 'Scientific Background on the Sveriges Riksbank Prize in Economic Sciences in Memory of Alfred Nobel 2017' (2017)

Condorcet, M. J. A. N. de C., Essai sur l'application de l'analyse à la Probabilité des Décisions Rendues à la Pluralité des Voix (1785)

Cosmides, L., 'The Logic of Social Exchange: Has Natural Selection Shaped how Humans Reason? Studies with the Wason Selection Task', Cognition, Vol. 31 (1989), 187–276

Cosmides, L. and Tooby, J., 'Evolutionary Psychology and the Generation of Culture, Part II. Case Study: A Computational Theory of Social Exchange', Ethology and Sociobiology, Vol. 10, No. 1–3 (1989), 51–97

Coyle, D., GDP (Princeton: PUP, 2014)

Cribb, J. and Emmerson, C., 'What Happens When Employers Are Obliged to Nudge? Automatic Enrolment and Pension Saving in the UK', IFS Working Paper W16/19 (2016)

Csikszentmihalyi, M., Flow: The Psychology of Optimal Experience (London: HarperCollins, 1991)

Curtiz, M. (director), Casablanca, Warner Bros. (1942) Damasio, A. R., Descartes' Error: Emotion, Reason and the Human Brain (London: Picador, 1995)

Daston, L., Classical Probability in the Enlightenment (USA: PUP, 1995)

Davenport, T. H. and Manville, B., Judgement Calls: Twelve Stories of Big Decisions and the Teams That Got Them Right (Cambridge, Massachusetts: Harvard Business School Publishing, 2012)

David, F. N., Games, Gods, and Gambling: A History of Probability and Statistical Ideas (London: Griffin, 1962) Davidson, D., Truth, Language, and History (Oxford: Clarendon, 2005)

Dawkins, R., The Selfish Gene (Oxford: OUP, 1976) de Finetti, B., 'Probabilism: A Critical Essay on the Theory of Probability and the Value of Science', Erkenntnis, Vol. 31, No. 2/3 (1989), 169–223

Debt Management Office, 'Gilt Reference Prices' (25 Oct 2018)

Defra, 'Water Use by Industry', National Archives (2012) <http://webarchive.nationalarchives.gov.uk/20130124043757/http://www.defra.gov.uk/statistics/ environment/green-economy/scptb10-water-use/> (accessed 25 Oct 2018)

Dennett, D., Darwin's Dangerous Idea (New York: Simon and Schuster, 1995)

Department for Business, Energy & Industrial Strategy, Historical Coal Data: Coal Production, Availability and Consumption 1853 to 2016 (2017)

Department for Transport, 'Facts on Pedestrian Casualties' (2015)

Department for Work and Pensions, 'Statement on Moving to CPI as the Measure of Price Inflation' (12 July 2010) <https://www.gov.uk/government/news/statement- on-moving-to-cpi-as-the-measure-of-price-inf lation> (accessed 10 Oct 2018)

Derrida, J., De La Grammatologie (Paris: Minuet, 1967)

Devlin, K., The Unfinished Game: Pascal, Fermat and the Seventeenth-Century Letter that Made the World Modern (New York: Basic Books, 2010)

Dirac, P. A. M., 'Nobel Banquet Speech' (10 Dec 1933) <https://www.nobelprize.org/prizes/physics/1933/dirac/speech/> (accessed 9 Oct 2018)

Donoghue, D., 'A Guide to the Revolution', New York Review of Books (8 Dec 1983)

Donoghue, D., 'The Use and Abuse of Theory', Modern Language Review, Vol. 87, No. 4 (1992), xxix–xxxviii

Dowd, K., Cotter, J., Humphrey, C. and Woods, M., 'How Unlucky Is 25-Sigma?', Journal of Portfolio Management, Vol. 34, No. 4 (2008), 76–80

Doyle, A. C., 'The Adventure of the Blanched Soldier' in The Case-Book of Sherlock Holmes (London:John Murray,1927), 47–74

Doyle, A. C., The Adventures and the Memoirs of Sherlock Holmes (New York: Sterling, 2004)

Doyle, A. C., 'J. Habakuk Jephson's Statement', Cornhill Magazine (Jan 1884), 1–32

Drake, S., Galileo at Work: His Scientific Biography (Chicago: University of Chicago Press, 1978)

Drucker, P. F., Concept of the Corporation (New York: The John Day Company, 1946)

Duffy, C., Borodino and the War of 1812 (London: Seeley, Service and Co., 1972)

Duflo, E., 'Richard T. Ely Lecture: The Economist As Plumber', American Economic Review, Vol. 107, No. 5 (2017), 1–26

Duhem, P., La Théorie Physique: Son Objet et sa Structure (Paris: Chevalier and Rivière, 1906)

Duke, A., Thinking in Bets: Making Smarter Decisions When You Don't Have All the Facts (New York: Penguin, 2018) Dustmann, C. et al., 'The Impact of EU Enlargement on Migration Flows', Home Office Online Report (25 Mar 2003) Eco, U., The Name of the Rose (London: Vintage, 2004) The Economist, 'Alfred Sloan' (30 Jan 2009) The Economist, 'Business in 1852' (8 Jan 1853) The Economist, 'A Mean Feat' (9 Jan 2016)

Ehrlich, P. R., The Population Bomb (San Francisco: Sierra Club, 1970)

Ehrlich, P. R., 'When Paul's Said and Done', Grist Magazine (13 Aug 2004) <https://web.archive. org/web/20041115081108/http://www.grist.org/comments/interactivist/2004/08/09/ehrlich/index1.html> (accessed 29 Apr 2019)

Einstein, A., 'Letter to Max Born' (1926) in Born, I. (trans.), The Born-Einstein Letters (London: Macmillan, 1971)

Eisenhower, D. D., 'In Case of Failure', Eisenhower's Pre- Presidential Papers, Principal File, Box 168, Butcher Diary June 28-July 14 (1944); NAID #186470

Eland, I., 'Rumsfeld vs. The Pentagon', Cato Institute (11 Apr 2001) <https://www.cato.org/publications/commentary/ rumsfeld-vs-pentagon> (accessed 15 Oct 2018)

Eliot, G., Middlemarch (1871–2)

Ellsberg, D., 'Risk, Ambiguity, and the Savage Axioms', Quarterly Journal of Economics, Vol. 75, No. 4 (1961), 643–69

Ellsberg, D., Secrets: A Memoir of Vietnam and the Pentagon Papers (London: Penguin, 2003)

Engel, J. A., Cold War at 30,000 Feet: The Anglo-American Fight for Aviation Supremacy (Cambridge, Massachusetts: HUP, 2007)

European Commission, 'Annexes to the Commission Delegated Regulation Supplementing Key Information Documents for PRIIPS' (8 Mar 2017) <http://ec.europa.eu/finance/ docs/level-2-measures/priips-delegated-regulation-2017- 1473-annex_en.pdf> (accessed 28 Aug 2019)

Eurostat, Mortality and Life Expectancy Statistics (2017) Evans-Pritchard, E. E., The Nuer: A Description of the Modes of Livelihood and Political Institutions of a Nilotic People (Oxford: Clarendon, 1940) Falk, R., 'When Truisms Clash: Coping with a Counterintuitive Problem Concerning the Notorious Two-child Family', Thinking & Reasoning, Vol. 17, No. 4 (2011), 353–66

Farber, D., Sloan Rules: Alfred P. Sloan and the Triumph of General Motors (Chicago: University of Chicago Press, 2002) Federal Aviation Administration, 'Lessons Learned: de Havilland DH-106 Comet 1' <lessonslearned.faa.gov> (accessed 19 Mar 2018)

Felin, T., 'The Fallacy of Obviousness' (2018) <https://aeon.co/essays/are-humans-really-blind-to-the-gorilla-on-the- basketball-court> (accessed 5 Oct 2018)

Ferguson, A., An Essay on the History of Civil Society (1782) Feynman, R. P., Rogers Commission Report, Appendix F (1986) Financial Conduct Authority, 'Statement on Communications in Relation to PRIIPs' (24 Jan 2018) <https://www.fca.org. uk/news/statements/statement-communications-relation-priips> (accessed 9 Oct 2018)

Fisher, W. R., Human Communication as Narration: Toward a Philosophy of Reason, Value, and Action (Columbia, South Carolina: University of South Carolina Press, 1989)

Fitzgerald, F. S., 'The Crack-Up', Esquire (2017)

Fitzgerald, F. S., The Great Gatsby (New York: Charles Scribner's Sons, 1925)

Fleming, P. J. et al., The CESDI SUDI Studies 1993– 1996 (2000) 'Fondements et Applications de la Théorie du Risque en Econométrie' (1952) in Econométrie, Collection des Colloques Internationaux du Centre National de la Recherche Scientifique, Vol. 40 (1953), 127–40 Forbes, 'Warren Buffett – In 1974' (30 Apr 2008)

Fowler, N., 'Margaret Thatcher's Cabinet was a Battle of Wills', Telegraph (12 Apr 2013)

Friedman, B., 'The Search for New Assumptions', Democracy, No. 45 (2017)

Friedman, J. A. and Zeckhauser, R., 'Handling and Mishandling Estimative Probability: Likelihood, Confidence, and the Search for bin Laden', Intelligence and National Security, Vol. 30, No. 1 (2014), 77–99

Friedman, M., Essays in Positive Economics (Chicago: University of Chicago Press, 1953)

Friedman, M., Price Theory (New Brunswick, NJ: Transaction Publishers, 2007)

Friedman, M., There's No Such Thing as a Free Lunch (Illinois: Open Court Publishers, 1975)

Friedman, M. and Savage, L. J., 'The Utility Analysis of Choices Involving Risk', Journal of Political Economy, Vol. 56, No. 4 (1948), 279–304

Frydman, R. and Phelps, R. (eds), Rethinking Expectations: The Way Forward for Macroeconomics (Princeton: PUP, 2013)

FT Ordinary Share <https://uk.investing.com/indices/ft30- chart> (accessed 25 Oct 2018)

Gabaix, X., 'Power Laws in Economics and Finance', Annual Review of Economics, Vol. 1 (2009), 255–93

Galton, F., 'Vox Populi', Nature, Vol. 75 (1907), 450–1

GAO, 'Key Issues: Disposal of High-Level Nuclear Waste', U.S. Government Accountability Office <https://www.gao. gov/key_issues/disposal_of_highlevel_nuclear_waste/issue_ summary#t=0> (accessed 5 Dec 2018)

Gao, J. et al., 'Learning the Rules of the Rock-Paper-Scissors Game: Chimpanzees Versus Children', Primates, Vol. 59, No. 1 (2018), 7–17

Gapper, J., 'Memo From Amazon: Tell a Good Story', Financial Times (9 May 2018)

Gavin, J. M., War and Peace in the Space Age (New York: Harper, 1958)

GBD 2013 Mortality and Cause of Death Contributors, 'Global, Regional, and National Age–Sex Specific All-Cause and Cause-Specific Mortality for 240 Causes of Death, 1990–2013: A Systematic Analysis for the Global Burden of Disease Study 2013', The Lancet, Vol. 385, No. 9963, 117–71

Geertz, C., 'Thick Description: Towards an Interpretive Theory of Culture' in The Interpretation of Cultures: Selected Essays (New York: Basic Books, 1973), 3–30

General Medical Council v. Meadow [2006] EWCA Civ 1390 (26 Oct 2006)

Gibbon, E., The History of the Decline and Fall of the Roman Empire, Volume IV (1784)

Gibbons, M. R., 'Multivariate Tests of Financial Models: A New Approach', Journal of Financial Economics, Vol. 10, No. 1 (1982), 3–27

Gigerenzer, G., Gut Feelings (London: Penguin, 2008) Gigerenzer, G., Risk Savvy: How to Make Good Decisions (London: Penguin, 2015)

Gigerenzer, G., Simple Heuristics that Make Us Smart (Oxford: OUP, 2001)

Gigerenzer, G., 'Striking a Blow for Sanity in Theories of Rationality' in Augier, M. and March, J. G. (eds), Models of a Man: Essays in Memory of Herbert A. Simon (Cambridge, Massachusetts: MIT Press, 2004)

Gilboa, I., 'Rationality and the Bayesian Paradigm', Journal of Economic Methodology, Vol. 22, No. 3 (2015), 312–34 Gilbert, W. S. and Sullivan, A., HMS Pinafore (1878)

Gilman, A., 'Explaining the Upper Paleolithic Revolution' in Preucel, R. W. and Hodder, I., Contemporary Archaeology in Theory: A Reader (New York: Wiley and Sons, 1996) Gladwell, M., Blink: The Power of Thinking Without Thinking (London: Penguin, 2006)

Goldman Sachs, 'Goldman Sachs Business Principles' <http:// www.goldmansachs.com/who-we-are/business-standards/ business-principles/> (accessed 10 Oct 2018)

Goldstein, D. G. and Gigerenzer, G., 'Models of Ecological Rationality: The Recognition Heuristic', Psychological Review, Vol. 109, No. 1 (2002), 75–90

Goodhart, C. A. E., 'Problems of Monetary Management: The UK Experience' (1984) in Monetary Theory and Practice (London: Macmillan, 1987), 91–121

Goodwin, D. K., Team of Rivals: The Political Genius of Abraham Lincoln (New York: Simon and Schuster, 2005)

Gould, S. J., 'Darwinian Fundamentalism', New York Review of Books (12 June 1997a)

Gould, S. J., 'Evolution: The Pleasures of Pluralism', New York Review of Books (26 June 1997b)

Gráda, C. Ó and Mokyr, J., 'New Developments in Irish Population History 1700–1850', Economic History Review, Vol. 37, No. 4 (1984), 473–88

Graham, B. and Zweig, J., The Intelligent Investor (New York: HarperCollins, 2005)

Greenspan, A., The Map and the Territory 2.0: Risk, Human Nature, and the Future of Forecasting (London: Allen Lane, 2013) Greenspan, A., 'Reflections on Central Banking', Financial Markets, Financial Fragility, and Central Banking: A Symposium Sponsored by the Federal Reserve Bank of Kansas City at Jackson Hole (26 Aug 2005) <https://www.federalreserve.gov/ boarddocs/speeches/2005/20050826/ default.htm> (accessed 16 May 2018)

Greenspan, A., 'World Finance and Risk Management', speech at Lancaster House, London (25 Sept 2002)

<https://www.federalreserve.gov/boarddocs/speeches/2002/200209253/ default.htm> (accessed 16 May 2018)

Greenstein, F. I., The Hidden-Hand Presidency: Eisenhower As Leader (Baltimore: Johns Hopkins University Press, 1994)

Groopman, J., How Doctors Think (New York: Houghton Mifflin, 2008)

Grossman, S. J. and Stiglitz, J. E., 'On the Impossibility of Informationally Efficient Markets', American Economic Review, Vol. 70, No. 3 (1980), 393–408

Hacking, I., The Emergence of Probability (Cambridge: CUP, 1975) Hacking, I., The Social Construction of What? (Cambridge, Massachusetts: HUP, 1999)

Haidt, J., The Righteous Mind: Why Good People Are Divided by Politics and Religion (London: Penguin, 2013) Haldane, A., Brennan, S. and Madouros, V., 'What is the Contribution of the Financial Sector: Miracle or Mirage?' in Turner, A. et al., The Future of Finance (London: LSE, 2010)

Hamilton, L. C., Haedrich, R. L. and Duncan, C. M., 'Above and Below the Water: Social/Ecological Transformation in Northwest Newfoundland', Population and Environment, Vol. 25, No. 6 (2004), 195–215

Hamilton, W. D., 'The Genetical Evolution of Social Behaviour I', Journal of Theoretical Biology, Vol. 7, No. 1 (1964), 1–16

Hammurabi (trans. King, L. W.), The Code of Hammurabi, The Avalon Project <http://avalon.law.yale.edu/ ancient/ hamframe.asp> (accessed 15 Oct 2018)

Hannibal, M. and Mountford, L., The Law of Criminal and Civil Evidence: Principles and Practice (Harlow: Pearson Education, 2002)

Harcourt, B., Against Prediction (Chicago: University of Chicago Press, 2007)

Harrod, R. F., The Life of John Maynard Keynes (London: Macmillan and Co., 1951)

Hartley, L. P., The Go-Between (Oxford: Heinemann Educational, 1985)

Hastings, M., Vietnam: An Epic Tragedy 1945–75 (London: HarperCollins, 2018)

Hausman, D. M., 'Philosophy and Economic Methodology', PSA: Proceedings of the Biennial Meeting of the Philosophy of Science Association 1984, No. 2 (1984), 231–49

HC Deb (4 June 1940), Vol. 361, cc. 787–98

Hendry, D. and Mizon, G., 'Why DSGEs Crash During Crises', Vox CEPR (2014) <https://voxeu.org/article/why- standard-macro-models-fail-crises> (accessed 9 Oct 2018)

Henrich, J., The Secret of Our Success: How Culture is Driving Human Evolution, Domesticating Our Species, and Making Us Smarter (Princeton: PUP, 2017)

Herbranson, W. T. and Schroeder, J., 'Are Birds Smarter than Mathematicians? Pigeons (Columba livia) Perform Optimally on a Version of the Monty Hall Dilemma', Journal of Comparative Psychology, Vol. 124, No. 1 (2010), 1–13

Hermanns, W. and Einstein, A., Einstein and the Poet: In Search of the Cosmic Man (Brookline Village: Branden Press, 1983)

Hiam, L., Harrison, D., McKee, M. et al., 'Why is Life Expectancy in England and Wales "Stalling"?', Journal of Epidemiology & Community Health (2018)

Hicks, J. R., 'Mr Keynes and the "Classics": A Suggested Interpretation', Econometrica, Vol. 5, No. 2 (1937), 147–59

Himmelreich, C., 'Germany's Phantom Serial Killer: A DNA Blunder', Time (27 Mar 2009)

HM Treasury, TAG Data Book (May 2018a)

HM Treasury, The Green Book: Central Government Guidance on Appraisal and Evaluation (2018b)

Hobbes, T., The English Works of Thomas Hobbes of Malmesbury, Vol. I (1843)

Hofstadter, D., 'The Shallowness of Google Translate', The Atlantic (30 Jan 2018)

Holmes Jr, O. W., The Common Law (1881)

House of Commons Treasury Committee, 'The Run on the Rock' (2008)

House of Commons Treasury Committee, 'Second Report: Fixing LIBOR: Some Preliminary Findings' (2012)

Howe, G., Conflict of Loyalty (London: Macmillan, 1994) Hubbert, M. K., 'Nuclear Energy and the Fossil Fuels', Shell Development Company: Exploration and Production Research Division Publication No. 95 (1956) <https://web.archive. org/web/20080527233843/http://www.hubbertpeak.com/ hubbert/1956/1956.pdf> (accessed 15 Jan 2019)

Hume, D. (ed. Beauchamp, T. L.), An Enquiry Concerning Human Understanding: A Critical Edition (Oxford: OUP, 2000)

Ignatieff, M., 'Defending Academic Freedom in a Populist Age', Project Syndicate (2 June 2017) <https:// www. project-syndicate.org/onpoint/defending-academic- freedom-in-a-populist-age-by-michael-ignatieff-2017-06> (accessed 16 May 2018)

Ioannidis, J. P. A., 'Why Most Published Research Findings Are False', PLoS Medicine, Vol. 2, No. 8 (2005)

Ipsos MORI, 'Online Polls for Gapminder in 12 Countries' (Aug 2017) <gapm.io/gt17re>

Isaacson, W., Steve Jobs (New York: Simon and Schuster, 2011)

Ishiguro, K., The Remains of the Day (London: Faber and Faber, 1989)

Izhakian, Y., Yermack, D. and Zender, J. F., 'Ambiguity and the Tradeoff Theory of Capital Structure', NBER Working Papers (2017)

J. G. W., 'The Fourteenth International Congress of Actuaries', Transactions of the Faculty of Actuaries, Vol. 22 (1954), 441–5

Jallais, S. and Pradier, P-C., 'The Allais Paradox and its Immediate Consequences for Expected Utility Theory' in Fontaine, P. and Leonard, R. (eds), The Experiment in the History of Economics (London: Routledge, 2005), 25–49

Janis, I. L., Victims of Groupthink: A Psychological Study of Foreign Policy Decisions and Fiascoes (New York: Houghton Mifflin, 1972)

Jensen, K., Call, J. and Tomasello, M., 'Chimpanzees are Rational Maximizers in an Ultimatum Game', Science, Vol. 318, No. 5847 (2007), 107–9

Jevons, W. S., The Coal Question: An Inquiry Concerning the Progress of the Nation, and the Probable Exhaustion of Our Coal- Mines (1865)

Jevons, W. S., 'Commercial Crises and Sun-spots', Nature, Vol. 19 (1878), 33–7

Joint Committee of the European Supervisory Authorities, 'Questions and Answers (Q&A) on the PRIIPs KID' (4 July 2017) <https://esas-joint-committee.europa. eu/Publications/Consultations/Questions%20 and%20 answers%20on%20the%20PRIIPs%20KID.pdf> (accessed 9 Oct 2018)

Kafka, F. (trans. Muir, E. and Muir, W.), The Trial (London: Pan Books, 1977)

Kahneman, D., 'Remarks from Daniel Kahneman', NBER Economics of AI Conference (2017) <youtu.be/ gbj_NsgNe7A> (accessed 5 Oct 2018)

Kahneman, D., Thinking, Fast and Slow (London: Penguin, 2011) Kahneman, D. and Tversky, A., 'On the Reality of Cognitive Illusions', Psychological Review, Vol. 103, No. 3 (1996), 582–91

Kahneman, D. and Tversky, A., 'Prospect Theory: An Analysis of Decision Under Risk', Econometrica, Vol. 47, No. 2 (1979), 263–92

Kaplan, I., 'The "Getty Kouros" was Removed from View at the Museum After it was Officially Deemed to be a Forgery' (16 Apr 2018) <https://www.artsy.net/news/ artsy-editorial-getty-kouros-removed-view-museum- officially-deemed-forgery> (accessed 24 Apr 2019)

Kasparov, G., Deep Thinking (London: John Murray, 2018) Katz, V. J., A History of Mathematics (New York: HarperCollins, 1993)

Kay, J. A., 'The Concept of the Corporation', Business History, Special Issue: Leslie Hannah Festschrift (2019)

Kay, J. A., 'Gambling is a Feature of Capitalism – Not a Bug', Prospect (14 March 2017)

Kay, J. A., Obliquity (London: Profile, 2011)

Kay, J. A., Other People's Money (London: Profile, 2015) Kay, J. A. and King, M. A., 'USS Crisis: Can the Pension System be Reformed?', Times Higher Education (6 Sept 2018)

Keating, J., 'In his Heart, Rick Santorum Knows that Dutch People are Forcibly Euthanized', Foreign Policy (12 Mar 2012)

Kennedy, G., The Art of Persuasion in Greece (London: Routledge, 1963)

Kennedy, R. F., Thirteen Days: A Memoir of the Cuban Missile Crisis (New York: Norton, 1999)

Kennes, R. and Smets, P., 'The Transferable Belief Model', Artificial Intelligence, Vol. 66, No. 2 (1994), 191–234

Keren, G., 'A Tale of Two Systems: A Scientific Advance or a Theoretical Stone Soup? Commentary on Evans and Stanovich (2013)', Perspectives on Psychological Science, Vol. 8, No. 3 (2013), 257–62

Keren, G. and Schul, Y., 'Two Is Not Always Better than One: A Critical Evaluation of Two-System Theories', Perspectives on Psychological Science, Vol. 4, No. 6 (2009), 533–50

Keynes, G. and Keynes, J. M., Essays in Biography (London: Macmillan and Co., 1933)

Keynes, J. M., 'Economic Possibilities for Our Grandchildren' (1930) in Keynes, J. M., Essays in Persuasion (London: Macmillan and Co., 1931)

Keynes, J. M., 'The General Theory of Employment', Quarterly Journal of Economics, Vol. 51, No. 2 (1937), 209–23

Keynes, J. M., The General Theory of Employment, Interest and Money (London: Macmillan and Co., 1936)

Keynes, J. M., 'Professor Tinbergen's Method', Economic Journal, Vol. 49, No. 195 (1939), 558–77

Keynes, J. M., A Treatise on Probability (London: Macmillan and Co., 1921)

Keynes, J. M., 'William Stanley Jevons 1835–1882: A Centenary Allocation on his Life and Work as Economist and Statistician', Journal of the Royal Statistical Society, Vol. 99, No. 3 (1936), 516–55

Keynes, J. M., Johnson, E. and Moggridge, D. (eds), The Collected Writings of John Maynard Keynes: Volume IX: Essays in Persuasion (1978)

Khaw, M. W., Stevens, L. and Woodford, M., 'Discrete Adjustment to a Changing Environment: Experimental Evidence', NBER Working Paper (2016)

Kimes, M., 'The Sun Tzu at Sears', Bloomberg Businessweek (15 June 2013)

King, M. A., The End of Alchemy (London: Little Brown, 2016)

King, M. A. et al., 'Education and Employment – Minutes of Evidence', House of Commons Education and Employment Subcommittee (27 May 1999) <https:// publications.parliament.uk/pa/cm199899/cmselect/cmeduemp/547/9052701.htm> (accessed 3 Oct 2018)

Klein, G. A., Sources of Power: How People Make Decisions (Cambridge, Massachusetts: MIT Press, 1998)

Klemperer, P., 'What Really Matters in Auction Design', Journal of Economic Perspectives, Vol. 16, No. 1 (2002), 169–89

Knight, F. H., Risk, Uncertainty and Profit (New York: Houghton Mifflin, 1921)

Knight, F. H., 'What is Truth in Economics?', Journal of Political Economy, Vol. 48, No. 1 (1940), 1–32

Knights, L. C., How Many Children Had Lady Macbeth? An Essay in the Theory and Practice of Shakespeare Criticism (Cambridge: Folcroft Library Editions, 1933)

Kolm, S-C. and Ythier, J. M., Handbook of the Economics of Giving, Altruism, and Reciprocity, Volume 1:

Foundations (Amsterdam: North Holland, 2006)

Korzybski, A., Science and Sanity (New York: The International Non-Aristotelian Publishing Co., 1933)

Kruglanski, A. W. and Gigerenzer, G., 'Intuitive and Deliberative Judgments are Based on Common Principles', Psychological Review, Vol. 118, No. 1 (2011), 97–109

Krugman, P., 'What Do We Actually Know About the Economy?', New York Times (16 Sept 2018)

Kydland, F. E. and Prescott, E. C., 'Time to Build and Aggregate Fluctuations', Econometrica, Vol. 50, No. 6 (1982), 1345–70

Lakoff, G. and Johnson, M., Metaphors We Live By (Chicago: University of Chicago Press, 1980)

Lampert, E., 'Chairman's Letter', Sears Holdings (23 Feb 2010) <https://blog.searsholdings.com/eddie-lampert/chairmans- letter-february-23-2010/> (accessed 12 Oct 2018)

Lampert, E., 'Evolving the Sears Mastercard With Shop Your Way', Sears Holdings (27 Oct 2016) <https://blog. searsholdings.com/eddie-lampert/evolving-the-sears- mastercard-with-shop-your-way/> (accessed 12 Oct 2018)

Laplace, P. S. (trans. Truscott, F. W. and Emory, F. L.), A Philosophical Essay on Probabilities (New York: Dover, 1951)

Laplace, P. S., Théorie Analytique des Probabilités (1812)

Larsen, P. T., 'Goldman Pays the Price of Being Big', Financial Times (13 Aug 2007)

Laura and John Arnold Foundation, 'Public Safety Assessment: Risk Factors and Formula' (2016) <https://www. arnoldfoundation.org/wp-content/uploads/PSA-Risk- Factors-and-Formula.pdf> (accessed 24 Jan 2019)

Laville, S., 'Roulette Arrest Trio Keep £1.3m in Winnings', Guardian (6 Dec 2004)

Lawrence, C., 'Obama Ending Two-War Strategy', CNN (4 Jan 2012) <http://security.blogs.cnn.com/2012/01/04/panetta- ending-two-war-strategy/> (accessed 15 Oct 2018)

Leamer, E. E., 'Let's Take the Con Out of Econometrics', American Economic Review, Vol. 73, No. 1 (1983), 31–43

Leamer, E. E., Specification Searches: Ad Hoc Inference with Nonexperimental Data (New York: John Wiley and Sons, 1978)

Leamon, N., The Test: A Novel (London: Hachette, 2018) Leeson, N. W., Rogue Trader (London: Little Brown, 1996) Lenin, V. I. (trans. Dutt, C.), 'Letter to Rosa Luxemburg' (1909) in Lenin Collected Works: Volume 34 (Moscow: Progress Publishers, 1975)

LeRoy, S. and Singell, L. D., 'Knight on Risk and Uncertainty', Journal of Political Economy, Vol. 95, No. 2 (1987), 394–406

Lewis, M., The Undoing Project: A Friendship that Changed the World (London: Penguin, 2017)

Libet, B. et al., 'Time of Conscious Intention to Act in Relation to Onset of Cerebral Activity (Readiness-Potential). The Unconscious Initiation of a Freely Voluntary Act', Brain, Vol. 106, No. 3 (1983), 623–42

Lipshaw, J. M., 'Dissecting the Two-Handed Lawyer: Thinking Versus Action in Business Lawyering', Berkeley Business Law Journal, Vol. 10, No. 2 (2013), 231–86

Lo, A., Adaptive Markets: Financial Evolution at the Speed of Thought (Princeton: PUP, 2017)

Lohr, S., 'Without Its Master of Design, Apple Will Face Many Challenges', New York Times (24 Aug 2011)

Lovallo, D. P. and Mendonca, L. T., 'Strategy's Strategist: An Interview with Richard Rumelt', McKinsey Quarterly No. 4 (2007), 56–67

Lowe, D. L., Hopkins, C. and Bristow, T., 'Survation was the Most Accurate Pollster this Election – How Did we Get it Right?', Survation (2017) <https://www.survation. com/survation-most-accurate-pollster/> (accessed 27 Nov 2018)

Lucas, R., 'Econometric Policy Evaluation: A Critique', Carnegie-Rochester Conference Series on Public Policy, Vol. 1, No. 1 (1976), 19–46

Lucas, R., 'What Economists Do', University of Chicago Commencement Address 1988, published in Journal of Applied Economics, Vol. 14, No. 1 (2011), 1–4 Lucas, R. E., Lectures on Economic Growth (Cambridge, Massachusetts: HUP, 2002)

Lucas, R. E., 'Macroeconomic Priorities', American Economic Review, Vol. 93, No. 1 (2003), 1–14

Lux, H., 'The Secret World of Jim Simons', Institutional Investor (1 Nov 2000)

MacIntyre, A., After Virtue: A Study in Moral Theory (London: Gerald Duckworth and Co., 2003)

Mackay, C., Extraordinary Popular Delusions and the Madness of Crowds (1841)

Mackin, J. H., 'Rational and Empirical Methods of Investigation in Geology' (1963) in Slaytnaker, O. (ed.), Fluvial Geomorphology (Abingdon, Oxon: Routledge, 2013), 271–98

Maddison Project Database, version 2018. Bolt, Jutta, Robert Inklaar, Herman de Jong and Jan Luiten van Zanden (2018), 'Rebasing "Maddison": New Income Comparisons and the Shape of Long-run Economic Development', Maddison Working Paper 10

Mandel, T., 'Happy Birthday to Science', Chicago Sun-Times (28 May 1990)

Mandelbrot, B., 'The Variation of Certain Speculative Prices', Journal of Business, Vol. 36, No. 4 (1963), 394–419

Mandeville, B., The Fable of the Bees (1732)

Marconi, D., My Father, Marconi (London: Guernica, 2001) Markowitz, H. M., 'Foundations of Portfolio Theory', Nobel Prize lecture (1990)

Markowitz, H. M., 'Portfolio Selection', Journal of Finance, Vol. 7, No. 1 (1952), 77–91

Márquez, G. G. and Stone, P. H., 'Gabriel García Márquez, The Art of Fiction No. 69', The Paris Review, No. 82 (1981)

Marshall, A., Principles of Economics (1890)

Marshall, B. J., 'Helicobacter Connections', Nobel Prize lecture (8 Dec 2005)

Marshall, B. J. and Adams, P. C., 'Helicobacter Pylori: A Nobel Pursuit?', Canadian Journal of Gastroenterology and Hepatology, Vol. 22, No. 11 (2008), 895–6

Martin, V., The Ghost of the Mary Celeste (London: Hachette, 2014)

Marwell, G. and Ames, R. E., 'Economists Free Ride, Does Anyone Else? Experiments on the Provision of Public Goods, IV', Journal of Public Economics, Vol. 15, No. 3 (1981), 295–310

Mauss, M. (trans. Halls, W. D.), The Gift: The Form and Reason for Exchange in Archaic Societies (London: Routledge, 1990) May, R. M., 'Uses and Abuses of Mathematics in Biology', Science, Vol. 303, No. 5659 (2004), 790–3

Maynard Smith, J., 'Group Selection and Kin Selection', Nature, Vol. 201 (1964)

Mayzner, M. S. and Tresselt, M. E., 'Tables of Single-letter and Digram Frequency Counts for Various Word-length and Letter-position Combinations', Psychonomic Monograph Supplements, Vol. 1, No. 2 (1965), 13–32

McCoy, J., Prelec, D. and Seung, H. S., 'A Solution to the Single-Question Crowd Wisdom Problem', Nature, Vol. 541 (2017), 532–5

McGonagall, W., McGonagall: A Library Omnibus (London: Duckworth, 1980)

McNamara, R. S., In Retrospect: The Tragedy and Lessons of Vietnam (Collingdale, Pennsylvania: DIANE Publishing, 1995)

Meadow, R., 'Fatal Abuse and Smothering' in Meadow, R. (ed.), ABC of Child Abuse (London: BMJ Publishing, 1997)

Meadows, D. L. et al., The Limits to Growth (New York: Universe Books, 1972)

Mearsheimer, J. J., The Tragedy of Great Power Politics (New York: Norton, 2001)

Mees, C. E. K., 'Scientific Thought and Social Reconstruction', Sigma Xi Quarterly, Vol. 22, No. 1 (1934), 13–24

Menand, L., The Metaphysical Club (London: HarperCollins, 2011)

Mercier, H. and Sperber, D., The Enigma of Reason: A New Theory of Human Understanding (London: Allen Lane, 2017)

Merton, R. K., Social Theory and Social Structure (Glencoe, Illinois: Free Press, 1960)

Met Office, 'The Science of "Probability of Precipitation"' (8 Aug 2014) <http://www.altostratus.it/ previsorideltempo/2014_Probabilita_Precipitazione_ MetOffice.pdf> (accessed 23 Apr 2019)

Midanik, L., 'The Validity of Self-Reported Alcohol Consumption and Alcohol Problems: A Literature Review', British Journal of Addiction, Vol. 77 (1982), 357–82

Mill, J. S., A System of Logic, Vol. II (1843)

Mill, J. S. (ed. Ashley, W. J.), Principles of Political Economy with Some of their Applications to Social Philosophy (London: Longmans, Green, and Co., 1909)

Miller, A., Death of a Salesman (New York: Viking, 1949)

Mintzberg, H., Ahlstrand, B. and Lampel, J., Strategy Safari: A Guided Tour Through the Wilds of Strategic Management (New York: Simon and Schuster, 2005)

Mintzberg, H. and Mangelsdorf, M. E., 'Debunking Management Myths', MIT Sloan Management Review (1 Oct 2009)

Monahan, J., 'A Jurisprudence of Risk Assessment: Forecasting Harm Among Prisoners, Predators, and Patients', Virginia Law Review, Vol. 92, No. 3 (2006), 391–435

Monahan, J. and Skeem, J. L., 'Risk Assessment in Criminal Sentencing', Annual Review of Criminal Psychology, Vol. 12 (2016), 489–513

Mooney, A., '€2.5bn Cost of MiFID II Rattles Asset Managers', Financial Times (27 Jan 2017)

Moore, H. N., 'Congress Grilled Lehman Brothers' Dick Fuld: Highlights of the Hearing', Wall Street Journal (6 Oct 2008)

Morris, S., 'The Sting: Did Gang Really Use a Laser, Phone and a Computer to Take the Ritz for £1.3m?', Guardian (23 Mar 2004)

Moscati, I., 'How Economists Came to Accept Expected Utility Theory: The Case of Samuelson and Savage', Journal of Economic Perspectives, Vol. 30, No. 2 (2016), 219–36

Nahl, P. C., 'Perham C. Nahl's Notes from Frank H. Knight's Course on Business Cycles' (1936) in Cristiano, C. and Fiorito, L., 'Two Minds That Never Met: Frank H. Knight on John M. Keynes Once Again – A Documentary Note', Review of Keynesian Economics, Vol. 4, No. 1 (2016), 67–98

NASA, MESSENGER: Mercury Orbit Insertion (2011)

Nelson, E., 'Karl Brunner and UK Monetary Debate', SSRN (2018), available at <https://ssrn.com/abstract=3256826>

Nelson, E. and Nikolov, K., 'Monetary Policy and Stagflation in the UK', Bank of England Working Paper No. 155 (2002)

Nelson, L. D., Simmons, J. P. and Simonsohn, U., 'False-Positive Psychology: Undisclosed Flexibility in Data Collection and Analysis Allows Presenting Anything as Significant', Psychological Science, Vol. 22, No. 11 (2011), 1359–66

NEST, 'Investment Approach' <https://www.nestpensions.org.uk/schemeweb/nest/aboutnest/investment-approach.html> (accessed 10 Jan 2019)

Newhouse, J., 'A reporter at large: A sporty game – I betting the company', New Yorker (14 June 1982)

Noble, S. U., Algorithms of Oppression: How Search Engines Reinforce Racism (New York: NYU Press, 2018)

Norman, J., Adam Smith: What He Thought, and Why it Matters (London: Penguin, 2018)

Nunn, G. A., 'The Incompatibility of Due Process and Naked Statistical Evidence', Vanderbilt Law Review, Vol. 68, No. 5 (2015), 1407–33

Nwauwa, N., 'Improving Care and Response in Nigeria', Journal of Emergency Medical Services, Vol. 42, No. 6 (2017)

Obama, B. H., 'Remarks by the President at a Campaign Event in Roanoke, Virginia', Office of the Press Secretary (13 July 2012) <https://obamawhitehouse. archives.gov/the-press-office/2012/07/13/remarks-president-campaign-event-roanoke-virginia> (accessed 17 Jan 2019)

Odurinde, T., 'UK Household Water Consumption 2015: Facts & Figures', Hope Spring (12 Oct 2015) <https://www. hopespring.org.uk/uk-household-water-consumption- 2015-facts-figures/> (accessed 25 Oct 2018)

Office for National Statistics, 'Appendix Tables: Homicide in England and Wales' (2018)

Office for National Statistics, 'English Life Tables No. 17: 2010 to 2012' (2015a)

Office for National Statistics, 'Infant Mortality (Birth Cohort) Tables in England and Wales' (2015b)

Office for National Statistics, 'Population of the UK by Country of Birth and Nationality, June 2016 to June 2017' (2017)

Ohno, T., Toyota Production System: Beyond Large-scale Production (New York: Productivity Press, 1988)

Ohuchi, N. et al., 'Sensitivity and Specificity of Mammography and Adjunctive Ultrasonography to Screen for Breast Cancer in the Japan Strategic Anti-Cancer Randomized Trial (J-START): A Randomised Controlled Trial', The Lancet, Vol. 387, No. 10016 (2016), 341–8

O' Neil, C., Weapons of Math Destruction: How Big Data Increases Inequality and Threatens Democracy (London: Penguin, 2016)

Orange, V., Tedder: Quietly in Command (Abingdon: Frank Cass, 2012)

Ortiz-Ospina, E. and Roser, M., 'Trust' (2019) <https:// ourworldindata.org/trust> (accessed 25 Apr 2019)

Oxford Dictionary, 'Rationality' <https://en.oxforddictionaries. com/definition/rationality> (accessed 14 Jan 2019)

Oxford Dictionary, 'Risk' <https://en.oxforddictionaries.com/ definition/risk> (accessed 16 Jan 2019)

Oxford Dictionary, 'Uncertainty' <https://www.lexico.com/en/ definition/uncertain> (accessed 30 Aug 2019)

Pardo, M. S. and Allen, R. J., 'Juridical Proof and the Best Explanation', Law and Philosophy, Vol. 27, No.

3 (2008), 223–68

Pascal, B. (trans. Trotter, W. F.), Pascal's Pensées (New York: E. P. Dutton & Co, 1958)

Paul, M., Frank Ramsey (1903–1930): A Sister's Memoir (London: Smith-Gordon and Co., 2012)

Phillips, A. W., 'The Relation Between Unemployment and the Rate of Change of Money Wage Rates in the United Kingdom 1861–1957', Economica, Vol. 25, No. 100 (1958), 283–99

Pierce, A., 'The Queen Asks Why No One Saw the Credit Crunch Coming', Daily Telegraph (5 Nov 2008)

Pilkey, O. H. and Pilkey-Jarvis, L., Useless Arithmetic: Why Environmental Scientists Can't Predict the Future (New York: Columbia University Press, 2007)

Pinker, S., The Blank Slate (London: Penguin, 2003) Planck, M. (trans. Gaynor, F.), Scientific Autobiography and Other Papers (Westport, Connecticut: Greenwood Press Publishers, 1968)

Plato (trans. Jowett, B.), Phaedrus (1892)

Plender, J. and Persaud, A., 'The Day Dr Evil Wounded a Financial Giant', Financial Times (22 Aug 2006) Plomin, R., Blueprint: How DNA Makes Us Who We Are (London: Allen Lane, 2018)

Poisson, S-D., Recherches sur la Probabilité des Jugements en Matière Criminelle et en Matière Civile (1837)

Potter van Loon, R. J. D., van den Assem, M. J. and van Dolder, D., 'Beyond Chance? The Persistence of Performance in Online Poker', PLoS One, Vol. 10, No. 3 (2015)

Powell, J. H., 'Monetary Policy in a Changing Economy', Changing Market Structure and Implications for Monetary Policy: A Symposium Sponsored by the Federal Reserve Bank of Kansas City, Jackson Hole, Wyoming (24 Aug 2018) <https://www. federalreserve.gov/newsevents/speech/powell20180824a. htm> (accessed 10 Oct 2018)

Quetelet, A., Sur l'homme et le Développement de ses Facultés, ou Essai de Physique Sociale (1835)

Quine, W. V., 'Main Trends in Recent Philosophy: Two Dogmas of Empiricism', Philosophical Review, Vol. 60, No. 1 (1951), 20–43

R&A, 'Rules Modernisation: A Fundamental Revision to the Rules of Golf for 2019' (2019) <https://www. rules.golf/ en> (accessed 11 Jan 2019)

Rajan, R. G., 'The Greenspan Era: Lessons for the Future', Financial Markets, Financial Fragility, and Central Banking: A Symposium Sponsored by the Federal Reserve Bank of Kansas City at Jackson Hole (26 Aug 2005) <https://www.imf.org/ en/News/Articles/2015/09/28/04/53/sp082705> (accessed 16 May 2018)

Ramis, H. (director), Groundhog Day, Columbia Pictures (1993)

Ramsey, F. P., 'Truth and Probability' (1926) in Mellor, D. H. (ed.), Philosophical Papers (Cambridge: CUP, 1990), 52–109

'Reasonable Doubt: An Argument Against Definition', Harvard Law Review, Vol. 108, No. 8 (1995), 1955–72

Reed, C. (director), The Third Man, British Lion Film Corporation (1949)

Rhodes, R., The Making of the Atomic Bomb (New York: Simon and Schuster, 1988)

Ricardo, D., On the Principles of Political Economy and Taxation (1817)

Rittel, H. W. J. and Webber, M. M., 'Dilemmas in a General Theory of Planning', Policy Sciences, Vol. 4 (1973), 155–69

Roberts, P. and Aitken, C., '3. The Logic of Forensic Proof: Inferential Reasoning in Criminal Evidence and Forensic Science: Guidance for Judges, Lawyers, Forensic Scientists and Expert Witnesses', Royal Statistical Society (2014)

Robertson, D. H., 'The Snake and the Worm' (1936) in Essays in Monetary Theory (London: P. S. King and Son, 1940), 104–13

Romer, P. M., 'Mathiness in the Theory of Economic Growth', American Economic Review, Vol. 105, No. 5 (2015), 89–93

Romer, P. M., 'The Trouble With Macroeconomics' (14 Sept 2016a) <https://paulromer.net/wp-content/ uploads/2016/09/WP-Trouble.pdf> (accessed 9 Oct 2018)

Romer, P. M., 'Trouble With Macroeconomics, Update' (21 Sept 2016b) <https://paulromer.net/trouble-with- macroeconomics-update/> (accessed 17 May 2018)

Rorty, R., 'Is Truth a Goal of Enquiry? Davidson vs. Wright', Philosophical Quarterly, Vol. 45, No. 180 (1995), 281–300

Rosling, H., Rosling, O. and Rönnlund, A. R. (eds), Factfulness (London: Sceptre, 2018)

Rothschild, M. and Stiglitz, J. E., 'Increasing Risk: I. A Definition', Journal of Economic Theory, Vol. 2, No. 3 (1970), 225–43

Royal Statistical Society, 'Royal Statistical Society Concerned by Issues Raised in Sally Clark Case' (2001)

Rumelt, R., Good Strategy/Bad Strategy: The Difference and Why it Matters (New York: Crown Business, 2011)

Samuelson, P. A., 'Alvin H. Hansen, 1889–1975', Newsweek (16 June 1975)

Samuelson, P. A., 'An Enjoyable Life Puzzling Over Modern Finance Theory', Annual Review of Financial Economics, Vol. 1 (2009), 19–35

Samuelson, P. A., 'Risk and Uncertainty: A Fallacy of Large Numbers', Scientia, Vol. 57 (1963)

Samuelson, P. A. and Murray, J. (eds), The Collected Scientific Papers of Paul Samuelson: Volume 7 (Cambridge, Massachusetts: MIT Press, 2011)

Sargent, T. J., Macroeconomic Theory (New York: Academic Press, 1979)

Sargent, T. J., Evans, G. W. and Honkapohja, S., 'An Interview With Thomas J. Sargent', Macroeconomic

Dynamics, Vol. 9 (2005), 561–83

Savage, L. J., The Foundations of Statistics (New York: John Wiley and Sons, 1954)

Schelling, T. C., Arms and Influence (New Haven: YUP, 2008)

Schoemaker, P. J. H., Brilliant Mistakes: Finding Success on the Far Side of Failure (Philadelphia: Wharton Digital Press, 2011)

Schulte, P. et al., ‘The Chicxulub Asteroid Impact and Mass Extinction at the Cretaceous-Paleogene Boundary’, Science, Vol. 327, No. 5970 (2010), 1214–8

Scott, J. C., Seeing Like a State: How Certain Schemes to Improve the Human Condition Have Failed (New Haven: YUP, 1998)

Scottish Widows, ‘Our History’ <https://www.scottishwidows. co.uk/about_us/who_we_are/our_history. html> (accessed 10 Oct 2018)

Self, R., Neville Chamberlain: A Biography (Aldershot: Ashgate, 2006) Sellar, W. C. and Yeatman, R. J., 1066 and All That (London: Methuen, 1930)

Selvin, S. et al., ‘Letters to the Editor’, American Statistician, Vol. 29, No. 1 (1975), 67–71

Serling, R. J., Legend and Legacy: The Story of Boeing and its People (New York: St Martin’s Press, 1992)

Shackle, G. L. S., Epistemics and Economics: A Critique of Economic Doctrines (Cambridge: CUP, 1972)

Shackle, G. L. S., ‘Probability and Uncertainty’, Metronomica, Vol. 1, No. 3 (1949), 135–85

Shackle, G. L. S., Uncertainty in Economics and Other Reflections (Cambridge: CUP, 1968)

Shakespeare, W. (ed. Pooler, C. K.), The Merchant of Venice (London: Methuen and Co., 1912)

Shiller, R. J., ‘Narrative Economics’, American Economic Review, Vol. 107, No. 4 (2017), 967–1004

Shiller, R. J., Narrative Economics: How Stories Go Viral and Drive Major Economic Events (Princeton: PUP, 2019)

Shubber, K., ‘Theranos Founder Charged with “Massive” Securities Fraud’, Financial Times (14 Mar 2018)

Shulman, L. B. and Driskell, T. D., ‘Dental Implants: A Historical Perspective’ (1997) in Block, M., Kent, J. and Guerra, L., Implants in Dentistry (Philadelphia: Saunders, 1997)

Silver, N., The Signal and the Noise: The Art and Science of Prediction (London: Allen Lane, 2012)

Silver, N., ‘When We Say 70 Percent, It Really Means 70 Percent’, FiveThirtyEight (4 Apr 2019) <https://fivethirtyeight.com/features/when-we-say-70-percent-it-really-means-70-percent/> (accessed 23 Apr 2019)

Silver, N., ‘Why FiveThirtyEight Gave Trump a Better Chance Than Almost Anyone Else’, FiveThirtyEight (11 Nov 2016) <https://fivethirtyeight.com/features/why-fivethirtyeight- gave-trump-a-better-chance-than-almost-anyone-else/> (accessed 23 Apr 2019)

Simon, H., Models of Man: Social and Rational (New York: John Wiley and Sons, 1957)

Simon, R. J. and Mahan, L., 'Quantifying Burdens of Proof: A View From the Bench, the Jury, and the Classroom', Law and Society Review, Vol. 5, No. 3 (1971), 319–30

Simons, D. J. and Chabris, C. F., 'Gorillas in Our Midst: Sustained Inattentional Blindness for Dynamic Events', Perception, Vol. 28, No. 9 (1999), 1059–74

Sinn, H-W., 'EU Enlargement, Migration, and Lessons from German Unification', German Economic Review, Vol. 1, No. 3 (2003)

Skousen, M., The Making of Modern Economics: The Lives and Ideas of the Great Thinkers (Armonk: M. E. Sharpe, 2001)

Slaughter, A-M., 'On Thinking Like a Lawyer' (2002) <https:// www.princeton.edu/~slaughtr/Commentary/ On%20 Thinking%20Like%20a%20Lawyer.pdf> (accessed 8 Oct 2018)

Sloan, A. P. (ed. McDonald, J.), My Years with General Motors (New York: Doubleday, 1964)

Smith, A., An Inquiry Into the Nature and Causes of the Wealth of Nations, Volume I (1776a)

Smith, A., An Inquiry Into the Nature and Causes of the Wealth of Nations, Volume II (1776b)

Smith, E., Luck: A Fresh Look at Fortune (London: Bloomsbury, 2013)

Smolin, L., The Trouble with Physics: The Rise of String Theory, the Fall of a Science, and What Comes Next (London: Penguin, 2006)

Smyth, J., 'New Zealand Bans Foreigners From Buying Homes', Financial Times (15 Aug 2018)

Soros, G., 'Soros: General Theory of Reflexivity', Financial Times (26 Oct 2009)

Spence, M., 'Job Market Signalling', Quarterly Journal of Economics, Vol. 87, No. 3 (1973), 355–74

Sprat, T., The History of the Royal Society of London, Vol. I (1734)

Statistical Abstract of the United States: 2011, United States Census Bureau (2011)

Sterling, B., Grootveld, M. and van Mensvoort, K., 'Interview: Bruce Sterling on the Convergence of Humans and Machines' (22 Feb 2015) <https://www.nextnature.net/2015/02/ interview-bruce-sterling/> (accessed 14 May 2018)

Stevenson, M. T., 'Assessing Risk Assessment in Action', Minnesota Law Review, Vol. 103, No. 1 (2019), 303–84

Stevenson, R. L., 'The Day After To-Morrow', The Contemporary Review, Vol. 51 (1887), 472–9

Surowiecki, J., The Wisdom of Crowds (Boston: Little Brown, 2004)

Swanson, I., 'Revealed: Final Cost of Edinburgh Tram Scheme Will be £ 1 Billion', The Scotsman (13 Dec 2017)

Taft, J. G., 'Why Knight Capital Was Saved and Lehman Brothers Failed', Forbes (20 Aug 2012) <https://

www. forbes.com/sites/advisor/2012/08/20/why-knight-capital- was-saved-and-lehman-brothers-failed/> (accessed 14 Jan 2019)

Taleb, N. N., Antifragile: Things that Gain from Disorder (London: Penguin, 2013)

Taleb, N. N., The Black Swan: The Impact of the Highly Improbable (London: Penguin, 2008)

Taleb, N. N., Fooled by Randomness: The Hidden Role of Chance in Life and in the Markets (London: Penguin, 2007)

Taleb, N. N., Skin in the Game: Hidden Asymmetries in Daily Life (London: Allen Lane, 2018)

Tetlock, P. E., Expert Political Judgement: How Good Is It? How Can We Know? (Princeton: PUP, 2005)

Tetlock, P. E. and Gardner, D., Superforecasting: The Art and Science of Prediction (London: Random House, 2016)

Thaler, R. H., Misbehaving: The Making of Behavioural Economics (London: Penguin, 2016)

Thaler, R. H. and Benartzi, S., 'Save More TomorrowTM: Using Behavioural Economics to Increase Employee Saving', Journal of Political Economy, Vol. 112, S1 (2004), S164–S187

Thompson, W. S., 'Population', American Journal of Sociology, Vol. 34, No. 6 (1929), 959–75

Thomson, W., 'To Baden Powell' (1896) <https://zapatopi. net/kelvin/papers/letters.html#baden-powell> (accessed 15 May 2018)

Thorp, E. O., A Man For All Markets: Beating the Odds, from Las Vegas to Wall Street (New York: Random House, 2017)

Tolstoy, L. (trans. Edmonds, R.), War and Peace (London: Penguin, 1978)

Torricelli, R. and Carroll, A., In Our Own Words: Extraordinary Speeches of the American Century (New York: Washington Square Press, 2000)

Trenerry, C. F., The Origin and Early History of Insurance, Including the Contract of Bottomry (London: P. S. King and Son, 1911)

Treverton, G. F., 'Risks and Riddles', Smithsonian Institution <Smithsonian.com> (1 June 2007)

Tribe, L. H., 'Trial by Mathematics: Precision and Ritual in the Legal Process', Harvard Law Review, Vol. 84, No. 6 (1971), 1329–93

Trichet, J-C., 'Reflections on the Nature of Monetary Policy, Non-Standard Measures, and Finance Theory', opening address at the ECB Central Banking Conference (18 Nov 2010) <https://www.ecb.europa.eu/press/key/date/2010/ html/sp101118.en.html> (accessed 16 May 2018)

Truman, H. S., 'Longhand Note' (17 June 1945)

Tucker, A. W., 'The Mathematics of Tucker: A Sampler', Two-Year College Mathematics Journal, Vol. 14, No. 3 (1983), 228–32

Tuckett, D. and Nikolic, M., 'The Role of Conviction and Narrative in Decision-Making Under Radical Uncertainty', Theory and Psychology, Vol. 27, No. 4 (2017), 501–23

Tversky, A. and Kahneman, D., 'Availability: A Heuristic for Judging Frequency and Probability', Cognitive Psychology, Vol. 5, No. 2 (1973), 207–32

UNAIDS, 'South Africa: People Living with HIV (All Ages) and South Africa: New HIV Infections (All Ages)', UNAIDS Estimates 2018 <http://www.unaids.org/en/ regionscountries/countries/southafrica> (accessed 7 Jan 2019)

United Nations, The Millennium Development Goals Report (2015) Universities Superannuation Scheme, 'Report & Accounts' (2017)

University of Chicago, Annual Register (1896)

Upton, J. and George, P., 'The Prevalence of Lactose Intolerance (Adult Hypolactasia) in a Randomly Selected New Zealand Population', New Zealand Medical Journal, Vol. 123, No. 1308 (2010), 117–8

US Department of Defense, DoD News Briefing: Secretary Rumsfeld and Gen. Myers (12 Feb 2002)

US Energy Information Administration, 'Short-Term Energy Outlook, January 2019' <https://www.eia.gov/ outlooks/ steo/images/Fig14.png> (accessed 15 Jan 2019)

Vaihinger, H. (trans. Ogden, C. G.), The Philosophy of 'As If' : A System of the Theoretical, Practical and Religious Fictions of Mankind (London: Kegan Pual, Trench, Tubner & Co., Ltd, 1924)

Vandevelde, K. J., Thinking Like a Lawyer: An Introduction to Legal Reasoning (London: Hachette, 2010)

Ventola, C. L., 'The Antibiotic Resistance Crisis', Pharmacy and Therapeutics, Vol. 40, No. 4 (2015), 277–83

Vickrey, W., 'Counterspeculation, Auctions, and Competitive Sealed Tenders', Journal of Finance, Vol. 16, No. 1 (1961), 8–37

Viña, G. et al., 'Brexit Will Cost Households "£4,300 a Year"', Financial Times (18 Apr 2016)

von Hayek, F. A., 'The Pretence of Knowledge', Nobel Prize lecture (1974)

von Neumann, J. and Morgenstern, O., The Theory of Games and Economic Behavior (Princeton: PUP, 1972)

von Ranke, L. (trans. Iggers, W. A., ed. Iggers, G. G.), The Theory and Practice of History (Abingdon, Oxon: Routledge, 2010)

Waldfogel, J., Scroogenomics: Why You Shouldn' t Buy Presents for the Holidays (Princeton: PUP, 2009)

Waldfogel, J. 'The Deadweight Loss of Christmas', American Economic Review, Vol. 83, No. 5 (1993) 1328–36

Walras, L., Éléments d' économie Politique Pure (1874)

Walton, S. and Huey, J., Made in America: My Story (New York: Bantam Books, 1993)

Wansell, G., 'Whatever the Coroner May Say, Sally Clark Died of a Broken Heart', Independent (18 Mar 2007)

Welles, O. (director), Mr Arkadin, Warner Bros. (1955)

Wells, J. D., 'Prof. von Jolly' s 1878 Prediction of the End of Theoretical Physics as Reported by Max Planck' (6 Mar 2016) <http://www-personal.umich.edu/~jwells/ manuscripts/jdw160306.pdf> (accessed 17 Jan 2019)

Whately, R., Detached Thoughts and Apophthegms: Extracted From Some of the Writings of Archbishop Whately (1854)

Wiessner, P. W., 'Embers of Society: Firelight Talk Among the Ju/' hoansi Bushmen' , Proceedings of the National Academy of Sciences, Vol. 111, No. 39 (2014), 14027–35

Wilde, O., The Picture of Dorian Gray (1891)

Williamson, O. E., Markets and Hierarchies: Analysis and Antitrust Implications (New York: Free Press, 1975)

Wilson, E. O., Consilience: The Unity of Knowledge (London: Vintage, 1999)

Wolfe, T., The Bonfire of the Vanities (London: Cape, 1988) Wood, D. (director), 'The Missing Page' in Hancock' s Half Hour: Volume I, BBC (1960)

World Bank, 'How are the Income Group Thresholds

Determined?' <https://datahelpdesk.worldbank.org/ knowledgebase/articles/378833-how-are-the-income-group-thresholds-determined> (accessed 11 Jan 2019)

World Bank, 'Poverty Headcount Ratio at $1.90 a Day (2011 PPP) (% of Population)' (2019)

World Health Organization, WHO Guidelines on Hand Hygiene in Health Care (2009)

Wrangham, R., The Goodness Paradox: The Strange Relationship Between Virtue and Violence in Human Evolution (New York: Pantheon, 2019)

Zabell, S. L., 'The Rule of Succession' , Erkenntnis, Vol. 31, No. 2–3 (1989), 283–321

Zipf, G. K., Human Behaviour and the Principle of Least Effort (Boston: Addison-Wesley, 1949)

Zipf, G. K., The Psycho-Biology of Language (New York: Houghton Mifflin, 1935)

Zweig, J., Your Money and Your Brain (New York: Simon and Schuster, 2007)

注釋

第 1 章

1　Tolstoy (1978) p. 408.

2　人數不確定，但軍史家克里斯多夫‧達菲（Christopher Duffy）估計，有四十五萬名士兵出征，僅幾千人（最不適合作戰的人）返國。(Duffy 1972 p. 162).

3　Mearsheimer (2001) 第 285 頁提到，一八一二年，大軍團（Grand Armée）達到一百萬人的顛峰。據報導，蒙古軍隊也有類似的數字，但由於蒙古人為每個戰士分配多匹馬，這些數字可能高估了。

4　Larsen (2007).

5　Dowd et al. (2008).

6　US DoD (2002).

7　然而，我們並沒有把後來在伊拉克的失敗歸因於「未知的未知」，而是歸因於未讓主流敘事獲得充分的質疑——參見第十六章。

8　US DoD (2002).

9　Bowden (2012) p. 160.

10　同前，p. 163.

11　Friedman 與 Zeckhauser (2014, p. 2) 認為，歐巴馬推論「賓拉登在阿伯塔巴德的機率約五〇％」。但我們認為，從歐巴馬的進一步說法中可以清楚看出，他不是這個意思。

12　Bowden (2012) p. 160.

13　Rumelt (2011) p. 79.

14　例如，在政府支持的英國國家就業儲蓄信託（NEST）職業退休金計畫中，超過 90% 的成員仍留在預設基金中 (NEST 2019)。

15　例如富達（Fidelity）。

16　波士頓大學的賴瑞・科特利科夫（Larry Kotlikoff）就設計了一套名叫 ESPlanner 的計算器。

17　Knight (1921) p. 20.

18　Keynes (1937) pp. 213–14.

19　Taleb (2008).

20　Keynes (1936) p. 162.

第 2 章

1　Stevenson (1887) p. 472.

2　平均而言，水星距離地球五千七百萬英里，但實際距離介於四千五百萬英里到一・四億英里之間。

3　NASA (2011).

4　行星運行方程式不僅是平穩的，而且是確定的。從地球到行星的距離根據一個已知的公式而變，任何時間點的距離都是完全可以預測的。

5　根據牛頓第三定律（作用力與反作用力），存在某種微妙的效應。

6　寫給馬克斯・玻恩（Max Born）的信（1926）。愛因斯坦本人在其他場合也說過這句話，只是形式稍有不同。例如，一九四三年在與威廉・赫曼斯（William Hermanns）談話時，愛因斯坦曾說：「我說過很多次了，上帝不會和世界擲骰子。」（收錄在赫曼斯的著作《愛因斯坦與詩人》〔Einstein And The Poet〕〔p.58〕）

7　低調的高盛總部大樓。

8　Treverton (2007).

9　「疑團」一詞也用來指小說設定的謎題（例如柯南・道爾〔Conan Doyle〕或阿嘉莎・克莉絲蒂〔Agatha Christie〕的小說）。這些小說會在書的結局中揭曉一個解方。在這本書中，我們使用「疑團」一詞，採用的是屈佛頓所指的字義。

10　Tetlock (2005) and Tetlock and Gardner (2016).

11　Tetlock and Gardner (2016) pp. 92–3. 塞爾維亞沒有；義大利沒有。

12　Rittel and Webber (1973).

13　Stuart,「1952 Now Looms」, 4 May, 1; Dempster, Tale of the Comet, 20–21, quoted in Engel (2007) p. 136.

14　Federal Aviation Administration (2018), 這段歷史典故來自這裡。

15　Newhouse (1982) p. 65.

16　Self (2006) p. 415.

17　據報導，是在一九七七年世界未來學會（World Future Society）一次會議的演講中，Bolton and Thompson(2015) p. 142 引用了這段話。

18　沃茲尼克在一九八一年的某次空難中受重傷，最終於一九八五年離開公司。賈伯斯聘請百事公司的高管約翰・史考利（John Sculley）來擔任執行長。

19　Lovallo and Mendonca (2007).

20　Ballmer (2007).

21　Schulte et al. (2010).

22　「泰鐵路橋」是惡名昭彰的詩人威廉‧麥戈納格爾最著名的作品 (McGonagall, 1980).

23　這是根據麥戈納格爾的說法；比較可靠的評論者給的數字較低。

24　Doyle (1884).

25　在本書撰寫之際，二〇一四年薇樂莉‧馬丁（Valerie Martin）發表於《瑪麗賽勒斯特號之鬼魂》（The Ghost Of The Mary Celust）的說法是最新的「理論」。

第 3 章

1　Merton (1960).

2　Soros (2009).

3　「任何觀察到的統計規律性，一旦為了控制目的而對其施壓，就容易崩解。」：Goodhart (1984) p. 96.

4　牛津詞典（Oxford Dictionary，2019）。我們決定從線上牛津辭典（ODO）引用定義是因為「線上牛津辭典（ODO）的內容把焦點放在現代英語，包括單字的現代意義與用法。《牛津英語詞典》（OED）則是反映歷史的詞典。」參見 <https://www.oed.com/page/oedodo/The+OED+and+Oxford+Dictionaries>.

5　一八四五年《賭博法》的第十七節寫道：「任何人在打牌、擲骰子、賭桌或其他博奕中，或參與賭注、打賭或投機，或在玩遊戲的人旁邊或手上下注，或在任何遊戲、賽事、消遣或運動的事件上下注時，若使用任何欺詐或非法裝置或採用不當手法，從他人為自己或他人贏取任何金錢或貴重物品，一經公訴定罪，可判處不超過兩年的監禁。」該法於二〇〇七年廢除。亦見 Morris (2004), Laville (2004).

6　Thorp (2017).

7　蘇格蘭哲學家阿拉斯代爾‧麥金泰爾（Alasdair MacIntyre）把這個例子歸功於卡爾‧波普爾，他提到預測輪子的發明是不可能的。(MacIntyre 2003, p. 93)

8　Thomson (1896). 沒有證據顯示許多傲慢自大的話是克耳文勛爵說的，例如：「X 光會證明是一場騙局。」但他似乎對發明特別不屑，他聽聞無線發明時，嗤之以鼻地說：「無線發明很好，但我寧可請小廝騎小馬幫我傳訊。」(Marconi 2001 p. 40).

9　Samuelson (2009).

10　Department for Transport (2015) p. 2.

11　私人資訊。

12　King et al. (1999), Question 46.

13　Galton (1907), Surowiecki (2004). 需要澄清的是，無論是高爾頓、還是索羅維基都沒有表示異議！

14　Gigerenzer (2008) p. 1.

15　The Economist (8 January 1853).

第4章

1　Jowett translation (1892).

2　Hacking (1975), David (1962), Devlin (2010).

3　Cited by Hacking (1975) p. 19. The reference is found in footnote 116 of chapter 24, Gibbon (1784).

4　Drake (1978).

5　一六六二年，英王查理二世成功地呼籲皇家學會（兩年前他曾大方支持該學會的成立），讓葛蘭特當選為院士。查理二世認為，儘管葛蘭特出身卑微，但他對知識的貢獻對大眾很重要，理應獲得認可（Sprat 1734, p. 67）。

6　哈雷算出，他在一六八二年看到的那顆彗星的軌道，與一六〇七年和一五三一年出現的那顆彗星的軌道相同。一七五七年，也就是他去世十五年後，彗星再次出現，證明了他是對的。近來，人類的壽命延長，所以一九八〇年代初出生的人可能會有一生中看到兩次哈雷彗星的難得機會。哈雷於一七四二年過世，享年八十五歲，他在世時並未看到自己的預言獲得證實。

7　該協會於二〇〇〇年十二月停止新業務。英國上議院高等法院認為，它無法支付承諾給投保人的款項。

8　GBD 2013 Mortality and Cause of Death Contributors (2013).

9　Case and Deaton (2015), Hiam et al. (2018), Eurostat (2017).

10　路易士《大賣空》（The Big Short）的電影版一開場就引述：「讓你陷入麻煩的，不是你不知道的事，而是你自以為知道、但其實不然的事。」這句話據傳是馬克‧吐溫（Mark Twain）說的，但我們找不到馬克‧吐溫實際寫過這句話的證據，但這不影響這句話的真實性。

11　但即使在這裡，氣候變遷也威脅了天氣相關現象的平穩性。

12　Katz (1993), chapter 11.3.1.

13　貝葉斯被葬在倫敦市的邦希爾公墓（Bunhill Fields Cemetery）。

14　機率論發展的精彩討論，可參見 Daston（1995）。

15　最初的問題來自於 Selvin et al. (1975) p. 67，他們把主持人的名字誤植為 Monte Hall。但真正的蒙提（Monty）熱情地參與了後續的通信，此後，這個遊戲便稱為蒙提霍爾問題。一九九〇年，以「智者瑪麗蓮」自居、聲稱自己有全球最高智商的美國專欄作家瑪麗蓮‧福斯‧莎凡（Marilyn vos Savant）在《Parade》雜誌上發表了一篇文章，使這個問題流行了起來。

16　例如，<https://www.mathwarehouse.com/monty-hall-simulation-online/>.

17　「如果我們不知道相對機率，所有可能的結果都一樣可能發生。」這句話可追溯到十八世紀貝葉斯與皮耶–西蒙‧拉普拉斯（Pierre–Simon Laplace）的寫作中。拉普拉斯使用了「不充分理由原則」（Principle of Insufficient Reason）一詞—— Laplace (1951) p. 6.

18　Keynes (1921) p. 44.

19　同前，p. 82.

20 Pascal (1958) pp. 66–7.

21 Ohuchi et al. (2016).

22 貝葉斯定理為這種計算提出了一個一般公式。一個人測試結果陽性下，罹癌的機率 P (C | Pos) 是：他罹癌、且測試結果陽性的機率 P (C and Pos) 除以他測試結果陽性的機率 P (Pos)。簡單算術得出 P (C and POS) 是 0.009 (0.01×0.9)，P (POS) 是 (0.99×0.1) + (0.0 1×0.9) = 0.108。因此，檢測結果陽性的人罹癌的機率是 0.009 除以 0.108，即 1/12。誠如吉仁澤所言，文字中的頻率派推理（frequentist reasoning）比較容易理解。

23 Gigerenzer (2015) pp. 207–12.

24 維尼爾於二○一三年從高盛財務長的職位退休。撰寫本文之際，他是高盛董事會的非執行董事，以及幾個慈善基金會的董事。

第 5 章

1 Pascal (1670) pp. 64, 66.

2 Mill (1843) p. 75. 不過，在後來的版本中，他改變了主意。

3 伯特蘭也是以他的名字命名的小群體競爭模型的作者，經濟學家很熟悉那個模型。

4 Bertrand, Calcul des Probabilités (1889) p. 174 (quoted in Daston 1995, p. 375).

5 Hume (2000) p. 24.

6 Zabell (1989).

7 奈特嚴厲地批評了凱因斯的《通論》。凱因斯對奈特的看法並未公開 (Nahl 1936)。

8 拉姆齊的弟弟成了坎特伯里大主教（Archbishop of Canterbury），他的妹妹是牛津大學的經濟學教授，寫了一本感人的回憶錄，特別強調拉姆齊對機率論的貢獻 (Paul 2012)。

9 Ramsey (1926).

10 de Finetti (1989) p. 219 ——但不要期望理解他的推理！

11 一些經濟學家持續主張不確定概念的重要，尤其是英國的沙克爾（George Shackle）（見第 7 章）。

12 Friedman (2007) p. 282.

13 LeRoy and Singell (1987) p. 394.

14 同前，p. 395.

15 Silver (2012) p. 247.

16 如果像世貿雙子塔災難那樣的事件是一種遍歷過程（ergodic process）的結果，這種計算可能是合適的，但事實並非如此。在遍歷過程中，一群飛機在曼哈頓周圍隨機飛行，偶爾會撞上高樓。

17 Falk (2011). 兩個孩子問題其實是凱因斯在凱因斯第四章（1921）中描述的兩副牌問題的變體，他說那個問題是出自馮・克萊斯（von Kries）一八八六年出版的《Die Principien der Wahrscheinlichkeit》。凱因斯說馮・克萊斯是他批判「無差異原則」的靈感來源。

18　Kennes and Smets (1994).

19　塔雷伯說，他告訴同事，他預期某件事不會發生、並下注賭那件事不會發生，許多同事聽了以後都不相信（Taleb 2007, pp. 26–7）。筆者之一想起一個類似的經驗：我與一家銷售「懸崖債券」（precipice bonds）的金融機構的高階主管討論，懸崖債券提供高報酬，但是萬一發生某種不太可能的事件，則會損失本金。那位高階主管問道：「你認為未來五年股市的市值會腰斬減半嗎？」我回答不會，那位高階主管繼續追問：「那你為什麼不買這些債券呢？」並透露他自己買了一些。

20　以一賠二十的賠率來說，如果多賓贏了，你下注一元可贏二十一元（二十元與你的賭金），0.047 是 1/21。

21　換句話說，他們很容易受到所謂「荷蘭博弈」（Dutch book）的影響。荷蘭博奕是一系列的賭局，每一局乍看之下都很吸引人，但必然會讓接受那種賭局的人變得更慘。

22　http://www.tcm.com/mediaroom/video/415267/Guys-And-Dolls-Movie-Clip-Have-We-Got-A-Bet-.html>.

23　Graham and Zweig (2005) pp. 512–24.

24　Forbes (2008).

25　Buffett (2017) p. 30.

26　Rhodes (1988) p. 664. 我們不知道那賭盤的賠率多大，也不知道有多少人願意參與賭博。

第 6 章

1　Carroll and Gardner (2000) p. 224.

2　R&A (2019). 那份規則手冊是由英國 R&A 與美國高爾夫球協會共同協議的。R&A 是聖安卓皇家古老高爾夫俱樂部（Royal and Ancient Golf Club of St Andrews）分拆出來的規則制訂機構，該俱樂部仍與聖安卓小鎮維持舉世聞名的關係。

3　Carter (2019).

4　克耳文勛爵是第 3 章出現過的偉大物理學家，他覺得載人飛行是不可能成功的。

5　Knight (1940) fn. 10.

6　McCoy, Prelec and Seung (2017).

7　Goldstein and Gigerenzer (2002) p. 76.

8　Lenin (1909) p. 397.

9　Kahneman (2011) pp. 156–8.

10　同前，p. 158.

11　Carroll and Gardner (2000) p. 155.

12　Carroll and Gardner (2000) pp. 157–64.

13　六十年前，經典統計的老前輩莫里斯‧肯德爾（Maurice Kendall）曾用過和卡洛爾一樣的類比，並說：「如果你認為這一切很荒謬，是嚴肅認真的成人不屑注意的，你可能會想知道，

機率論的學生仍在討論一個問題：一個人是否可以賭一個意義未知的命題是真的。」我們得知老前輩的這番說法時感到欣慰。（quoted in Shackle 1968, p. 35）

14　Lucas (1988), published (2011) p. 4.

15　Cochrane (2009).

16　Romer (2015).

17　Carroll and Gardner (2000) pp. 225–6.

18　GDP 是一個由國家統計機構創造出來的概念，是從各種來源的成千上萬個資料點得出來的。估算 GDP 的原理，是一九三〇年代末期與一九四〇年代初期由美國人西蒙・顧志耐（Simon Kuznets）和英國經濟學家理查・斯通（Richard Stone）和詹姆斯・米德（James Meade）建立的。後來世界各地的統計學家詳盡地闡述這些原則，如今有一個聯合國標準化國民經濟會計制度（United Nations System of Standardised National Accounts），是一份需要定期修訂的重大檔案，世界主要國家的統計機構都遵循該檔案的程序。不過，在原則的應用方面，編纂者仍有很大的自主裁量空間，各國之間的資料也有差異。所有的主要國家都有更多的長卷，敘述其國家機構的具體做法。

19　儘管，誠如尼克・查特（Nick Chater）所言，熱量和溫度或動力與速度之間的差異不是直觀的，但測量是在一個根本物理學理論的脈絡中進行。(Chater 2018 p. 25).

20　Haldane, Brennan and Madouros (2010) p. 88.

21　更多資訊，參見 Coyle (2014) pp. 93–104.

22　更多資訊，參見 Adams and Levell (2014) .

23　關於北部灣事件的精彩描述，可參見 Hastings (2018), chapter 9.

24　更多細節，參見 World Bank (2019) .

25　Leamer (1983) p. 37。亦見 Leamer (1978).

26　二〇一九年，席佛使用機率來評估多項預測準確度：「我們說發生機率七〇％（四捨五入至最接近的五％）的 5589 個事件（運動與政治事件加起來），它們實際的發生機率是七一％。

27　Met Office (2014).

28　Bank of England (2013) p. 6.

29　Keynes (1921) p. 51.

第 7 章

1　Keynes (1921) p. 56.

2　薩繆森確實承認，拒絕「五〇％可能贏兩百美元、五〇％可能輸一百美元」的單次賭注，接受「可能賺兩美元，可能賠一美元」的連續一百次賭注，是理性的。

3　Shackle (1949).

4　薩維奇年少時命運多舛，後來英年早逝，得年五十三歲。薩維奇原名李奧納德・奧格什維茲（Leonard Ogashevitz），他在求學及大學任教期間，深受視力差所苦，因此他幾乎看不到黑板上寫了什麼。心灰意冷下，他在密西根大學的化學實驗室縱火，因此遭到開除。

5　附錄說明了這些公理。大家可以看出，它們的形式與消費者選擇的標準經濟公理非常類似，儘管寓意非常不同。

6　Friedman and Savage (1948).

7　Savage (1954) p. 16.

8　同前。

9　Friedman (2007) p. 82.

10　Kruskal (1971) in Brooks (2004).

11　Becker (1978) p. 14.

12　瑞士白努利家族中有好幾位成員對純數學及應用數學有重大貢獻，丹尼爾只是其中之一。

13　Bernoulli (1954).

14　我們撰寫本書之際貝佐斯是全球首富，即使二〇一九年達成離婚協議，他的淨資產仍逾千億美元。

15　Khaw et al. (2016).

16　這十一位參試者每次實驗可獲得十美元的報酬，每次成功估計最多可獲〇‧〇二美元；所以每次實驗總共可能獲得三十美元。

17　Khaw et al. (2016) p. 1.

18　Thaler (2016) p. 4.

19　在這裡也不是很有用，因為正確計算的最大收益是兩美分。

20　根據第 4 章的「無差異原則」。

21　牛津詞典（2019）。

22　在傅利曼－薩維奇的架構中，只有當財富函數的效用適當地凸起（也就是財富的邊際效用其實正在增加），這種交易才有意義。因此，傅利曼與薩維奇推論，財富函數的效用必定有一個奇怪的形狀，交替地呈現凸狀與凹狀。

23　Consumer Rights Act (2015) Section 19.

第 8 章

1　Mandeville (1732) p. 25.

2　Allais (1953).

3　紀念阿佛烈‧諾貝爾（Alfred Nobel）的經濟學獎，俗稱諾貝爾經濟學獎，是為了紀念瑞典央行 Riksbank 成立三百週年而設立的。

4　Allais (1953)，第一個注腳。

5　Ellsberg (1961).《華盛頓郵報》描述了這些事件。據我們所知，沒有人為他做的骨灰盒思想實驗拍過電影，儘管那種實驗做過很多次了。仍懷疑極端不確定性普遍存在的讀者，可以從他的回憶錄中學到不少東西 (Ellsberg 2003)。

6　Schoemaker (2011) p. 19

7　參見 Nicomachean Ethics, Book VI.

8　Gilboa (2015) p. 316.

9　Simons and Chabris (1999).

10　可上 youtu.be/vJG698U2Mvo 觀賞。

11　Kahneman (2011) p. 24.

12　Csikszentmihalyi (1991).

13　Brearley (2017) p. 39.

14　Kahneman (2011) p. 100.

15　Tversky and Kahneman (1973) pp. 211–12.

16　Mayzner and Tresselt (1965). 這篇論文僅以兩萬個三到七個字母長的英語單字為基礎。

17　即使對英語是母語的人來說，英語的拼寫與發音也令人困惑。Cake 的第三個字母是 K，而不是第一個字母 C；see 中不包含字母 C；我們說 pace、也說 case；acknowledge 不是拼成 aknowledge，也不是拼成 acnowledge。BestWordList 包含了許多從其他語言借來的單字，比如 kaama、koala、karma。這些單字的原始拼字 C 被轉譯被 K。

18　Kahneman (2011) pp. 3–4.

19　同前，p. 277.

20　The Committee for the Prize in Economic Sciences (2017).

21　Thaler and Benartzi (2004); 關於英國實施自動加入的影響，參見 Cribb and Emmerson (2016)。

22　Simon (1957).

23　引用自司馬賀對吉仁澤的著作《簡捷啟發式：有限理性讓我們更聰明》（Simple Heuristics That Make Us Smart）(2001) 的推薦文。

24　Gigerenzer (2004).

25　Klein (1998) p. 30.

26　康納曼與特沃斯基對吉仁澤與同仁的研究展現出強烈的敵意——例如，參見 Kahneman and Tversky (1996)。路易士說，特沃斯「不只是跟吉仁澤宣戰而已，還想摧毀他」。(2017, p. 335)。

第 9 章

1　Sterling et al. (2015).

2　而且那是一個隱喻或故事，而不是關於世界的實證主張。

3　Hamilton (1964) p. 16.

4　Evans–Pritchard (1940) p. 140 舉了一個部落的例子，說他們會故意為陌生人提供誤導的方向，他自己的親身經歷就是如此。這則軼事令人震驚，因為跟我們的預期差異太大。

5　Alchian (1950).

6 他稱之「一致」（consilience）(Wilson 1999).

7 Maynard Smith (1964).

8 貝爾斯登拒絕加入為長期資本管理公司紓困的聯合組織。十年後，當貝爾斯登陷入困境時，沒有人願意幫他們——見 Taft (2012).

9 Gilman (1996).

10 Aktipis et al. (2011) p. 132.

11 Maddison Project Database, version 2018; Office for National Statistics (2015).

12 Wrangham (2019).

13 這是語言學的合作原則，該原則承認陳述是對話的一部分，並從這些對話的背景中得出它們的意義。

14 Mercier and Sperber (2017), 取自書籍描述。

15 套用哈佛大學演化生物學家約瑟夫‧亨里奇（Joseph Henrich）（2017）的說法。

16 Ortiz-Ospina and Roser (2019).

17 Ferguson (1782) p. 205.

18 Smith (1776b) p. 35.

19 Upton and George (2010).

20 有些人認為這是出自《伊索寓言》，但最初是取自奧森‧威爾斯（Orson Welles）的《阿卡丁先生》（Mr Arkadin）(1955); 亦見 The Crying Game.

21 這兩種觀點分別以 Plomin (2018) 與 Pinker (2003) 為代表。

22 一般認為這句話是美國喜劇演員喬治‧伯恩斯（George Burns）說的。

23 Whately (1854) p. 127.

24 例如 Cosmides and Tooby (1989) and Cosmides (1989)；對於批評的總結，尤其是對斯珀伯的批評，參見 Atran (2001).

25 Taleb (2018), chapter 19.

26 黑死病的死亡率有多種估計，但確實有很多地方是多數人都死了。

27 麻省理工學院的經濟學家羅聞全（Andrew Lo）開發了一個延伸的例子來加強這點 (Lo 2017, chapter 6).

28 Scott (1998), Part I.

29 Gráda and Mokyr (1984).

30 後來一九九二年羅斯‧佩羅（Ross Perot）異想天開競選美國總統時，他成為副總統候選人。

31 Collins (2001) p. 85.

32 HC Deb (4 June 1940), Vol. 361, cc. 787–98.

33 Isaacson (2011) pp. 107–8.

34 Lohr (2011).

35 鮑爾寫的幾本傳記皆以缺乏同情心為特色，充滿爭議。

36 Bower (2001) p. 25.

37 例如參見 Keren and Schul (2009), Keren (2013), Kruglanski and Gigerenzer (2011), and Mercier and Sperber (2017).

38 Libet et al. (1983).

39 Damasio (1995), chapter 3.

40 關於這點的進一步分析，參見 Henrich (2017) 。

41 當然，最多只有一個玩家能贏。許多人認為完美的棋局會導致和棋，但找不到令人信服的論據。參見 <https://www.quora.com/Is-chess-a-draw-with-perfect-play-by-both-players>.

42 Kahneman (2017).

43 同前。

44 更多分析，參見 Hofstadter (2018)。

第 10 章 ────────────────

1 Hobbes (1843) p. xxii.

2 Odurinde (2015) and Defra (2012).

3 Churchill (1949) p. 157.

4 Iggers in von Ranke (2010) p. xiii.

5 Anderson (2011).

6 Coase (1937).

7 Marwell and Ames (1981).

8 同前，p. 309.

9 Smith (1776a) p. 16.

10 Mauss (1990) p. 3.

11 同前，p. 33. 亦見 Kolm and Ythier (2006).

12 Waldfogel (1993) and (2009).

13 Smith (1776a) p. 6.

14 Wolfe (1988) p. 384.

15 HoC Treasury Committee (2012) 32.

16 Boas (1888) p. 636.

17 例如 Vandevelde (2010).

第 11 章 ────────────────

1　Lipshaw (2013) p. 283.

2　Meadow (1997) p. 29.

3　Royal Statistical Society (2001).

4　General Medical Council v. Meadow [2006] EWCA Civ 1390.

5　Wansell (2007).

6　Daston (1995).

7　Bernoulli (1709).

8　Condorcet (1785), Laplace (1812), Poisson (1837).

9　Condorcet (1785) pp. 285–7.

10　Fleming et al. (2000).

11　儘管辛普森被判無罪,但妮可的家人對他提出民事訴訟並獲判勝訴,辛普森被勒令支付巨額賠償金。幾年後,辛普森因持械搶劫入獄。他於二〇一七年十月獲得假釋。

12　Himmelreich (2009).

13　傑出的統計學家大衛‧考克斯爵士(David Cox)在克拉克一案的後續訴訟中向法院解釋了這點。

14　SAS 資料分析軟體的作者稱這個現象為「皺紙謬誤」(crumpled paper fallacy),最早提出者是二〇一六年榮獲諾貝爾物理學獎的拓撲學家大衛‧杜列斯(David Thouless)。

15　RSS 提供了四份指南,可從下列網址取得:<http://www.rss.org.uk/RSS/Influencing_Change/Statistics_and_the_law/Practitioner_guides/RSS/Influencing_hkey=2cfdf562-361e-432e-851b-ef6ff5254145>.

16　二〇一五年,英格蘭和威爾斯有記錄的嬰兒猝死數量,比官方資料中的嬰兒他殺數量多出四倍 (Office for National Statistics 2015a and 2015b; and 2018, Appendix Table 3).

17　Eco (2004) p. 254.

18　Simon and Mahan (1971) pp. 325–8.

19　關於英國的討論,參見 Hannibal and Mountford (2002) pp. 226–7;關於美國的概況,參見 'Reasonable Doubt: An Argument Against Definition' (1995).

20　Cohen (1977) pp. 74–81 and Tribe (1971).

21　關於法律學者對牛仔競技問題的反應的調查,參見 Nunn (2015).

22　Cohen (1977) p. 120.

23　Tribe (1971) p. 1374, 註腳 143.

24　Captain Renault in Casablanca (1942).

25　關於應用於法律問題的統計歧視,相關文獻很多,而且不斷增加——例如 Harcourt (2007) and Monahan (2006).

26　利用統計歧視來推斷被定罪者犯另一項罪行的可能性——監禁高風險者及釋放低風險者——這種做法已經明顯擴大,尤其是在美國(把風險評估用於判決與假釋的決定)。參見 Monahan (2006), Monahan and Skeem (2016),以及 Laura and John Arnold Foundation (2016) 所

27　例如，參見 O'Neil (2016) 與 Noble (2018).

28　亦見 Pardo and Allen (2008)。Cheng (2013) pp. 1269–71 可以找到把機率推理與推論調整成最佳解釋的不當做法

29　Holmes (1881) p. 1. 關於福爾摩斯的思維發展，以及他與查理斯‧皮爾士（Charles Pierce）的實用哲學學派的關係，可參閱 Menand (2011).

30　法官或陪審團的事實調查職責是探索提出來的各種不同說法，並為證據提供的事實找出最佳解釋。法律問題涉及法律規則與原則，這些規則與原則由一名或多名法官決定，如果審判沒有陪審團參與，法官會根據事實的最佳解釋來判決案件。在有陪審團審判的案子中，法官為陪審團陳述規則，陪審團把相關的法律規則應用在最佳解釋所披露的事實上，以決定案件的結果。

31　Doyle (1927) p. 72.

32　同前，p. 74.

33　Blackstone, Commentaries, Book III, chapter XXIII.

34　Slaughter (2002).

第 12 章

1　Lewis (2017) p. 250.

2　同前，p. 194.

3　Wiessner (2014) p. 14029.

4　同前。

5　Wood (1960).

6　Smolin (2006).

7　Eliot (1871–2).

8　Lakoff and Johnson (1980).

9　Fisher (1989), chapter 8.

10　Tetlock and Gardner (2016) p. 167.

11　同前，p. 68.

12　Derrida (1967) p. 233.

13　Doyle (2004) p. 15.

14　Colyvan (2008) p. 646.

15　Knights (1933).

16　Bradley (1886) p. 106.

17　Donoghue (1992) pp. xxxii–xxxiii. 他接著把這種方法與理論家的方法進行對比，理論家的做

法完全相反，只透過一個視角解釋一切：cf. Donoghue (1983).

18　Márquez and Stone (1981).

19　Tuckett and Nikolic (2017) p. 502.

20　同前，p. 501.

21　Walton and Huey (1993) p. 298.

22　Serling (1992) p. 68.

23　同前，p. 285.

24　Kay (2011) pp. 21–2.

25　Shubber (2018).

26　Wolfe (1988) p. 57.

27　Shiller (2017) and Chong and Tuckett (2015).

第 13 章

1　後來另一位法國人拉普拉斯及德國人卡爾‧高斯（Carl Gauss）分別發現這個分配，現在仍常稱為高斯分配（Gaussian distribution）。

2　Quetelet (1835).

3　這些發現要歸功於二十世紀早期一些傑出的應用數學教授，例如法蘭西斯‧高爾頓（Francis Galton）、卡爾‧皮爾森（Karl Pearson）、耶日‧尼曼（Jerzy Neyman）等學者，以及匿名發表論文的「學生」。現在我們知道那個「學生」是都柏林健力士啤酒廠（Guinness Brewery）的雇員戈塞特（W. J. Gossett）。健力士家族很有創意地從牛津與劍橋招募了優秀的畢業生，戈塞特後來成為健力士在倫敦皇家公園的英國營運總經理。但凱因斯對他們那些思想的延伸應用感到懷疑，而促使他寫出了《機率論》。

4　對數常態分配是指，變數的對數呈常態分配。如果變數是許多這種獨立因素的乘積，產生的頻率分配就是對數常態分配。

5　Table 205, Statistical Abstract of the United States: 2011, p. 135.

6　一八三七年，帕松在他的著作《刑事和民事判決機率研究》（Recherches sur la Probabilité des Jugements en Matière Criminelle et en Matière Civile）中首次發表這個分配及他的機率理論。

7　Zipf (1935 and 1949).

8　嚴格來說，如果指數小於二，期望值是無限的（第二個及更高的時刻總是無限的）。

9　Mandelbrot (1963).

10　Gabaix (2009) 對冪次律的卓越調查是例外。

11　Midanik (1982).

12　進一步的分析，參見席佛針對二〇一六年總統大選民調結果的討論 (2016)。

13　Lowe et al. (2017).

14　Barns (2015).

15 Bohannon (2015).

16 Cartwright and Hardie (2012) 強調區分功效（efficacy，「在那裡有效」）和效力（effectiveness，「在這裡將會有效」）的重要。

17 Ioannidis (2005).

18 Chang and Li (2015).

19 Camerer et al. (2016).

20 Nelson, Simmons and Simonsohn (2011).

第 14 章

1 Box (1979) p. 202.

2 Tucker (1983).

3 當然，第三方可能——而且通常會——受到不利影響。

4 Ricardo (1817) pp. 158–60.

5 Akerlof (1970).

6 Lemon（瑕疵車）這個字似乎是源自一九六〇年代福斯汽車（Volkswagen）的某個廣告宣傳活動。當時美國消費者流行談論「週五車」或「週一晨車」，進口商強調其產品的優越品質（參見 Coleman 2009）。

7 Clapham (1913) p. 401.

8 Burns (1787).

9 Arrow and Debreu (1954).

10 我們對此有所保留：亞當‧斯密的文字無法證明市場基本教義派，一些現代的崇拜者（不見得是他的讀者）說他是市場基本教義派的始祖。艾羅與德布魯也不是市場基本教義派。

11 Spence (1973).

12 Grossman and Stiglitz (1980).

13 他確實發財了，但說他的財富有部分是來自上述事件則不是真的。參見 Samuelson (2011) p. 251，亦見 Skousen (2001) p. 97.

14 Plender and Persaud (2006).

15 Vickrey (1961).

16 Capen et al. (1971).

17 二〇〇八年，英國政府對蘇格蘭皇家銀行進行資本重組。撰寫本書之際，該銀行主要仍是政府所有。

18 Klemperer (2002) pp. 169–70.

19 Friedman (1953) pp. 21–2.

20 同前，p. 15.

21 Hausman (1984) pp. 231–49, 235.

22 愛因斯坦不是以相對論獲獎，而是因為他發現了光電效應（設想光是一種粒子）。他也是粒子量子理論的先驅。

23 Duhem (1906) and Quine (1951).

24 Committee on Oversight and Government Reform (2008) p. 37.

25 利用動態隨機一般均衡模型（dynamic stochastic general equilibrium model）為利率推導出效率前進路徑。

第 15 章

1 Vaihinger (1924) p. 15.

2 Potter van Loon et al. (2015).

3 Duke (2018) p. 7.

4 Smith (2013) pp. 41–5.

5 同前。

6 Brearley (2017), Csikszentmihalyi (1991).

7 Kasparov (2018) p. 172.

8 Moore (2008).

9 Carré et al. (2002a and b).

10 Leamon (2018) p. 215.

11 Keynes (1925) in Keynes (1978) p. 212.

12 Keynes (1933) quoted in Harrod (1951) p. 445. 這句話摘自《每日郵報》上的文章標題。

13 Gladwell (2006) and Kaplan (2018).

14 Klein (1998) pp. 35–9.

15 Quoted in Haidt (2013) p. 237.

16 Gao et al. (2018).

17 Herbranson and Schroeder (2010).

18 參見 Coase (1937) and Williamson (1975).

19 關於奈及利亞社會組織有限所造成的影響，例子請見 Nwauwa (2017).

20 兩者都是圍繞著豐田或三星這種大公司，由不同但緊密相連的公司所組成的集團。

21 Kay (2019).

22 Paraphrase of Marshall (1890) p. 332.

23 Collier (2018) pp. 147–53.

第 16 章

1　Sloan，引自 The Economist (2009).

2　Janis (1972).

3　Ambrose (1984) p. 638.

4　白宮內部辯論的精彩第一手描述，收錄在 Kennedy (1999).

5　Schlesinger，同前，p. 12.

6　Kennedy (1999) pp. 26–7 and 35–6.

7　同前，pp. 85–6.

8　Schelling (2008) p. 94.

9　Kennedy (1999) p. 8.

10　Hastings (2018).

11　World Health Organization (2009) I.4.

12　Marshall and Adams (2008).

13　雖然馬歇爾服用抗生素後治癒了，但早期的內視鏡檢查顯示，他的身體以某種方式擊退了感染 (Marshall 2005).

14　Fitzgerald (2017).

15　Samuelson (1975) p. 72.

16　事實上，普朗克說：「新的科學真理不是透過說服對手並讓他們看到光明來獲勝，而是因為對手終於死去，熟悉它的新世代成長了。」(Planck 1968, pp. 33–4).

17　Letter (December 1851) quoted in Barry (2004).

18　Sloan quoted in Farber (2002) p. 90.

19　Drucker (1946) p. 61.

20　Lampert (2010).

21　Quoted in Cohan (2018).

22　Kimes (2013).

23　Lampert (2016).

24　Bezos (2018) p. 2.

25　Quoted in Gapper (2018).

26　更多資訊，參見 Goodwin (2005).

27　Fowler (2013).

28　Howe in Hansard, 6th Series, Vol. 180, Col. 464.

29　Howe (1994) p. 691.

30　有個關於美國政治轉變的有趣評論：二〇一六年，艾森豪的對手阿德萊 · 史蒂文森（Adlai Stevenson）贏得的州，都被川普贏了；希拉蕊贏的每個州都支持艾森豪。

31 　杜魯門聲稱，他因為麥克亞瑟不尊重總統的權威而解除他的職務（參見 Brands 2016）。

32 　Truman (1945).

33 　Possibly apocryphal; quoted in Gavin (1958) p. 64.

34 　Orange (2012) p. 311.

35 　Greenstein (1994).

36 　Patton quoted in Torricelli and Carroll (2000) p. 142.

37 　Eisenhower (1944).

38 　Tetlock and Gardner (2016) p. 245.

39 　Eland (2001), Lawrence (2012).

40 　Mintzberg et al. (2005) p. 373.

41 　Bowden (2012) pp. 169–73.

42 　Hastings (2018) p. 146.

43 　McNamara (1995) pp. 270–1.

44 　Hastings (2018) p. 378.

45 　同前，p. 147.

46 　McNamara (1995) p. 311.

47 　McNamara (1995) p. 311. 同前，p. 332.

第 17 章

1 　Mackin (1963) p. 29.

2 　Quoted in Mandel (1990).

3 　Aristotle's Politics, Book I, Part XI.

4 　Shakespeare (1912) p. 9.

5 　同前。

6 　Markowitz (1952).

7 　Markowitz (1990).

8 　儘管如此，國際公認的銀行監管方法（例如巴塞爾協議所體現的）仍依賴「風險加權」個別資產的總和來確定銀行必須創造的必要股本——透過累積保留盈餘或發行新股。

9 　Quoted in Zweig (2007) p. 4.

10 　House of Commons Treasury Committee (2008) p. 25.

11 　Shiller (2019), Shiller (2017).

12 　Shiller (2017) p. 969.

13 　Shiller (2019), p.100.

14   Rajan (2005).

15   Greenspan (2002).

16   同前。

17   Greenspan (2005).

18   Lux (2000).

第 18 章

1   Frydman and Goldberg in Frydman and Phelps (2013) p. 148.

2   有人宣稱，保險的起源可在《漢摩拉比法典》（Code of Hammurabi）的第一○三節找到（亦見 Trenerry 1911, pp. 53–60）；然而，法典其實是說，如果一個商人代銷別人的商品，在國外遭到搶劫，他不需要賠償被搶的商品。這不是保險，而是帶有夾層債務（mezzanine debt）的股權融資例子：這是股權融資，是因為貨物的所有者（商人）有權獲得報酬的一部分；這是夾層債務，因為所有者的債權是無擔保的。

3   Scottish Widows (2018).

4   Borch (1976).

5   嚴格來說，你還不能對此投保，但你可以打賭——由此可見，在這種情況下，保險與賭博之間的區別變得非常模糊。關於這個議題，參見 Kay (2017)。

6   J. G. W. (1954) p. 441.

7   Baur and Breutel-O Donoghue (2004) p. 10.

8   不過災難性損失又是另一回事了。二○○一年，蓋瑞・哈特（Gary Hart）開的 Land Rover 汽車從一座橋上掉下去，撞到高速火車的軌道上。哈特僥倖免於難，但火車司機不幸死亡。保險損失超過兩千兩百萬英鎊。 [2003] EWHC 2450 (QB).

9   Nelson and Nikolov (2002) p. 29.

10   Department for Work and Pensions (2010).

11   FT Ordinary Share (2018).

12   Smyth (2018).

13   Forbes (2008).

14   Buffett (2015) p. 18.

15   Buffett (1988).

第 19 章

1   Ignatieff (2017).

2   Lucas (2003) p. 1.

3 Phillips (1958).

4 同前，p. 566.

5 Keynes (1939).

6 同前，p. 559.

7 Coase (1999).

8 Sargent (1979).

9 Sargent (2005) p. 566.

10 Walras (1874).

11 Arrow and Debreu (1954).

12 Arrow and Hahn (1983) pp. vi–vii.

13 Lucas (2002) p. 21.

14 同前。

15 Savage (1954) p. 17.

16 同前，p. 16.

17 關於如何舉辦瘋帽匠（Mad Hatter）的茶會，參見 <http://www.alice-inwonderland.net/fun/mad-tea-party-ideas/>.

18 Kydland and Prescott (1982).

19 Jevons (1878).

20 「把摩擦直接納入經濟行為模型、不依賴衝擊或轉變來協調理論與資料」的概念，在動態隨機一般均衡（DSGE）模型這種模型系列中達到顛峰。央行的預測模型大多源自這個模型系列。

21 Abramovitz (1956) p. 11.

22 對實質景氣循環模型的貢獻，與芬恩‧基德蘭德（Finn Kydland）和愛德華‧普雷史考特（Edward Prescott）的名字有關。

23 參見 Friedman (2017) 的評論。

24 誠如 Hendry 與 Mizon (2014) 所述，非平穩性的重要，在於它破壞了實證估計模型的推理基礎。

25 The Economist (2016).

26 預測對準確預估未來毫無用處，但大家依然對預測有很大的需求，於是這衍生出一個顯而易見的問題：「究竟發生了什麼事？」我們覺得這個問題還沒有定論，但 Beckert (2016) 提出了一個有趣的觀點。

27 Christoffel et al. (2010) p. 6.

28 Trichet (2010).

29 Candler and Prescott (2016).

30 同前。

31　關於這個及其他的例子，參見 King (2016).

32　美國物理學家李‧斯莫林（Lee Smolin）對現代理論物理學的批評，提到弦理論社群有幾個不尋常的地方：「極大的自信……非比尋常的單一社群，強烈的共識，無論是否有證據，以及對開放問題有罕見的一致觀點……對團體的認同，就像對宗教信仰或政治綱領的認同一樣。強烈感覺到該團體與其他專家之間有隔閡。漠視不屬於該團體的專家想法、意見與研究，也對其不感興趣……容易樂觀地詮釋證據……容易因為結果「獲得普遍相信」就相信結果是真的，即使沒有親自檢驗（或甚至看到）證明亦然。對於研究專案應涉及的風險程度缺乏了解。」(Smolin 2006, p. 284)。我們（與羅莫）都發現類似之處。我們覺得學術界的其他領域也可以看到相同的現象。

33　Romer (2016a) p. 1.

第 20 章

1　Buffett (1989).

2　Ehrlich (1970) p. 11.

3　Ehrlich (2004).

4　Thompson (1929). For more, see Caldwell (2006) Part II.

5　Jevons (1865).

6　同前，p. 213 and Department for Business, Energy & Industrial Strategy (2017).

7　Hubbert (1956) pp. 22, 24.

8　US Energy Information Administration (2019).

9　Meadows et al. (1972).

10　然而，現代學者認為，所多瑪的毀滅是由於青銅時代中期某次火山爆發所致 (Collins 2013).

11　Keynes (1936) p. 523, Jevons (1865) p. 331.

12　HM Treasury (2018b).

13　HM Treasury (2018a) Table A 1.3.1.

14　Swanson (2017).

15　一個名為「高斯耦合」（Gaussian copula）的公式（後來被稱為「扼殺華爾街的公式」）為計算聯合機率分配的問題提供了部分答案。那個問題正是馮‧紐曼和曼哈頓計劃的同事所關切的議題。

16　Hamilton et al. (2004) pp. 199–200.

17　Pilkey and Pilkey-Jarvis (2007) p. 9.

18　Dustmann et al. (2003) p. 57.

19　Office for National Statistics (2017) Table 2.1.

20　同前。

21　Central Statistics Office (2016) Table 9.

22 Boeri and Brücker (2001).

23 Sinn (2003).

24 Davenport and Manville (2012).

25 同前,p. 38.

26 May (2004) p. 792.

27 May (2004) p. 792.UNAIDS (2018).

第 21 章

1   Norman (2018) p. 185.

2   Marshall (1890) p. 1.

3   Becker (1978) p. 4.

4   倫敦經濟學院管理學系的研究主任路爾斯‧格里奇諾教授（Luis Garicano）在女王為造價七千一百萬英鎊的新學術大樓揭幕時,解釋了信貸危機的起源與影響。格里奇諾教授說:「她問我,如果這些事件那麼大,為什麼每個人都沒發現。」(Pierce 2008)

5   我們把經濟學家比做水電工的方式與 Esther Duflo (2017) 不同。她把焦點放在細節（「水電」）的重要議題上、政策如何實施,雖然那也是重要的考量。

6   Alfred Marshall: 1842–1924 (1924), in Keynes and Keynes (1933) pp. 191–2.

7   Keynes (1930).

8   不過,二〇一八年以前,《美國新聞與世界報導》（US News）的年度排名中,牙醫常被列為「美國最好的工作」。但現在牙醫已被軟體開發者取代。

9   Shulman and Driskell (1997).

10 Ipsos MORI (2017).

11 World Bank (2019).

12 Rosling et al. (2018) p. 7.

13 United Nations (2015) p. 15.

14 Benson (2018).

15 'On Exactitude in Science' in Borges (2018) p. 35.

16 「地圖不是它代表的領土,但是,如果地圖正確的話,與領土會有相似的結構,這就是它的用處所在。」(Korzybski 1933, p. 58)。亦見 Greenspan (2013).

17 Savage (1954) p. 16.

18 這個短句的來源難尋,我們發現最早發表的例子是在 Gibbons(1982) 中。那是一篇批判 CAPM 模型的論文。作者強調,他不是在提供替代模型。

19 Lewis (2017) p. 151.

20 Romer (2016b).

21 不過我們在這裡獲得了美國實用主義學派的幫助，近期以理察・羅蒂（Richard Rorty）為代表。套用羅蒂的說法，真理是正當的信念：「實用主義者認為，如果某件事對實務沒有影響，它對哲學也應該沒有影響。這種信念使他們對於哲學家強調論證與真理之間的區別抱持懷疑的態度。」(Rorty 1995, p. 281)。

22 Klein (1998) pp. 15–30.

第 22 章 ───────────────────────────

1 Viña et al. (2016).

2 例如參見 Dennett (1995) pp. 282–99 and Gould (1997a and b).

3 Ohno (1988).

4 Mintzberg and Mangelsdorf (2009).

5 有人聲稱機器人的情商比人類還高，因為它們能辨識臉部表情，而且總是態度很好。這其實是一種情緒程式設計的例證，而不是情商。

6 Leeson (1996) p. 56.

7 Quoted in Aitken (1999).

8 Mercier and Sperber (2017).

第 23 章 ───────────────────────────

1 Wilde (1891) p. 306.

2 嚴格來說，這個榮譽應該歸屬於有五萬居民的法羅群島（Faroe Islands）：尼爾斯・芬森（Niels Finsen）於一九〇三年榮獲諾貝爾醫學獎。在人口超過一百萬的國家中，瑞士居冠，瑞典、丹麥、挪威次之。

3 Quoted in Backhouse and Bland (1914) pp. 322–3.

4 Taleb (2013) pp. 83–5.

5 儘管巴菲特曾形容衍生性金融商品是「大規模毀滅性武器」，但他的波克夏海瑟威公司針對全球主要股市指數賣出大量的賣權，期限長達十五至二十年。這些交易保護退休基金的參考敘事，或避免交易對手（沒有公布，但應該是擁有股權投資組合及固定長期債務的機構）的參考敘事失敗影響波克夏海瑟威公司的參考敘事，讓股東可以分享管理良好的公司（主要是美國公司）的繁榮。

6 這個描述根據 Caro (1974)。

7 Sellar and Yeatman (1930).

8 參見 Ventola (2015)。

9 Wells (2016) 翻譯。

10 Mill (1909) p. 436.

11   Michelson quoted in University of Chicago (1896) p. 159.

12   洋特是桑德摩斯（Sandemose）的小說《穿過自己足跡的避難者》（A Fugitive Crosses his Tracks）(1933) 中的虛構設定。洋特法則的完整內容如下：
1. 不要以為你跟我們一樣好。
2. 不要以為你比我們聰明。
3. 不要想像自己比我們好。
4. 不要以為你懂得比我們多。
5. 不要以為你比我們重要。
6. 不要以為你什麼都很在行。
7. 不要取笑我們。
8. 不要以為有人很在乎你。
9. 不要以為你可以教我們任何事情。

13   Obama (2012).

14   同前。

15   Clausewitz (1976) p. 134.

16   同前，p. 135.

1   Moscati (2016) 闡述了期望效用理論的歷史發展，尤其是「獨立性」公理。

2   Savage (1954).

3   Taleb (2018) p. 225.

4   Arrow (1950).

5   結果，「獨立性」公理被違背了。這個公理仍有爭議，某種程度上，「連續性」公理也是如此。然而，我們主要的批評還是針對「完整性」公理。另一個主要假設——遞移性——似乎無傷大雅。

6   Allais (1953) p. 505.

7   一九八八年，阿萊以其早年在著作《純經濟學條約》（Traité d'économie pure）和《經濟與利益》（Économie et Intérêt）中「對市場理論和資源的效率利用的開創性貢獻」榮獲諾貝爾獎。

8   Savage (1954) p. 103.

9   例如 Izhakian et al. (2017).

10   Savage (1954) p. 58.

附錄

1   Ronald L. Wasserstein, Allen L. Schirm and Nicole A. Lazar, 'Editorial: Moving to a world beyond "p<0.05"', American Statistician, Vol. 73, No. 51

極端不確定性

Radical Uncertainty
Decision-Making for an Unknowable Future

作者：約翰・凱（John Kay）、莫文・金恩（Mervyn King）｜譯者：洪慧芳｜總編輯：富察｜主編：鍾涵瀞｜編輯協力：徐育婷｜企劃：蔡慧華｜視覺設計：Bianco Tsai、吳靜雯｜印務經理：黃禮賢｜社長：郭重興｜發行人兼出版總監：曾大福｜出版發行：八旗文化／遠足文化事業股份有限公司｜地址：23141 新北市新店區民權路108-2號9樓｜電話：02-2218-1417｜傳真：02-8667-1851｜客服專線：0800-221-029｜信箱：gusa0601@gmail.com｜臉書：facebook.com/gusapublishing｜法律顧問：華洋法律事務所 蘇文生律師｜印刷：呈靖彩藝有限公司｜出版日期：2020年12月／初版一刷｜定價：680元

國家圖書館出版品預行編目(CIP)資料

極端不確定性：為不可知的未來做決策 / 約翰・凱(John Kay), 莫文・金恩(Mervyn King) 著；洪慧芳翻譯. -- 初版. -- 新北市：八旗文化出版：遠足文化發行, 2020.12
544面；14.8×21公分

譯自：Radical uncertainty : Decision-Making for an Unknowable Future

ISBN 978-986-5524-32-6 (平裝)

1.經濟學 2.決策管理

550   109017651